中亚国家税法丛书

塔吉克斯坦税收法律制度和土库曼斯坦税收法律制度

王鸿貌　著

中国财经出版传媒集团
中国财政经济出版社

图书在版编目（CIP）数据

塔吉克斯坦税收法律制度和土库曼斯坦税收法律制度 / 王鸿貌著. --北京：中国财政经济出版社，2023.2

（中亚国家税法丛书）

ISBN 978-7-5223-1838-7

Ⅰ.①塔… Ⅱ.①王… Ⅲ.①税法-制度-塔吉克②税法-制度-土库曼 Ⅳ.①D936.522②936.322

中国国家版本馆 CIP 数据核字（2023）第 012555 号

责任编辑：卢关平　　　　责任印制：张　健

封面设计：孙俪铭

塔吉克斯坦税收法律制度和土库曼斯坦税收法律制度

TAJIKESITAN SHUISHOU FALU ZHIDU HE TUKUMANSITAN SHUISHOU FALU ZHIDU

中国财政经济出版社 出版

URL：http：//www.cfeph.cn

E-mail：cfeph@cfeph.cn

社址：北京市海淀区阜成路甲 28 号　邮政编码：100142

营销中心电话：010-88191522

天猫网店：中国财政经济出版社旗舰店

网址：https：//zgczjjcbs.tmall.com

北京财经印刷厂印刷　各地新华书店经销

成品尺寸：170mm×240mm　16 开　23.25 印张　397 000 字

2023 年 2 月第 1 版　2023 年 2 月北京第 1 次印刷

定价：73.00 元

ISBN 978-7-5223-1838-7

（图书出现印装问题，本社负责调换，电话：010-88190548）

本社质量投诉电话：010-88190744

打击盗版举报热线：010-88191661　QQ：2242791300

西北大学“双一流”建设项目资助
Sponsored by First-class Universities and Academic Programs of Northwest University

《中亚国家税法丛书》
编 委 会

总　序

"一带一路"倡议是以习近平总书记为核心的党中央于2013年提出的。这是站在一个新的历史高度，面对世界政治、经济深刻变化的大背景，中国坚持对外开放政策的一项重大建设，是中国统筹国内国外两个大局作出的重大决策，是中国为建立一个政治互信、经济融合、文化包容的全球命运共同体和全球利益共同体而作出的重大贡献。"一带一路"倡议已得到了世界上100多个国家和国际组织的热烈响应和积极参与，对推动全球和平发展、共同繁荣产生了重大影响。

"一带一路"倡议所取得的巨大成就，应该说离不开各级政府的大力支持与推动，也离不开中国企业的笃信与践行。税收作为一种经济杠杆，不仅对企业的投资决策和税前收益产生重要的影响，而且也对企业的最终运营过程和最终收益产生重要的影响。因此，企业在对外投资贸易过程中，必须通过对东道国税收法治环境进行全面的考察，对税收风险进行精准的预判，对税后利益进行精细的测算，才能大胆地"走出去"，放心投资，合规经营，从而取得预期的商业利益。应该说，准确掌握东道国的税收法律制度，已经成为"走出去"企业面临的关键问题。根据国家商务部2019年披露的数据，我国海外投资企业所遇到的问题中有60%来自于税收，税收歧视、税收争议等问题给我国走出去企业每年带来的损失或高达数百亿元之多。很多企业特别是中小企业，由于缺少对东道国税收法律制度的了解，从而蒙受了不必要的税收损失，个别企业甚至陷入了极其困难的境地。因此，了解、掌握和正确地适用东道国的税收法律制度，是一个需要高度重视和妥善解决的重要问题。

中亚五国地处欧亚大陆中心，是"丝绸之路"的重要通道，自古与我国有着频繁的经济交往。自"一带一路"建设实施以来，中国与中亚国家的经济合作更加广泛和深入，不仅中央政府和许多地方政府加强了与中亚各国沟通与经济合作，而且，中国许多企业也纷纷进军中亚各国，在能源、基础设施、交通通信、机械制造等领域进行投资或合作开发，取得了很大的成效。但同时也面临着许多的税收风险。一方面，由于中亚五国自独立以来，不仅经济发展水平不高，而且由于历史、文化、民族、宗教等方面的原因，导致各自都面临着十分复杂的政治、经济和社会问题。在这样的背景下，这些国家的税收法律制度不仅不够发达和完善，而且修改频繁，极不稳定。再加上税收执法人员水平不高，腐败问题比较严重，因此使得这些国家的税收法律环境不够理想。另一方面，由于语言上的隔阂、文化上的差异和制度上的不同，导致国内对中亚各国税法的了解十分有限。据了解，目前国内对中亚国家税法的介绍和研究，仅有《中亚五国税收法律概论》、新疆维吾尔自治区原国家税务局翻译出版的中亚五个国家税法典和一些企业组织翻译的中亚个别国家税法典。但由于税法本身专业性强和修订变化快等原因，故难以满足企业的需要。因此，编撰一套中亚各国的税法著作，对中亚五国的税收法律制度进行全面、系统、详尽地介绍与研究，这不仅具有非常重要的学术价值和理论意义，而且也具有非常重要的实践价值和现实意义。

本套丛书的作者王鸿貌教授从20世纪90年代中期至21世纪初任职于扬州大学税务学院。该机构的另一名称为“国家税务总局扬州培训中心”，是国家税务总局直属的专业教育培训机构，担负着培育税务系统中高级领导的重任。在此期间，他受命组建了当时国内唯一的税收法律系，在为税务系统培养税法专门人才的同时，还担任了税务干部税法知识的培训课程。在税法学界和税务系统有着较高的知名度和较大的影响。近年来，他主持完成了3个财税法学方面的国家社科基金项目以及教育部、民盟中央和多个省部级社科规划项目或委托调研项目，出版了10本财税法学的理论著作，发表了50多篇财税法学术论文，对财税法的前沿理论问题以及我国税收基本法的立法问题、税收征管法的修改问题、税收流失治理问题等都有着较为深入的研究。另外，2011年，他还策划了《中国税务教育发展报告》系列丛书。该套丛书目前已经出版了6辑，在国内产生了较大的影响。由于我担任该套丛书的顾问，故在此期间，我和王鸿貌之间有过多次的交流与沟通，对他的为人和处事有着比较深入的了解，对他的学术理念和研究水平也有着较高的评价。值此《中亚国家税法丛书》出版之际，他邀我作序，我欣然允诺。借此谈谈我阅读本套丛书之后的一些认知与感想。

第一，有担当。在退休之前，我在国家税务总局担任过涉外税务管理司司长，分管过国际税收和税收政策法规工作。在工作过程中，我与一些“走出去”从事国际投资贸易的企业家有过接触，也探讨过一些涉外投资贸易活动过程中出现的税务问题。我深深地认识到，对东道国税收法律制度缺乏了解，是导致“走出去”企业遇到大量税收问题的根本原因。特别是许多在中亚投资贸易的中资企业，由于缺乏对东道国税法的了解，不仅极易出现税务问题，而且经常会出现采用一些非规范的解决方法，从而使企业蒙受损失。因此，对于中亚各国税法制度的了解与掌握，从小的方面来说，关乎在中亚地区投资贸易的中资企业的经济利益，从大的方面来说，则关乎国家“一带一路”倡议在中亚国家的落实。在此背景下，王鸿貌教授作为一个正值学术壮年的学者，放下自己手头的理论研究课题，在没有经费支持的情况下，凭借一人之力，花费数年时间，编撰一套这样的丛书，从动机上来看，显然不是为了自己扬名立万，而是作为学者用其专业知识报效国家、服务社会的责任、情怀与担当。

第二，有水平。在全球法学界，税法都被认为是一个新兴的和专业性、技术性最强的法律。由于税收活动是对纳税人经济活动或所得、财产的征税，涉及了复杂的利益分配和技术操作等问题，故能够精准地掌握一个国家的税法制度实属不易，更何况去掌握多个国家的税法。王鸿貌教授依其深厚的专业能力和认真的研究态度，克服语言障碍，查阅原文，探隐寻意，不仅对中亚各国税法制度的发展历史系统地进行了梳理，而且对中亚各国现行的税法制度进行了全面准确的解读，从而使读者不仅能够了解中亚各国税法制度的来龙去脉，而且能够一窥中亚国家税法制度的真实面目。在内容的把握上，既有对一般原则的宏观概括，更有对具体内容的详细论述。在表达方式上，既尽可能地保留了中亚各国税法的原有风貌，又能够根据国内税法的表达方式和国内读者的阅读习惯对其作本土化的改造，这就使得该套丛书内容全面，知识准确，表达流畅，特点鲜明，表现出了很高的学术水平。

第三，有价值。40 多年来，我国的税法学理论研究和税收法律制度相互促进，共同发展，取得了有目共睹的进步。但也存在对外国税收法律制度的了解不及时、不全面的问题。故不仅影响了我们的理论视野，而且也影响了我们的学习和借鉴。在这样的背景下，王鸿貌教授的这套丛书不仅拓宽了国内的税法研究者、税收立法者和税务管理者的理论视野，更多地了解近年来国外税法制度的发展方向和发展趋势，而且为税收立法工作提供了可资借鉴的样本和经验，这对于解决我国税收法律制度的系统化问题和税法典的制定问题，都必将产生积极的影响。同时，这套丛书对于帮助在中亚地区进行投资贸易的中资企业掌握东道国的税法制度、指导正确适用和遵从东道国税法、最大程度降低企业税收风险，都具有非常重要的意义。

“路漫漫其修远兮，吾将上下而求索”。当前正面临着百年未有之大变局。社会的进步，制度的转型，都向我们提出了许多亟待研究的重大课题。《中亚国家税法丛书》的编撰出版，是为落实“一带一路”倡议做了一件实事、一件大好事。因此，我在祝贺本套丛书出版之际，也乐意向广大读者介绍和推荐这套丛书。同时，我也衷心希望王鸿貌教授能够对“一带一路”沿线其他国家的税法制度进行研究，并希望有更多的学者投身于对“一带一路”沿线国家税法制度的研究之中，多出成果、出好成果，出有真正价值的成果。

是为序。

郝昭成[1]

2022 年元旦于北京玉渊潭

---

① 郝昭成，第十届全国政协委员，先后担任过国家税务总局涉外税务管理司副司长、司长，国家税务总局办公厅主任，国家税务总局原副局长、党组成员，中国国际税收学会会长等职。

目　　录

上篇　塔吉克斯坦税收法律制度

第一编　塔国税法总论 …………………………………………………… (3)
第一章　塔国税法概览 …………………………………………………… (3)
第一节　塔国税法的制定与发展 ……………………………………… (3)
第二节　塔国税种体系 ………………………………………………… (7)
第三节　塔国税法的基本概念和基本原则 …………………………… (9)
第四节　塔国税法的渊源与效力 ……………………………………… (13)
第五节　塔国《税法典》的结构与主要内容 ………………………… (15)
第二章　税务机关、纳税人及其权利和义务 ………………………… (18)
第一节　税务机关、税务人员及其权利与义务 ……………………… (18)
第二节　纳税人（扣缴义务人）及其权利与义务 …………………… (24)
第三节　国家机关、银行在税收管理中的义务 ……………………… (26)
第四节　纳税义务的履行 ……………………………………………… (28)

第二编　塔国税种法律制度 ……………………………………………… (33)
第三章　所得税法 ………………………………………………………… (33)
第一节　纳税人 ………………………………………………………… (33)
第二节　征税对象 ……………………………………………………… (34)
第三节　税率、税收优惠与税款缴纳 ………………………………… (37)
第四章　利润税法 ………………………………………………………… (40)
第一节　纳税人、征税对象和税率 …………………………………… (40)
第二节　源泉扣缴 ……………………………………………………… (47)

第三节　税务登记 …………………………………………（50）
第四节　税款计算、申报与缴纳 ……………………………（54）
第五节　国际税收 …………………………………………（56）
第五章　增值税法 ……………………………………………（60）
第一节　纳税人 ……………………………………………（60）
第二节　征税对象 …………………………………………（62）
第三节　税收优惠 …………………………………………（64）
第四节　应税交易的发生时间、地点 ………………………（69）
第五节　税额计算与缴纳 …………………………………（72）
第六章　消费税法 ……………………………………………（79）
第一节　纳税人、征税对象与税率 …………………………（79）
第二节　税额计算与缴纳 …………………………………（82）
第三节　税务稽查与管理 …………………………………（85）
第七章　自然资源税法 ………………………………………（87）
第一节　概述 ………………………………………………（87）
第二节　签字费 ……………………………………………（89）
第三节　商业发现费 ………………………………………（90）
第四节　矿产产出提成费 …………………………………（91）
第五节　水资源费 …………………………………………（96）
第八章　社会税法、皮棉和初炼铝销售税法 …………………（98）
第一节　社会税法 …………………………………………（98）
第二节　皮棉和初炼铝销售税法 ……………………………（101）
第九章　地方税法 ……………………………………………（104）
第一节　交通工具税法 ……………………………………（104）
第二节　不动产税法 ………………………………………（106）
第十章　特殊税制 ……………………………………………（113）
第一节　自然人持摊贩牌照或执照经营时的税收制度 ………（113）
第二节　小型企业的简化税制 ………………………………（115）
第三节　农产品生产者的简化税制（单一税） ……………（118）
第四节　博彩商业税制 ……………………………………（121）
第十一章　税收优惠制度 ……………………………………（124）
第一节　对水电站项目的税收优惠 …………………………（124）

第二节 新办皮棉加工企业的税收优惠 …………………… (125)
第三节 家禽养殖及饲料生产企业的税收优惠 …………… (126)
第四节 对产品分配协议（合同）的征税 ………………… (126)
第五节 在自由经济区内经营活动的税收优惠 …………… (131)

第三编 塔国税收征管法律制度 ………………………………… (133)
第十二章 税务管理 ………………………………………… (133)
第一节 税务管理的一般规定 ……………………………… (133)
第二节 税务登记 …………………………………………… (136)
第三节 纳税人识别号与税务报表 ………………………… (140)
第四节 税款缴纳和返还 …………………………………… (143)
第十三章 税务检查与强制执行 …………………………… (146)
第一节 税务稽查 …………………………………………… (146)
第二节 税控收款机 ………………………………………… (153)
第三节 风险管理体系 ……………………………………… (154)
第四节 强制执行措施 ……………………………………… (155)
第五节 税收法律责任和税收争议解决 …………………… (159)
附录 中塔《关于对所得避免双重征税和防止偷漏税的协定》
解读 ………………………………………………………… (162)
参考文献 ……………………………………………………… (180)

下篇 土库曼斯坦税收法律制度

第一编 土国税法总论 ………………………………………… (185)
第一章 土国税法概览 ……………………………………… (185)
第一节 土国税法的制定与发展 …………………………… (185)
第二节 土国税种体系 ……………………………………… (188)
第三节 土国税收的法律概念与税收法律原则 …………… (190)
第四节 土国税法的渊源与效力 …………………………… (192)
第五节 土国《税法典》的结构与主要内容 ……………… (194)
第二章 税收法律关系 ……………………………………… (197)
第一节 税务机关及其权利与义务 ………………………… (197)

第二节　纳税人及其权利与义务 …………………………（200）

第二编　土国税种法律制度 …………………………（207）
第三章　增值税法 …………………………（207）
第一节　纳税人 …………………………（208）
第二节　征税对象与计税依据 …………………………（208）
第三节　税率 …………………………（215）
第四节　销项税额与进项税额 …………………………（216）
第五节　应纳税额的计算 …………………………（220）
第四章　消费税法 …………………………（228）
第一节　纳税人 …………………………（228）
第二节　征税对象 …………………………（229）
第三节　税率 …………………………（231）
第四节　税额计算与缴纳 …………………………（232）
第五章　法人利润税法 …………………………（236）
第一节　纳税人 …………………………（236）
第二节　应税所得 …………………………（237）
第三节　税率 …………………………（254）
第四节　税额计算与缴纳 …………………………（255）
第五节　对土国非居民企业的征税 …………………………（258）
第六章　个人所得税法 …………………………（264）
第一节　纳税人 …………………………（264）
第二节　征税对象 …………………………（265）
第三节　税率、税款计算与缴纳 …………………………（275）
第四节　简易程序 …………………………（278）
第七章　地下资源使用税法和财产税法 …………………………（281）
第一节　地下资源使用税法 …………………………（281）
第二节　财产税法 …………………………（284）
第八章　关税法 …………………………（288）
第一节　纳税人 …………………………（288）
第二节　征税对象 …………………………（288）
第三节　税率、税额计算与税款缴纳 …………………………（293）

第九章　地方收费 ………………………………………………… (297)
第一节　广告费 …………………………………………………… (297)
第二节　城乡土地建设费 ………………………………………… (298)
第三节　停车场经营费 …………………………………………… (300)
第四节　汽车销售费 ……………………………………………… (301)
第五节　养犬税 …………………………………………………… (302)

第三编　土国税收征纳法律制度 ………………………………… (303)
第十章　税务管理 ………………………………………………… (303)
第一节　税务登记 ………………………………………………… (303)
第二节　税收统计与纳税申报表 ………………………………… (306)
第三节　税额计算和税务通知书 ………………………………… (308)
第十一章　税款征收 ……………………………………………… (313)
第一节　纳税义务及其履行 ……………………………………… (313)
第二节　变更纳税期限和税款注销 ……………………………… (318)
第三节　税款征收的保障措施 …………………………………… (320)
第十二章　税务检查与处罚 ……………………………………… (327)
第一节　税务检查 ………………………………………………… (327)
第二节　税收法律责任 …………………………………………… (330)
第三节　税务救济 ………………………………………………… (333)
附录　中土《关于对所得避免双重征税和防止偷漏税的协定》
解读 ………………………………………………………………… (334)
参考文献 …………………………………………………………… (352)

后记 ……………………………………………………………… (355)

上篇

塔吉克斯坦税收法律制度

第一编　塔国税法总论

第一章　塔国税法概览

第一节　塔国税法的制定与发展

1991 年 9 月 9 日塔吉克斯坦共和国（以下简称塔国）宣布独立。鉴于税收制度不仅是一个国家重要的法律制度，而且对于国家的政治稳定、经济发展与社会进步等都会产生深远的影响，因此，重视税收法律制度的建设，是当代世界大多数国家的普遍做法。塔国也不例外。独立 30 多年来，随着塔国社会政治经济文化的发展与改革，塔国的税收法律制度也经历了三个不同的发展阶段。

第一阶段，为税收法律制度的初创期，时间从 1991 年塔国独立到 1998 年。

塔国在独立之前是苏联地理位置最偏远的加盟共和国，也是苏联经济发展水平最低的加盟共和国。国民经济以种植棉花、开采有色金属和稀有金属、生产轻工产品为主，经济基础十分薄弱。根据统计资料，1990 年塔国的固定资产总值仅为 200 亿卢布，其中生产性固定资产的总值为 130 亿卢布，占全苏生产性固定资产的 0.7%。塔国的国民生产总值中仅占全苏 0.9%，工业生产值仅占 0.4%，农业占 1%，人均国内生产总值仅为全苏平均水平的 50%，人均消费水平仅为全苏平均水平的 48%，人均国民财富仅为全苏平均水平的

40%。因此，塔国的政府收入主要来源于莫斯科中央政府的财政拨款。

塔国独立之初，一方面由于失去了来自原苏联中央政府的财政援助，另一方面由于内部政治、宗教与地方势力之间的复杂关系，导致国内政局持续动荡并引发内战，导致塔国的国民经济滑落到了崩溃的边缘。为了解决政府的财政收入、挽救濒临崩溃的国民经济，从 1992 年开始，塔国政府先后制定了《税务体系准则法》、《企业和组织利润税法》、《增值税法》、《消费税法》、《塔吉克斯坦公民、外国公民及无国籍人士所得税法》、《个人财产税法》、《销售税法》、《土地付费法》等法律，从而初步形成了塔国的税收法律体系。在其中，《企业和组织利润税法》是这一时期最为重要的一部税法。该法于 1994 年 7 月 21 日由总统拉赫莫诺夫签署通过。该法规定，根据塔国法律成立的企业、公司和组织（包括国有企业、企业的分支机构、代表处和其他独立机构），外国投资参与的企业（包括附属机构和子公司、进行企业活动的国际联合体和组织），以及通过常设机构进行企业活动的国外合法公司、商行和其他组织，都是该税种的纳税人。他们在塔国从事经济活动所获得的利润，都应当缴纳企业和组织利润税。其中，企业、组织和合资企业中外资不超过注册资本 30% 的法人实体，税率为 40%；合资企业中外资超过 30% 的法人实体，税率为 32%；外汇管理委员会、企业和外国法人实体，则对其中介经营和商业委托业务收入按照 60% 的税率征税。此外，根据其他税法的规定，外国法人还应当就其从合作经营企业中获得的股息和利润再缴纳 15% 的利润税，20% 的著作权、使用权和出租权税，以及 6% 的货物运输税等。

虽然上述法律在制定过程中借鉴了西方发达国家的立法经验和做法，但从总体上来讲，一方面，塔国这一时期的税收法律制度主要还是在苏联税收法律制度的基础建立的，自然也就存在着许多缺陷与不足。另一方面，由于塔国本身的经济发展十分落后，国家实际上无税可收。因此，导致塔国这一时期的税收法律制度，不仅本身不够科学和完善，而且作用也非常有限。根据塔国国家统计局统计资料，1991 年塔国的财政赤字占到国内生产总值的 16.4%，1993 年占到了 24.7%。1997 年全国预算收入为 919.12 亿卢布，而实际只完成了 833.13 亿卢布。可见塔国的税法并没有完全胜任为政府筹集财政资金的功能。

第二阶段，为税收法律制度的发展期，时间从 1999 年到 2012 年。

20 世纪 90 年代中后期，在政治上，随着和平协议的签署，塔国国内的政治局势逐渐趋于稳定；在经济上，随着市场经济制度逐步建立，塔国国内的宏观经济形势也开始好转。根据统计资料，1998年塔国经济首次实现增长，增长幅度为2%—3%。为了适应新形势下国家税收法律制度建设的需要，塔国国会于1998年制定了《塔吉克斯坦共和国税法典》（以下简称《税法典》），从1999年1月1日起实施。根据《税法典》的规定，塔国的税收制度由国家税和地方税两部分组成。国家税包括了14个税种，即所得税、利润税、增值税、消费税、社会基金税、土地使用税、资源利用税、企业财产税、交通运输工具税、道路使用税、小规模企业税、销售税（棉花和铝）、海关税、国家税；地方税包括了3个税种，即零售税、个人财产（不动产）税和公共交通运输工具税。其中，所得税的纳税人为塔国公民或在塔国连续居住超过183天以上的外国人，税率为10%、15%、20%、25%和30%共5个档次的累进税率；利润税的纳税人为本国企业和外国企业法人，税率为30%；增值税的税率为20%。《税法典》还规定，棉花和铝的销售税必须用外汇支付；自1999年7月1日起，企业和个体经营者在银行开立账户时，必须出具税务部门的证明，等等。另外，《税法典》还对塔国的税收管理体制、税收征管程序等进行了规定。

从21世纪初开始，一方面，塔国终于结束了8年内战，实现了国内和平和统一；另一方面，塔国自1998年开始的经济体制改革发挥作用。从2000年开始，塔国的金融秩序趋于稳定，宏观经济开始进入恢复性的增长。为了适应新世纪国内政治经济发展的需要，塔国政府在21世纪初的10年间，至少对《税法典》进行14次修订。其中，比较重要的一次修订是2007年4月。通过此次对《税法典》的修订，国家税增加了简化统一税和其他国家强制税两个税种，地方税增加了其他地方强制税。另外，还对其他税种以及税收管理的许多内容进行了完善。例如，新税法规定，个人年收入低于2400索莫尼的部分不缴税，年收入在2400—3600索莫尼之间的部分适用的税率为8%，年收入超过3600索莫尼部分的税率为13%；法人年利润低于60万索莫尼部分不缴纳法人利润税，超过60万索莫尼部分适用的税率为25%，等等。

总体而言，塔国《税法典》，是为满足塔国市场经济体制的需要制定的。由于塔国《税法典》在制定过程中大量借鉴了西方发达国家税收立法的经验，移植了许多西方国家的具体税收制度，从而使得塔国《税法典》不仅在内容上比较科学和完整，而且在现实中也发挥了比较好的作用。根据统计，2000年塔国的财政收入为2.52亿索莫尼，2005年上升到了14.33亿索莫尼，2010年则上升到了70.24亿索莫尼。根据另外的一份资料，2011年塔国预算收入

84.96 亿索莫尼，预算支出 82.54 索莫尼，预算盈余达 2.42 亿索莫尼。其中，税收收入为 58.49 亿索莫尼，占到了预算收入的 68.84%。塔国《税法典》为筹集塔国政府的财政收入作出了很大的贡献。

第三阶段，为税收法律制度的成熟期，时间从 2013 年至今。

从 2011 年开始，随着国内政治形势的进一步稳固，塔国的宏观经济也开始转入了增长性的发展。为了适应新形势下塔国政治经济法律社会发展的需要，越来越多的有识之士认识到，有必要用新的《税法典》代替原有的《税法典》。为此，2012 年 5 月 8 日塔国总统拉赫蒙召开专门会议，研究新《税法典》的制定问题。按照统一部署，《税法典》在完成起草工作之后，于 2012 年 9 月 17 日由塔国议会审议通过，自 2013 年 1 月 1 日起开始实施。新《税法典》将税种数量由 20 个减少到了 13 个，税法条文由 359 条降到了 329 条，征税对象由 384 个减少到 176 个，纳税申报数量缩减了 41%。这样，新《税法典》不仅大大减少了税种和征税对象的数量，降低了部分税种的税率，而且大大简化了税收征纳程序，从而使塔国的税收法律制度变得透明、规范、简便和高效。根据统计资料，2013 年塔国的财政收入为 115.44 亿索莫尼，2016 年已增长到了 160.61 亿索莫尼。新《税法典》在筹集塔国政府财政收入、促进塔国经济发展方面发挥了比较好的作用。

近年来，随着国家政治经济形势发展的需要，塔国政府又多次对《税法典》进行了修改。其中，2017 年对《税法典》的修改具有比较重要的意义。在这次修改过程中，利润税的基本税率由 15% 降到了 13%，对于企业从事其他经营行为的利润征税时的税率由 25% 降到了 23%，自然资源税的税率则根据开采对象的不同分别进行了规定，例如，开采沙子的税率为 10%，石油、天然气的税率为 6%，煤的税率为 4%，开采有色金属和稀有金属的税率为 0.5%。新税法还取消了零售税和道路交通税。另外，在新《税法典》中还制定了许多税收优惠措施。例如，从事商品生产的新企业，在正式登记当年免缴利润税，并自正式登记第二年起，在不低于法定最低登记资本的情况下，投资规模在 50 万元以下的，利润税免缴 2 年；投资规模在 50 万至 200 万元的，利润税免缴 3 年；投资规模在 200 万元至 500 万元的，利润税免缴 4 年；投资规模在 500 万元以上的，利润税免缴 5 年。对于所得税、消费税等其他税种，也都规定了不同程度的税收优惠减免。这样，就使新《税法典》在内容上更加合理、规范和细致，也更利于税务机关的执行和纳税人的遵从。

第二节 塔国税种体系

一般而言，当代世界绝大多数国家普遍实行复税制，即国家的税种体系是由若干个不同的税种组成。塔吉克斯坦也不例外。根据塔国《税法典》第6条的规定，塔国目前共开征9个税种，其中国家税为7个，地方税为两个。另外，《税法典》还规定了针对某些纳税人缴纳上述税种时的特殊税制。

一、国家税

根据《税法典》的规定，在塔吉克斯坦境内统一开征的税种有7个。

1. 所得税。塔国税法中的所得税实际上指的是个人所得税，是对在塔国的自然人所得的征税。所得税的征税对象包括居民自然人和非居民自然人。

2. 利润税。塔国税法中的利润税实际上指的是企业所得税，是对塔国居民法人以及在塔国境内通过常设机构从事经营活动或收入来源于塔国的非居民法人的利润进行的征税。

3. 增值税。增值税是指对在塔国境内销售商品、进行工程施工和提供服务的营业增值额所征收的税种。

4. 消费税。消费税是指对在塔国境内销售酒精、酒类制品、烟草制品、机动车等6类产品所征收的税种。

5. 社会税。塔中税法中的社会税实际上应当是社会保障税，是指对哈国境内的居民法人、非居民法人以及法人的分支机构依法向雇员支付的工资的征税。

6. 自然资源税。自然资源税是指对在塔国进行矿产资源开发和利用水力资源发电时所征收的税种，包括矿产资源补偿费和水资源费两种。

7. 皮棉和初炼铝销售税。皮棉和初炼铝销售税是指对在塔国境内从事皮棉和初炼铝的销售或进出口的征税。

二、地方税

塔国税法规定，各市和区的地方政府，可以根据《税法典》和地方法规的规定，开征以下两个税种。

1. 交通工具税。交通工具税是指对纳税人所拥有的交通工具，包括摩托车、客车、载重汽车、拖拉机、小船、铁路火车头等的征税。

2. 不动产税。不动产税是指对纳税人拥有土地、建筑物、楼房等不动产的征税。

三、特殊税制

塔国《税法典》中规定的特殊税制主要是针对一些特殊行业或特殊商品的生产经营活动的纳税人在适用上述各税种时所作出的一些特殊规定。它具体包括以下4种。

1. 自然人持摊贩牌照或执照经营时的简化税制。根据规定，自然人（也包括个体企业）持摊贩牌照或执照进行生产经营时，应当缴纳规定数额的税款。

2. 小型企业的简化税制。根据规定，小型企业根据简化程序缴纳利润税或个体企业所得税。

3. 农产品生产者的简化税制（单一税）。根据规定，农产品生产者按照所拨给的土地面积缴纳单一税。

4. 博彩业经营者的特殊税制。根据规定，博彩业经营者按照其所经营的赌博、游戏机、发行彩票等的不同而缴纳法律规定的税收。

四、税收优惠

根据塔国《税法典》第17篇的规定，对于从事以下各项业务或在以下区域内从事生产经营活动的，给予特别的税收优惠。

1. 建设水电站。在塔国境内进行水电站建设的，可以免缴全部或部分的增值税、利润税（简化税制）、交通工具税等。

2. 新办皮棉加工企业。对于新办的皮棉加工企业，对自用的进口商品免征增值税和关税，对企业免征利润税（适用简化税制应当纳税）和不动产税，对于出口商品免征增值税等。

3. 家禽养殖及饲料生产企业。对于家禽养殖及饲料生产企业，在12年内免征利润税、增值税、不动产税、关税等。

4. 产品分配协议。对于根据产品分配协议从事地下资源开采的，在确定其应纳税额时，应该对于投资者的支出费用进行返还。

5. 自由经济区。在自由经济区内开展生产经营活动的企业可以免缴《税法典》和其他法律规定的所有税款。

第三节　塔国税法的基本概念和基本原则

鉴于税法的专业性和技术性，塔国《税法典》也借鉴了当代世界一些国家税收立法的方式，对塔国税法中一些比较重要的概念作了专门的界定，对塔国税法制度和税法执行过程中必须遵守的基本原则也进行了明确的规定。

一、税法的基本概念

为了使税法所使用的一些基本的和重要的概念不致发生歧义和混乱，《税法典》第一部分第1篇第2章以“基本概念”为题，用10个条文对税法中常用的和比较重要的概念和术语作了专门规定。这些概念包括赋税、经营活动和非经营活动、雇佣劳动、慈善活动、居民自然人和非居民自然人、非居民（外国企业或非居民自然人）的常设机构、扣缴义务人、关联人、融资租赁、塔国政府投资项目等。

例如，《税法典》第7条“税收”规定，税收是指《税法典》规定的一定金额的，且具有不予返还和无偿性质的应缴财政款项。

又如，该条还规定，除《税法典》规定的其他情形外，税收以货币计算，使用本国货币支付。

再如，《税法典》第12条对“常设机构”作了如下的规定：

1. 常设机构的定义。根据塔国税法的规定，常设机构是指非居民（外国企业或非居民自然人）在塔国开展全部或部分，包括通过委托人开展经营活动的固定场所。

2. 常设机构的范围。根据规定，常设机构包括了以下几种情况：（1）开展与商品生产、加工、配套、分装、包装及销售相关活动的所有地点，不论上述活动期限长短；（2）非居民的全部管理地点，其中包括分支机构、分部、代办处、委员会、事务所、办公室、工作室、办事处、工厂、修配厂、车间、实验室、商店和仓库等，不论此类活动的期限长短；（3）进行下列活动时的地点：工作现场、自然资源勘探时所使用的钻机或其他设备、建造矿井、油井或气井、采石场、地面或水上井架或油井，与施工期限无关；（4）从事与管道、油气管道、自然资源勘察或加工，以及设置、安装、组装、调试、启动或维护设备相关活动的全部地点，不论此类活动期限长短；（5）从事老虎机（包括手持老虎机）、计算机网络和通信信道、娱乐设施、运输基础设施和其他基础设施运营相关的全部地点，不论其运营期限长短；（6）非居民自然人用于开展经营活动的固定基地。

3. 几种特殊的常设机构。根据塔国税法的规定，下面7种情况，也被认为是常设机构：（1）工程项目的施工现场、安装或组装工程，上述工程的监理活动，以及设计活动均视为常设机构，无论其施工期限长短。工程项目的施工场地主要是指不动产项目的修建或改建，其中包括楼房建造、改建和修缮工作，桥梁、道路、运河的修建或改建，管道敷设，电气设备、工艺设备或其他设备的安装，以及其他类似的工作。自签订工程项目投运验收报告并全额支付工程款之日起第2天，工程项目的施工场地应当停工。（2）在塔国通过委托代理人收取保费或从事保险或再保险业务。（3）在塔国境内任意连续12个月中，通过员工或雇佣专人提供服务超过90日的；（4）塔国合伙企业的合伙人；（5）在塔国举办收费展览并在展览会上销售商品的；（6）根据委托协议代表委托人利益并以委托人名义开展活动或签订合同的；（7）登记的外国企业办事处或分公司可视为外国企业的常设机构。

4. 不被认定为常设机构的几种情况。根据法律规定，下列几种情况不被认定为常设机构：（1）非居民法人委托独立代理人在塔国从事经营活动，但未授权代理人以其名义签订合同（合约）的，则不认为该非居民法人拥有常设机构。独立代理人是指从事旨在推进双方合作的一般中介活动，并在法律上和经济上均独立于非居民的人员。（2）如果非居民法人依照塔国法律创建的子公司和总公司之间不存在上述第2项和第3项所规定的关系，则该分公司不能认定为非居民总公司的常设机构。（3）用于开展下列活动的场所（与场所使用者无关），不视为外国企业在塔国的常设机构：①外国企业用于存储商品或产品（商品或产品在塔国销售之前）的场所；②外国企业用于采购商品或产品，以及收集信息的场所；③为了外国企业的利益而进行的全部前期或辅助活动的场所。

5. 常设机构的认定。根据塔国法律规定，常设机构因为从事的活动导致临时性或季节性歇业时，不会造成常设机构被取消。另外，无论非居民是否在税务机关进行过税务登记，非居民从事上述活动都将被认定为常设机构。

除上述概念外，塔国《税法典》第17条还对该法中所采用的其他54个基本概念进行了规定。这些概念包括征税要素、纳税人、征税对象、计税依据、税率、纳税期、税收计算方法、纳税程序和期限、税收优惠、税收关系当事人、组织、税务管理、企业（经营单位）、特殊税制、税收优惠制度、一般税制、个体企业、确认的费用、资产、欠缴税款、奖金、固定资产、资助、国内来源的收入、纳税人的电子签名、网上报税的纳税人、工作、红利、人道主义援助、自留地、纳税人收入来源、呆账（坏账）、国家主管机关、主管机关、法人独立经营单位、法人独立经营单位所在地、农产品、商品、信贷组织、使用费、招待费、服务、金融服务、纳税人电子文件、保险费（保险赔偿、保额）、融资租赁折旧有形资产、商品生产活动、纳税人认可的应付税款、商业发现、失信纳税人、间接税、商品供应、离岸法区等。

例如，根据法律规定，征税要素是指税收法律中的必要信息资料，包括纳税人、征税对象、计税依据、税率、纳税期、税款计算方法、税款缴纳程序和期限以及税收优惠。

再如，对固定资产，塔国税法规定，是指同时满足以下条件的资产：(1) 使用期限超过一年；(2) 在商品生产（工程、服务）时使用的资产，或在管理时作为劳动资源使用的资产；(3) 每份资产的价值均超过塔国会计核算法规定的极限值；(4) 应计提折旧。

又如，国内来源的收入，根据法律规定，是指在塔国任意地点开展任意类型活动获得的，以及基于资产（财产权）和其他基础获得的任意货币、物质或非物质所得款项和利润（无扣款）。它在范围上包括以下各项收入：(1) 在塔国进行雇佣劳动所得的收入；(2) 在塔国生产商品的生产商销售商品的收入，以及在塔国提供工程和服务所获得的收入；(3) 非居民企业在塔国境内通过常设机构开展经营活动所获得的收入，其中包括：①在塔国通过常设机构销售上述商品或者类似商品所获得的收入；②在塔国通过常设机构从事经营活动或类似活动所获得的收入；(4) 通过在塔国的常设机构开展经营活动所获得的相关收入，其中包括债权人对纳税人坏账进行转销所获得的收入，出售固定资产所获得的收入以及根据法律规定的补偿金收入；(5) 从居民法人处获得的红利收入，以及通过销售或转让该法人股份而获得的收入；(6) 从居民处获得的利息收入；(7) 从在塔国境内拥有常设机构或资产的非居民处获得的利息收入，但前提是该非居民与该常设机构或资产有债务关系；(8) 居民支付的退休金；(9) 基于塔国境内资产或在塔国使用的资产而获得的使用费，或者因根据法律规定将塔国境内资产或在塔国使用的资产出售或转让给他人而获得的收入；(10) 出租在塔国使用的动产所获得的收入；(11) 基于塔国境内不动产所获得的收入，其中包括出售或转让这些资产的股份而获得的收入；（12）出售或转让塔国境内的企业股票或股份而获得的收入；（13）居民将与经营活动无关的财产出售或转让给他人而获得的其他收入；（14）提供管理、金融或保险服务而获得的收入，其中包括塔国境内的居民企业或非居民常设机构支付的再保险服务的收入，或者依照与上述企业或常设机构所签订合同获得的再保险服务的收入；（15）根据在塔国签订的风险保险或再保险合同获得的保险费收入；（16）提供国际通信或运输服务或者在塔国和其他国家之间提供运送服务所获得的收入；（17）根据劳务合同或其他民事合同在塔国开展活动所获得的收入；（18）居民法人最高管理机构（董事会、理事会或其他类似机构）成员获得的报酬或其他收入，与上述人员实际履行自身义务的地点无关；（19）在塔国居住的住房津贴；（20）在塔国工作的非居民自然人从企业主或用人单处获得的补偿金和为这些非居民自然人带来物质福利，社会福利及其他物质利益的费用，其中包括饮食、住房、儿童在校教育费、休养费及其家属的假期旅行费用；（21）由居民养老基金承担的养老金；（22）塔国剧院和影院演员、无线电台和电视台工作人员、音乐家、艺术家和运动员的活动收入，与该收入的支付对象无关；（23）居民中彩所得的彩金；（24）在塔国独立提供个人（职业）服务所获得的收入；（25）汇率收益，包括买卖外汇所得；（26）在塔国境内无偿获得的资产，包括基于该资产所获得的收入；（27）除上述各项之外的其他收入。

二、税法的基本原则

税法原则不仅是一国税收法律制度重要的组成部分，而且也是支配整个税收法律制度的根本准则。虽然当代世界各国对税法原则的具体内容有着多种不同的认识，但税收法定原则却是世界绝大多数国家都认同的税法基本原则，并在各自的宪法和税法中都作了明确的规定。塔国也不例外。塔国除了在《宪法》第45条对该原则作了原则性规定外，还在《税法典》中对税收法定原则作了具体规定。根据《税法典》，塔国的税收法定原则具体内容主要体现为以下几个方面。

第一，法律保留原则。根据塔国《税法典》第3条第1款的规定，新税种的设立、已有税种的修改或取消，都应当依照塔国政府立法提案程序，对《税法典》或其他法律进行修订和补充。

第二，税法优位原则。塔国《税法典》第2条第3款规定，如果《税法典》的规定与其他法律之间发生冲突，征税时应当以《税法典》为准。该款还同时规定，涉及征税问题的法律应当与《税法典》的规定保持一致。

第三，征税要素明确原则。根据塔国《税法典》第3条第2款的规定，设立税种时应当明确全部的征税要素。

第四，依法征税原则。塔国《税法典》第5条第1款、第2款和第4款分别规定，“依照本法，作为纳税人的自然人和法人必须缴纳本法规定的各种税款”；“禁止强迫个人缴纳本法规定之外的税款”；“地方政府有权征收本法规定的地方税”。根据这些规定，税务机关只能依法行政，按照法律的规定征税。

第四节　塔国税法的渊源与效力

一、塔国税法的渊源

在当代世界各国，法的渊源问题一般指的是法的存在形式与表现形式。由于它直接影响到法的适用范围与效力，故它是任何法律都首先必须解决的问题。根据塔国《税法典》第2条第1款“塔吉克斯坦共和国税法依据塔吉克斯坦共和国宪法制定，由本法及其他根据本法规定采纳并用于调节税收关系的法规和塔吉克斯坦共和国批准的国际法规组成”，塔国税法的渊源一般包括以下几种。

（一）宪法

宪法是一个国家的根本大法，有关国家基本的政治制度、经济制度、社会制度等应该由宪法来进行规定。税收作为国家的重要制度，自然应该在宪法中有所体现。塔国宪法也不例外。它在第45条中明确规定：“依照法律缴纳税款是每个人的义务”。同时，它还规定，“规定设置新税的法律或者使公民经济状况恶化的法律都没有回溯效力”。这样，通过上述两款规定，宪法就不但为国家征税权和税收制度的来源提供了依据，而且也为纳税人履行纳税义务提供了依据。这就从根本上解决了塔国税法的合法性问题。

（二）法律

由于塔国税法实行法典化，故《税法典》就成为塔国税法最主要的渊源。事实上，《税法典》第1条、第2条第1—4款等，都说明了《税法典》在塔国税法体系中的重要地位。依据《税法典》的规定，除国际条约外，其他法律的内容与《税法典》的内容不一致时，必须以《税法典》的内容为准。除《税法典》另有规定的情形外，禁止将《税法典》调整的税收关系列入与税收无关的法律之中。对于《税法典》中未规定的税种，任何人都有权拒绝缴纳。

除《税法典》之外，塔国其他法律中还包含了一些涉税的规定。例如，《海关法》对关税进行了专门规定，《外国投资法》、《对外经济活动法》、《有价证券和证券交易法》、《国家私有化法》等法律中也涉及了对外国投资者税收优惠的规定。

（三）国际条约

国际条约是塔国与其他国家或国际组织之间签订的、具有法律效力的文件。在其中，税收条约占比较大。根据《税法典》的规定，如果塔国税法典及相关税收法律制度的规定与塔国政府承认的国际条约不一致时，根据宪法和《税法典》的规定，以国际条约为准。由此可见，国际条约也是塔国税法的重要组成部分。

二、税法的效力

税法的效力也可称之为税法的适用范围，指的是税法的强制力所能达到的范围。税法的效力源于税法的渊源，一般包括了主体上的效力、时间上的效力和空间上的效力三种情况。在塔国，《税法典》主要规定了塔国税法主体上的效力和时间上的效力两种情况。

（一）主体上的效力

根据《税法典》第 3 条第 1 款的规定，塔国税收法规在哈国全境内有效，适用于自然人、法人及其他的分支机构。由此可见，塔国税法在对人的效力上实行的是属地原则。然而，在企业所得税法中，哈国税法又规定，对于哈国的居民法人企业，其在哈国境内和境外的收入，都应向哈国缴纳企业所得税。这又是典型的属人原则。由此可以看出，税法同时实行属地原则和属人原则。这也符合当代世界大多数国家的共同做法。

（二）时间上的效力

根据《税法典》第 3 条第 2 款的规定，除税收征管、纳税申报、改善纳税人状况方面的变更和补充外，与《税法典》变更和补充相关的立法法案可以在当年 11 月 1 日之前通过，在其通过后的下一年度 1 月 1 日之后开始生效。根据这一规定可知，对于税收征管和纳税申报等税收征管的程序性内容，可以不受上述规定的限制。而对于其他的规定，必须在通过一段时间之后才能生效。因此，它实际上实行的是“实体从旧，程序从新”原则。同时，上述规定对于改善纳税人状况方面的变更，也可以不受上述规定的限制，这实际上是规定了对有利于纳税人的规定实行“从轻原则”，从而最大限度地保护纳税人的利益。

第五节　塔国《税法典》的结构与主要内容

根据塔国《税法典》的规定，塔国的税法依据塔国宪法制度，由《税法典》和其他按照《税法典》的规定制定的并用于调节税收关系的法规和塔国批准的国际条约组成。所有其他的税收规范性法律文件都必须按照《税法典》的规定制定和执行，都不得与《税法典》相违背。由此可见，《税法典》就是塔国税收领域的根本法。因此，为了从总体上对塔国税收法律制度有一个概括性的了解，有必要对《税法典》的结构与主要内容加以介绍。

一、塔国《税法典》的主要内容

塔国现行的《税法典》由 2 个部分、18 篇、51 章、330 个条文组成。根据国家税务总局新疆维吾尔自治区原国家税务局的译本，其中文译本为 187 页，约 27 多万字。

第一部分为“通用部分”，由 7 篇 15 章 94 个条文组成。本部分主要规定了税收法律制度中的一些基本的和共通的事项和内容。

第 1 篇为“概述”，包括了“基本规定”、“基本概念”、“纳税人（扣缴义务人）的权利和义务”3 章，具体规定了哈国税法的调整范围、税法原则、基本概念以及纳税人、税务机关等的权利与义务。

第 2 篇为“一般行政规定”，包括“纳税管理”、“税务稽查及其他税务管理形式”、“风险管理体系”、“履行纳税义务的通知和说明”4 章，对纳税管理的内容、税务稽查的程序、税收风险评估等进行了专门规定。

第 3 篇为“登记和报表”，由 1 章 11 个条文组成，规定了纳税人进行税务登记的程序和向税务机关提交报表和其他信息的义务。

第 4 篇为“纳税义务及其履行”，由 3 章 14 个条文组成，主要规定了纳税人的纳税义务、税款的缴纳和返还等内容。

第5篇为"强制征收及处罚措施"，由2章9个条文组成，主要规定了纳税人不履行或不及时履行纳税义务时的强制执行措施及对税收违法行为的处罚措施。

第6篇为"解决争议"，由1章两个条文组成，主要规定了行政复议和行政诉讼的有关内容。

第7篇为"税务机关"，由1章12个条文组成，主要规定了税务机关的地位、任务及其权利与义务等内容。

第2部分为"特殊部分"，由11篇36章236个条文组成，本部分主要规定了各税种的具体构成要件。

第8篇为"所得税和利润税"，由8章64个条文组成，其中，不仅对所得税和利润税的构成要素作了具体规定，而且还对这两个税种的登记、管理以及跨国税收的问题作了明确的规定。

第9篇为"增值税"，共8章37个条文，具体规定了增值税的构成要素及其计算、缴纳和管理等事项。

第10篇为"消费税"，共1章18个条文。

第11篇为"社会税"，共1章7个条文。

第12篇为"自然资源税"，共3章29个条文，对矿产资源补偿费、水资源费等进行了具体的规定。

第13篇为"道路使用税"，共1章7个条文。但该税已经被取消。

第14篇为"皮棉和初炼铝销售税"，共1章7个条文。

第15篇为"地方税收"，共3章21个条文，分别规定了交通工具税和不动产税的具体内容。

第16篇为"特殊税制"，共4章29个条文，分别对4种不同的特殊税制作了规定。

第17篇为"税收优惠制度"，共5章16个条文，分别规定了5种情况的税收优惠。

第18篇为"最后条款"，共1章3个条文，规定了新税法的过渡条款和生效实施等。

二、对塔国《税法典》的简单评价

塔国现行的《税法典》是在继承苏联税收法律制度、充分吸收西方国家税收立法的经验与做法的基础上，根据塔国政治社会，特别是经济发展的需要，在对国家前期税收法律制度进行废、改、立的基础上形成的。该法典结构比较完整，内容较为全面，用语准确，条理清晰，从而表现出了比较好的立法技术和立法水平。《税法典》的制定与实施，对于促进塔国经济的恢复、改善塔国的投资环境都起到了比较重要的作用。尽管如此，但我们也应当看到，塔国不仅是目前世界上最贫穷的国家之一，而且也是目前世界上最为腐败的国家之一。塔国目前还处于转轨时期，宪法和法律不健全，国家政策不稳定，市场秩序比较混乱。这就使得塔国的税收法律制度与其他国家相比，还存在着较大的差距。不仅税法本身比较粗放，稳定性不够，可操作性较差，而且在执行过程中随意性较大，导致纳税人的税收负担较重。根据世界银行2015年的营商环境指南，塔国的税收负担在全球189个国家和地区中排名第169位，属于税收负担特别重的国家之一。另外，根据普华永道发布的《2017税务支付》，2016年塔国的实际税负为65.2%（含所得税、薪酬税类和其他税类），在亚太地区处于税负较重的水平。

第二章　税务机关、纳税人及其权利和义务

一般来讲，在税收法定原则的拘束下，税收关系是指由税收法律规范确认和调整的，国家与纳税人在税款征收和税务管理过程中所形成的权利义务关系。它的核心内容是对税收权利义务在国家和纳税人之间进行的分配与确认。因此，在税法学上，它更多被称为“税收法律关系”。它是税法在社会关系中的存在形式和实现形式，是调整税收关系、规范税收活动的根本规则。由于塔国的税收制度与其他许多国家一样，建立在了税收法定原则的基础之上，故《税法典》第1条第1款就明确规定，税收法律关系是调节税种设立、更改、取消、计算、缴纳程序之间的权力关系，以及国家与纳税人（扣缴义务人）之间履行纳税义务方面的关系。同时，鉴于塔国税收立法实行法典化，故有关税务机关和纳税人（扣缴义务人）在税收方面的权利与义务，都在《税法典》中进行了明确的规定。

第一节　税务机关、税务人员及其权利与义务

一、一般规定

（一）税务机关的构成

根据塔国《税法典》第84条的规定，塔国的税务机关由国家主管机关和境内税务机关构成，国家主管机关和境内税务机关构成统一的塔国税务机关中央体系。

在塔国，国家税务主管机关是塔国税务委员会。它隶属于塔国国家权力机关的中央执行机关。它的地位、结构、管理流程以及它的组织清单由塔国政府批准。

塔国境内的税务机关包括戈尔诺—巴达赫尚自治州税务局、各州税务局、

杜尚别市税务局、各市（区）税务管理机关、纳税大户税务管理机构、其他区域性税务机关，以及法人和个体企业进行国家登记的国家主管机关的境内机关。根据法律规定，境内税务机关垂直隶属于相应的上级税务机关并向其汇报，但不属于国家权力的地方执行机关。

塔国税务机关是法人，在塔国财政部中央财政机关或其地方机关拥有独立的资产负债表、专用账户和印章，印章上刻有塔国国徽和塔文名称。

税务机关有自己的标志，并采用颁发胸章奖励取得巨大成绩的工作人员。胸章说明由塔国政府确定。

（二）税务机关的主要任务

根据塔国《税法典》的规定，塔国税务机关主要任务为以下各项：(1) 确保纳税人能够遵守塔国税法，并及时全额征收税款并上缴国家财政；(2) 在其权限范围内参与制定和实施塔国税收政策，完善税务行政管理；(3) 在其权限范围内制定和实施企业登记的国家政策；(4) 帮助纳税人履行纳税义务；(5) 全权负责对税款及其缴纳情况的检查，但《税法典》另有规定的情况除外；(6) 依据法律规定与其他国家机关、村镇自治机构及其他国家税务机关协作配合开展活动。

（三）税务人员

根据塔国《税法典》第 85 条的规定，符合职位资质要求的人员，可以被任命为税务人员。其中，税务人员职位资质要求由塔国公务法和其他法规规定。税务人员属于国家公务人员。

税务人员应按规定的程序获得资质评级。资质评级由塔国上下两院批准。税务人员的资质等级及其津贴由塔国总统批准。

国家应当为税务人员发放工作证和制服。不同资质等级税务人员的制服应当有所区别。工作证和制服的式样和规范由塔国政府批准确定。

国家应当根据塔国法律对税务人员进行考核。国家应当根据税务人员的岗位，按照一般指标和专项指标，每年对税务人员的职业活动是否符合塔国国家公务员活动评估标准进行考核。税务人员应当根据每年的工作成果，自己撰写考核报告并上交给直接领导进行研究和评估。工龄少于 6 个月的税务人员无须对其职业活动进行评估。在对税务人员作出升职、嘉奖、纪律处分等事项时，应当由上级机关的领导或考核委员会按照规定的程序进行评估。

二、税务机关及税务人员的权利

根据塔国《税法典》第 89 条的规定，税务机关及其税务人员在税务管理活动过程中，依法享有以下各项权利：

1. 在其权限范围内独立或与塔国财政部协商编制和批准税收法规。

2. 进行税务检查。

3. 就纳税问题开展国际协作。

4. 纳税人（扣缴义务人）使用会计核算和税务管理自动化系统，或使用其他包含税收统计信息、征税对象信息的信息系统的，则有权要求纳税人（扣缴义务人）允许对上述程序、数据或信息系统进行检查。

5. 根据塔国行政犯罪法规定的程序在进行税务稽查过程中，发现有证据证明纳税人可能会销毁、隐藏、修改或替换其行政违法的证明文件时，则有权从纳税人（扣缴义务人）处没收这些文件。

6. 根据法律规定计算应纳税额。

7. 在税务稽查过程中，检查资金单据、会计账册、报表、预算书、现金、有价证券和其他贵重物品、核算表、申报单及其他与税收评估及缴纳相关的文件，从单位负责人和其他工作人员、自然人处获取对相关问题的解释信息。

8. 在税务稽查过程中，依照国家主管机关与塔国财政部商定的程序，调查属于征税对象或涉税标的物的财产，无论所在地在何处，均应对纳税人（扣缴义务人）的财产进行登记（住所除外）。

9. 在税务稽查过程中，无论企业和自然人的所在地在何处，都应对其用来获取收入或与征税对象相关的生产场所、营业场所、仓库和其他场所进行检查。

10. 向单位领导和其他负责人以及自然人下达要求其改正税务违法行为的指令，并对该指令的执行情况进行监督，单位领导和其他负责人及自然人必须执行该指令。

11. 根据《税法典》和塔国其他法律的规定，对税务违法行为进行制裁并收取罚金，申请中止或撤销纳税人进行某类活动的许可。

12. 根据《税法典》的规定向纳税人及其负责人和自然人征收税款、罚金和利息，包括以向法院提起诉讼的方式进行征收。

13. 要求纳税人（扣缴义务人）提供计算和缴纳（扣除和转账）税款的证明文件、纳税人（扣缴义务人）编制的税务报表的书面说明，以及纳税人（扣缴义务人）的财务报表，包括税务检查的结论（如果塔国法律规定上述纳税人必须接收税务检查）。

14. 按《税法典》和塔国执行程序法以及其他法律规定的程序，采取强制措施征缴税款、罚金和利息。

15. 邀请（聘请）专家、鉴定人和翻译参与税收鉴证活动，并依照塔国政府规定的司法鉴定程序支付相应的服务费。

16. 发现税务机关存在违反税法的行为时，可以传唤知情人员作证。

17. 按塔国政府规定的程序，在不减少个别市（区）税收收入或纳税人类型的前提下，在至少连续的12个月内，试行减少提交纳税申报单数量的简化程序、税款缴纳的简化程序，以及其他的纳税简化程序。

18. 发现下级税务机关的决议不符合塔国税法时，上级税务机关有权取消下级税务机关的相关决议。

19. 《税法典》和塔国其他法律规定的其他权利。

三、税务机关及税务人员的义务

根据《税法典》第90条的规定，塔国税务机关及税务人员在税务管理过程中应当履行法律规定的下述各项义务：

1. 遵守塔国宪法，《税法典》和其他法律，塔国最高议会上院和下院的共同决议，上院决议，下院决议，塔国总统和塔国政府法规，企业、机关和其他组织及公民权利和利益保护法。

2. 监督税款计算是否正确，缴纳税款是否足额及时，是否完全准确地遵守了塔国税法的情况。

3. 尊重并保护纳税人的合法权益。

4. 根据塔国法人和个体企业国家登记法对法人和个体企业进行国家登记。

5. 保证及时对全部纳税人进行登记，包括增值和税纳税人和征税对象，并对核定缴纳的税款和欠税情况进行登记。

6. 按纳税人的类别、税种和税收优惠的类别以及所在地区等情况，登记税收优惠的金额，编制税务报表。

7. 按照《税法典》和塔国其他法律的规定，计算和及时收缴罚款和利息。

8. 根据塔国法律进行税务检查。

9. 根据职权颁布工作规程及其说明，编制参考资料、手册和贴挂图，并公开回应对相关问题的咨询与说明。

10. 通知纳税人按照《税法典》的规定履行纳税义务。

11. 根据纳税人的申请，在5个工作日内向其提供分账户纳税结算情况的摘录。

12. 依据《税法典》和塔国其他法律的规定，对纳税人采取强制措施征缴税款。

13. 向纳税人提供补充的税务稽查证明和税务机关的稽查结论。

14. 对税控收款机进行登记。

15. 按规定程序对职权范围内的请求、申请、投诉和建议进行处理。

16. 每月向财政机关报送实际征收的税款总额的信息。

17. 对税务违法的信息进行收集、分析和评估，并向国家机关提出消除税收违法行为的建议和意见。

18. 依据法律规定对纳税人的溢缴税款进行抵扣或返还。

19. 保守涉税保密信息。

20. 开展税法解释工作，按照规定程序向纳税人提供税务报表，讲解报表填写方法，告知税款计算和缴纳方式。

21. 按照规定的期限保存税务报表和其他单据，包括能够证明纳税人履行纳税义务的文件（票据及其他）副本，税务稽查报告和其他与该纳税人相关的文件。税务机关应当为法人纳税人、个体企业，以及根据吉国《税法典》规定必须提交纳税申报表的自然人制作纳税人档案，并将上述文件放入纳税人的档案之中。

22. 在税务稽查过程中发现纳税人涉嫌犯罪且有逃税、逃避缴纳规费的事实时，应当在做出决议并采取相应措施后的10个工作日内，向执法机关提供相关资料。

23. 对下级税务机关和其他企业、机关和单位的活动进行监督。

24. 确保纳税人能够了解与履行纳税义务有关的信息。

除上述各项义务外，《税法典》还针对税务机关及其工作人员，特别规定以下3个方面的义务：

1. 回避义务。根据《税法典》第92条的规定，当出现下述两种情况时，税务人员应当回避，严禁履行职责：（1）与纳税人有亲属关系；（2）与纳税人或其亲属有直接或间接的利益关系。

2. 涉税信息保密义务。根据《税法典》第93条的规定，税务机关、扣缴义务人及其工作人员在职时或离职后必须按规定程序保守在其行使职权时获得的、与纳税人相关的信息（纳税人识别号和其他与纳税人登记相关的信息除外）。税务机关编制的税务报表和其他文件（纳税人档案、税务稽查证明、通知以及税务管理所需的其他文件）不能转让给其他国家机关，法律另有规定的情况除外。

不过，为了便于税务管理，塔国法律对涉税信息的保密规定了两种例外情况。

第一种情况是，税务机关和扣缴义务人有权按国家主管机关规定的程序向下列人员公开上述信息：（1）为履行职权而向其他的税务人员公开上述信息；（2）为了调查税收违法或犯罪行为而向执法机关公开上述信息；（3）为了便于法院审理税务案件而向其公开上述信息；（4）依据塔国批准的国际条约向他国家税务机关公开上述信息；（5）根据预算法的规定向财政机关公开上述信息；（6）向国家主管机关公开关于应提交收入申报单人员的信息；（7）向海关公开上述信息，以及为了征收税款而向有权征收税款的主管机关公开上述信息。

第二种情况是，纳税人存在刑事犯罪的，税务机关可以根据执法机关和法院的书面请求，向其提供税务报表和其他文件（纳税人档案、税务稽查证明、通知和税务管理所需要的其他文件）。在这种情况下，税务机关应当按照规定程序保存提供给执法机关和法院的税务报表和其他文件的副本。法院应当在诉讼终止或判决生效之日起的30日内将上述文件原件归还给税务机关。

3. 报告义务。根据塔国《税法典》第88条的规定，在每年前6个月内，国家税务主管机关都必须在官方网站上公布税务机关上一年度的工作报告。工作报告应包含下列信息：（1）各州（市、区）各税种的实征税额；（2）各州（市、区）各税种的应征税额；（3）税收优惠和欠税、延期纳税的相关资料，包括报告年度的相关资料；（4）税务机关工作成绩和不足的简要说明。另外，对于欠税金额超过结算指标5000倍的纳税人，国家主管机关应当在官方网站上及时公布其名单，并注明欠税的金额。

税务机关还应履行塔国税法规定的其他义务。

四、税务人员的责任与保障

（一）税务人员的责任

根据塔国法律，税务人员未履行或不当履行义务，未按法律规定保守国家机密、业务机密、税务机密、商业机密和银行机密，滥用职权和其他违法行为，应当承担相应的责任。

税务人员因其违法行为给纳税人带来的损失应当按塔国法律规定的程序

进行赔偿。

（二）税务人员的保障

根据塔国《税法典》第94条的规定，税务人员为国家权力执行机关的代表，受国家保障。其职权范围内的合法要求自然人和负责人必须执行。其他人员妨碍税务人员执行公务，侮辱其人格和尊严，威胁或蓄意危害其生命、健康和财产，对其加以阻挠及使用暴力等行为应承担相应责任。

国家应当对税务人员家属的生命、健康、人格、尊严和财产给予保障。

国家应当根据塔国公务员法为税务人员及其家属提供社会保障和物质保障。税务人员物质保障的种类和范围，包括薪金种类和数额，由塔国法律规定。

第二节　纳税人（扣缴义务人）及其权利与义务

一、纳税人（扣缴义务人）的定义

根据塔国税法的规定，纳税人是指根据《税法典》的规定承担纳税义务的人。纳税人应当满足下列条件之一：（1）在塔国从事创收活动或有来自于塔国的收入；（2）本身是应税资产的所有人或使用人；（3）在塔国境内从事应税活动或业务。

在塔国《税法典》中，除对纳税人的概念作了定义之外，还对扣缴义务人的概念作了规定。根据规定，扣缴义务人是指依照《税法典》的规定履行计算纳税人应纳税额并代扣代缴义务的单位或个体企业。由于扣缴义务人除根据法律的特别规定应当承担的义务外，在其他方面与纳税人享有相同的权利，承担相同的义务，故在塔国税法中，多数情况下是将纳税人与扣缴义务人看作同一对象，并用“纳税人（扣缴义务人）”这一语词来表述。

二、纳税人（扣缴义务人）的权利

根据塔国《税法典》的规定，在塔国，纳税人（扣缴义务人）享有以下各项权利：

1. 从税务机关获得有关税务信息和税法修正的信息，以及税款计算及缴纳的说明和税务报表的填写说明。

2. 由本人或根据塔国法律规定的程序授权代理人代表自身在税务问题上的利益。

3. 根据《税法典》的规定获取税务检查的结果。

4. 在进行室内检查前有权预先得到通知，并且在进行税务检查时有权列席。

5. 有权免费获取税务机关的申请表和报表，并按照规定的程序提交电子税务报表，法律另有规定的情况除外。

6. 根据税务检查结果向税务机关提交税款计算和缴纳的说明。

7. 有权在履行纳税义务后，自税务机关收到书面申报之日起的5个工作日内，获取预算结算分户账的对账单。

8. 有权在提交书面申请后的5个工作日内获取有无欠缴税款的证明以及非居民在塔国的收入和纳税的证明。

9. 有权在向税务机关提出请求后的1个工作日内，获知履行纳税义务付款凭证的必填项目，以及与纳税方式相关的信息。

10. 依据法律规定的程序，对税务稽查报告、税务稽查报告通知书以及税务机关负责人的行为（不作为）提出申诉。

11. 保守涉税秘密信息。

12. 不提供与征税无关的信息和文件。

13. 按照法律规定的程序和条件延长税款缴纳期限（获准延期纳税）。

14. 要求税务机关及时抵扣或返还溢缴税款或多征税款。

15. 要求税务人员依法为纳税人办事。

16. 要求税务机关按法律规定的程序为其负责人的不法决议和行为（不作为）所造成的损失进行赔偿。

17. 纳税人（扣缴义务人）享有法律规定的其他权利。

根据法律的规定，纳税人的上述各项权利和合法利益应当受到保护。保护方式应当由塔国法律予以规定。税务机关负责人和法院都有义务保障纳税人的权利。否则，将依照塔国法律规定承担责任。

三、纳税人（扣缴义务人）的义务

根据塔国《税法典》第19条的规定，纳税人（扣缴义务人）应当履行以下各项义务：

1. 依据《税法典》的规定及时全额履行纳税义务。

2. 根据税务人员提出的合法要求，消除税收违法行为，并不得阻碍税务机关依法执行公务。

3. 根据书面指示，允许税务机关负责人对其应税资产或与征税相关的资产进行调查。

4. 根据法律规定的程序，向税务机关提交纳税申报表、其他税务报表和文件。

5. 按规定程序使用收款机。

6. 按照法律规定的程序对应纳税所得（支出）或与纳税相关的所得（支出）进行登记。

7. 按照法律规定的程序及时登记为纳税人，完成增值税纳税人登记。

8. 按照法律规定的期限保存税款计算和缴纳所需的会计核算文件、其他核算文件及数据，以及收入、支出和纳税的证明文件。

9. 依照塔国会计核算法每年对资产和债务进行清点登记。

10. 在发生下列情况后的 5 个工作日内书面通知税务机关：经营活动的开始和结束（包括所属的独立经营单位）；作出企业改组、清算（终止活动）或破产决议；经营单位选择所适用的税制和核算程序；经营单位的活动地点(居住地点)、联系方式等发生变更。

除上述各项义务外，塔国《税法典》还专门规定，扣缴义务人应当履行以下 4 项义务：

1. 依照《税法典》的规定，准确及时地计算和扣缴纳税人的应纳税额。

2. 登记支付给每个纳税人的收入、代扣并上缴的税款。

3. 按照法律规定的程序向税务机关提交税务报表。

4. 履行税法规定的其他义务。

第三节　国家机关、银行在税收管理中的义务

一、国家机关与税务机关在协作过程中应当履行的义务

塔国《税法典》第 27 条规定，为了维护国家的税收秩序，保证税款能够得到及时足额的征收，其他国家机关应当与国家税务机关密切合作，在以下各个方面，履行法定义务。

1. 办理法人、外国法人分公司和代表处登记的国家机关，必须在每个会计季度结束后的15日（即下个季度第1个月的15日）之前将法人登记或重新登记、重组、清算的情况通报给税务机关，依照塔国《法人和个体企业国家登记法》进行登记的人员除外。

2. 办理自然人和法人的执照、许可证、证明文件或其他类似文件的国家机关，必须在每个会计季度结束后的15日（即下个季度第1个月的15日）之前将获得上述文件的人员的情况，以及上述文件被撤回、取消或有效期满的人员的情况通报给税务机关。

3. 内务机关必须在每个会计季度结束后的15日（即下个季度第1个月的15日）之前将其向塔国公民颁发国内护照、出国护照的情况，包括丢失或过期护照，以及注销护照的更换情况，通报给税务机关。

4. 办理不动产产权登记或交通运输工具产权登记的国家机关，必须在每个会计季度结束后的15日（即下个季度第1个月的15日）之前，将位于其辖区内并在其辖区进行登记的不动产或交通运输工具的资料提交给税务机关。

5. 办理自然资源使用权（包括土地使用权）登记的国家机关，必须在每个会计季度结束后的15日（即下个季度第1个月的15日）之前将上述使用权授予情况报给税务机关。

6. 海关必须定期按规定的程序将其税务执法信息提供给税务机关。

另外，塔国税法还规定，上述各个国家机关可以依照双方的协议，采用电子文本的方式将规定的信息提交给税务机关。对于未提交或未及时提交法律规定的有关资料的，相关国家机关的负责人应当承担法律责任。

二、银行的义务

塔国《税法典》除了规定其他国家机关在税务管理中的义务之外，还专门针对银行机构，用《税法典》第50条规定了其必须履行的义务。

1. 银行只有在自然人或法人向其出示了纳税人识别号的证明文件后，才能为其开设银行账户（自然人存款账户除外），并通过电子方式或纸质方式在5日内将纳税人开设的上述账户信息通知税务机关。银行票据上未标明纳税人识别号的，不能对账户进行操作。

2. 银行应当按塔国民事支付法规定的程序，从纳税人的账户（包括纳税人的外汇账户）中扣缴税款。

3. 银行在从纳税人银行账户转出资金后的两天内，应当将税款缴入塔国财政部中央国库的账户。

4. 银行应当根据税务机关的书面申请，将被检查纳税人的银行账户及其资金使用的相关信息，在5日内提供给税务机关。

5. 银行在接收纳税支付凭证时，应当要求纳税人注明纳税人识别号和所缴纳税种的代码，并检查收款人的银行信息是否正确。

6. 银行应当根据税务机关的书面请求，在5日内将因欠税或失信而被处罚的纳税人的银行账户及其资金使用情况的资料提交给税务机关，并在国家主管机关的网站上公布该纳税人的相关信息。

第四节　纳税义务的履行

一、纳税义务履行的一般原则

纳税义务是指根据塔国税法规定，纳税人必须向国家缴纳税款、罚金及利息的责任。纳税义务的产生、变更或终止，以及履行纳税义务的方法和条件都应当由《税法典》或塔国其他法律予以规定。

税务机关有权代表国家要求纳税人全额履行纳税义务。对于拒不履行纳税义务或履行不当的，税务机关有权依据法律规定的程序采取税收征管措施并强制征收税款。

根据《税法典》的规定，纳税义务应当由纳税人本人履行。根据纳税人的书面授权，纳税人也可以委托代理人代为履行纳税义务。在税法规定的某些情况下，纳税人也可以委托扣缴义务人或其他义务人履行纳税义务。

根据国家有关机关的决议，国家机关的组成部门可以单独履行纳税义务。

根据《税法典》的规定，在某些情况下，可以由法人所属的独立部门履行法人的纳税义务。如果一个法人在一个城市（或地区）有两个以上独立经营单位的，在法人通报给税务机关后，可以由其中的一个经营单位承担全部的纳税义务。

无论纳税人有无资产，其银行账户上有无资金，都必须按照塔国税法规定的程序和期限履行纳税义务，缴纳税款、罚款和利息。

根据《税法典》的规定，税务机关及主管机关应当履行计算个别税种应纳税额的义务。

纳税义务的履行期限由《税法典》规定。纳税义务的开始时间，从确定纳税义务履行期限开始的实际事件或法律行为发生后的第 2 日起开始计算。纳税义务的结束时间，为《税法典》规定的履行期限最后一天结束之后。如果履行期限的最后一天不是工作日，则履行期限于下一个工作日结束后结束。

纳税人有权提前履行纳税义务。

扣缴义务人将税款代扣并缴入财政账户之日即视为纳税人的纳税义务履行之日。

二、法人清算时纳税义务的履行

根据塔国《税法典》的规定，纳税人破产时，应当依照塔国民法和破产法履行纳税义务。

非居民法人的股东，非居民法人的主管机关或法院，应当在作出清算决定之日起的 5 个工作日内将清算决定书送达税务机关。

清算法人应当在期中清算资产负债表批准之日起的 3 个工作日内向税务机关提交全面税务稽查申请及清算税务报表。清算税务报表应当按税种编制。向税务机关提交清算税务报表后的 10 日内，清算法人应当缴纳清算税务报表中的税款。

根据法律规定的顺位，应当用清算法人的资金（包括资产销售所得资金）清偿其应付税款。

继承农业企业清算法人土地的人员，应当承担缴纳该清算法人剩余税款的连带责任。

当清算法人的资产不足以抵缴应纳税款时，如果按照法律、法人章程或其他文件的规定由清算法人的股东对清算法人的债务负有连带责任，则由清算法人的股东负责偿还剩余的应纳税款。

税务机关应当在收到清算法人申请后的 20 个工作日内开始进行全面税务稽查。全面税务稽查结束且已缴纳全部的税款后，清算法人应当向税务机关提交清算资产负债表。

税务机关必须在法律规定的期限内向纳税人发放无欠缴税款的证明。

停止在塔国开展活动的非居民法人的分公司和代表处以及外国法人的常设机构，应当按照上述规定履行纳税义务。

三、法人重组时纳税义务的履行

根据塔国《税法典》第 61 条的规定，重组法人的纳税义务应当由其权利继承人履行。权利继承人的确定以及权利继承人负责偿还重组法人应纳税款的份额，应当根据塔国民法的规定确定。

法人应当在作出合并、兼并、新设分立或派生分立等方式进行重组的决议之日起的5个工作日内，将此情况书面报告税务机关。

重组法人应在交接书或分立资产负债表批准之日起的3个工作日内，向税务机关提交税务稽查申请和清算税务报表。清算税务报表应当按照税种编制。

法人合并的，合并后的新法人应当承担合并前法人的纳税义务。新法人应当根据交接书将其涉税事项移交给税务机关。

法人兼并的，兼并后的新法人应当承担兼并前法人的纳税义务。新法人应根据交接书将其涉税事项移交给税务机关。

法人新设分立的，分立后的新法人，应当承担分立前法人的纳税义务。

法人派生分立的，新成立的法人应当承担分立前法人的纳税义务，交接书另有规定的情况除外。

如果分立资产负债表或交接书不能确定各个重组后法人的纳税份额，或者某个法人不能全额履行纳税义务，则新法人应当承担连带责任。

法人通过改变法律组织形式转变为另一法人的，新成立的法人应当承担重组法人的纳税义务。

税务机关在收到重组法人申请后的20个工作日内开始进行税务稽查。

禁止以法人重组为由变更该法人的权利继承人履行纳税义务的期限。

四、个体企业主终止活动后纳税义务的履行

根据塔国《税法典》第62条的规定，个体企业自决定终止活动之日起的5个工作日内，应当将此情况书面通知税务机关。终止活动的个体企业应当分税种编制清算税务报表，并提交给税务机关，同时缴纳清算税务报表中确定的税款。

税务机关在收到个体企业终止经营申请后的3个工作日内开始进行税务稽查。

针对持摊贩经营牌照开展活动的个体企业，税务机关只需对其缴纳的税款进行核对，无须进行税务稽查。

五、自然人死亡、丧失活动能力、失踪或被法院宣布死亡时纳税义务的履行

塔国税法规定，自然人死亡或被法院宣布死亡的，其所欠的税款由其继

承人在所继承财产的价值范围内，根据财产继承比例，于继承当日予以缴纳。死亡或被法院宣布死亡的自然人没有继承人，或所有继承人拒绝继承其纳税义务的，其欠税将根据法律规定作为税收坏账被中止和注销。

法院宣布失踪的自然人或无行为能力自然人的所欠税款，应由该自然人的资产支配人使用其资产缴纳。

失踪的自然人或无活动能力的自然人，以及被法院宣布死亡的自然人的资产不足以清偿所欠税款（包括利息和罚款）时，则剩余的欠税（包括利息和罚款）应当按照法律规定作为税收坏账注销。

宣告自然人失踪或无活动能力的决定被撤销，或者法院宣告自然人死亡的裁定被撤销的，则应当恢复之前按照法律规定注销的欠税，但不得对认定自然人失踪或无活动能力，或宣告自然人死亡期间的欠税加算利息和罚金。

六、对纳税义务履行情况的登记

塔国税法规定，税务机关应当通过设立纳税人（扣缴义务人）分户账的方式对纳税人履行纳税义务的情况进行登记。税务机关应当对纳税人（扣缴义务人）的每个税种都设立分户账。在每个分户账中都应该按照顺序登记计算的应纳税额、查定的应纳税额、已纳税额、抵扣的税额、返还的税额、罚款及利息。其中，计算的应纳税额是指纳税人（扣缴义务人）在税务报表中计算的税款，或税务机关根据法律规定对某些自然人的个别税种计算的税款，以及主管机关依据法律规定计算的税款。查定的应纳税额是指税务机关根据税务稽查结果或其他信息，以及税务行政复议的结果等所确定的纳税人应纳税款、罚款和利息。

税务机关在登记上述各项信息时，都必须依据相应的凭证。

纳税人（扣缴义务人）缴纳税款、罚款和利息的期限发生变化的，在纳税人分户账中登记的缴纳期限也应当进行变更。在税款、罚款和利息缴纳期限变更期间，税务机关不应当对纳税人进行处罚及强制征收。

有证据证明纳税人可能会通过出境、转让资产给他人或采取其他妨碍征税的方法逃避纳税义务的，税务机关领导有权对税款进行查定，并要求纳税人立即缴纳查定的税款。

七、纳税义务的终止

根据塔国《税法典》第 64 条的规定，当出现下述的情况时，纳税义务应当终止，纳税人的应纳税款视为已经缴纳：（1）纳税人已按照规定履行了纳税义务并缴纳税款、利息和罚金；（2）法律规定的纳税义务履行期限到期；（3）根据法院的判决纳税人已经破产，法院另有判决的情况除外；（4）自然人纳税人死亡且无权利继承人或继承人；（5）自然人纳税人被认定死亡、失踪或无行为能力，且没有资产或资产不足；（6）根据《税法典》的规定注销纳税义务。

八、税款追征时效

根据塔国《税法典》第66条的规定，税务机关可以在纳税年度结束后的5年内对纳税人的应纳税额进行计算或修正，并根据计算或修正的结果对所欠的税款进行追缴。

纳税人有权在纳税年度结束后的5年内要求返还或抵扣溢缴的税款。

享受税收优惠制度的纳税人，其时效可延长至根据塔国法规确定的税收优惠期限。

第二编　塔国税种法律制度

第三章　所得税法

个人所得税是以个人（自然人）取得的各项应税所得为对象，并由获得所得的个人缴纳的一个税种。它不仅是目前世界上大多数国家普遍开征的一个税种，而且也是许多国家的主体税种，在国家的税收收入中占有比较重要的地位。正因如此，虽然塔国自独立以来税收法律制度几经变化，但个人所得税一直是该国的一个重要税种。塔国现行的个人所得税法律制度是由《税法典》第16章规定的。不过，与其他国家不同的是，塔国将个人所得税命名为“所得税”，而将企业所得税命名为“利润税”。

第一节　纳税人

一般而言，个人所得税是对个人（或家庭）在一定时期内所获得的收入的征税。由此可见，个人所得税的纳税人就是指这些获得收入的自然人。在各国税法中，对于个人所得税纳税人范围的界定不仅直接决定着国家税收管辖权行使的范围，而且也直接决定着纳税人纳税义务的范围。因此，个人所得税纳税人范围的界定问题就成为各国个人所得税法最为重要的问题。

对于个人所得税的纳税人，目前大多数国家的做法是把纳税人分为居民纳税人和非居民纳税人两类。之所以作这样的分类，主要是因为这两类纳税人所承担的纳税义务有所不同。居民纳税人一般是要为其来源于居住国境内和境外所有的所得向居住国承担纳税义务，这在税法上被称为“无限纳税义务”。而非居民纳税人一般只需要为其来源于非居住国的所得向该国承担相应的纳税义务，这在税法上被称为“有限纳税义务”。之所以做此区分，是因为在当代经济全球化的背景下，随着跨国经济与社会交往活动的日益增多，当事人的收入或所得与国家之间的联系日渐淡漠。换言之，在很多情况下，当事人的许多收入或所得并不是来自于其国籍国。这样，原先以当事人的国籍作为税收管辖权的做法已经不足以解决这些跨国当事人的税收问题。因此，在现代税法上，通过把当事人的收入或所得与其永久居住地或习惯居住地相联系，并以此来确定其纳税义务的范围和大小，就可以比较合理地解决这一问题。故将纳税人分为居民纳税人与非居民纳税人，并让其承担不同的纳税义务，就成为当代世界各国的通行做法。在塔国《税法典》中，也将个人所得税的纳税人分为居民纳税人和非居民纳税人，并在第 95 条作了明确规定，即塔国个人所得税的纳税人是指具备征税对象的居民自然人和非居民自然人。

第二节　征税对象

根据塔国《税法典》第 96 条的规定，个人所得税的征税对象为应税所得。它是纳税人在一个纳税期内获得的、与支付地点和方式无关的任何收入，即总收入，减去法律规定的减免费用之后的余额。故有公式：

征税对象（应税所得）＝总收入－减免费用

因此，在确定自然人的个人征税对象时，就应当根据法律规定，分别确定纳税人的收入总额和减免费用。

一、总收入

根据塔国税法的规定，个人所得税纳税人的总收入，是指以资金、实物和非物质形式支付给自然人的各类收入、酬金和利润。从纳税人角度来看，它包括居民自然人从塔国国内及国外获得的收入，也包括非居民自然人从塔国国内获得的收入；从收入类型上来看，它包括工资收入、雇佣劳动收入、其他任何收入；从是否缴纳个人所得税的角度来看，它包括了应纳税所得税的收入和无须缴纳所得税的收入。

根据塔国税法的规定，对于根据《税法典》的规定无法将纳税人的收入归入塔国国内收入或塔国国外收入的，应当由塔国国家主管机关确定收入的来源归属。

（一）工资收入

塔国税法规定，自然人的工资收入，是指其所获得的任何薪金、利润或酬金。无论这些薪金、利润或酬金是以实物形式还是非实物形式支付的，也无论这些薪金、利润或酬金的支付地点如何，都应该被认定为纳税人的工资收入。它包括以下三类：（1）雇佣劳动收入；（2）根据民事合同或者在没有合同的情况下提供服务（施工）而获得的收入，包括依照著作权合同支付的酬金，但所有权转让或财产权转让合同除外；（3）退休金或其他的收入。

纳税人工资收入中的实物收入主要是指：（1）用实物支付的劳动报酬；（2）纳税人无偿获得的资产价值，其中，纳税人从事无偿施工或服务的价值根据此类工程和服务的开支额度进行确定；（3）用人单位为员工从第三方获得的商品、施工和服务支付的报酬。

纳税人工资收入中的利润是指纳税人的下列各项收入金额减去支付的所有费用：（1）如果贷款利率低于市场同类贷款利率，该金额等于应按市场利率支付的利息；（2）销售或无偿转让商品、工程或服务的，该金额为这些商品、工程或服务的市场价值；（3）帮助劳动者或其被赡养人接受教育（与劳动者履行其义务有直接关系的培训计划除外）的，该金额等于受助人所接受帮助的价值；（4）劳动者从雇主处获得的额外补偿金额；（5）用人单位免除劳动者的债务或义务时，被豁免的债务或义务的金额；（6）用人单位根据生命和健康保险合同支付保险费或其他类似费用的价值或金额；（7）在其他情况下为利润的市场价值。

（二）非雇佣劳动收入

根据塔国《税法典》第100条的规定，自然人的非雇佣劳动收入是指自然人的下列非经营活动的收入：（1）利息收入；（2）红利收入；（3）资产租赁收入或资产出售的增值收入；（4）使用费收入；（5）纳税人的债权人免除纳税人的债务金额；（6）自然人获得的除利润、工资收入和个体经营活动收入之外的其他收入。

（三）其他规定

根据塔国税法的规定，自然人的总收入不包括用人单位根据法律规定支付给劳动者的差旅费，以及国际组织及其机构、基金会、外国非政府组织支付给上述人员的差旅费。自然人的总收入中也不包括自然人获得的招待费及其他类似费用（举办庆典、招待客人等）。

另外，塔国税法还规定，上述各项实物或非实物支付、利润、用人单位应支付给自然人款项和费用，应当包括消费税、增值税和应当由用人单位缴纳的其他税款。

二、计税依据

（一）一般规定

根据塔国《税法典》第97条的规定，个人所得税的计税依据是指居民自然人和非居民自然人在纳税期内所获得的应税收入。

通过常设机构在塔国开展活动的非居民自然人，其计税依据为其通过常设机构在塔国国内获得的总收入扣除规定的减免费用之后的余额。

对于非居民自然人未通过设在塔国的常设机构而从塔国国内获得的收入，应当视为该非居民自然人的收入，应当进行源泉征税且不得减免任何费用。

非居民未通过常设机构在塔国出售、转让财产或财产权时应当缴纳的所得税的计税依据，为其总收入减去依据法律规定减免扣款金额后的余额。该非居民自然人没有缴纳所得税的，则购买或受让该财产或财产权的法人，或向该非居民支付收益的法人或其他机构，应当源泉扣缴税款。

征收个人所得税时，禁止用人单位从自然人雇佣工人的总收入中扣除该工人的雇佣劳动费用。

（二）税前扣除标准

（1）塔国《税法典》第102条规定，每个月从自然人劳动者的个人工资收入中扣除一个结算指标。

（2）对于下列各类自然人劳动者，每个月从其个人工资收入中扣除10个结算指标：①苏联英雄、社会主义劳动英雄、塔国英雄、卫国战争参与者及同等人员、参与苏联保卫战的军人，在部队、参谋部和机关服过役的人员、参加过作战部队的人员、原游击队员、国际主义战士及同等人员，以及自幼残疾人员、一级和二级残疾人；②因核辐射患病的公民或者在核辐射区工作的公民。对于这两类自然人应当按照证明文件，从其个人收入中扣除额度最大的项目。

（3）自然人劳动者在一个月内工作时间少于16日的，在确定其应税所得时，不予扣减上述的款项。

（4）只允许对自然人劳动者从同一（固定）工作地点获得的收入减扣上

述第（2）（3）两项规定的款项。如果自然人不是劳动者和个体企业，只能针对该自然人从申请的收入支付地点获得的款项减扣上述第（2）（3）两项规定的款项。

（5）在确定自然人的应税所得时，应当按1%的税率从其收入中扣除被保险人的社会税税款。

第三节　税率、税收优惠与税款缴纳

一、税率

根据《税法典》第103条的规定，除法律规定的情况外，应当按照下表所列税率对自然人从其固定工作地点获得的应税所得征收个人所得税（见表3-1）。

表3-1　所得税的税率　单位：索莫尼

序号	应税所得金额（每月）	税收金额与税率
1	低于个人所得扣除额的	不征税
2	超过个人所得扣除额，但金额不超过140索莫尼	8%
3	超过140索莫尼	13%

自然人的其他应税所得，按13%的税率征税，且不得进行税前扣除，但被保险人社会税扣税除外。

非居民自然人的应税所得，按25%的税率征税。

二、税收优惠

根据塔国《税法典》第104条的规定，对自然人的下列收入不征收所得税：

1. 在塔国国内外从事官方外交工作的人员所获得的收入，以及非塔国公民在塔国国内外从事外交工作所获得的收入。

2. 通过继承或赠予的方式从自然人处获得的实物资产和货币资产，但从该资产中获得的收入除外，包括支付给科学、文学和艺术作品的作者的酬金，以及支付给科学技术的发现人、发明人和工业产品的设计人（或其权利继承人）的酬金。

3. 从法人处收到的礼物、参加竞赛和比赛所获得的奖品或奖金：（1）每年从法人处收到的礼物价值不超过 100 个结算指标；（2）每年从国际竞赛和比赛中得到的奖品（奖金）价值不超过 500 个结算指标；（3）每年从国内的竞赛和比赛中得到的奖品（奖金）价值不超过 100 个结算指标。

4. 国家退休金和保险金、国家奖学金、国家补助和国家补偿。

5. 被赡养人获得的赡养金，献血、提供母乳和其他帮助的人员获得的奖励。

6. 根据法律规定由财政拨款发放的一次性补助和物质帮助，用人单位按照标准支付给居民自然人的差旅费，由国际组织及其机构、基金会、外国非政府组织出资发放的差旅费，以及人道主义和慈善援助，包括自然灾害救助。

7. 出售或转让纳税人至少居住满 3 年的住宅，或纳税人持有时间超过 2 年的其他不动产（用于经营目的的不动产对象除外）。

8. 出售或转让有形动产带来的增值收入，但下列资产除外：（1）纳税人开展经营活动所使用的资产；（2）出售或转让前进行过国家登记，且纳税人至少持有 1 年的机械车辆和拖车；（3）出售、转让、折价转让或通过其他形式让渡的企业股票和股份；（4）古董。

9. 塔国国家奖金。

10. 自然人依据储蓄保险合同获取的保险金，以及因被保险人死亡而得获得的保险金。

11. 军人，国防部、内务部、国家安全部、紧急情况与民防部、国家财政监督和反腐部门等执法机构，海关，毒品监查处，国家近卫军，以及塔国司法部从事刑事处罚的工作人员和各级首长因履行职责而获得的津贴、货币薪酬和其他款项。

12. 塔国财政部发放的国家债券和国家彩票的奖金，但每一份债券或彩票的奖金不超过 50 索莫尼。

13. 由国家财政支付的社会救助、补助和补偿，其金额和支付程序由法律规定，劳动报酬除外。

14. 自然人按照塔国法律获得的工伤抚恤金。

15. 依照塔国政府规定的标准和范围，发放专用服装或制服、鞋、个人防护工具和急救工具、肥皂、消毒用具、牛奶或其他食品的费用。

16. 工作人员在执行公务时因生命和健康受到损害的而依照强制责任险保

险合同获得的保险金。

17. 法院判决的物质损失赔偿。

三、税款缴纳

塔国税法规定，个人所得税实行代扣代缴。纳税人在获得工资、红利、利息、彩金、使用费及其他收入，以及根据法律规定应在塔国扣缴的源泉扣税收入时，应当由支付上述款项的人员负责执行个人所得税的扣除。支付人由于错误扣除造成税款缴库错误时，应当承担法律责任。

第四章 利润税法

根据国内外经济学家的一致看法，企业作为一种资源配置的机制和市场经济活动的主要参与者，它运用各种生产要素（土地、劳动力、资本、技术和企业家才能等），通过向市场提供商品或服务来换取收入，以实现投资人的利益最大化。因此，对企业从市场中获得的收益征税，就成为当代世界上几乎所有国家或地区的共同做法。不过，由于不同国家或地区的国情和法律传统存在差异，故导致各个国家或地区对企业所得在征税时所采用的法定名称和法律制度的内容方面都存在不同。塔国将对企业所得的征税称为“利润税”，并在《税法典》中用7章（即第17章至第23章）54个条文（即第105条到158条）对其内容作了具体的规定。

第一节 纳税人、征税对象和税率

一、纳税人

一般来讲，凡是企业都应当为其从市场交易中获得的收入向国家缴纳企业所得税或利润税。但实际上，由于各个国家的国情不同，故在选择企业所得税的纳税人时，也形成了多种不同的情形。例如，有的国家企业所得税的纳税人是法人组织，但也有一些国家企业所得税的纳税人还包括了非法人组织。同时，在经济全球化的背景下，本国企业到外国进行投资和其他经济活动，外国企业对本国进行投资和其他经济活动，都已变得非常的普遍。在此情况下，企业所得税就面临着一个税收管辖权的确定问题。由于税收管辖权是国家主权在税收领域的具体体现，因此，确立不同的税收管辖权原则，不仅会使国家税收主权的范围有所不同，而且也会使纳税人的范围有所不同。同时，随着国际法上的居民概念被引入到了税法之后，区分居民纳税人和非居民纳税人，不仅对于确定国家税收管辖权具有重要意义，而且直接决定着纳税人纳税义务的范围和大小。因此，在企业所得税法中，对纳税人的确定，就是首先需要解决的问题。

塔国《税法典》第 105 条规定，利润税的纳税人是法人。根据此项规定可知，塔国利润税的纳税人是法人企业，这就说明，塔国的利润税法在本质上是一种法人所得税法或公司所得税法。它只对具有独立法人资格的公司或其他的法人机构征税，而不对非公司制的企业或其他组织征税。另外，根据《税法典》第 106 条第 3 款和第 4 款的规定可知，利润税纳税人包括了塔国的居民法人和在塔国境内通过常设机构从事经营活动或收入来源于塔国的非居民法人。这表明，塔国在利润税的管辖权上，同时实行属人原则和属地原则。其中，前者适用于塔国的居民法人，后者适用于塔国的非居民企业。居民法人在利润税法上负有无限纳税义务，必须为其在塔国境内和境外的经营活动或收入向哈塔国政府纳税。而在塔国的非居民企业则只负有有限的纳税义务，只对其在塔国境内通过常设机构从事的经营活动或通过常设机构获得的收入向塔国政府纳税。

为了使利润税纳税人的范围更加明确，《税法典》还规定了两种例外的情形：第一，对于适用特殊税制的小型法人企业，不征收利润税，而是按照小型企业的简化税制征税。第二，根据《税法典》第 105 条第 2 款的规定，所有的外国非自然人主体，如果不能依据书面协议证明其为合伙人，则应该被认为是企业纳税人，向塔国缴纳利润税。

二、总收入

根据塔国税法的规定，利润税的征税对象指的是纳税人在一个纳税期内的总收入减去法律规定的扣款后的余额，即应税所得额。故有公式：

应税所得 = 总收入 - 法律规定的扣款

由此可见，要确定企业的应纳税收入，就必须首先要确定企业的年度总收入，在此基础上再根据法律规定，扣除应当扣除的款项即可。

根据塔国《税法典》的规定，对于居民企业来讲，总收入是指纳税人在一个纳税期内从塔国国内和国外取得的（或应当取得的）全部收入。根据《税法典》第 106 条第 2 款的规定，它包括纳税人以货币形式和实物形式取得的各种收入、酬金和利润，以及能够增加纳税人资产净值的进款，但法律规定免征利润税的进款除外。而根据《税法典》第 107 条第 5 款的规定，免征利润税的进款主要包括以下三项收入：（1）纳税人获得的股本投资或登记资本投资等资产；（2）纳税人发行股票获得的收入；（3）国家文化管理机关在2018年之前从财政资金中获得的补助金。

对于在塔国通过常设机构开展活动的非居民企业，其总收入是指该非居民企业从塔国国内获得的（应当获得的）与该常设机构相关的收入。对于非居民企业通过常设机构取得的收入缴纳利润税时，应当减去按照法律规定针对此类收入规定的扣除款。

对于在塔国没有通过常设机构开展活动的非居民企业，其总收入是指该非居民企业从塔国国内获得的（应当获得的）与该常设机构无关的收入。对于非居民企业没有通过常设机构取得的收入缴纳利润税时，按时《税法典》的规定不应当减除任何扣款。不过，作为一种例外，《税法典》规定，如果非居民企业通过出售或转让与其在塔国常设机构无关的财产或财产权而从塔国国内获得的收入，在缴纳利润税时，应当减除法律规定的扣款额。

而对于总收入的调整，塔国《税法典》第108条的规定，当出现下列情况时，纳税人销售商品、工程和服务所获得的收入应当做出调整：（1）全部或部分退货，工程或服务未被接收；（2）交易条件发生变化；（3）企业由适用普通税制转为适用特殊税制或由适用特殊税制转为适用普通税制。

三、扣款的一般规定

塔国税法规定，在确定利润税的应税所得时，应当根据法律的规定，从总收入中扣除在本会计期内与该项收入相关的实际支出。它一般包括以下三项：（1）纳税费用，但在塔国国内或其他国家缴纳的所得税和利润税除外；（2）按照规定的标准支付的劳动报酬，差旅费用；（3）在该纳税期内确认的原料、材料、能源的实际使用费，建造、购置固定资产及其设施的费用，但《税法典》第153条规定的资产价值的支出以及根据《税法典》第112条和其他条款规定不应扣除的费用除外。

对于根据有效的文件能够证实与此类所得相关的实际支出，允许扣除。

如果同一笔费用中包含了多项开支或费用，在确定应税所得时，只能针对上述费用扣除一次。

在总收入中应当把由纳税人缴纳（或已缴纳）的罚款、利息（滞纳金）、违约金等予以扣除，但上缴财政的除外。

另外，对于商品、工程和服务中包含的不得抵扣的增值税，应当按照其价值进行计算。

四、几种特殊的扣款项目

塔国《税法典》在规定了利润税应税所得额扣除的一般原则之后，还针对一些特殊的扣除项目，作了具体的规定。

（一）慈善款项的扣除

对于慈善机构实际支出的用于慈善活动的款项，法律规定应该扣除，但扣除金额不得超过应税所得的10%。如果是以慈善资产进行支付的，则该慈善资产的价款为该资产市场价值与资产成本两者中的较低者。

（二）利息扣除的限制

除法律另有规定的情形外，对于贷款实际支付的利息应该从总收入中扣除，但扣除额度不应超过该纳税期内根据塔国国家银行规定的余款利息额的3倍。这一规定也适用于按融资租赁（出租）合同支付的利息。

为购置或建造应该折旧的固定资产而支付的贷款利息，或者与影响折旧固定资产在投入使用前价值变动的费用相关的贷款利息，不仅不应当从年度总收入中扣除，而且还应当加上上述固定资产的价值。

如果企业注册资本中25%以上的股份直接或间接属于免征利润税的非居民或法人，对于纳税期内的每笔贷款，应当按照上述规定扣除所支付的利息，但扣除的最大利息额仅限于：（1）该企业的任意一项利息收入；（2）该企业总收入（除去利息收入）减去准予扣除额款项（利息扣款除外）后所得数值的50%以上。

（三）呆账（坏账）的扣除

如果纳税人之前销售商品、工程和服务的所得已被记入了经营活动的总收入之中，则纳税人有权扣除与上述活动相关的呆账（坏账）。

将纳税人账册中的呆账（坏账）作为无价值债务转销时，可将其扣除。

银行、信贷公司和小额贷款储蓄机构有权依照塔国国家银行的规定，扣除90%的信贷损失的准备金（以下简称准备金），但常规贷款、信托贷款、无抵押贷款、互惠信贷，以及第三方根据关联方债务情况提供的贷款除外。

呆账（坏账）的储备金总额不得超过会计期内所得收入的10%。

（四）保险储备金的扣除

从事保险活动的法人有权依据国家制定的程序和标准，扣除保险储备金。

（五）科学研究、项目设计与试验设计工作费用的扣除

根据塔国《税法典》第117条的规定，对于纳税人从事科学研究、项目

设计和试验设计工作所支出的费用，应当从总收入中扣除，但购置固定资产和其设施的费用，以及其他投资支出除外。在扣除上述款项时，应当依据技术任务书、设计预算文件、竣工报告及工程完工验收报告来进行。

如果进行科学研究、项目设计或试验设计工作的单位同时也是施工方（承包商或分包商），则不得扣除这些费用。这些费用视为这些单位开展获利（创收）活动的开支。

（六）固定资产折旧的扣除

塔国《税法典》第118条规定，经营活动中使用的固定资产和无形资产的折旧费应当予以扣除。但未在经营活动中使用或者用于非经营活动的固定资产与无形资产的折旧费不做统计，且不予扣除。

应当计提折旧的资产不包括：（1）土地、牲畜、艺术作品、存货，未建成的项目和未安装的设备，当年价值被全部扣除的资产，其他未确定的资产折旧；（2）无偿获得的固定资产；（3）资产价值已经全部扣除的固定资产；（4）非营利组织、国家机构和社会团体的固定资产，包括这些组织用于赚取收入的固定资产。

应当计提折旧的固定资产按折旧率分为以下几类（见表4－1）：

表4－1　固定资产的折旧率　　单位：%

类别	资产类型	折旧率
1	汽车拖拉机筑路机械；专用工具、器材和附件；电子计算机；外围设备和数据处理设备	20
2	卡车、公共汽车、专用汽车和汽车拖车；各工业部门、铸造业的机器设备；锻压设备；建筑设备；农用机械和设备；轿车；办公室设备	15
3	动力机械和设备；技术设备、涡轮设备、电动机和柴油发电机；输电设备；电子设备和通信设备；管道	8
4	建构筑物和房屋、铁路、海运、河运和空运交通工具	7
5	上述类别以外的应计提折旧的资产	10

应当根据每个年度的年底账面价值来计算各类固定资产的折旧费列支。在一年中使用（报废）的固定资产和无形资产，在实际使用（实际报废）后的次月开始（终止）计提折旧扣除。

在对表4－1中的第4类固定资产进行折旧时，应当针对各个固定资产分别计算其折旧额。

每一类固定资产的年底账面价值是按照下列方式确定的金额，但该金额不得为负数：（1）上一年底该类固定资产的账面价值减除上一年的折旧额，再减去账面价值小于50个核算指标的固定资产的价值，以及已经出售、转让或清理的固定资产的价值；（2）本年度各类固定资产的价值再加上本年度新增加的固定资产的价值，但不包括在对已有的固定资产进行重新估价时增加的资产价值；（3）本年度内的固定资产的价值，减去已出售的固定资产的出售金额。

如果年终某类固定资产的账面价值为负数，则纳税人应该将此账面价值的绝对值作为一项收入计入总收入，以使此类固定资产的账面价值为零。如果某类固定资产的账面价值为负数，说明本年度内出售此类固定资产的所得金额超过了此类固定资产在本年度年终的账面价值扣除上一年折旧后，再加上本年度添加本类固定资产价值的金额。

如果本年年底某类固定资产的账面价值小于50个核算指标，则应当扣除该类固定资产的账面价值。

如果某类所有的固定资产均已售出、转让或清理，则应当根据法律规定，在本年年底扣除该类固定资产的账面价值。

转让用于融资租赁（出租）的固定资产的价值，应当计入承租人的账面价值。

（七）应计提折旧的固定资产维修费支出的扣除

塔国税法规定，对于应计提折旧的固定资产的维修费用，应当按照实际金额扣除，但扣除金额不得超过此类固定资产年终账面价值的10%。

实际维修费用超出该类固定资产账面价值10%的部分，将被作为该类固定资产的新增价值计入该类固定资产的账面价值。

（八）保险费支出的扣除

塔国税法规定，投保人根据强制保险合同缴纳的保险费应当予以扣除，但储蓄型和返还型保险合同规定的保险费除外。

（九）地质勘探工作和自然资源开采准备工作的费用扣除

塔国税法规定，地质勘探和自然资源开采准备工作的费用支出，作为固定资产融资自成一类，应当根据法律规定作为折旧费列支，按照15%的折旧率从总收入中扣除。

纳税人为获得地质勘探权、自然资源开采权和使用权而支付的无形资产，也应当根据法律规定作为折旧费列支，按照15%的折旧率从总收入中扣除。

（十）无形资产支出的扣除

塔国税法中的无形资产是指至少可以保证使用20个月的无形商品，如执照、发明专利、商标、著作权、以法人名义签订的使用协议、程序等。纳税人购买或生产无形资产的支出，作为固定资产融资自成一类，根据税法规定，采用10%的折旧率从总收入中扣除。但如果在计算纳税人应税利润时无形资产的购置或生产支出已经扣除，则该项支出不计入应计提折旧的无形资产的价值。同时，本项规定不适用于纳税人为获得地质勘探权以及自然资源开采权和使用权而支付的无形资产。

（十一）亏损转结、资产出售或转让损失

纳税人准予扣除的款额超过总收入（经营活动亏损）的，超出部分准予在下一纳税期的盈利中进行抵补，期限为3年。

资产出售或转让时产生的损失可以通过该资产出售或转让所得利润进行抵补。如果该损失无法在当年进行抵补，准予在后续的纳税期内用资产出售或转让的利润进行抵补，期限为3年。在计算利润税时，不得将上述损失从总收入中扣除。

五、不得扣除的款项

根据塔国《税法典》第112条的规定，在计算利润税的应纳税收入时，下列支出不得从总收入中扣除。

1. 取得营业执照的个体企业，对于其与经营活动无关的支出，以及与商品（工程、劳务）购置相关的支出不予扣除。取得营业执照的个体企业从事项目建造、运营及维护的费用，以及与经营（主要生产）活动无关的其他费用也不予扣除。

2. 超出塔国财政部规定标准的招待费以及其他类似费用（庆典费用、宾客招待费用等），不予扣除。

3. 开展娱乐性经营活动的纳税人用于所经营的娱乐活动范围内的开支，应当予以扣除。

4. 只能根据呆账（坏账）扣除和保险储备基金扣除的相关规定，对储备基金的扣款进行扣除。

5. 不得从用人单位总收入中扣除劳动者的劳动报酬费用。

6. 无偿（慈善）转让的财产、工程施工及服务的价值不予扣除，但用于慈善款项的情况除外。

7. 在本纳税期内供员工或股东个人支配使用的轿车所产生的相关费用，包括利用轿车接送员工上下班产生的费用，不予扣除。

8. 不得列支的费用还包括：(1) 登记资本投资、股本、加倍排污费、自愿保险费、自愿缴纳的社团会费、广告公司举办活动的奖品及礼品；(2) 以预付方式转让的资金、财产、工程、劳务，以及作为抵押、定金转让的资产；(3) 超过法律规定金额的费用扣除。

9. 以下两项税款和罚款不准扣除：(1) 在塔国境内或其他国家缴纳的所得税和利润税；(2) 上缴（应上缴）塔国国库或其他国家国库的罚款和利息。

六、税率

对于利润税的税率，塔国《税法典》第 109 条作了如下的规定。

1. 纳税人从事商品生产活动的，从 2017 年 1 月 1 日起按照 13% 的税率计算应纳税额，且应纳税额不得低于总收入的 1%。

2. 纳税人从事其他经营活动的，从 2017 年 1 月 1 日起按照 23% 的税率计算应纳税额，且应纳税额不得低于总收入的 1%。

3. 对于非居民从塔国境内取得的与常设机构无关的收入，应当按照下列税率进行源泉征税，且不得进行税前扣除，但增值税的税前扣除除外：(1) 红利，依照 12% 的税率征税；(2) 利息，依照 12% 的税率征税；(3) 居民依据保险合同及风险再保险合同支付的保费，按 6% 的税率征税；(4) 居民所支付的国际通信费或国际运输费（海运费除外），按照 5% 的税率征税，海运费按照 6% 的税率征税；(5) 在塔国国内取得的工资收入，无论支付形式与地点如何，都应当按照 25% 税率征税；(6) 其他收入按 15% 的税率征税。

4. 非居民企业出售或转让与在塔国的常设机构无关的财产或财产权获得的收入，减去法律规定的扣除额后按 25% 的税率征税，但应纳税额不得低于总收入的 1%。

5. 塔国国家银行实际所得的账面利润，按照塔国国家银行法第 12 条规定的税率计算应纳税额并上缴国库。

第二节　源泉扣缴

源泉扣缴是指以收入支付人在按照法律规定或者合同约定向纳税人支付

有关款项时，代为计算和扣缴税款的做法。支付包括现金支付、汇拨支付、转账支付和权益兑价支付等货币支付和非货币支付。税款由扣缴义务人在每次支付或者到期支付时，从支付或者到期应当支付的款项中扣缴。实行源泉扣缴的最大优点在于可以有效保护税源，保证国家的财政收入，防止偷漏税，简化纳税手续。因此，源泉扣缴是许多国家所得税法中的一项重要制度。塔国《税法典》针对利润税的计算和缴纳，在第 19 章专门规定了源泉扣缴的具体制度。

一、一般规定

（一）扣缴义务人

根据《税法典》第 125 条的规定，下列人员为利润税的扣缴义务人，负责税款的扣缴。扣缴义务人未及时扣缴税款的，应当自己出资将未扣缴的税款补足，并承担相应的罚款和利息。

（1）雇佣自然人员工并为其支付工资（有义务支付工资）的法人，包括其独立经营的单位、个体企业和非居民常设机构。

（2）依照民事合同（所有权或其他资产权利转让合同除外），或虽无合同但为在塔国国内提供服务（工程）的自然人支付工资的法人，及其从事独立经营的单位、个体企业和非居民常设机构。

（3）为自然人支付退休金、奖学金和补助金的法人以及从事独立经营的单位、个体企业和非居民常设机构，但支付国家退休金、奖学金和补助金除外。

（4）支付红利和利息的居民。

（5）非居民企业在出售（出让）或转让股权后没有提交完税证明文件的，则该股权所属的居民法人，以及接受该非居民企业授权转让其股权的机构，必须对该非居民企业在塔国出售（出让）或转让股权的所得执行源泉扣缴。

（6）支付非居民企业利润税源泉扣缴规定的人员。

（7）支付债券奖金、彩票奖金，竞赛、比赛及其他活动奖品（奖金、礼品）的人员。

（二）扣缴程序

根据塔国税法的规定，扣缴义务人在没有将相应金额的所得税和社会税上缴预算之前，禁止信贷结构发放相应金额的现金用于支付工资。

扣缴义务人应当将预提的利润税和社会税，与用于支付工资的资金一同转入财政预算；在其他情况下，应在付款当月结束后的5个工作日内将预提利润税和社会税转入财政预算。

发放工资时，应当根据自然人的要求在5个工作日内向其发放工资单。工资单上应当注明其姓名、父称、纳税人识别号，收入类型和金额，以及扣税金额。

对于根据法律规定被实行源泉扣缴利润税的自然人和法人，扣缴义务人应当根据其请求，在5个工作日内向其发送工资单。工资单上应当注明纳税人识别号，名称（姓名及父称），收入总额及会计年度内的扣税总额。

对于在国际组织、外交机构、领事机关及其他类似机构任职的塔国代表，根据塔国财政部与国家主管机关共同确定的程序，从塔国公民的预算财政收入中扣缴其所得税和社会税。

二、对红利和利息的源泉扣缴

（一）对红利的源泉扣缴

塔国税法规定，居民企业发放的红利应按照12%的税率执行源泉征税。这些居民企业发放的红利应当不包括离岸法区股权（股票）的红利在内。

对于居民企业发放的应税红利，不再计入获得者的总收入，且之后不再征税。

（二）对利息的源泉扣缴

由居民企业或非居民常设机构对来源于塔国国内的收入向自然人支付的利息，或以此类机构的名义支付的利息，在按照12%的税率进行源泉征税之后，该项利息不再计入该自然人的总收入，且不再对其征税。

应对其利润征税的居民法人，在收到应税利息后，应当将该利息收入全额计入总收入之中，且在具备源泉扣税证明文件的情况下，有权抵扣该源泉扣缴的税款。

居民信贷机构、居民信托公司支付的利息，包括根据融资租赁（出租）合同支付的利息，不应进行源泉征税。

三、非居民所得的源泉扣缴

塔国非居民企业在塔国获得的、与该非居民在塔国常设机构无关的收入，应作为总收入，按法律规定的税率进行源泉征税，且不得进行税前扣除，但增值税税前扣除除外。

支付工资是指将货币转变为现金或非现金形式，有价证券，商品，其他资产，给予利润，提供施工和劳务。

支付给在塔国境内外贸交易中销售商品的塔国非居民的款项，不应实行源泉征税。

对塔国非居民企业收入的源泉征税与该非居民如何支配自己在塔国国内获得的收入无关，无论该非居民企业是将该收入分配给塔国国内的第三方，还是分配给其在其他国家的独立经营单位（其他人员），该非居民企业的收入都应当进行源泉征税。

塔国非居民企业在塔国所得的利润税扣缴与收入的支付形式和地点无关。

塔国非居民常设机构根据法律规定支付的款项，或以该机构的名义支付的款项，都视为该居民企业支付的款项。

从事信贷活动的塔国非居民企业，如果未在塔国成立常设机构，则无论其收入支付地点在何处，向该非居民企业支付收入的组织都有义务以扣缴义务人的身份对其进行源泉扣税，并将税款上缴预算。如果未执行此要求，则从上述组织中追缴税款。

第三节　税务登记

一、一般规定

根据塔国《税法典》第 22 章的规定，利润税的纳税人应当按照该法典第 48 条的规定和其所采用的会计核算方法，对应税收入（利润）进行登记。

纳税人可以采用收付实现制或权责发生制进行税务登记，但在同一年内，纳税人只能采用其中的一种方法进行登记。

如果纳税人采用的核算方法发生变化的，则应当在核算方法发生变化的当年，对影响税收金额的收入、支出及其他要素的登记数据进行修正，以保证上述要素无遗漏或重复登记。

纳税人在进行利润税的收支登记时，所缴纳的增值税无须登记，但不能抵扣的增值税除外。

二、收付实现制的登记原则

纳税人采用收付实现制进行登记时，应当对登记当日的收入和支出都进行登记。

（一）收入时间的确定

纳税人获得现金收入的，获得现金的时间即被视为收入实现的时间。纳税人获得非现金收入，则将资金转入纳税人的银行账户或其他账户并且纳税人能够支配或者有权支配上述资金的时间即被视为收入实现的时间。

纳税人在6个月内未对销售的商品、工程或服务进行收付实现制登记的，则无论法律如何规定，在第6个月月满时即被视为登记已完成，以便进行征税。

纳税人的债务已经注销或清偿的，特别是互相冲账的情况下，债务注销或清偿的时间即被视为收入的实现时间。

（二）支出时间的确定

除法律另有规定的情形外，纳税人实际完成支出的时间即被视为支出实现的时间。

纳税人以现金方式进行支付的，则现金支付的时间即被视为支出实现的时间。纳税人采用非现金方式进行支付的，则银行收到纳税人转账资金（银行账户上有资金的前提下）的时间即被视为支出实现的时间。

纳税人的负债已经被注销或清偿的，特别是互相冲账的情况下，则债务注销或清偿的时间即被视为支出实现的时间。

支付债务利息或支付资产租赁费时，如果债务期限或租赁合同期限内包含多个纳税期，则每一个纳税期内支付的利息额（租赁费）为在该纳税期内实扣的已付利息额（租赁费）。

三、权责发生制的登记原则

塔国税法规定，纳税人采用权责发生制进行利润税登记时，应当根据法律的规定，按照获得收益权之时的收入或产生支付义务之时的支出进行登记，而无须考虑实际的收支时间。

（一）收入时间的确定

塔国《税法典》第145条规定，如果应当将相应的资金无条件支付给纳税人或纳税人已经履行了所有的合同义务，即表示纳税人已经获得了收益权。

如果纳税人提供工程或服务，则合同中规定的工程或服务结束的时间即视为纳税人已取得收益权的时间。合同规定分期施工或提供服务的，那么各阶段工程或服务结束的时间即视为纳税人获得了该阶段收益权的时间，但法律另有规定的除外。

如果纳税人以利息或财产租赁收入的形式获得收入或收益权，那么债务或租赁合同到期的时间即被视为纳税人获得收益权的时间。如果债务或租赁合同涉及多个纳税期，则根据收入计算办法将其分配到相应的纳税期。

（二）支出时间的确定

除法律另有规定的情形外，同时满足下列条件的时间即被视为合同的支出时间：（1）纳税人明确承认负债；（2）对负债作出足够精准的评估；（3）如果合同各方确实完成了各自所有的义务，则应无条件支付相应金额。在其中，负债是指纳税人承担的合同义务，为完成该合同，合同另外一方将以货币形式或其他形式向纳税人支付相应的收入。

纳税人支付债务利息或财产租赁费时，债务或租赁合同到期的时间即被视为支出的时间。如果债务或租赁合同涉及多个纳税期，则根据支出计算办法将其分配到相应的纳税期。

四、几种特殊情况的税务登记

塔国《税法典》规定，在进行利润税的税务登记时，对于下述 8 种情况，应该分别按照具体规定进行登记。

（一）共同所有权

对于根据财产共有协议或共同经营协议的规定至少有两个所有人的非法人企业，该企业的所有人都应当根据各自的股权比例纳税。

（二）长期合同的收入和抵扣

如果纳税人采用权责发生制进行登记，则在登记时应当按照长期合同的实际履行程度来确定各年度内的合同收入和抵扣。其中，长期合同是指在开始合同作业的年度内不能完成生产、安装、建设或提供服务的合同，预估能够在开始合同作业之日起 6 个月内完成上述活动的合同除外。长期合同的实际履行程度应当通过确定纳税年度内的支出占合同规定的总支出的比例来确定。

（三）存货登记方法

根据《税法典》第 149 条的规定，存货登记应当根据在塔国会计核算法基础上编制的会计核算条例来进行。

在进行存货登记时，纳税人必须在税务登记表中注明根据生产成本或购置价格确定的自产商品或外购商品的价值。同时，纳税人还应当将这些商品的存储费用和运输费用计入总价之中。

在进行存货登记时，对于存在质量缺陷、功能下降或过时的商品，或者由于上述原因而无法按照生产成本或购置价格出售的产品，纳税人有权根据其可销售价格对其价值进行评估。

纳税人在对存货进行登记的，有权选用下列三种方法中的任何一种方法：(1) 先进先出法；(2) 后进先出法；(3) 平均成本评估法。

（四）融资租赁（出租）登记

塔国税法规定，在开始融资租赁（出租）前，如果出租人为应当计提折旧的有形资产的所有人，则租赁业务可以视为出租人出售资产和承租人购买资产。

根据融资租赁（出租）合同交付租赁的应当计提折旧的有形资产，应在融资租赁（出租）合同有效期内登记在承租人的资产负债表上，这样承租人则有权扣除所租赁财产的相关款项（特别是折旧费和维修费）。

（五）抵扣返还和预备金缩减

塔国《税法典》第 151 条规定，如果原先列支的费用、亏损和坏账得到了补偿，则该补偿收入应当视为该纳税期的收入。

减少呆账准备金和保险储备基金的，减少的金额应当作为收入进行登记。

（六）资产出售或转让的损益

资产出售或转让的利润是指资产出售或转让所得款项与根据法律规定确定的资产价值之间的差额。无偿或打折转让资产时，资产提供人的利润是指资产市场价格与根据法律规定确定的资产价值之间的差额。

资产出售或转让的亏损是指资产出售或转让所得款项与根据法律规定确定的资产价值之间的损失。

上述规定不适用于按类折旧的资产以及存货。

（七）资产价值

塔国税法规定，资产价值包括资产购置、生产、建造、装配和安装费用，以及资产增值的其他花费，但固定资产重新估价以及纳税人有权扣除的费用除外。

对于出售或转让部分资产的，应当分别确定出售或转让部分的财产的价值和未出售或转让部分的财产的价值。

（八）不认可的损益

塔国税法规定，对于下列各种情况，在确定应税收入时不应当考虑任何损益：（1）夫妻之间的资产转移；（2）离婚诉讼过程中配偶之间的资产转移；（3）非蓄意处置资产或出让资产并将所得款项再投资到类似资产或相同性质的资产，直至资产处置或出让次年结束为止。

上述第（1）、（2）项规定的资产价值，是指交易日该资产对于资产转让方的价值。

上述第（3）项所述的资产重置价值，是指处置或出让时资产重置价值加上纳税人再投资费用与所得款项值之间的收益。

上述规定不适用于按类折旧的资产，但上述第（1）、（2）项规定的资产同时转让的情况除外。

第四节　税款计算、申报与缴纳

一、纳税期

根据塔国《税法典》第 155 条的规定，对于自然人工资所得税实行源泉扣缴的纳税期为 1 个月，法律另有规定的除外。

塔国国内非源泉扣缴自然人所得税的纳税期为 1 年，法律另有规定的除外。

利润税的纳税期为 1 年。同时，应在法律规定的期限内提交当期利润税纳税申报表并缴纳税款。

二、纳税申报表的提交

塔国税法规定，对于实行源泉扣缴（包括由法人独立经营单位实行源泉扣缴）的自然人工资收入的所得税和社会税，扣缴义务人应当在次月 15 日前提交统一的纳税申报表。

在外国驻塔国的外交、领事机构和国际组织工作的塔国公民，其所得税和社会税的统一申报表，应当在每季度结束后的 15 日内提交。上述人员的资料应当由塔国外交部在每季度结束后的 15 日内提交给国家主管机关。

在塔国境外的外交机构和类似机构工作的塔国公民，其所得税和社会税的统一申报表由塔国财政部每季度结束后的 15 日内提交，并同时缴纳税款。

不实行源泉扣缴的其他自然人的所得税申报表、利润税申报表由下列纳税人在次年4月1日之前提交：(1) 利润税的居民纳税人；(2) 收入不执行塔国国内源泉扣税的居民自然人，但适用特殊税制的纳税人除外；(3) 在塔国境外的外国银行账户上有资金，并在塔国境外获得收入的居民自然人；(4) 根据塔国法律规定履行提交所得税申报表以及财产状况申报表义务的自然人；(5) 从塔国获得收入、应当征税但不做源泉扣缴的其他非居民法人和非居民自然人。

法人清算时，清算委员会或纳税人应当立即以书面形式将清算情况提交给税务机关。清算委员会有义务向税务机关提交纳税申报表。

不要求提交纳税申报表的自然人，可以与证明文件一同提交纳税申报表，要求重新计算税款并返还溢缴的资金。

利润税当期（包括预付）的纳税申报表，包括源泉扣缴人员的信息，应当按照国家主管机关规定的格式，在每月或每季度结束后的15日之前提交。

利润税申报表在会计年度结束后的次年4月1日前提交。

三、当期（预付）税款

利润税的纳税人必须在会计月度（季度）结束后的15日之前将每月（每季度）的当期税款上缴预算。

利润税的纳税人，必须在每季度结束后的15日之前将当期税款上缴预算，但在税务机关登记为纳税大户的人员以及上一年度利润税金额超过塔国财政部与国家主管机关协商确定金额的人员除外。

利润税的当期税款应当计入当年该税种缴纳的税款金额之中。纳税人溢缴的利润税税款，可以抵减其他税款，或返还给纳税人。

利润税当期税款为强制缴纳的款项，纳税人未及时缴纳时应当加算利息。

四、税款缴纳与税务管理

利润税的纳税人应在规定的期限内提交纳税申报表并缴纳税款。

在外国驻塔国外交、领事机构和国际组织工作并获得收入的塔国公民，必须在规定的期限内从自己的收入中自主扣缴所得税。

企业应当根据企业会计核算办法，按照企业总部与各独立经营单位的工资支出在企业总工资（包括企业总部的工资和所有独立经营单位的工资）支出中的所占比例，将预缴税额及根据纳税年度结算所确定的税额，在企业总部所在地和企业各独立经营单位所在地之间进行分配。

预付税款，以及由企业总部及其各独立经营单位根据年度经营状况所确定的应纳税额的评估由企业独立完成。企业应当在法律规定的期限内，将预付税款金额和根据年度结算所确定的税款金额的信息通知各个独立经营单位，以及企业所在地和企业各独立经营单位所在地的税务机关。

企业应当在法律规定的期限内，由其总部或各独立经营单位向所在地的税务机关缴纳预付税款或和根据年度结算所确定的税款。

纳税人应当在每年 4 月 10 日之前最终确定上一年度利润税的应纳税额，并缴纳税款。

塔国国家银行应当在每年 8 月 1 日之前缴纳上一年度的利润税。

利润税和所得税的计算和缴纳细则，纳税申报表及其格式由国家主管机关与塔国财政部协商批准。

第五节　国际税收

一、一般规定

（一）对外国法人常设机构的纯利润征税

塔国《税法典》第 129 条规定，在塔国国内开展活动的外国法人，在为其常设机构经营活动缴纳利润税的基础上，还应按 15% 的税率对其常设机构的纯利润补充纳税。

（二）外国税收的抵扣

如果确认所得税或利润税已在塔国境外缴纳，那么在塔国国内缴纳该项税款额时可以按国家主管机关规定的程序进行抵扣，但抵扣金额不应超过按塔国现行税率计算的所得税或利润税的金额。

（三）在税收优惠国取得的收入

如果塔国居民直接或间接持有外国企业 10% 以上的股份，或超过 10% 的表决权股的股票，且该外国企业在税收优惠国家获取的收入，则该部分的收入属于该居民，应当计入该居民的应税所得（利润）之中。其中，根据塔国税法的规定，税收优惠国家是指税率比塔国的税率低 30% 的国家，或实施财政信息保密法或公司信息保密法的国家，上述法律对财产的实际所有者或收入获得者（利润的获得者）保密。

二、非居民企业在塔国境内无常设机构经营所得的纳税

塔国《税法典》第133条规定，在塔国国内获取收入的非居民企业，有权采用本条规定的纳税方法。如果非居民企业不执行本条的法律规定，则扣缴义务人必须按照通用方法进行源泉扣税并上缴国库。

从塔国境内获得收入的非居民企业以及希望适用塔国与其他国家签订的避免双重征税（其中一方征税国为塔国）协定的非居民企业，必须按规定的方法向税务机关提交相应年度的居住证原件和适用避免双重征税协定的申请。

扣缴义务人在支付非居民自然人工资时必须按照《税法典》第128条规定的税率，进行源泉扣税，并通知有关税务机关。

税务机关应当在收到扣缴义务人相关信息后的15日内，对非居民企业的文件进行研究，并有义务在该期限内将作出的决议通知扣缴义务人。如果需要获取该非居民企业在其他国家税务机关的信息时，税务机关可以延长作出决议的期限。

扣缴义务人在收到税务机关核准返还预扣税的决议后，应当向非居民支付企业预扣税税款。

如果非居民企业对税务机关拒绝返还预扣税款的决定有异议，则有权在收到该决定后的10日内向国家主管机关（必要时还可向居住国的主管部门）提交申请，要求对避免双重征税协定应用的合理性问题重新进行审查，同时通知税务机关及扣缴义务人对其提起的投诉。

如果税务机关不受理上述申请，且在10日内扣缴义务人没有从非居民企业处收到非居民企业不同意税务机关决议的通知，税务机关有义务将扣税款转入国库。

如果非居民企业或扣缴义务人未执行上述要求，则由扣缴义务人负责将预扣税款和罚款缴入国库。

税务机关应对下列情况进行登记：（1）扣缴义务人支付（或应支付）给非居民企业的、来源于塔国的收入总额，无论预扣税支付地点和金额如何；（2）支付（或返还）给有权应用国际协定的非居民企业的税款总额；（3）扣缴义务人从非居民企业在塔国国内的收入中扣除并入库的税款总额。

三、对国际运输服务所得的征税

有权适用避免双重征税协定的非居民法人通过在塔国的常设机构从事国

际运输活动的，只需提供其居住证明，则其从事国际运输服务的所得即可免于征税。

在此种情况下，上述非居民企业必须独立核算其从事国际运输服务的所得额和在塔国境内提供运输服务的所得额，并在利润税申报表中注明上述收入。利润税申报表中应税利润的总金额中不包括根据国际税收协定规定的、从事国际运输所获得的免税所得。

不当适用避免双重征税协定导致未缴纳或未全额缴纳应纳税款的，非居民企业应当依照塔国法律的规定承担责任。

在国际运输中从事车辆营运，且有权适用避免双重征税协定的非居民法人如果在塔国未成立常设机构，其营运收入应依照塔国《税法典》规定的程序缴纳所得税。

四、对红利、利息和使用费的征税

如果非居民企业是收入的最终获得者，并且其有权适用避免双重征税协定，则该非居民企业只需提供居住证明，扣缴义务人有权在向该非居民支付红利、利息和使用费等收入时适用避免双重征税协定。

扣缴义务人必须在提交税务机关的源泉扣税申报单中注明按照适用避免双重征税协定应计算支付的收入金额和扣税金额，以及税率、适用避免双重征税协定的名称，以及非居民的居住证明。

不当适用避免双重征税协定导致未缴纳或未全额缴纳税款的，扣缴义务人应依照塔国法律的规定承担责任。

五、对常设机构经营纯利润的征税

如果非居民企业是纯利润的最终获得者，且其有权适用相应的国际协定，则该非居民只需提供居住证明，即可针对在塔国通过常设机构开展活动所获得的纯利润进行征税时，适用相关的国际税收协定。

非居民法人必须在利润税申报表中注明税率、税额和所依据的国际税收协定的名称。

不当适用国际税收协定导致未缴纳或未全额缴纳税款的，纳税人应依照塔国法律的规定承担责任。

六、对来源于塔国其他收入的征税

在塔国国内获得收入的非居民企业，有权在支付收入前依照国家主管机

关规定的格式，向税务机关提交适用国际税收协定的申请，但塔国法律另有规定的情况除外，

税务机关应在10日内对申请进行审查，如果申请中的信息属实，则应批准该申请。

非居民企业不当适用国际税收协定的，税务机关应当拒绝其申请。

非居民企业对税务机关否定其申请的决定有异议的，有权向国家主管机关（必要时还可向居住国家主管部门）提交申请要求对其适用国际税收协定的问题再次进行审查。

七、申请采用国际税收协定的一般要求

在满足下列条件时，税务机关应当接收非居民企业有关适用国际税收协定的申请：（1）与申请一同提交下列文件：①施工（服务）或其他类型合同（协议）的复印件；②机构设立的文件副本；③从事国际运输和塔国国内运输服务所得金额的分类；④非居民企业建造各类工程的完工单，施工项目投运验收单，服务收入发票或付款凭证。（2）扣缴义务人提交能够证明应当支付的收入（或已经支付收入）扣税金额的会计文件。（3）由与塔国签订国际税收协定的申请人所在国家的国家主管机关或授权机关提供的、能够证实申请人的居住情况的证明文件。（4）根据塔国法律或国际合同（合同一方为塔国）规定的程序，对非居民企业在塔国的居留提供由相关机关签字和盖章的证明文件，或由外交或领事机构提供的认证。

八、完税证明

根据非居民企业的要求，税务机关应当按国家主管机关规定的格式和程序，向其提供申请人来源于塔国国内的收入和纳税的证明文件。

第五章　增值税法

一般来讲，增值税是针对商品在流转过程中产生的增值额的征税。所谓增值额，则是指生产者或经营者在一定时期内从事生产经营活动所创造的价值。增值税作为一个相对年轻的税种和被公认为最富有成果的税种，受到了世界各国的普遍青睐。塔国也不例外。1992 年，塔国在独立之初就制定了《增值税法》，在全国开征了增值税。此后，虽然塔国的税法制度经历了多次的修改变化，但增值税法一直都是塔国税法体系中的重要内容，对塔国政府筹集财政收入发挥了非常重要的作用。目前塔国的增值税法律制度是由《税法典》第 9 篇规定的。它用 8 章（即从第 23 章到第 31 章）39 个条文，规定了增值税法的构成要素和征收管理的基本内容。

第一节　纳税人

一、纳税人的种类

根据塔国税法的规定，增值税作为一种间接税，应当在商品、工程和服务的生产和流通各个阶段缴纳。由此可知，作为增值税的纳税人，主要就是指从事商品、工程和服务的产生流通的企业或人员。对此，塔国《税法典》第 160 条规定，增值税纳税人一般包括以下四类对象。

1. 从事经营活动的人员。根据塔国《税法典》第 161 条第 1 款的规定，从事经营活动的人员，如果上一年的总收入超过 50 万索莫尼，则必须从次年年初开始转为按一般税制征税，并向税务机关提交增值税登记申请和一般税制变更申请。

2. 在塔国从事应税商品进口活动的人员。

3. 在塔国销售商品、工程和服务且所得总收入超过 50 万索莫尼的非居民企业，如果所销售的商品、工程和服务的接受人不是塔国的增值税纳税人，则该非居民企业为所销售的商品、工程和服务的增值税的纳税人：（1）施工（服务）实际上是在塔国国内完成的，且在施工（服务）期间提供施工（服务）的人员也在塔国国内，但与提供这些施工（服务）的劳动者是自然人或非居民组织（分包商）无关；（2）与在塔国国内不动产直接相关的施工（服务）；（3）提供给塔国客户的电子通信、无线电和电视广播服务；（4）塔国电话运营服务，或此类运营服务的付款人在塔国国内；（5）在塔国国内提供风险保险服务或资产保险服务，但生命保险服务除外。

4. 增值税纳税人的权利继承人。该权利继承人应当在该项权利生效后的10日内提交增值税登记申请。

二、增值税纳税人的登记与注销

（一）登记

根据塔国《税法典》第162条的规定，增值税纳税人必须按照国家主管机关规定的程序和格式提交增值税登记申请。税务机关在接受纳税人的登记申请后，必须将申请人列入增值税纳税人登记表中，并在申请书提交后的10日内向其发放增值税登记证书。

增值税登记证书是税务机关免费发放给纳税人的重要文件，由增值税纳税人自己保存。增值税登记证书的格式以及发放和收回程序由塔国国家主管机关确定。登记证书中应当注明纳税人的全名（姓、名和父称）、法定地址（居住地址）和其他信息、证书发放日期、登记生效日期及纳税人识别号。

根据塔国税法的规定，增值税登记的生效日期分为以下3种情况：（1）对于强制登记的，从纳税人转为一般税制当年的1月1日起生效；（2）农产品生产者自愿转为一般税制的，从转为一般税制当年的1月1日起生效；（3）对于增值税纳税人的权利继承者，从继承权利生效之时起生效。

税务机关必须按照国家主管机关规定的程序，公开和管理增值税纳税人登记表。

应当进行增值税纳税人登记的人员没有及时提交登记申请的，税务机关应当自主对该纳税人进行登记，并根据法律规定的程序追究其责任，同时向其发送相应文件。

（二）注销

塔国税法规定，纳税人同时满足下列条件时，应当申请注销增值税纳税人登记：(1) 根据上一年度的结算结果，纳税人的年度总收入少于50万索莫尼；(2) 距离最后一次转为一般税制已经过去3年。

从纳税人由普通税制转为特殊税制的当年1月1日起增值税登记的撤销生效。

作为增值税纳税人的法人进行清算的（或非居民常设机构活动中止），税务机关将该法人从纳税人登记表中删除之日，也应当将其从增值税登记表中除名（即该法人的增值税登记撤销生效）。

增值税纳税人进行增值税注销登记的，税务机关必须按照规定的程序将该人员的名称（姓、名、父称）及其他信息从增值税纳税人登记表中删除，并收回增值税登记证书。

增值税登记注销应按照国家主管机关规定的程序进行。

第二节 征税对象

一、征税对象的范围

根据塔国《税法典》第164条的规定，增值税的征税对象分为两类，即应税业务和应税进口。

（一）应税业务

应税业务是指销售商品，工程和服务的业务。但根据塔国税法的规定，在塔国境内销售免征增值税的商品、工程和服务的活动不属于增值税的应税业务。同时，在塔国境外提供服务或施工的经营活动也不属于增值税的应税业务。

纳税人在购置商品、工程和服务时缴纳了增值税，并获得了（或应当获得）相应的抵扣金额，则该商品、工程和服务的使用或该商品、工程和服务在非经营活动中的使用也属于增值税的应税业务。

纳税人向自己的工作人员或其他非增值税纳税人销售商品、工程或服务，包括无偿提供，也都属于应税业务。

另外，塔国税法还规定，除适用增值税特殊税率的商品外，如果纳税人所销售的商品是通过应征增值税业务购置的，且在购置这些商品时没有按照标准税率计算和抵扣增值税，则该商品销售业务不可视为应税业务。如果纳税人在购置商品时有部分抵扣未被批准，则应按照未被批准的抵扣份额比例减少应税业务的金额。

按照合同规定必须返还的包装物（包装箱）的价值不应当包含在应税金额中，但零售除外。零售商可以通过支付包装（包装箱）退款给客户的方式来缩减应税营业额。

纳税人在办理注销登记时的剩余商品，应当视为销售应税商品的业务，但采用特殊税率的除外。

在进行增值税登记前购置的商品的增值税金额如果没有从应税收入中扣除，则应当按照法律的规定程序在进行增值税纳税人登记之后进行抵扣，但适用特殊税率的除外。

进行来料加工的，加工费应当属于加工者的应税业务。

（二）应税进口

计税进口是指输入塔国关境并应当根据塔国海关法进行申报的商品和运输工具，但《税法典》中规定的免征增值税的进口商品和运输工具除外。

（三）对企业出售或转让的特殊规定

塔国《税法典》第165条的规定，增值税纳税人将企业或企业的独立经营单位出售或转让给另一个增值税纳税人的，不属于增值税的计税业务。但只有在出卖（转让）方和购买（接收）方出售（转让）后的30日内，将采用该条款的决定书面通知税务机关后，方可采用上述规定。

二、计税依据

（一）一般规定

根据塔国《税法典》第166条的规定，增值税的计税依据是纳税人从客户或其他任何人处获得的或有权获得的总价款。它除了包括获得的现金以及以实物形式的对价外，还包括所有的关税、税款和其他规费，但不包括增值税。

纳税人在销售应纳增值税的商品、工程或服务时所获得的对价是某些商品、工程或服务时，计税依据为这些商品、工程或服务在未扣除增值税时的市场价格。其中包括关税、未扣除的增值税和其他税收。

纳税人在进行应税销售时没有实际获得或不应当获得的某种价款的，计税依据为纳税人所销售的商品、工程或服务的市场价值，包括关税、未扣除的增值税和其他税收。

纳税人将在购买时已缴纳了增值税并办理增值税抵扣的商品用于非经营活动的，以及纳税人向自己的工作人员或其他人员销售商品、工程或服务的（包括无偿销售的），计税依据为这些商品、工程或服务的市场价格，包括关税、未扣除的增值税和其他税收。

采用分期付款方式销售商品的，应发按照合同约定的付款时间确定计税依据。

销售（转让）抵押财产的，抵押人的该应税交易成本应依照所销售（转让）抵押财产的市场价值确定，但不应将增值税算入此抵押财产（商品）价值中。

（二）计税依据调整

塔国税法规定，当增值税纳税人出现下列情况时，应该对计税依据进行调整：（1）取消相关业务或者变更其特性；（2）变更应税交易成本；（3）对因降价和其他原因产生的相应业务补偿进行变更；（4）全额或部分返还商品给纳税人（未接受纳税人所完成的工程或服务）；（5）依法扣除呆账（坏账）。

纳税人因发生上述情况而提交增值税发票时，如果发票中增值税额不可信或增值税纳税申报表中的增值税额不正确，则应当依照《税法典》的规定进行调整。

计税依据的调整应以增值税补充发票或其他的证明文件为基础。

（三）应税进口商品的计税依据

应税进口商品的计税依据是指依照塔国海关法确定的商品海关限价，加上塔国进口商品关税和增值税的价格。

第三节　税收优惠

根据塔国《税法典》的规定，塔国增值税的税收优惠包括了免税、对国际运输服务和过境运输服务的征税和对商品进出口时的征税三种情况。

一、免税

根据塔国《税法典》第169条的规定，增值税免税表示免征增值税的商品销售、工程施工和服务不属于应税交易的范围，并且纳税人也不应将其价值计入应税营业额；进口商品的增值税免税是指对免于征收增值税的进口商品也不应当计入应税进口的价值。

根据塔国税法的规定，在塔国进行下列商品销售（不包括商品出口）、工程施工和服务销售时应当免于征收增值税：

1. 销售、转让或租赁不动产，但下列情况除外：（1）销售或转让酒店房间或休息住所；（2）销售或转让新建住房；（3）销售或租赁经营活动中所使用的不动产，但依照《税法典》第165条的规定销售或转让企业或企业独立经营单位的情况除外。

2. 依据塔国财政部与塔国国家银行以及塔国国家主管机关协商确定的赔偿清单，为上述赔偿提供单独的金融服务，其中包括在融资租赁（租借）业务中转让折旧物资（包括飞机），但不动产、轻型汽车和家具除外。

3. 销售本国或外国货币（古钱币除外）以及有价证券。

4. 为宗教组织提供宗教和仪式服务。

5. 为国家机构提供医疗服务，但整容、口腔和疗养服务除外。

6. 为由财政出资的国家教育机构提供下列服务（如有必要必须具备许可证）：（1）学龄前教育；（2）初级教育、一般基础教育和一般中等教育；（3）初级职业教育和中级职业教育；（4）高等职业教育；（5）研究生教育；（6）继续教育和职业教育。

7. 无偿为国家提供商品，以及出于人道主义的目的商品销售、工程施工和服务销售。

8. 由塔国惩罚机构或塔国惩罚系统所属的国家企业直接销售商品、工程施工、销售服务。

9. 按塔国政府确定的清单向残疾人提供个人专用产品。

塔国税法规定，销售稀有金属和宝石，以及由稀有金属和宝石制成的珠宝制品、初炼铝、精金属、商品矿石、黑色和有色废金属及其他在塔国生产的金属、皮棉、棉线和籽棉的，也包括出口商品的，免征增值税。

此外，塔国税法还规定，对下列各类进口商品免征增值税：

1. 输入本国或外国货币（古钱币除外）以及有价证券。

2. 塔国国家银行与塔国财政部为国家贵重物品仓库进口的稀有金属和宝石。

3. 进口并无偿转让给塔国国家机关的商品，进口人道主义援助的商品，为消除自然灾害、事故和灾难影响而进口并无偿转让给慈善机构的商品。

4. 进口的农用技术、生产技术设备及其配套产品。生产技术设备及其配套产品清单由塔国政府依照对外贸易商品目录确定。

5. 依照塔国政府确定的清单进口药品、医疗设备和制药设备以及医疗用具。

6. 在资助（贷款）协议资金限额内进口实施塔国政府投资项目所需的商品。

7. 进口重要项目所需的建筑商品。重要项目清单由塔国政府确定。

8. 由生产者按照塔国政府确定的清单和数量直接进口生产初炼铝所需的商品（贵重商品除外）。

9. 进口皮棉与初炼铝。

10. 按照塔国政府确定的清单进口残疾人专用产品。

11. 进口军事装备、配件、武器、弹药、军用飞机以及备件。

二、对国际运输服务和过境运输服务的征税

根据塔国税法的规定，提供与国际货运和客运有直接关系的运输服务或其他服务、实施相关工程、供应本国或外国飞机在国际飞行中所需的油料和其他消费品的，免征增值税。其中，国际运输是指出发地或目的地是位于塔国境外的货物运输和旅客运输。

与国际运输相关的工程和服务包括：（1）运出或运入塔国境内的商品，以及随后在塔国过境流通的商品运输、装载、卸载、转载以及发送工程和服务；（2）与塔国境外邮件、乘客以及行李的运输相关的工程和服务，但不包括根据委托合同或其他合同在塔国境内销售国际机票服务的收入；（3）国际航班的技术服务、商业服务、导航服务、航空港服务，不包括根据委托合同或其他合同在塔国境内出售国际机票服务的收入。

塔国税法规定，对于满足下列条件的工程施工和销售服务，应当按照上述规定免征增值税：（1）直接与商品销售方签订工程施工、服务协议或合同；（2）办理了国际统一运输文件；（3）中转货物时，根据中转程序针对输入塔国境内的商品办理了货运报关单。

塔国税法还规定，对于满足下列条件的工程施工或服务销售，也应当按照上述规定免征增值税：（1）直接与工程委托方、服务获得方签订工程施工、服务协议或合同；（2）办理了国际统一运输文件。

对过境货物运输和服务免征增值税。

塔国税法规定，上述规定不适用采用此类增值税制度的国家，即对提供

与国际货运和客运（至塔国）直接相关的运输服务或其他服务以及实施工程征收增值税的国家。

三、商品进出口的征税办法

（一）商品进口的征税办法

根据塔国《税法典》第 171 条第 1 款的规定，从塔国海关进口商品时，应当遵守所选用的关税制度，并按照以下方法纳税：

（1）按照自由流通模式进口的商品，应当全额缴纳税款；

（2）按照再进口模式进口的商品，纳税人应当依照塔国海关法规定的方法，缴纳之前按照塔国法律规定免税的税额或出口退税的税额；

（3）通过国际中转运输程序、海关存放程序、再出口程序、商贸免关税程序、海关监管加工程序、海关自由区程序、自由存放程序、因国家而撤销和拒绝的程序、物资转运程序和专项程序进口的商品，无须纳税；

（4）通过关境内加工程序进口的商品，依照塔国海关法的规定，实行有条件的免税政策；

（5）通过临时进口程序进口的商品，依照塔国海关法规定的方法，实施全部或部分免税政策；

（6）对于在关境外加工程序进口的商品，在进口其加工成品时，依照塔国海关法规定的方法，实施全部或部分免税政策；

（7）通过自由流通加工程序进口的商品，缴纳的税款为加工成品的海关价格。

（二）商品出口的征税办法

（1）一般规定。塔国税法规定，从塔国海关出口商品时，应当按照以下方法纳税：

①纳税人在海关办理商品出口手续时，无须纳税或所缴税额由塔国税务机关按塔国海关法和《税法典》规定的程序退还。通过海关存放程序、自由存放程序或海关自由区程序出口的商品，依照海关出口程序将这些商品输送至塔国境外时，也同样适用上述规定。

②通过利用外国商品再出口程序输入至塔国海关的，应当依照塔国海关法规定的条件和方法将税款退还给纳税人。

③通过其他程序从塔国海关出口商品的，不免征税款或返还所缴纳的税款，但塔国海关法另有规定的情形除外。

（2）商品出口的确认。根据塔国税法的规定，商品出口时，需要依据相关的文件进行确认。这些文件应当包括以下各项：a. 商品出口销售协议（合同）；b. 带有海关标记的海关货运报关单；c. 商品随货文件复印件，其上应有放行地海关机关的标志，按照海关出口程序利用输电线路进行商品出口时，应当提供商品交接证明；d. 付款单据和银行账单（账单复印件），用以证实因供应出口商品而获得的外汇进款实际进入塔国纳税人账户或其依照塔国法律开设的国外银行账户。

对于协议（合同）规定采用现金结算的，纳税人应当提供银行账单（账单复印件），用于证明来自于出口商品外国买方进款的实际到账情况，以及纳税人将所获取的资金存入国内银行账户的情况，或依照塔国法律开设的国外银行账户的情况。

对于进行商品、工程或服务交换的对外经济业务，纳税人要提供证明文件，以证明上述业务所获得的商品（工程施工、服务提供）按照指定程序输入到塔国境内，以及其入账情况。

对于上述各项所列文件，以及通过塔国海关出口的商品在进口国办理的海关货运报关单的复印件，都可以作为确定商品出口到独联体成员国的文件。依照塔国法律的规定，国家主管机关可以制定其他方法用以界定出口到独联体成员国的商品。

先前通过境外货物加工程序出口到关税同盟关境以外的货物，或者加工产品进行继续出口时，需根据上述各项规定和下列文件进行出口确认：a. 货物报关单，根据该报关单可以将货物加工程序更改为海关出口程序；b. 通过货物加工程序办理的货物报关单；c. 通过关境内货物加工（在海关监督下加工商品）程序将商品出口到外国境内时，由海关办理和认证的货物报关单复印件；d. 从商品加工国境内输出商品或加工产品时，通过出口程序由海关办理和认证的货物报关单复印件。

在向税务机关提交商品出口证明文件时，自海关进行登记之日起的 120 日内，纳税人有权索回其已经缴纳的税款。

（3）商品出口纳税。根据塔国《税法典》第 172 条的规定，商品出口应按零税率缴纳增值税，但稀有金属和宝石、稀有金属和宝石制成的珠宝首饰、初炼铝、精金属、黑色和有色废金属以及其他在塔国生产的金属、在经济自由区生产的商品、皮棉、棉线和籽棉除外。

自海关对出口商品进行放行登记之日起的 90 日内未确定商品出口的，或者自办理海关出口文件的登记之日起，利用输电线路输出商品或采用定期不完全报关的方式输出商品时，供应上述商品时应按照标准税率缴纳增值税。

四、其他规定

塔国税法规定，由自然人经塔国海关边境运送用于生产或其他经营活动的商品时，可以采用简化或优惠纳税程序。这类商品的价格不应高于塔国政府规定的金额。超出部分应按一般税制进行纳税。简化或优惠税制按照塔国政府规定的相关程序来执行。

根据塔国海关法的规定，纳税人如果未能遵守所选关税制度相关规定，则应当缴纳相关的税款和利息。

第四节　应税交易的发生时间、地点

一、应税交易的发生时间

根据塔国《税法典》第174条的规定，纳税人开具增值税和消费税发票的时间为应税交易的发生时间，法律另有规定的除外。

纳税人在完成应税交易之前或之日未开具增值税和消费税发票的，则以下时间为应税交易的发生时间：（1）验收、出售或转让商品之时，工程施工或提供服务之时；（2）销售需要运送的商品为商品的发运之时。

纳税人在上述规定的日期之前收到商品、工程以及服务的付款的，如果在收到付款后的5日内未开具增值税和消费税发票，则以收到付款的时间为应税交易的发生时间。

纳税人在上述规定的日期之前通过应税交易收到两笔或两笔以上付款的，则每一笔付款都应当视为对一项独立应税交易的付款，数额为付款额。

对于定期和长期服务，纳税人在每次收到服务费并开具账单之时都应当视为这部分服务的交易发生时间。纳税人提前收到服务费的，纳税人收到服务费用的时间即视为这部分服务的发生时间。同时，塔国税法还规定，在任何情况下，纳税人都应当在每月结束后的10日内（即下一个月10日前）开具当月的增值税和消费税发票。纳税人未在规定期限内开具发票的，则视为服务是在当月的最后一日进行的。

纳税人在购置商品、工程和服务时缴纳增值税并获得相应抵扣的，则使用或消费商品、工程或服务的开始之时为应税交易的发生时间。

纳税人向自己的工作人员或其他非增值税的纳税人销售商品、工程或服务的，则纳税人销售商品、工程或服务的时间为应税交易的发生时间。

无论法律如何规定，但以下日期中较早的日期为进行工程施工安装作业的应税交易的确定时间：（1）从委托方收到现款的日期（获得收款权的日期）；（2）记录在会计簿和纳税人报表中的部分或全部工程的施工日期。

二、商品的销售地点

根据塔国法律的规定，对于在销售合同中规定进行商品运输的，商品销售地点为商品运输的开始地点。在其他情况下，商品销售地点为商品的转让地点。

电能、热能和天然气的销售为该商品的收货地点。对于从塔国出口这些商品的，则视为在塔国实现了销售。

三、工程施工或销售服务的地点

根据塔国《税法典》第176条的规定，工程施工或销售服务的地点分别根据下列情况加以确认。

1. 纳税人进行的工程施工、提供服务与某项不动产直接相关的，则工程施工、提供服务的地点为该不动产的所在地。另外，与不动产有关的电力通信服务（包括网络连接、信道租赁、服务或因特网的发送和接收、电视和广播国际节目的传播）的提供地点为该不动产所在地。

2. 纳税人进行的工程施工、提供服务与某项动产直接相关的，则工程施工、提供服务的地点为该工程、服务的实际施工地点。

3. 纳税人提供的文化、娱乐、科学、艺术、教育培训、体育、广告、休息、运动、人力资源服务的，以及其他类似服务的，则提供服务的地点为服务的实际提供地点。

4. 纳税人进行的工程施工、提供服务与运输相关的，则工程施工、提供服务的地点为运输的实际实施地点。另外，根据《税法典》的规定，纳税人为进行国际运输服务和过境运输服务而在塔国境外进行工程施工或提供服务有关的工程施工地点视为在塔国境内。

5. 下述各项服务或工程施工的地点为该服务或工程的购买方所在地：

（1）所有权的转让，或专利、许可证、商标、版权，或其他类似权利的转让；（2）进行咨询，提供法律、审计、技术工程、设计、市场营销、律师、会计、工程服务，以及信息处理服务（大众新闻媒介产品的传播之外）和其他类似服务；（3）动产租赁（运输工具除外）服务。

6. 其他工程或服务的地点为从事这些工程和服务的人员的经营活动的地点。

另外，塔国税法规定，纳税人在进行上述工程施工或提供服务时涉及多项内容时，则工程施工或提供服务的地点应当按照上述规定的顺序进行确定。

四、代扣代缴

塔国税法规定，非居民企业或未进行增值税登记的人员，在为塔国的纳税人或个体企业提供服务或工程施工的，要根据法律规定对这些工程或服务进行纳税。

登记为增值税扣缴义务人的纳税人或个体企业，在向非居民企业或未进行增值税登记的人员支付服务或工程施工的费用时，应当作为扣缴义务人从支付的款项中扣除税款上缴国库，并且将其作为应付款列入开展经营当月的增值税纳税申报表。

没有登记为增值税扣缴义务人的纳税人或个体企业，应当在向非居民企业或未进行增值税登记的人员付款之日起的 5 日内向国库缴纳已扣除税收，并且应在当前会计月结束后的 15 日（即下月 15 日）之前提交增值税纳税申报表。

五、由代理人实施的业务

代理人或受托人根据被代理人或委托人的委托并以其名义进行的商品销售、工程施工或提供服务，视为由被代理人或委托人完成的业务，法律另有规定的情况除外。

代理人或受托人向被代理人或委托人提供的服务不适用上述的规定。

塔国居民代理人向塔国销售商品的，增值税应当由代理人缴纳。

第五节　税额计算与缴纳

一、税率

在塔国税法中，增值税的税率分为两种，即标准税率和特殊税率。

根据塔国税法，增值税的税率规定如下：

1. 增值税的标准税率为18%。增值税纳税人进行商品销售、工程施工和提供服务以及从事应税出口的，按照应税销售额或应税出口额的18%征税。

2. 商品出口的增值税税率为零，但稀有金属和宝石、稀有金属和宝石制成的珠宝首饰、初炼铝、精金属、黑色和有色废金属以及其他在塔国生产的金属、在经济自由区生产的商品、皮棉、棉线和籽棉除外。

二、纳税期

塔国税法规定，增值税的纳税期为1个月。

三、税款计算

塔国税法规定，增值税的应纳税额为应税营业额或出口营业额与相应税率的乘积。故有公式：

应纳增值税＝应税营业额（出口营业额）×税率

其中，应税营业额为一个纳税期内增值税应税交易的总额。

在一个纳税期内，纳税人从应税营业额中缴入国库的增值税数额应为根据上述规定计算的增值税应纳税额，加上企业代扣代缴的增值税额，并减去允许抵扣的税款后的余额。

根据塔国《税法典》第167条的规定，对增值税应税交易额进行调整后，当应缴纳的增值税超过纳税人在增值税和消费税发票或增值税报表中实际标明的增值税时，超出数额视为根据《税法典》第167条的规定纳税人应当缴纳的增值税额，并应当计入纳税期内应缴纳的税款中。

四、税款抵扣

除法律另有规定的情形外，在使用标准税率时，增值税的计算税额是纳税人根据向其开具的增值税发票和消费税发票所确定的应缴纳（已缴纳）税额，以及应税交易的纳税期内的商品进口应税交易的发生时间来确定。同时，允许进行增值税抵扣。

（一）使用标准税率时可进行抵扣的增值税税额

根据塔国税法的规定，在使用标准税率时，允许对以下各种情况下发生的增值税进行抵扣：（1）在向纳税人（纳税单位）开具的发票上注明了纳税人名称以及向销售方缴纳的增值税税额；（2）根据塔国海关法办理的货物报关单中注明了按照规定程序向塔国财政缴纳的并且根据海关制度规定不应返还的税额；（3）铁路客票或航空客票中注明的税额；（4）公共服务销售方所使用票据中注明的税额，且该公共服务通过银行进行结算。

对于在购买时已经取得了增值税发票并已经缴纳了增值税的商品和应税交易，纳税人将这些商品和应税交易中的一部分用于自己的经营活动，另一部分用于其他目的的，在进行增值税抵扣时，应当根据它们在经营活动中的使用比重来确定抵扣的比例。

（二）不允许进行增值税抵扣

根据塔国税法的规定，下列情况下，对已经缴纳的增值税额，不得进行抵扣：（1）轻型汽车，不包括出售或出租给以出售和出租汽车为主要经营活动的经营人员的汽车；（2）娱乐或接待费用，用于慈善事业或社会目的的费用支出；（3）在增值税发票中未单独注明增值税税额；（4）地质勘探作业的支出及自然资源开采准备作业的支出；（5）可折旧固定资产和可折旧非物质资产的购买、生产、工程施工、安装及修理支出，与支出额无关；（6）从其他人员处购买的商品、工程、和服务的支出，且这些人员由于捏造增值税发票而被认定为失信纳税人；（7）在使用增值税较低税率时的所有支出，但《税法典》第181条第2款规定的人员与应税出口有关的支出除外。

（三）其他规定

塔国税法规定，使用增值税标准税率的纳税人同时进行增值税应税业务和免税业务时，应当根据法律的规定，根据应税交易在整个交易中的比例确定增值税的抵扣额。如果纳税人仅有免税业务，则不计算增值税。

根据法律规定对应税交易的价格进行调整的，在使用标准税率时，如果发票或增值税纳税申报表中所注明的增值税超过纳税人应当缴纳的增值税时，允许纳税人抵扣超出的部分税额。

纳税人在向塔国国内市场销售货物时，如果能够提交证明文件，则应当允许抵扣化纤和初炼铝销售时已缴纳的税额。

(四)值税抵扣额的调整

塔国税法规定，在以下情况中，之前列入抵扣的增值税应当从后续应当缴纳的增值税税额中扣除：

(1) 用于非应税项目之外的商品、工程、服务。

(2) 商品，包括出现损坏、损失的固定资产（由于紧急状态引起的情况除外）。由于紧急状况引起的商品损坏和损失，应当由国家相关机构作出结论予以证实，且该结论应在发生紧急状态之日起的30日内作出，并在上述期限内提交给税务机关。同时，对于向塔国输入的商品，根据塔国海关法第363条的规定，当商品输入塔国时纳税人无法直接缴纳实际进口商品的税额时，纳税人采取了有关进口商品不缴纳关税的程序或制度，且进口商品的损失发生在商品处于上述程序或制度有效性期限内。

上述规定中的商品损失指的是商品全部或个别质量（性状）的恶化，从而导致该商品不能用于实现应税营业额的目的。商品的损失可以理解为一个导致商品的消失或丢失的事件。在塔国法律规定的自然损耗标准范围内，由纳税人引起的商品损耗不是本处法律规定的损失。

(3) 违反《税法典》中有关增值税发票和消费税发票规定的情况。

根据法律规定对应税交易的价格进行调整的，之前已抵扣的增值税税额也应当进行相应的调整。

使用标准税率的纳税人应当在每年4月1日之前对上一年整个纳税期的增值税应纳税额进行调整。

五、增值税和消费税发票

(一)一般规定

登记为增值税纳税人的人员进行应税交易的，自税务登记生效之日起应向商品、工程或服务的购买方开具增值税和消费税发票。非登记为增值税纳税人的人员，或失信纳税人无权开具增值税和消费税发票，法律另有规定的情形除外。

增值税和消费税发票是结算增值税使用标准税率时的依据。增值税和消费税发票的格式由国家主管机关规定。它应当包含以下信息：(1) 纳税人和购买方的名称（姓、名和父称以及地址），以及纳税人商业名称（如果该名称区别于法律名称）；(2) 纳税人和购买方的纳税识别号；(3) 纳税人增值税核算证明的发放编号和日期；（4）已发运商品、已完工工程或已提供服务的名称；（5）应税业务金额；（6）应税消费品的消费税税额；（7）应税交易的增值税税额；（8）增值税和消费税发票的发放日期；（9）增值税和消费税发票的编号。

发票一式四份。第一份和第二份发放给商品、工程和服务的购买方，第三份和第四份留在纳税人核算文件中。

纳税人在向税务机关提交增值税纳税申报表时，应当按照国家主管机关批准的格式提交纸质版或电子版的、由该纳税人开具的增值税和消费税发票清单和第三份增值税和消费税发票，以及该纳税人在购买该商品、工程或服务时所获得的第二份增值税和消费税发票。

增值税和消费税发票的获取和办理情况，应当由纳税人登记在增值税和消费税发票的使用日志中。日志的填写格式和程序由国家主管机关确定。日志和所开具的增值税和消费税发票清单可以为纸质版或电子版。

增值税和消费税发票是严格的报表单据，具有相应的序列和编号，由专业印刷厂根据塔国财政部的订单以成本价印刷，根据增值税和消费税纳税人的申请由税务机关向其出售。

增值税和消费税的纳税人（不包含使用较低税率的纳税人）所获得的增值税和消费税发票数额被视为法律规定的增值税税额。

纳税人应在应税交易完成之前向商品、工程、服务的购买方开具增值税发票。增值税和消费税发票要由销售方领导或主任会计师的签字或经销售方的其他负责人员证实。供应电、水和天然气，提供通信服务、公共服务、铁路运输服务和银行业务并应缴纳增值税的纳税人，在每月10日之前，根据上一个纳税月的结算情况，开具增值税和消费税发票。

在发票中应当针对每一项商品、工程或服务注明相应的应税业务的数额。如果该发票附有销售商品、工程或服务的清单，则允许注明应税交易的总额。此时，发票应注明所附单据的编号、日期及其名称。

只有在发生应税交易时才能开具增值税和消费税发票。根据法律规定免征增值税的商品销售、工程施工或服务，不得开具增值税和消费税的发票。

出口业务的增值税和消费税发票应当包括：（1）有关出口业务的记录；（2）出口目的国和目的地；（3）出口业务适用的增值税税率。

当出现以下情况时，不需要办理增值税和消费税发票：（1）通过银行依据会计核算原始文件结算向居民提供的公共服务和通信服务；（2）办理客票；

(3) 进行免征增值税的商品销售、工程施工或服务。

向非增值税纳税人零售商品、提供施工或服务时，不得开具和发放增值税发票，而是发放国家主管机关规定格式的收据或简易发票，或者由税控收款机所打印的票据。

国家主管机关与塔国财政部协商确定增值税和消费税发票的使用规程。

(二) 调整应税营业额时开具补充发票的规定

在对应税营业额进行调整时，应当开具补充发票。补充发票中应当注明：(1) 补充发票的编号和开具日期；(2) 补充发票对应的原发票的编号和开具日期；(3) 商品、工程或服务的销售方和购买方的名称、地址和纳税识别号；(4) 应税营业额的调整，不包含增值税；(5) 增值税税额。

补充发票由商品、工程或服务的销售方开具，并由该商品、工程或服务的购买方确认。

(三) 特殊规定

纳税人在从事旅游代理服务、保险服务、寄售、保存商品等活动且根据法律规定难以直接确定该项活动的计税依据和其他征税要素的，增值税的计算和缴纳可以按照塔国政府规定的程序进行。

六、纳税申报和税款缴纳

塔国《税法典》第 189 条规定，每个纳税人应当做到：(1) 向税务机关提交各个会计期的增值税纳税申报表；(2) 在每年 4 月 15 日之前，向税务机关提交上一年度业务的补充报表，并注明增值税和消费税发票栏的税款和结余情况；(3) 在规定的增值税纳税申报表提交期限内，缴纳各个会计期的税款。

纳税人应当在每月 15 日之前，向税务机关提交上一个会计期的增值税纳税申报表。同时，按照国家主管机关批准的格式以纸质版或电子版的形式提交由该纳税人开具的上个会计期内增值税发票清单和第三份增值税发票，以及该纳税人在该会计期内购买商品、工程或服务时获得的第二份增值税发票。

上述各项规定不适用于仅从事商品进口的纳税人。

进口商品的增值税，由海关根据《税法典》和塔国海关法的规定进行计算和征收。

增值税的计算和缴纳程序以及纳税申报表格式由国家主管机关与塔国财政部协商确定。

七、其他规定

（一）溢缴税款的返还

塔国税法规定，增值税纳税人在一个纳税期所缴纳的税额超出当期应纳税额的部分（即溢缴的税款），在纳税人提出返还申请后的30个日内，由财政机构和税务机关一起从预算中扣除返还。返还溢缴税款的申请由增值税纳税人按照国家主管机关规定的格式编制和提供。

确定纳税人溢缴税款的返还依据是：（1）纳税人提交的增值税纳税申报表；（2）符合法律规定的、能用于证明商品出口所必需的文件；（3）税务机关的结论，该结论根据特别税务稽查证书拟定。

增值税返还应当按照以下程序进行：（1）用溢缴的税款清偿该纳税人的其他欠税，其中包括之前纳税期的增值税欠税；（2）对于进口商品的，应当计入应缴纳的增值税账单；（3）在完成上述活动之后，将剩余资金转账到增值税纳税人的银行账户。

对于其他纳税人，增值税的溢缴部分应当转入随后的3个纳税期，用以清偿这些纳税期的纳税义务，以及用于清偿纳税人在之前纳税期的其他欠税，包括增值税欠税。在清偿上述的欠税或义务后如果还有结余，则结余的税款应当在这3个纳税期满后的30日内从预算中返还给该纳税人。

在任何情况下，如果发现返还给纳税人的数额有误时，税务机关可以要求按照规定的征税程序来收回已返还的税款。

（二）利用塔国政府投融资项目贷款资金销售商品、工程或服务时增值税的免税

根投融资项目的收款人（贷款收款人）或其授权人的申请，在商品、工程或服务的销售方所在地，对利用塔国政府投资项目贷款资金购买的商品、工程或服务，在同时满足下列条件时免于征收增值税：（1）销售用塔国政府批准的资金生产的商品、工程或服务；（2）购买商品、工程或服务仅用于协议中规定的目的；（3）根据与项目实施的收款人（贷款收款人）或其授权人直接订立的协议（合同），进行商品、工程或服务的销售。

（三）驻塔国使领馆和代表处的人员及其家属的增值税返还

根据国际条约的规定，驻塔国使领馆、代表处及其成员购买商品、工程或服务时缴纳的增值税进行返还。这些商品、工程或服务被用于这些使领馆、代表处官方使用，以及用于其外交人员、行政技术和服务人员，也被用于这

些人员的家属使用。

戈尔诺—巴达赫尚自治州、其他各州和杜尚别市的税务管理机关，应当根据各驻塔国使领馆、代表处拟定的汇总表或清单，以及能够证明缴纳增值税并已盖章的单据、发票或支票的复印件，向其返还已缴纳的增值税税款。

汇总表或清单按照国家授权部门规定的格式编制，并由各驻塔国使领馆、代表处提交给塔国外交部。外资部在对汇总表或清单进行确认后，应转交给由国家主管机关所确定的税务机关以返还增值税税款。

汇总表或清单所附的单据中没有单独标出增值税税额的，应当依据从商品、工程或服务的销售方获得的该商品、工程或服务的增值税发票，才可以获得返还增值税的权利。

根据税务机关的决定，在相应国家机构从塔国外交部处获得汇总表或清单之后的 30 日内，塔国财政部应当将增值税返还给各驻塔国使领馆、代表处。返还的增值税税额划入各代表处的账户。

第六章　消费税法

消费税是对特定消费品或者特定消费行为的征税。它是各国开征较为普遍的一个税种。在历史上，消费税曾是各国税收收入的重要来源。在当代许多国家中，由于所得税在税种体系中的地位越来越高，消费税在税收收入中的比重有了大幅的下降。尽管如此，由于消费税所独有的财政功能、经济功能和社会功能，故在许多国家特别是在许多发展中国家和不发达国家中，消费税仍然一个非常重要的税种。塔国作为目前世界上最不发达的国家之一，消费税不仅是该国税法体系中的重要税种，而且在该国的税收收入中占有很大的比重。

第一节　纳税人、征税对象与税率

一、纳税人

根据塔国《税法典》第195条的规定，塔国消费税的纳税人是进行消费税应税交易的人员，包括独立法人，以及在塔国进行应税交易的外国法人和自然人。

对于采用来料加工方式在塔国境内生产应税消费品的，消费税的纳税人是商品生产者。商品生产者应向订货方转让采用其原料所生产的应税消费品。商品生产者采用自有的原料加工生产应税消费品的，则应税消费品的销售价格中应当包括消费税。

二、征税对象

（一）征税对象的范围

根据塔国《税法典》第196条的规定，塔国消费税的征税对象包括应当缴纳消费税的应税商品交易和应税消费行为两种。

1. 在塔国境内销售由国内企业生产的应税商品。包括：（1）销售应税消费品，但已预先缴纳消费税的商品除外；（2）将应税消费品转让给其他人员；（3）将应税消费品作为原材料进行销售；（4）把应税消费品计入企业的法定资产（资本）；（5）用应税商品进行货物互换交易，或用应税商品作价抵消其他交易的价款；（6）生产者把应税消费品拨付给自主独立经营的单位；（7）对于之前未按照塔国法律在塔国境内缴纳消费税的某些特定的商品，在企业破产时对这些应税消费品进行拍卖的。

2. 进口应税商品。

3. 销售之前在塔国境内的未缴纳消费税的特定商品，销售已没收或无主的应纳消费税的商品，以及销售根据继承法已经收归国家以及无偿转让给国家的应纳消费税的商品。

4. 用于私人生产需要的应纳消费税的商品或用于生产其他应纳消费税的商品。

5. 装配应纳消费税的轻型汽车和其他载人机动运输工具。

6. 应纳消费税商品的损坏或损失。

7. 税法确定的单独电力通信服务。

（二）应税商品清单和应税行为清单

1. 应税商品清单

根据塔国税法的规定，应纳消费税的商品主要包括以下6类：（1）各类酒精、不含酒精和含酒精的饮料；（2）加工类烟草、烟草的工业替代品、烟草产品；（3）矿物燃料、各类原油及其蒸馏产物；沥青；矿物蜡；液化气；（4）新生产的充气橡胶轮胎和外胎，修复或翻新的充气橡胶轮胎和外胎；实心或半充气轮胎，胎面或橡胶轮缘衬带；（5）轻型汽车和其他载人机动运输工具；（6）由贵金属和宝石制成的珠宝制品，以及由贵金属或包覆贵金属的珠宝制品。

2. 应税行为清单

根据塔国税法的规定，应纳消费的行为主要包括以下4类：（1）一般的移动通信服务；（2）数据传输服务（包括电话通信和IP电话），包括通过运营商网络的数据传输服务；（3）电视服务；（4）通过运营商网络的国际（城际）电话通信服务。

（三）计税依据

根据塔国《税法典》第 198 条的规定，应税商品的计税依据根据以下情况确定：（1）应税商品的实际数量；（2）在应税商品零售价格基础上确定的应税交易额，但不包括增值税税额和消费税税额；（3）根据塔国海关法所确定的应税交易额，但不包括增值税税额和消费税税额；（4）商品生产者用应税商品进行易货交易、无偿赠送的，或抵押品转为抵押权人所有或交换业务所有的，根据该商品的零售价格确定的应税交易额，但不包括增值税和消费税。

上述第（2）项和第（4）项规定根据商品市场零售价确定的应税商品的计税依据不得低于该商品的市场实际零售价。

在确定应税交易的应纳税额时应当包括包装费（回收类包装除外）。

提供单独种类的电力通信服务的纳税人，其消费税的计税依据是其提供上述服务而获得或应当获得的酬金，但不包括增值税和消费税。

当所生产或进口到塔国的应税商品损坏、损失时，应当按照已损坏或已损失的应税商品的数量全额缴纳消费税，但在非常状态或不可抗力的情况下所发生的损坏或损失不包括在内。

（四）应税交易的发生时间

根据塔国《税法典》第 199 条的规定，消费税应税商品交易的发生时间为应税商品的销售日期或应税行为的发生日期。具体包括：（1）将商品发送（销售）到企业之外的日期；（2）将用于建造应税商品的商品转让给加工方的日期；（3）将建造的应税商品或用应税商品制作而成的商品转让给订购方的日期；（4）将应税商品用于自己生产商品的日期；（5）编制损坏的应税商品注销报告的日期，或者决定将损坏的应税商品继续使用的日期；（6）应税商品的损失日期；（7）将应税商品计入企业的法定资本的日期；（8）进行易货交易时应税商品转让（发运）的日期；（9）之前在塔国境内未缴纳消费税的某些特定的应税商品的销售日期，被没收的应税商品和无主的应税商品的销售日期，或根据继承法已经收归国家以及无偿转让给国家所有的应税商品的销售日期；（10）之前在塔国境内未缴纳消费税的某些特定商品作为破产者的资产出售的日期；（11）装配轻型汽车和其他载人机动运输工具的日期；（12）根据海关法的规定确定的进口商品的进口日期。

对于在塔国境内提供单独的电力通信服务，其应税交易的发生时间为收到服务费并开具票据的日期。

三、税率

根据塔国《税法典》第200条的规定，消费税税率由塔国政府根据对外经济活动商品目录确定。

消费税的税率分为比例税率和固定税率两种。比例税率应当按照应税商品价格的百分比来确定；固定税率应当按照应税商品计量单位确定的固定（绝对）数额来确定。

各类酒精、含有酒精和不含酒精的饮料适用不同的消费税税率。酒精产品的税率根据其中的无水酒精的含量确定。

单独的电力通信服务的消费税税率为5%。

第二节　税额计算与缴纳

一、纳税期

消费税的纳税期为1个月。

二、免税

塔国《税法典》第201条规定，以下各项免于征收消费税：（1）自然人根据清单和在塔国政府规定的标准范围内生产的用于私人消费的含酒精饮料；（2）自然人进口的用于私人消费的2升以内含酒精的饮料和2条（400根）以内的香烟，4个单位（在价值上不超过150个结算指标）以内的珠宝产品，以及用于从塔国出境汽车的燃油；（3）从塔国过境转运的商品；（4）临时进口的商品，不包括出口商品；（5）在人道主义援助范围内进口的应税商品，向慈善组织无偿提供的用于灾难救助的进口商品，以及无偿提供给塔国国家机构的商品，但含有酒精和烟草产品除外；（6）出口法律规定的应纳消费税商品。

对于上述第（4）项、第（5）项和第（6）项，应当根据塔国海关法规定的程序免除关税。在这种情况下，如果需要征收关税，应当实行先征后返原则，不符合税款减免条件时，应当按照一般规定征收消费税。

三、应纳消费税商品的出口

应税商品出口的，为了根据法律的规定办理免税，纳税人应自海关办理商品放行登记之日起的120日之内，向税务机关提交以下文件：（1）提交应税出口商品的销售协议（合同）；（2）带有海关机关标记的海关货运报关单或其复印件。对于利用干线管道系统或者采用定期报关的方式出口商品的，应当提交带有海关标记的完整的货物报关单；（3）提交商品附随文件的复印件，复印件应当带有商品出境地海关的标记。对于利用干线管道系统或者采用定期报关的方式出口商品的，应当提交商品的验收交付证书；（4）提交付款单据和银行账单或账单复印件，用以证实因销售出口应税商品而获得的外汇进款实际存入纳税人在塔国的银行账户或其在境外的银行账户。

对于协议（合同）规定采用现金结算的，纳税人应当提供银行账单或账单复印件，用以证明纳税人将所获取的资金存入其在国内的银行账户或国外的银行账户。

对于通过易货方式开展对外业务的，纳税人要提供证明文件，以证明通过上述业务所获得的商品、工程和服务按照指定程序输入到塔国境内及入账情况。

纳税人不能够证明输出的应纳消费税商品是用于出口的，则应当按照一般程序对输出的商品征收消费税。

自海关办理对应税商品放行登记之日起的120日内，纳税人有权获得税款的结算或返还，但应计利息除外。反之，纳税人则无权对缴纳的税款进行抵扣或返还。

四、消费税的抵扣和返还

（一）一般规定

塔国《税法典》第203条规定，消费税纳税人有权从应纳税款中扣除在购买用于生产应税商品的基本原料时缴纳的消费税税款，或者在进口用于生产应税商品的基本原料时缴纳的消费税税款。

提供电力通信服务以及因特网服务的纳税人有权以比例法减去在购买用于提供电力通信的服务时缴纳的消费税税款。

消费税的抵扣应当根据每个纳税期实际生产应税商品时所使用的应税原料的数量确定，用于生产应税商品的应税原料的数量则根据应税原料所生产出的应税商品的出产标准确定。这一规定也同样适用于销售由应税原料制作而成的应税商品。

对于医疗单位和药房用于医疗目的的应税商品，允许进行消费税的抵扣或返还。对于按照塔国财政部、国家主管机关和卫生部协商确定的程序和标准生产药品的药品企业，允许进行消费税的抵扣或返还。

纳税人在进行消费税的抵扣或返还时，应当提交购买应税商品或原料的发票，或者提供能够证明已缴纳消费税的证明，以及在进口原料时所提供的相应文件。消费税缴纳证明文件清单由国家主管机关确定。

（二）再出口商品消费税的返还

塔国税法规定，商品进口后再出口的，在该商品的进口环节应当缴纳消费税，随后在该商品的出口环节，纳税人应当提交返还税款申请。海关应当会同在该商品进口时征收税款的财政机关在收到纳税人申请后的30日内，按照规定程序返还税款。

五、消费税的缴纳

（一）纳税地点

塔国税法规定，消费税的纳税地点为消费税纳税人所属的税务机关，但法律另有规定的情况除外。

具有独立经营单位的消费税纳税人，在进行独立经营单位所在地缴纳消费税。

从事电力通信服务的消费税纳税人，无论是否具有独立经营单位，都应当在其所属地税务机关纳税。

（二）纳税时间

塔国税法规定，纳税人生产应税商品的，应当在生产应税商品的纳税期结束后的10日内（即次月10日前）缴纳当期的消费税。纳税人没有缴纳税款的，不得将该商品输出生产场所范围之外。

纳税人进口应税商品的，应当由海关根据法律规定的程序征收消费税。

六、纳税申报表的提交

塔国税法规定，消费税的纳税人应当按照国家主管机关规定的程序和格式，在每月10日之前向税务机关提交上一个纳税期的纳税申报表，并同时提交收取和开出的增值税和消费税发票。

具有独立经营单位的消费税纳税人在提交纳税申报表时，还应该同时提交独立经营单位的消费税核算。

消费税的计算和缴纳程序以及报表格式由国家主管机关和塔国财政部协商确定。

第三节 税务稽查与管理

一、对含酒精、不含酒精产品和烟草产品的稽查

塔国《税法典》第206条规定，税务机关应当根据塔国政府规定的程序，对在塔国境内生产的应税酒类商品、不含酒精的商品和烟草产品的生产、存储、运输和出厂发货等进行税务稽查。

对于进口的酒精或烟草产品，只有在海关按照国家主管机关规定的程序为该商品打上消费税标签之后，才允许将其输入塔国境内。

负责商品输入的人员应当为应税含酒精或烟草产品打上应税标记。根据塔国海关法，输入塔国的应纳税的含酒精或烟草产品应当存放在临时存放仓库，或者按照海关仓库存放程序进行申报，并为其打上应税标记。

海关应当根据放行程序，按照纳税人缴纳关税和税款的比例，分批次进行应纳消费税的酒精或烟草产品的海关申报。

二、消费税标签

塔国税法规定，消费税标签是一种严格的报表单据，并具有一定的保护级别。消费税标签的制作、流通、粘贴消费税标签的应税商品的清单，都应当由塔国政府规定。消费税标签的粘贴程序应当由国家授权机构确定。

应税商品的生产者和进口者是粘贴消费税标签的责任人，有义务对应税商品粘贴消费税标签。

对于没有粘贴消费税标签的应税消费品，应当禁止销售。对于销售无消费税标签的应税商品，税务机关有权按照塔国法律规定的程序予以没收。

消费税标签损坏或丢失的，应当按照该商品适用的税率计算和缴纳消费税。但在以下两种情况下消费税标记损坏和丢失的，可以不缴纳消费税：（1）由于紧急情况造成消费税标签的损坏和丢失的；（2）税务机关依据注销证书接收

了受损的消费税标签的。

三、消费税发票

塔国《税法典》第211条规定，应税商品的销售方或进口人，应当根据法律规定的程序，向应税商品的购买方开具增值税和消费税发票。

在开具发票时，如果消费税的纳税人不是增值税的纳税人，则无须在发票中注明增值税的信息。

第七章 自然资源税法

虽然在一般意义上，资源可分为自然资源和社会资源两种，但税法学中所谓的资源，主要指的是自然资源。由于自然资源不仅在数量上具有稀缺性，而且在分布上具有不均衡性，故对于不同地区、不同种类的自然资源进行开发和利用，就会形成级差收入。因此，对一些重要的自然资源征税，不仅有利于国家对自然资源的开发利用进行引导与监督，并获得财政收入，而且也有利于调节企业之间因自然资源的开发利用所形成的级差收入，促进企业之间的公平竞争。有鉴于此，当代世界上的许多国家都开征了自然资源税。塔国也和其他许多国家一样开征了该税，并在《税法典》第12篇对该税的法律制度作了专门的规定。

第一节 概述

根据《税法典》第219条的规定，自然资源税的征税对象包括根据矿产资源开发合同进行的矿产资源开采和用水发电两种情况，由此形成了自然资源税的两大内容，即矿产资源补偿费和水资源使用税。其中，矿产资源补偿费在内容上又具体分为签字费、商业发现费、矿产产出提成费三种。

一、基本概念

鉴于自然资源税，特别是其中的矿产资源补偿费在具体内容上涉及了许多专业知识，因此，为了使该部分的内容准确和规范，塔国《税法典》在第220条中首先对一些基本的概念进行了定义。具体如下：

1. 采矿权人，是指进行地质作业或矿产开采的人员，不论其是否具有执照或许可证。

2. 矿产地，是指包含自然矿产资源的地下资源区域。

3. 矿产资源，是指包含在地下资源中的自然矿物质，以固体、液体或气体状态（包括地下水和医用矿泥）的形式存在，适于在生产或消耗时使用。

4. 开采，是指与从地下资源中将矿产提取到地表，以及从地下资源中利用技术手段提取相关矿产资源的综合作业。

5. 矿物原料的加工，是指与从矿物原料中提取矿产资源有关的作业。

6. 商业发现，是指采矿权人在合同规定的区域内开采的矿产资源储量，此类储量经塔国矿产储备国家委员会批准，且其开采具有经济效益。

7. 使用费、商业发现费，为一次性的固定税，由采矿权人缴纳，但依靠国家财政拨款从事地下资源地质研究作业的国有企业不缴纳使用费和商品发现费。

8. 矿产产出提成费，为定期税，由采矿权人作为纳税人在开采地下资源时缴纳。

二、一般规定

根据塔国税法的规定，采矿权人在缴纳了矿产资源补偿费之后，并不能免除缴纳《税法典》中规定的其他税费，同时也不能免除采矿权人实施的与矿产资源使用无关的活动所产生的纳税义务。采矿权人实施的与矿产资源使用无关的活动所产生的纳税义务应当根据该项义务产生之日实行的税法来确定。

非居民可以通过其建立的法人或外国法人的分支机构在塔国国内进行矿产资源开采或使用。

以下人员和单位不缴纳矿产资源补偿费：（1）使用普遍存在的矿产和地下水的自然人，且在这些矿产和地下水在其使用的土地范围内开采，但将开采的矿产用于经营活动的情况除外；（2）农产品生产者，以及开采地下水用于自身经济需求的国家机构；（3）回注伴生地下水用于保持地层压力的伴生开采地下水的地下资源使用者；（4）实施矿产产地开发、地下设施施工和使用、沼泽化洼地使用时，开采排放地下水的人员，且这些排放的地下水不在国家地下资源资产表内进行统计。

三、矿产资源开发合同税收制度的确立

根据《税法典》的规定，采矿权人缴纳矿产资源补偿费的条件（以下简称税收制度）应当在矿产资源开发合同（以下简称合同）中加以确定。矿产

资源开发合同在获得塔国财政部同意后，由采矿权人、塔国政府职能机构以及国家主管机关按照塔国政府规定的程序，在采矿权人收到执照或许可证之后的 3 个月内签订，塔国政府对期限另有规定的情况除外。

合同中规定的税收制度应当符合塔国税收法律的相关规定。

如果采矿权人不签订合同，则不允许进行地下资源的使用。采矿权人不签订合同进行地下资源使用的，应当按照《税法典》规定的3 倍税率缴纳在整个活动期间的地下资源使用税（各种费用、矿产产出提成费），并按照塔国法律规定承担相应的责任。

禁止将属于缴纳矿产资源补偿费的问题列入执照和其他与矿产资源有关的证书之中，但矿产资源开发合同除外。

如果一份合同由若干个纳税人开采矿产资源时共同使用，那么对于所有纳税人，该合同中所规定的税收制度都是统一的。这些纳税人将被视为一个纳税人进行统一核算，并支付合同中规定的矿产资源补偿费。

采矿权人应当进行单独核算，以便根据合同规定的税收制度计算税款，并对超出合同范围的、与矿产资源使用无关的活动所产生的欠税进行计算。但这一规定，不适用于采矿权人在根据合同进行普遍存在的矿产或地下水开采的同时进行超出合同范围的、与矿产资源使用无关的活动。

以经营为目的开发合同中未规定的伴生矿产或其他矿产的，在合同做出更改之前，采矿权人应当根据法律规定，按照 3 倍税率缴纳这些合同中未规定的矿产的矿产资源补偿费。

第二节　签字费

根据塔国《税法典》第 222 条的规定，签字费是采矿权人为获得某一确定区域内的矿产资源使用权执照（许可证）而缴纳的一种税。它是一次性的，且税额是固定的。

一、纳税人

塔国税法规定，签字费的纳税人是矿产资源使用权招标过程中的中标者，或者通过直接谈判获得矿产资源使用权的人员，以及按照规定程序获得地质研究执照、许可证或矿产开发执照或许可证的人员。

依据特殊开采权而订立合同的采矿权人不是签字费的纳税人。此处的特殊开采权是指在勘察执照或许可证规定的范围内进行商业探测权。

二、税额

塔国《税法典》第224条规定，签字费的税额应当根据塔国政府确定的程序来确定，并且应当被写入矿产资源开发合同之中。

对于个别的矿产区域，塔国政府可以规定较高的签字费税额。

三、缴纳期限

塔国税法规定，应当按照以下期限缴纳签字费，法律另有规定的情形除外：(1) 自发放矿产资源使用权文件之日起的30日内，纳税人应当按照矿产资源开发合同的规定向矿区所在地的财政机关缴纳规定税额的50%；自矿产资源开发合同生效之日起的30日内，纳税人应当缴纳剩余的税额。

对于个别的矿产区域，塔国政府可以规定签字费的缴纳期限。

四、税务报表

由采矿权人在规定的期限内向矿区所在地的税务机关提交签字费的税务报表。

第三节　商业发现费

在塔国税法中，商业发现费是由发现具有开采经济效益的矿区并对其进行登记，同时获取开采权的采矿权人缴纳的一种税。它是一次性的，且其税额是固定的。

一、纳税人

商业发现费的纳税人是根据矿产资源使用执照（许可证）实施矿产资源使用时，宣布其在合同规定的区域内发现矿产商业资源的采矿权人。它具体包括取得以下两种执照（许可证）的采矿权人：

1. 取得矿产开采执照（许可证）的开采权人。根据塔国税法的规定，在下列3种情况下，取得矿产开采执照（许可证）的开采权人就是商业发现费的纳税人，应当缴纳商业发现费：（1）取得了在合同规定的区域内进行矿产商业发现的执照（许可证）的开采权人，且该矿产的商业发现是由勘探执照（许可证）规定的合同区域采矿权人公布的；（2）取得了在矿区补充勘探过程中的商业发现执照（许可证）的开采权人，且该商业发现会促使塔国国家主管机关进一步增加矿产开采量；（3）在对可采储量矿区进行补充开采的过程中，取得了针对其他矿产进行商业发现的执照（许可证）的开采权人。

2. 取得了进行商业发现的联合勘探和开发执照（许可证）的开采权人，包括在矿区进行补充勘探过程中的商业发现的执照（许可证）开采权人，且该商业发现会促使塔国国家主管机关进一步增加矿产开采量。

3. 取得了不进行后续开采的矿区矿产资源勘探执照（许可证）的开采权人，不是商业发现费的纳税人，不缴纳商业发现费。

二、税额

塔国税法规定，商业发现费的税额根据塔国政府的规定确定，并且应当将其写入矿产资源开发合同之中。

对于个别的矿产区域，塔国政府可以规定较高的税额。

三、缴纳期限

塔国税法规定，纳税人应当自矿产资源开采执照（许可证）发放之日起，或者自塔国国家主管机关批准矿产资源补充可开采储量之日起，或者自该国家机构批准矿产资源可开采储量之日起的90日内，向塔国财政部门缴纳商业发现费。

对于个别矿产产地，塔国政府可以规定商业发现费的缴纳期限。

四、税务报表

由采矿权人在缴纳商业发现费规定的期限内向矿区所在地的税务机关提交商业发现费的报表。

第四节　矿产产出提成费

矿产产出提成费是采矿权人对于在塔国境内开采的矿物所缴纳的税款。

无论开采权人是否将所开采的矿物用于销售或自用，也无论开采以人是否已经出售所开采的矿物，都应当缴纳矿产产出提成费。

一、纳税人

塔国《税法典》第233条规定，矿产产出提成费的纳税人是根据矿产资源使用执照（许可证）的规定进行以下活动的采矿权人：（1）矿产资源的开采；（2）矿产资源的加工，以从其中提取有用的成分。

二、征税对象

（一）一般规定

根据塔国税法的规定，矿产产出提成费的征税对象为以下矿产：（1）纳税人从塔国境内的地下资源矿区中开采的矿产；（2）纳税人根据专门（或单独）的许可从废物（损耗物）中提取的矿产。

塔国税法规定，矿产产出提成费应当针对不同品种的矿产分别确定。

对于碳氢化合物，其征税对象是：（1）进行了初加工的碳氢化合物，包括伴生矿物和有用成分；（2）在碳氢化合物的加工过程中所提取的有用成分，且对这些有用的成分在开采和加工时没有作为制成品进行征税。

对于贵金属和宝石，其征税对象是已提取的贵金属和宝石，包括从人工合成的矿物中提取的贵金属和宝石。

对于硬质矿物，其征税对象是：（1）已开采或已提取的硬质矿物，包括从人工合成的矿物中开采或提取的硬质矿物；（2）在加工企业进行加工过程中提取的矿物。

（二）具体范围

根据塔国《税法典》第234条第6款的规定，矿产产出提成费的征税对象包括以下5项资源的开采：

（1）私有矿产资源的开采。具体包括：①石油、天然气和凝析气的开采；②煤和可燃页岩的开采；③商品矿石的开采；④地下水，其中包括已通过初次加工的地下水的开采；⑤云母、石棉、建筑材料生产原料的开采；⑥用于冶金业的非矿石原料的开采。

（2）沙、矿石、精矿中的贵金属或纯金属的开采。

（3）黑色、有色、稀有和放射性金属、矿业化学原料精矿的开采。

（4）贵金属、经过初次加工的宝石和压电光学原料的开采。

(5) 其他矿物，其中包括经过初次加工的矿物原料的开采。

(三) 计税依据

在一个纳税期内矿产产出提成费的计税依据是根据销售价格所确定的金额；对于没有销售价格的，为根据初级商品的成本所确定的金额。

对于不同种类的矿物，其计税依据为已开采矿物的数量。

对于采用化学手段提纯的矿产资源（包括贵金属、宝石和其他矿物），应当按照不同的种类来确定其计税依据。

对于在伦敦金属交易所和伦敦贵重金属交易所进行交易的贵金属（金、银、铝）和其他金属，其计税依据应当根据在该纳税期内该对象在伦敦金属交易所和伦敦贵重金属交易所的平均销售价格，来确定采矿权人在该纳税期内开采的此类金属的价格。

对于各种常见矿物，其计税依据应当根据国家工程施工主管机关确定的基本建筑资源的平均预算价格，来确定采矿权人在该纳税期内开采的矿物的价格。

除上述规定的情形外，其他矿产资源的计税依据，应当根据同一个纳税期内国际（地区）交易所的平均价格确定，或者由塔国财政部和国家主管机关根据同一纳税期内的平均销售价格确定。

纳税人未进行销售的矿物，或纳税人全部用于私人消费的矿物，其计税依据为在该纳税期内该矿物在实际生产成本基础上上浮20%后的数额。其中，实际生产成本应当根据塔国会计核算法确定。在这种情况下，材料消耗、劳务开支、应计提的折旧费用、修理费用、自然资源开发支出以及其他支出都应该包括在已开采矿物的成本之中。

贵金属和宝石等的计税依据，应当按照塔国贵金属和宝石法，根据所开采的贵金属和宝石的初次评估进行确定。

纳税人同时开采多种矿物的，应当单独计算每种矿产资源的矿产产出提成费。

三、费率

(一) 常见矿物的费率

根据塔国《税法典》第236条第1款的规定，对于常见的矿产资源，其矿产产出提成费按照表7-1规定的费率计算。

表 7－1　　常见矿物的费率　　单位：%

序号	常见矿物名称	税率（税基的百分比）
1	沙（不包括用于陶瓷和水泥工业的成型和玻璃生产用沙）	10
2	用于陶瓷和水泥工业的成型和玻璃生产用沙	7
3	沙砾混合物	10
4	黏土（不包括用于陶瓷和水泥工业的耐火、难熔和成型黏土，染料黏土，班脱岩黏土、耐酸黏土和高岭土）	6
5	用于陶瓷和水泥工业的耐火、难熔和成型黏土，染料黏土，班脱岩黏土、耐酸黏土和高岭土	5
6	壤土（不包括用于水泥工业的壤土）	6
7	用于水泥工业的壤土	5
8	毛石	5
9	砂岩（不包括沥青、镶面、硅砖用砂岩和用于玻璃制造工业的砂岩）	7
10	沥青、镶面、硅砖用砂岩和用于玻璃制造工业的砂岩	4
11	白灰	5
12	石英岩（不包括用于硅碳化物、铁合金晶体硅生产的硅砖、熔剂、镶面、含铁石英岩）	6
13	用于硅碳化物、铁合金晶体硅生产的硅砖、熔剂、镶面、含铁石英岩	5
14	白云石（不包括沥青白云石和用于水泥生产的白云石）	6
15	沥青白云石和用于水泥生产的白云石	5
16	泥灰岩（不包括沥青泥灰岩和用于水泥生产的泥灰岩）	7
17	沥青泥灰岩和用于水泥生产的泥灰岩	5
18	石灰（不包括用于水泥、冶金、化学、玻璃制造、纸浆和制糖工业，以及用于矾土生产的沥青、镶面、尘土类石灰）	6
19	用于水泥、冶金、化学、玻璃制造、纸浆和制糖工业，以及用于矾土生产的沥青、镶面、尘土类石灰	5
20	介壳石灰岩（不包括镶面和装修用介壳石灰岩）	6
21	镶面和装修用大理石和介壳石灰岩	5
22	页岩（不包括可燃页岩和层面页岩）	6
23	可燃页岩和层面页岩	5
24	泥质板岩和粉砂岩	5
25	岩浆岩、火山岩和变质岩（不包括用于生产耐火和耐酸材料、石板和矿棉的镶面、装修用岩浆岩，火山岩和变质岩，以及适用于水泥工业的岩浆岩，火山岩和变质岩）	6

续表

序号	常见矿物名称	税率（税基的百分比）
26	用于生产耐火和耐酸材料、石板和矿棉的镶面、装修用岩浆岩，火山岩和变质岩，以及适用于水泥工业的岩浆岩，火山岩和变质岩	5
27	石膏	5

（二）地下水的适用费率

塔国税法规定，对于纳税人开采地下水所适用的产出提成费的费率，由塔国政府规定。

（三）其他矿产资源所适用的费率

塔国税法规定，除上述规定外，对于其他矿产资源，其矿产产出提成费的费率按照表7－2执行。

表7－2　其他矿产资源的费率　单位：%

序号	矿产资源名称	税率（税基的百分比）
1	石油、凝析气和天然气	6
2	煤和泥炭	4
3	黑色金属（铁、锰、铬、钒）	4
4	有色金属和稀有金属（铜、铅、锌、锡、镍、钴、钼、汞、锑、铋、镉、铝、锶、钛、锆、锂、钨、钽、铌等）	6
5	冲积矿床类矿产资源	9
6	贵金属（金、银、铂族）	6
7	宝石	8
8	彩石（宝石）和（或）压电光学原料	8
9	放射性原料	5
10	采矿化学原料和温泉水	5
11	矿石原料（精矿）和（或）用于冶金业的非矿石原料	5
12	本表以及本条第1款和第2款未指出的其他矿物	3
13	可以从技术工程矿物形成物中（从采矿企业废料中）开采的有色金属、稀有金属（铜、铅、锌、锡、镍、钴、钼、汞、锑、铋、镉、铝、锶、钛、锆、锂、钨、钽、铌等）以及贵金属（金、银、铂族）	0.5

四、税额计算与缴纳

（一）税额计算

采矿权人在一个纳税期内应当缴纳的矿产产出提成费，为其在该纳税期内开采的每种矿物的价值与相应的税率的乘积。

（二）以实物形式缴纳的矿产产出提成费的确定和支付

塔国《税法典》规定，经塔国财政部和国家主管机关的同意，在采矿权人与职能机构签署补充协议后，可以以实物形式缴纳矿产产出提成费。

采矿权人以实物形式缴纳矿产产出提成费的，在补充协议中必须明确规定下列内容：（1）代表国家接收矿产产出提成费应税产品的收货人（以下简称收货人）；（2）缴付矿物的规模和价格；（3）矿物的交付地点和交付条件。

采矿权人应当在法律规定的期限内，将矿产产品转交给矿产资源开发合同中规定的收货人。

收货人应当在规定的期限内以现金形式向财政账户划拨矿产产出提成费的税款，并对采矿权人向其交付实物产品的及时性和完整性进行检查。

采矿权人和收货人应当在规定的期限内，向矿区所在地的税务机关提交以实物形式缴纳矿产产出提成费的报表。

（三）缴纳程序

矿产产出提成费的纳税期（会计期）为 1 个月。

采矿权人应当按照国家主管机关规定的形式和程序，在下月 15 日之前，向矿区所在地的税务机关提交本纳税期内的矿产产出提成费的申报表，并同时缴纳税款。

第五节　水资源费

塔国《税法典》第 36 章具体规定了水资源费的法律制度。

一、纳税人

塔国税法规定，水资源费的纳税人为在塔国境内用水发电的人员。

二、征税对象

水资源费的征税对象为在水电站以发电为目的的水资源利用。它的计税依据是在一个纳税期内纳税人所产生的电能数量，但不包括后续销售时的损耗。

每个水利项目的纳税人都应当单独确定其计税依据。

三、免税

对于发电项目的功率不超过 1000 千瓦的，免征水资源使用税。

四、税率

水资源费的税率为每 1000 千瓦/时发电量结算指标的 0.06。

五、纳税期

水资源费的纳税期为 1 个月。

六、水资源费的计算和缴纳

纳税人应当独立计算水资源费的应纳税额。

纳税人应当按照国家主管机关规定的形式和程序，在下月 15 日之前，向税务机关提交本纳税期内水资源税的纳税申报表，并缴纳税款。

第八章　社会税法、皮棉和初炼铝销售税法

第一节　社会税法

一、纳税人

根据塔国《税法典》第 212 条的规定，社会税的纳税人主要由以下几类组成：

1. 雇佣居民自然人，并向其发放工资、酬金和其他收益的法人及其独立经营单位、非居民常设机构、个体企业（用人单位），无论他们是否与被雇佣的居民自然人签订劳动合同。

2. 向居民自然人在塔国境内提供的服务（工程）进行支付的法人及其独立经营单位、非居民常设机构、个体企业，且这些居民自然人未作为个体企业进行登记，无论他们是否与被雇佣的居民自然人签订劳动合同。

3. 从上述的法人及其独立经营单位、非居民常设机构、个体企业中取得报酬的自然人。

4. 在塔国境内从事个体经营活动的自然人，包括在非法人的农业生产部门（农场）工作的自然人。

纳税人同时满足上述多项规定的，应当分别计算并缴纳税款。

按照塔国税法的规定，上述第 1 项和第 2 项中所指的纳税人简称为投保人，第 3 项中所指的纳税人则称为被保险人，第 4 项中所指的纳税人、同时简称为投保人和被保险人。

作为劳务移民的塔国公民有权向其在塔国居住地的税务机关提出书面申请，申请成为社会税的纳税人，并按照塔国政府确定的数额和程序缴纳税款。

二、征税对象

(一) 征税范围

根据塔国税法的规定，对于上述第 1 项和第 3 项的纳税人，其社会税的征税对象为：(1) 纳税人支付给雇佣劳动者的工资、酬金和其他收入；(2) 纳税人支付给自然人的其他付款、酬金和其他收入。

对于上述第 2 项和第 3 项的纳税人，其社会税的征税对象是根据劳动和民事合同，由纳税人根据工程施工、提供服务的实际情况支付给非个体企业的自然人的款项，其中包括按照版权协议所确定的款项和酬金。

对于上述第 4 项的纳税人，其社会税的征税对象为经营活动的总收入。

另外，塔国税法规定，对于上述第 1 项和第 2 项纳税人，以下项目不属于社会税的征税对象：(1) 根据民事合同的约定因转让财产所有权或财产使用权而支付的款项；(2) 根据与塔国境外的分支机构和居民法人代理人订立的劳动合同向外国公民和无国籍的自然人支付的款项；(3) 向外国公民和无国籍的自然人在塔国境外根据合同进行工程施工和提供服务而支付的款项。

(二) 计税依据

塔国《税法典》第 214 条的规定，对社会税的计税依据如下：

(1) 对于上述第 1 项纳税人，其计税依据为用人单位在纳税期内向自然人支付的工资、酬金和其他收益。

(2) 对于上述第 2 项纳税人，其计税依据为用人单位在纳税期内向自然人支付的款项、酬金和其他收益（不含补偿和扣款）。

(3) 对于上述第 3 项自然人纳税人，其计税依据为纳税期内所获得的工资、支付款、酬金和其他收益（不含扣款）。

塔国税法规定，在确定计税依据时，要计算所有的支付款和酬金，包括依据征税对象所确定的版权酬金以及用于自然人消费的商品（工程、服务、财产或其他权利）的价款，但法律规定免税的除外。

对于根据劳务合同或民事合同向外国外交机构、领事代表处、国际组织驻塔国代表处提供工程、服务的居民自然人，其计税依据为在纳税期内获得的工资、支付款和其他酬金（不含扣款）。每季度此类自然人的收入信息应当由塔国外交部提交给国家主管机关，提交期限为每一季度结束后的 15 日内（即下一季度第一个月的多少日内）。

个体企业（其中包括非法人农业生产部门和农场）的计税依据为纳税人

在纳税期内从经营活动中所获得的现金和实物形式的总收入（不含扣款）。

以实物形式进行支付时的计税依据，应当按照该实物支付当日的市场价格来确定；对于国家进行价格调控的商品，其计税依据为该实物支付当日国家规定的零售价格。

（三）免税

塔国税法规定，对以下收入免税：（1）非塔国公民的自然人为塔国驻外使领馆提供工程施工和服务而获得的收入；（2）在实施塔国政府投资项目时外国公民接受雇佣提供劳动所获利的收入；（3）根据塔国《税法典》第104条的规定免征所得税的收入。

三、税率

塔国税法规定，除另有规定外，投保人社会税的税率为25%，被保险人社会税的税率为1%。

持摊贩牌照从事个体经营活动的自然人以及非法人农业生产部门（农场）的成员，按照塔国政府规定的社会税最小额度纳税。其中，被保险人无论其获得的收入有多少，其社会税的税率均为1%，且应纳税额不得低于为个体企业所规定的社会税的最高额度。

为外国使领馆、国际组织驻塔国代表处进行工程施工、提供服务且独立缴纳社会税的塔国公民，由投保人缴纳的社会税税率为25%，由被保险人缴纳的社会税税率为1%。

社会保险机构所缴纳的社会税总额为其社会保险收入的20%。

四、税款计算与缴纳

（一）纳税期

塔国税法规定，社会税的纳税期为1个月。

（二）税额计算

除法律另有规定外，社会税的应纳税额为计税依据税基乘以相应税率。

（三）税款缴纳

对于非法人的农业生产部门（农场）的成员应当缴纳的社会税，应当按照法律的规定实行源泉扣缴。扣缴义务人应当在次月15日之前将扣除的本纳税期的税款上缴预算。

对于供职于国际组织、外交机构、领事代表处以及塔国驻外机构的塔国公民，在每个季度结束后的15日内，由塔国财政部作为用人单位提交社会税的核算并同时纳税。

持摊贩牌照从事经营活动的个体企业在缴纳摊贩牌照费的同时缴纳社会税。持执照实施经营活动的个体企业，以及作为非法人农业生产部门（农场）成员的塔国公民，在次月15日之前，提交本纳税期的税务报表并同时缴纳税款。

法人纳税人及其独立经营单位、非常设机构、持执照从事经营活动的个体企业，在次月15日之前，向税务机关提交本纳税期的社会税和所得税的统一报表，并同时缴纳税款。

非法人农业生产部门（农场）在每年7月15日和1月15日之前，向税务机关提交其成员上半年和下半年的社会税和所得税的统一报表，并同时缴纳税款。

对于供职于国际组织、外交机构、领事代表处以及塔国驻外机构的塔国公民，每季度第一个月15日之前，向税务机关提交其上一季度的社会税和所得税的统一报表，并且同时缴纳税款。

由税务机关进行社会税的纳税检查。

第二节 皮棉和初炼铝销售税法

鉴于皮棉和初炼铝是塔国重要的经济资源，故为规范对这两样商品交易的征税，塔国《税法典》第14篇专门对这两样商品的销售税作了规定。根据规定，皮棉和初炼铝的交易是指：（1）应税商品的销售；（2）应税商品的进口、出口；（3）由生产者对应税商品进行加工或再加工以及抵押；（4）根据期货交易合同进行应税商品的销售或转让；（5）根据海关法有关在塔国境内加工的规定，向其他人员转让应税商品。

另外，塔国税法规定，对皮棉和初炼铝的销售只征收销售税，不征收增值税，但上述第（5）项规定的应税业务除外。

一、纳税人

塔国税法规定，销售税的纳税人是进行皮棉和初炼铝销售的人员。

二、征税对象

塔国《税法典》第256条规定，销售税的征税对象是进行皮棉和初炼铝的应税业务。

对于依据海关法的规定在塔国境内加工其他应税商品的，由塔国政府确定。

除法律另有规定的情形外，皮棉和初炼铝销售税的计税依据为应税商品的价值。在计算计税依据时，应当根据应税业务完成之日伦敦有色金属交易所和伦敦棉花协会的价格，并结合应税商品的质量、种类和品种确定应税商品的单价。

纳税人转售应税商品时应当缴纳的销售税，为其销售应税商品时确定的税额与购买应税商品时确定的税额之间的差额。

进口应税商品的计税依据由海关根据商品的价值和海关法规定的程序确定。

按照海关法的规定在塔国关境内加工生产的应税商品的计税依据根据所加工产品的价格确定。

三、税率

根据塔国《税法典》第259条的规定，皮棉销售税的税率为10%；初炼铝销售税的税率为3%。

按照海关法的规定在塔国关境内加工生产的应税商品的税率由塔国政府规定。

四、税款计算与缴纳

（一）税款计算

塔国税法规定，销售税的应纳税额应当由纳税人根据应税商品的价格和适用的税率进行计算。

缺少应税商品销售（转让）之日交易所的交易价格的，应当根据与销售之日最近日期的交易所的交易价格的计算税额。

（二）税款缴纳与申报

塔国税法规定，纳税人销售应税商品的，应当在应税商品移交之前，或者在资金到达纳税人银行账户之后的3日内，或者在进行现金结算时进行缴税。对于其他的应税业务，纳税人应当在应税商品的起运、销售或移交之前缴税。

购买应税商品的人员应当在10日内向纳税大户的税务监察部门提交税款缴纳文件的复印件。对于不提交税款缴纳文件复印件的，购买方应当全额支付所有税款。

应税商品出口的，纳税人应当在货物运出海关之前纳税。纳税人应当根据纳税大户税务监察部门提供的销售税缴纳证明，办理应税商品出口的海关手续。

进口应税商品的，应当根据《税法典》和塔国海关法律的规定缴纳税款。

纳税人应当在规定的期限内，向税务机关提交销售税纳税申报表以及法律规定的其他纳税证明文件（申报单）。

为了保障对皮棉生产和销售的检查，将原棉加工成皮棉的人员应当在每月15日之前，向税务机关提交上一纳税期（即上个月）的业务报告。

销售方应当在每月15日之前，向税务机关提交按照国家主管机关规定格式编制的销售税申报表以及其他的纳税证明文件（申报单）。

五、向塔国国内市场销售应税产品时的税款抵扣

塔国《税法典》第261条规定，纳税人将加工的应税产品销向塔国国内市场的，允许用之前已缴纳的销售税抵扣增值税。

纳税人将应税产品销向塔国国内市场的，应当按照《税法典》第185条规定的程序进行增值税的核算。

对于加工产品进行出口的，不将销售税税额抵扣到应缴纳的增值税账户之中。

纳税人向国内市场销售的加工产品的应纳增值税税额小于之前已缴纳的销售税税额的，差额部分不得从财政返还。

销售税的计算和缴纳程序以及纳税申报表的格式由国家主管机关和塔国财政部协商确定。

由税务机关对销售税的缴纳情况进行检查。

第九章 地方税法

塔国的地方税包括交通工具税和不动产税两个税种。它由塔国《税法典》规定。税收收入划归地方财政。另外，塔国《税法典》还规定，城市（地区）的最高议会也可以根据法律的规定制定在本区域内实施的地方税。

第一节 交通工具税法

一、纳税人

塔国税法规定，交通工具税的纳税人为拥有或使用交通运输工具的人。

二、征税对象

根据塔国《税法典》第264条的规定，交通工具税的征税对象是运输工具、自行式机器和机械装置、浮动设备以及火车头。

交通工具税的征税对象需要由内务、交通、国防、农业等国家主管机关或者其他国家机关（以下简称主管机关）进行国家登记，登记清单由塔国政府确定。

未进行国家登记以及已进行过登记的运输工具由于其他原因导致故障或不能运行的，不能成为不缴纳交通运输工具税的理由。

交通运输工具被撤销国家登记的，根据法律规定的程序，对该交通运输工具的征税也将撤销。

主管机关应当每5年对交通运输工具税的征税对象至少进行一次记录。

自行式运输工具的计税依据是以马力为单位的发动机功率。

三、税率

塔国税法规定，运输工具、自行式机器和机械装置按照发动机的功率适用以下税率（见表9－1）。

表9－1　　交通工具税的税率　　单位：%

征税对象	税率，结算指标的百分比
摩托车和小轮摩托车	2.5
以小轿车为基础的带篷载重汽车和皮卡	6
轻型汽车	7.5
客车（12座以下）	7.5
客车（13—30座）	8.5
客车（超过30座）	9.5
载重汽车和其他载重量小于10吨的汽车运输工具	11
载重汽车（载重量为10—20吨）	12.5
载重汽车（载重量为20—40吨）	13.5
载重汽车（载重量超过40吨）	14.5
拖拉机、带有施工用发动机的运输工具，不包括农业用途此类工具	2
小艇、小船和其他浮动自行式运输工具	15
火车头	1

另外，塔国法律还规定，每年2月1日前国家主管机关应当在其电子网页上公布各类自行式运输工具、自行式机器和机械装置的税率。

四、免税

根据法律规定，对以下各类交通运输工具免税：（1）农用拖拉机、粮食收割机、农业专用机械，包括棉花收割机、联合收割机；（2）公共汽车交通企业用于在城市中运行的公共汽车和无轨电车；（3）专用医疗运输工具；（4）专用军事交通工具以及专用军事技术装备；（5）残疾人专用汽车（摩托四轮车）；（6）铁路运输工具（火车头除外）；（7）属于苏联英雄、社会主义劳动英雄、塔吉克斯坦英雄、1941—1945年卫国战争的参加者及其同等人员、其他苏联保卫战的参加者（曾经或现在在各部队和军事机构中服役的军人）、国际主义战士、切尔诺贝利灾难救助者私人所有的非经营性汽车（每人限一辆，且不论其发动机功率的大小）。

五、税款缴纳程序

纳税人应当在对交通运输工具进行登记、重新登记或每年进行年检的期限前，向登记地的财政机关缴纳税款。对交通运输工具每年进行年检的期限由塔国政府确定。纳税人在规定的期限前没有缴纳税款的，应当按照法律规定的程序和数额计算利息。

在对本年度已经缴纳税款的交通运输工具进行重新登记或转登记时，不再征税。

纳税人不提供当年缴纳税款单据的，不得进行登记、重新登记和年检。

交通运输工具的所有人未缴纳交通运输工具税的，不得使用该交通运输工具。

汽车运输工具的所有人不能提供通过年检的文件的，主管机关应当要求其提交纳税文件。

在每年 4 月 1 日之前，法人应当向税务机关提交当年缴纳交通运输工具税的报表。税务报表的格式由国家主管机关规定。

在每年 4 月 1 日之前，纳税人应当按照国家主管机关和塔国财政部协商确定的格式和程序，向国家主管机关提交本单位交通运输工具进行国家登记的资料、通过年检的交通运输工具的数量及上一年度的纳税资料。

税务机关负责对交通运输工具的纳税情况进行一般检查。

交通工具税的计算和缴纳程序以及报表格式由国家主管机关和塔国财政部协商确定。

第二节　不动产税法

根据塔国《税法典》第 41 章的规定，塔国的不动产税包括土地税和不动产项目税两个税种，分别对纳税人所拥有的土地和不动产项目进行征税。其中，土地是指根据证明文件（或在没有证明文件的情况下）转让使用或实际使用的土地；不动产项目是指建筑物、楼房和其他与土地牢固相连的物资，即没有居民物资损失就无法移动的项目。

一、土地税

（一）纳税人

根据塔国《税法典》第 270 条的规定，土地税的纳税人是将土地转让用于继承、使用或用于出租的土地使用者，或者实际使用土地的用户，但不包括适用农业生产者简化税制的土地使用者。它具体包括：（1）转为一般税制的农产品生产者和不征收单一税的土地使用者；（2）缴纳社会税或适用优惠税制的人员，但根据社会税和优惠税制的规定免征土地税的除外。

适用于特殊税制的农产品生产者转为一般税制超过 3 年的，应当根据《税法典》第 16 篇规定的程序，转为缴纳单一税，或者按照简化程序纳税。

（二）征税对象

（1）一般规定。土地税的征税对象是居民点的土地和居民点之外的土地，并结合土地质量和不动产征税调查簿的评估、用途和生态特性来确定，土地的归属由塔国土地法确定。

确定土地税的依据是土地使用者的土地使用权证（土地不动产征税调查文件）或土地实际的使用情况。如果实际使用土地的面积大于纳税人土地使用权证（不动产征税调查文件）中记载的土地面积，应根据实际使用的土地面积进行征税。

土地税的税额与土地使用者生产经营活动的结果无关。

土地税纳税人还应当根据法律的规定缴纳其他税款。

（2）计税依据。土地税的计税依据是土地使用者证明文件中登记的土地面积，或者其拥有或实际使用的土地面积，但不包括免税土地。

所有的划拨土地，包括建筑、构筑物占用的土地，建筑、构筑物维护所必需的土地，项目的卫生保护区、技术和其他用途区，都属于征税对象。

对于法人的独立经营单位，土地税的计税依据是该独立经营单位在所在城市（地区）所划拨的土地面积。

（三）税率

塔国政府根据国家土地规划主管机关的呈文，按照不动产征税调查簿和可经营土地的种类，每 5 年公布一次各州和城市（地区）的土地税的税率，其中包括居民点土地、居民点树木和灌木丛土地以及农用土地的税率。

国家主管机关根据统计主管机关确定的上一年度通货膨胀水平，确定每年土地税税率的指数，并将其上传到官方电子网站。

用于自然人在居民点住房施工的土地应按以下程序征税：

（1）对于根据证明文件划拨土地的用户，应当按照每个单块土地的面积计算税额，但这些地块相邻的情况除外。

（2）根据为土地使用者所拨土地面积的大小，按以下程序计算土地税的应纳税额：①土地面积小于 800 平方米的，按照规定的税率计算税额；②土地面积大于800平方米小于2000平方米的，对于不超过800平方米的，按照规定的税率计算税额，对于超出的部分，按照规定税率的2倍税率计算税额；③对于土地面积大于2000平方米的，除对不超过2000平方米的部分按照第②的规定计算税额外，对于超过2000平方米的部分，按照规定税率的5倍税率计算税额。

（四）税收优惠

塔国税法规定，纳税人应当向税务机关提交权利证明文件，从而对以下各项土地的免于缴税：

（1）纳入塔国政府清单及面积的自然保护区、国家公园和森林园、植物园；

（2）国家机关为履行职能而使用的土地，但是转让或使用用于经营活动的土地除外；

（3）受国家保护的历史、文化和建筑文物所占用的单位的土地；

（4）根据国家主管机关与国家土地规划主管机关协商而获得的土地，且这些土地被认定为已被破坏需要进行地力恢复，且在获得这些土地后的5年内将被用于农业开发；

（5）国境线一侧用于监视的土地，并且这些土地没有用于其他目的；

（6）供居民点和公共事务使用的一般土地，包括宗教组织用地、公墓用地，但不包括在该土地上实施经营活动的情况；

（7）国家储备的土地，以及处于冰川、坍方、河流和湖泊之下的土地，但不包括在该土地上实施经营活动的情况；

（8）至少有50%的员工为残疾人的单位的用地；

（9）一般公路用地、铁路用地，以及国家电力输送工程、供水工程和水利工程项目占用的土地，但不包括在该土地上实施经营活动的情况；

（10）根据塔国政府的规定用于保障塔国国防和安全的土地，但不包括在该土地上实施经营活动的情况；

（11）单块自留地和为国际主义战士、卫国战争参加者及其同等人员划拨的居住施工用地；

（12）为来自于塔国其他地区的移民划拨的自留地，且该土地是在3年之内划拨的；

（13）划拨给在农村地区普通教育机构任教的老师和在医疗机构工作的医生的自留地和用于居住施工的土地；

(14) 根据塔国政府确定的土地使用者清单，科学单位、试验和科学实验部门、农业和林业科研机构和学校，直接用于科研和教学的土地，以及用于进行农作物、花卉树木和果木品种试验的土地；

(15) 划拨给无劳动能力的残疾人用于住宅施工的自留地和土地；

(16) 牧场、草场、森林等所占用的土地以及其他之前未用于生产农产品的土地，以及用于在5年内建造花园和葡萄园的土地。

二、不动产项目税

(一) 纳税人

塔国税法规定，不动产项目税的纳税人是作为征税对象的不动产项目的所有者（使用者）。

(二) 征税对象

(1) 一般规定。塔国《税法典》第276条规定，不动产项目税的征税对象为位于塔国境内的建筑物、住房、别墅、车库以及其他建筑物，以及用于自住和使用时未完工的施工项目（以下简称不动产对象）。

不动产项目税的征税对象还包括集装箱、罐车、售货亭、遮棚、车厢以及其他用于经营活动的、在1年内安装使用不少于连续3个月的不动产。

(2) 计税依据。不动产项目税的计税依据是不动产项目的面积，包括多层建筑物的每层面积。

对于地下室和平均高度大于2米的顶楼，计税依据按照其面积的50%的计算。计税依据不包括不用于经营活动的地下室和居住用途的顶楼。

对于自然人不用于经营活动的附属用房（车库、板棚和其他附属房屋），计税依据按照其面积的50%的确定。

不动产的面积在有纳税人参与的情况下由税务机关测量确定。测量不动产的面积时应当从不动产的外部进行测量。如果无法从外部进行测量的，应当按照不动产内部房间有用面积的1.25倍确定其应税面积。

(三) 税收优惠

根据塔国税法的规定，对以下不动产免税：

(1) 依靠财政拨款的国家机关直接用于履行其法定职责的不动产；

(2) 至少有50%的员工为残疾人的法人企业直接用于完成工作任务的不动产；

(3) 位于自留地上或专门用于住宅施工用地上的单套住宅和其他建筑物，

且这套住宅的登记人为苏联英雄、社会主义劳动英雄、塔国英雄、1941—1945年卫国战争的参加者及其同等人员、其他苏联保卫战的参加者、国际主义战士、切尔诺贝利核电站灾难的救助者、一级和二级残疾人；

（4）宗教组织不用于经营活动的不动产；

（5）按照规定程序转让用于出租且全部租金都缴纳给了国家财政的国家不动产。

（四）税率

（1）一般规定。塔国《税法典》第279条规定，不动产项目税的税率应当根据不动产项目的所在区域、占地面积及其使用目的等来进行确定。具体规定如下：

1）计税依据小于90平方米的住宅，税率为3%；

2）计税依据大于90平方米的住宅，税率为4%；

3）用于商业活动、公共饮食和居民日常生活服务点的，且计税依据小于250平方米的不动产，税率为12.75%；对于杜尚别市区、胡占德市区、库尔干—秋别市区以及库利亚布市区的上述不动产，税率为25.5%（即两倍）；

4）用来进行商业活动、公共饮食和居民日常生活服务点的，且计税依据大于250平方米的不动产，税率为15%；对于杜尚别市区、胡占德市区、库尔干—秋别市区以及库利亚布市区的上述不动产，税率为30%（即两倍）；

5）用于其他目的且计税依据小于200平方米的不动产，税率为9%；对于杜尚别市区、胡占德市区、库尔干—秋别市区以及库利亚布市区的上述不动产，税率为18%（即两倍）；

6）用于其他目的且计税依据大于200平方米的不动产，税率为12%；对于杜尚别市区、胡占德市区、库尔干—秋别市区以及库利亚布市区的上述不动产，税率为24%（即两倍）。

（2）对税额的调节。塔国税法规定，在确定不动产项目税的应纳税额时，应当按照表9-2规定的区域系数，对不同地区的不动产项目的应纳税额进行调理。

表9-2　区域系数

组别	城市和区域	区域系数
1	杜尚别市区	1.0
2	杜尚别市区	0.8

续表

组别	城市和区域	区域系数
3	凯拉库姆、契卡洛夫斯克、塔博沙尔、伊斯塔拉夫、尚伊斯法拉、卡尼巴达姆、彭吉肯特、瓦赫达特、图尔孙扎代、拉贡、努列克、萨尔邦德、霍罗格市区	0.55
4	第1—3组中未指出的其他村镇区域和区域行政中心区域	0.4
5	属于以下地区（城市）的村镇区域：伊斯塔拉夫尚、凯拉库姆、契卡洛夫斯克、博博钟·加甫洛夫、伊斯法拉、卡尼巴达姆、斯皮塔门、扎博尔·拉苏洛夫、彭吉肯特、瓦赫达特、鲁达基、图尔孙扎代、沙赫利纳夫、吉萨尔、亚旺、沃谢、丹加拉、库利亚布、法尔霍尔、瓦赫什、库博季约、库姆萨吉尔、诺希尔·希斯拉夫、皮延吉、萨尔邦德、胡罗楹、扎罗利丁·鲁米、季里库尔和沙尔图兹	0.3
6	属于以下地区（城市）的村镇区域：阿什特、扎法拉巴德、霍瓦林格、阿布杜拉赫莫米·扎米、博赫塔尔、瓦尔佐布、法伊扎巴德、塔维尔达拉、塔吉卡巴德、吉尔加塔尔和舒拉巴德	0.15
7	属于以下地区（城市）的村镇区域：甘奇、艾尼、戈尔纳亚马斯特恰、沙赫利斯坦、努拉巴德、拉什特、拉贡、旺奇、达尔沃兹、伊什卡什姆、罗什特卡拉、鲁顺、霍罗格和舒格南	0.09

对于位于旅游和度假开发区内的不动产项目，其税率和税额调节系数按照上述规定税率的2倍确定。

（五）税额调整

（1）一般规定。塔国税法规定，应当按照税基乘以税率的方式，对每一个不动产税（包括土地税和不动产项目税）的征税对象的应纳税额进行单独计算。

纳税人购买或获得应税项目的使用权或所有权的，应当从购买或获得该应税项目的次月开始计算不动产税。

纳税人转让或终止应税项目的使用权或所有权的，应当按照应税项目使用或拥有的实际月数（包括应税项目的权利转让或终止的当月）计算不动产税。

在一年内将土地从一个土地类别转换为另一个类别时，纳税人应当根据土地转换之前的类别所适用的税率，缴纳当年的不动产税。在完成转换后的下一个年度，纳税人则应当根据转换后的土地类别所适用的税率，缴纳本年度的不动产税。

（2）税务报表的提交。纳税人应当在每年3月1日前向税务机关提交本年度不动产税（土地税和不动产项目税）的纳税申报表，法律另有规定的除外。纳税申报表的格式和提交程序由国家主管机关规定。

在经营活动中不使用不动产的自然人应当缴纳的不动产税（土地税和不动产项目税），由征税对象所在地的税务机关进行计算。在每年5月1日前，税务机关应当向上述自然人告知不动产税税款的计算事宜。自然人在收到告知和税务机关的税务报表后，应当在规定的期限内缴纳税款。

对于重新划拨（购买、获得）的不动产，纳税人应该当在获得该不动产之日起的30日内提交纳税申报表。

（3）税款缴纳。不动产税（土地税和不动产项目税）的税款应当由纳税人缴纳，但在经营活动中不使用不动产的自然人除外。

对于位于居民点的不动产税的征税对象，应当于每年2月15日、5月15日、8月15日和11月15日之前，按照不少于当年应纳税总额的25%、50%、75%、100%的比例缴纳税款。

对于位于居民点之外的不动产税的征税对象，应当于每年2月15日、5月15日、8月15日和11月15日之前，按照不少于当年应纳税总额的15%、35%、60%、100%的比例缴纳税款。

在经营活动中不使用应税不动产的自然人应当于每年6月15日、8月15日和11月15日之前，按照不少于当年应纳税总额的33%、66%、100%的比例缴纳税款。

纳税人应当在法律规定的期限之前缴纳税款。纳税人逾期缴纳税款的，税务机关将有权加算利息。

纳税人有权在每年的任何时候一次性提前缴纳各种不动产税的未缴税款。

税务机关负责对不动产税的缴纳情况进行检查。

不动产税的计算和缴纳程序以及报表格式由国家主管机关和塔国财政部协商确定。

第十章　特殊税制

塔国《税法典》在对现行各税种制度做出具体规定的基础上，为了使这些税种制度在适用过程中能够体现税法的公平原则，实现政府的特殊目的，还专设第16篇“特殊税制”，分别规定了持摊贩牌照或执照经营的自然人、小型企业、农产品生产者、博彩业经营者等四类不同的纳税人适用上述各税种时的一些特殊规则。

第一节　自然人持摊贩牌照或执照经营时的税收制度

一、概述

根据塔国《税法典》的规定，摊贩牌照的所有人或者持执照从事经营活动的自然人，都应当按照规定的数额缴纳税款。其中，对于持摊贩牌照进行经营活动的自然人，无论其收入状况如何，都应当根据法律的规定纳税。对于持执照进行经营活动的自然人，都应当根据其收入纳税。这一特殊的税收制度，实际上是针对未进行国家登记的自然人在进行生产经营活动时而设定的一项税收制度。

如果纳税人适用这一特殊税制的目的，是为减少企业及其员工的纳税义务，则不允许其适用特殊税制，特别是针对以下两种情况：（1）持摊贩牌照或执照进行经营活动的个体企业主要是向一个单位提供服务，或主要从一个来源获得收入，或通过合同规定了提供劳务的一些限制；（2）商品销售方、工程施工方或服务的提供方之所以选择持摊贩牌照或执照进行经营活动，其主要目的是适用本项特殊税制。

非居民自然人从事个体经营活动的收入也应当依照法律的规定纳税。

二、对个体企业持摊贩牌照进行经营时的征税

（一）一般规定

塔国税法规定，居民自然人和非居民自然人登记成为个体企业并持摊贩牌照进行经营活动的，当同时符合下列条件时，允许使用法律规定的摊贩牌照税收制度：（1）摊贩牌照是用于证明其作为个体企业进行国家登记的文件；（2）持有摊贩牌照的企业主已按照制度的规定，预先缴纳了经营活动所对应的整体纳税期的全部应纳税款；（3）经营活动由自然人亲自进行，使用现有物资、不雇佣劳动力、不进行对外经济活动；（4）个体企业所从事的业务种类和作为纳税人应当缴纳的固定税额由塔国政府确定；（5）使用摊贩牌照制度的个体企业每年总收入不能超过10万索莫尼。

持有摊贩牌照的个体企业的经营活动不符合上述条件的，该个体企业就丧失了摊贩牌照制度的使用权，并应当在10日内按照规定的程序提交取消持摊贩牌照从事个体经营活动的国家登记的申请。

持有摊贩牌照的个体企业的经营活动适用《税法典》中规定的其他税收制度的，不允许适用本节所规定的税收制度。

持摊贩牌照从事经营的个体企业依照法律规定免于缴纳《税法典》第6条第2款和第3款规定的各种税收（即前述的7种国家税和2种地方税），但不包括在取得摊贩牌照时缴纳的所得税和社会税；同时，持摊贩牌照从事经营的个体企业不再向税务机构提交纳税申报表，也不使用税控收款机，但法律另有规定的情况除外。

持摊贩牌照从事经营的纳税人应当缴纳自然人应当缴纳的其他税款。

（二）纳税人登记

塔国税法规定，满足上述条件的居民自然人和非居民自然人应当登记为摊贩牌照税收制度的纳税人。

使用摊贩牌照税收制度的纳税人应当在经营活动所在地的税务机关进行登记。纳税人的经营活动地点发生变更的，应当向相应的税务机关提交纳税人的个人档案及其个人记名账户的余额。

使用摊贩牌照税收制度的纳税人在按照规定程序进行国家登记之后可以转变为一般纳税人。一般纳税人在按照规定程序进行国家登记之后可以转变为使用摊贩牌照税收制度的纳税人。

使用摊贩牌照税收制度的纳税人自完成国家注销登记后的次月1日起，

不再履行摊贩牌照税收制度所规定的纳税义务。

（三）纳税期、税额和税款缴纳程序

根据塔国税法的规定，摊贩牌照税的纳税期为1个月。

纳税人应当缴纳的税额由塔国政府根据纳税人业务活动的种类，以及所在的地区加以确定。

纳税人应当按月自主向地方财政的银行账户缴纳摊贩牌照税的税款。

纳税人应当在每年3月1日前，将上一年度税款缴纳的银行单据提交给税务机关。

税务机关负责对持摊贩牌照从事经营活动的个体企业的纳税情况进行审查。

三、对个体企业持执照进行经营时的征税

居民自然人和非居民自然人登记成为持执照从事经营的个体企业，其每年所有的业务收入不能超过50万索莫尼。

持执照开展经营的个体企业，根据业务种类和收入，分别适用针对小型企业的简化税制、针对农业生产者的简化税制和针对博彩业经营主体的特殊税制。持执照开展经营的个体企业所从事的经营活动同时适用其中的两项特殊税制时，应当按照法律的规定，对每种特殊税制所对应的经营活动及其收入、支出进行单独登记。

持执照从事经营的个体企业的经营活动和收入符合特殊税制的具体规定的，则该个体企业有权采取法律规定的特殊税制。

持执照从事经营的个体企业则应缴纳法律规定的其他税款，法律另有规定的情况除外。

持执照从事经营的个体企业主不免除其履行法律规定的扣缴义务。

持执照从事经营的个体企业的业务种类以及征税规范，由塔国政府确定。

税务机关负责对持摊贩牌照或执照制度进行经营的个体企业的纳税情况进行审查。

第二节　小型企业的简化税制

一、一般规定

小型企业的简化税制（以下简称简化税制）是一种特殊税收制度。根据

该项税收制度，小型企业可以按照简化程序缴纳利润税或所得税。

除法律另有规定外，小型企业适用简化税制的标准是按照出纳法计算的上一年的总收入不超过50万索莫尼（不含消费税、皮棉和初炼铝销售税）。

根据塔国税法的规定，适用简化税制的纳税人，不再缴纳以下各税：（1）利润税，不包括源泉扣税收入；（2）直接从持执照开展经营的个体企业收入中扣除的所得税，不包括源泉扣税收入；（3）增值税，不包括进口商品缴纳的增值税，以及源泉扣缴的非居民企业增值税。

适用简化税制的纳税人不免除其履行法律规定的扣缴义务人的义务。

二、纳税人

（一）纳税人的范围

根据塔国《税法典》第291条的规定，小型企业简化税制的纳税人包括以下各项：（1）在本年度内开始经营活动的人员，无论其是否办理了国家登记；（2）年收入不超过50万索莫尼（不含消费税和皮棉和初炼铝销售税）的小型企业。

（二）不适用简化税制的情况

塔国税法同时规定，以下人员不适用简化税制：（1）登记为持摊贩牌照开展经营的个体企业，并且按照摊贩牌照制度纳税的自然人；（2）适用农产品生产者简化税制的个体企业；（3）适用博彩业经营主体的特殊税收制度的人员，不包含与博彩业无关的收入。

（三）简化税制与普通税制之间的转换

塔国税法规定，自每年1月1日起，按照下列程序，可以进行普通税制与简化税制之日的相互转换：（1）适用普通税制的纳税人上一年度的总收入低于50万索莫尼（不含消费税、皮棉和初炼铝销售税），并且从之前的适用简化税制向适用普通税制的转换已超过了3年，则该纳税人应当在本年1月10日前向税务机关提交总收入额的书面报告，并同时提交关于从本年1月1日开始适用简化税制的申请；（2）适用简化税制的纳税人上一年度的总收入（包括在使用其他税收制度时获得的收入）超过了50万索莫尼（不含消费税、皮棉和初炼铝销售税），则该纳税人应在本年1月10日之前向税务机关提交总收入额的书面报告，并同时提交关于从本年1月1日向一般税制转换的申请；（3）纳税人应当进行简化税制与普通税制之间的相互转换而没有进行转换的，税务机关应当按照转换后的税收制度向该纳税人征税，并将此事宜向通报给纳税人，同时还应当根据塔国法律追究纳税人的法律责任。

三、征税对象

（一）一般规定

根据塔国税法的规定，简化税制的征税对象是按照出纳法确定的纳税人的总收入，包括来自于商品销售、工程施工和提供服务的收入，以及其他收入，但不包括源泉扣税收入。

通过分支机构或代表处在塔国开展业务的外国法人在一个会计期内获得的总收入，根据其从塔国国内获得的收入进行确定。

纳税人取得收入的日期为资金到账的日期，获得其他财产（包括工程和服务）或财产权的日期，以及通过其他方法接受付款的日期。

（二）计税依据

小型企业简化税制的计税依据为在一个纳税期内纳税人以现金形式获得的总收入。总收入的数额应当按照税法的规定进行计算，且不包括消费税和销售税（皮棉和初炼铝的销售税）。

纳税人未在6个月内对销售的商品、工程或服务进行结算的，为了适用简化税制的需要，应当将上述商品、工程或服务视为已结算。

纳税人应当对自己的总收入进行核算。

四、税率和税收优惠

（一）税率

塔国税法规定，小型企业简化税制的税率为两种：纳税人从事商品生产活动的，税率为5%；纳税人从事其他活动的，税率为6%。

（二）税收优惠

塔国税法规定，《税法典》第110条规定的利润税的税收优惠制度完全适用于适用简化税制的小型企业。

适用小型企业简化税制的纳税人应当于每年7月20日和1月20日前，分别提交企业前半年和后半年免税收入的税务报表。税务报表的格式由国家主管机关批准。

五、纳税期、税款计算和缴纳

（一）纳税期

小型企业简化税制的纳税期为一个季度。

（二）税款计算

简化税制税款的计算为计税依据与税率的乘积。

纳税人开展多项业务的，应当分别确定各类业务的总收入，并分别计算各项业务的应纳税款。

适用一般税制的纳税人在经过清算转为适用简化税制后，在缴纳简化税制的税款时应当执行以下规定：（1）对于在转入简化税制之前履行合同过程中应当缴纳的税款，纳税人在转为适用简化税制后仍然履行此类合同的，纳税人应当缴纳此前适用一般税制时所产生的税款；（2）纳税人在按照税务登记办法确定适用一般税制的计税依据时，不包括在转为适用简化税制后所获得的资金。

在由简化税制转为一般税制时，纳税人的收入中应当包括在适用简化税制期间最后一个纳税期的商品销、工程、服务、财产的销售收入，以及这些商品、工程、服务、财产的欠款。

纳税人在一般税制和简化税制之间进行转换时，应当缴纳的增值税按照以下规定执行：（1）纳税人在由普通税制转为简化税制时，从之前所获得的收入中应当计算并缴纳的增值税税额，应当在之前最后一个纳税期进行增值税的核算与缴纳；（2）纳税人在由简化税制转为普通税制时，对于之前购买商品、工程、服务时缴纳的增值税，应当在纳税人转入一般税制之后的第一个纳税期内进行核算和缴纳。

适用简化税制的纳税人，应当在每季度结束后的10日内计算和缴纳税款，并提交按照国家主管机关批准格式编制的税务报表。

税务机关负责对纳税人的纳税情况进行检查。

简化税款的计算和缴纳程序，以及申报表的格式由国家主管机关和塔国财政部协商确定。

第三节　农产品生产者的简化税制（单一税）

一、一般规定

根据塔国《税法典》第298条的规定，农产品生产者的简化税制，也称为单一税。它是专门针对农产品生产但不进行后续加工的小型企业制定的一种特殊的税收制度。它的适用对象主要是农业生产部门（农场）和其他农产品生产者（以下简称农产品生产者）。对于农产品生产者而言，土地是其经营活动的基本资源。

根据法律规定，凡是缴纳单一税的农产品生产者，不再缴纳以下税款，法律另有规定的情形除外：（1）利润税，不包源泉扣税收入；（2）增值税，不包括商品进口时缴纳的增值税，以及实施源泉扣缴业务时缴纳的增值税；（3）土地税。

对于非法人的农产品生产者，其成员从农业生产活动中取得的收入免于缴纳所得税。

农产品生产者成为单一税的纳税人或者成为一般税制的纳税人时，需对农产品和非农产品的收入和支出分别进行登记。

单一税的纳税人应当按照《税法典》的规定缴纳其他税款。

单一税的纳税人应当按照《税法典》的规定履行扣缴义务。

符合一般税制条件的农产品生产者可自愿成为土地税和其他税种的纳税人。

二、纳税人

（一）纳税人的范围

塔国税法规定，单一税的纳税人是进行农产品生产而不进行后续加工的农业生产部门（农场）和其他农产品生产者。其中，所谓的农产品为没有进行后续加工的农业初步培育成果（产品）。

（二）不适用单一税制的规定

以下人员或机构无权成为单一税的纳税人：（1）从事应纳消费税商品生产的纳税人；（2）在博彩业领域内从事相关业务的纳税人；（3）国家机关；（4）适用简化税制的小型商业活动（针对自己的基本业务）；（5）采用优惠税制的纳税人。

（三）单一税制与普通税制之间的转换

塔国税法规定，自每年 1 月 1 日起，按照下列程序，可以进行普通税制与单一税制之间的相互转换：（1）单一税纳税人的总收入符合一般税制要求的，有权在每年 1 月 10 日之前，向税务机关提交转为普通税制的申请；（2）普通税制纳税人的总收入不符合普通税制要求，并且从之前的适用单一税制向适用普通税制的转换已超过 3 年的，则该纳税人应当在每年 1 月 10 日前向税务机关提交适用单一税制的申请。

纳税人在进行税制转换之前，应当结清当前所适用税制的税款。

三、征税对象和计税依据

塔国税法规定，单一税的征税对象为农产品生产者的土地，不包括免征单一税的土地。计税依据为所划拨（使用）的土地的面积。

单一税的纳税义务与农产品生产者进行经营活动的结果无关。

单一税纳税人上一年度的总收入按照出纳法来确定。

单一税纳税人从事应当适用其他税收制度的活动或取得应当适用其他税收制度的收入的，应当按照所适用的税收制度的要求进行收入和支出的统计。

单一税纳税人应当根据会计统计数据办理税务登记，其目的在于计算和确定年度总收入。

四、税率和税收优惠

（一）税率

考虑到塔国国内属于多山地区这一实际情况，因此塔国《税法典》第302条规定，单一税的税率由塔国政府根据塔国家土地规划主管机关的呈文，每5年进行一次规定。

对于《税法典》第302条中未规定的其他土地应当按照不动产税中对土地税规定的税率征税。

对实际用于原棉培植的可灌溉播种土地，单一税税率应当按照政府规定税率的一半适用。纳税人应当于每年6月1日之前将有关实际用于原棉培植的可灌溉播种土地的信息报告给税务机关。

国家主管机关应当根据国家统计机关确定的上一年度的通胀水平，对当年单一税和土地税的税率进行调整，并将调整结果在官方电子网站上进行公布。

（二）税收优惠

根据塔国税法的规定，对以下情况免征单一税：（1）符合塔国政府规定清单和面积的自然保护区、国家公园、森林公园、植物园等，但此类土地不能用于经营活动；（2）在转让后的5年内，经国家主管机关与国家土地规划主管机关协商认定为已破坏土地（需要进行地力恢复），以及处于农业开发阶段的土地；（3）国境线一侧的监视带土地，并且这些土地没有用于其他目的；

（4）未被占用的国家储备土地，不包括在该土地上实施经营活动的情况；（5）在转让后的5年之内用于牧场、草场和森林的土地，以及在其上修建了花园和葡萄园且之前未用于生产农产品的土地。对于在其上修建花园和葡萄园的土地的实际面积，纳税人要在该工作完成之日起的30日内向税务机关提交书面报告。纳税人没有及时提供相关信息的，则该土地要作为多年生植物占用土地进行征税，并且不再提供上述的5年优惠期。

五、纳税申报和税款缴纳

（一）纳税期

塔国税法规定，单一税的纳税期为1年。

（二）纳税申报和税款缴纳

塔国税法规定，每年3月1日前，农产品生产者应当按照国家主管机关规定的格式向税务机关提交本年度单一税的纳税申报表。

农产品生产者应当按照下列期限和金额缴纳单一税：（1）3月10日前，缴纳税款的金额不得低于年度应纳税款的15%；（2）6月10日前，缴纳税款的金额不得低于年度应纳税款的30%；（3）9月10日前，缴纳税款的金额不得低于年度应纳税款的50%；（4）12月10日前，缴纳税款的金额为年度应纳税款的100%。

纳税人可以采用一次性付款的方式提前缴纳单一税的全部税款。

单一税的计算和缴纳程序以及纳税申报表的格式由国家主管机关与塔国财政部协商确定。

税务机关在村镇自治机构的协助下负责对单一税的纳税情况进行检查。

第四节　博彩商业税制

一、一般规定

根据塔国《税法典》第45章的规定，博彩商业税是专门针对博彩业经营主体而征税的一种特殊税收制度。它的征税对象是博彩经营的收入，但不包括对博彩经营者实行源泉扣缴的收入。

为了进一步明确博彩商业税的内容，塔国税法首先对以下概念进行了规定。

1. 博彩业，是指与获得奖金、支付游戏费用、赌博、发行彩票等业务的收入有关的经营活动，且该经营活动不是销售商品、工程或服务。

2. 赌博，是指一种以存在风险为基础的赢钱协议，该协议在两个或若干个博彩业参与者之间订立，或者与博彩业的经营主体订立。

3. 赌台，是指博彩业经营者专门配备的场所，带有一个或若干个赌博区，用于进行赌博游戏，其中博彩业经营主体作为一方或者组织方参与该游戏，但赌博的情况除外。

4. 老虎机，是指用于赌博游戏的专用设备（机械式、电力式、电子式或其他技术设备）或个人计算机，其中博彩业经营主体不参与游戏，但赌博的情况除外。

5. 赛马赌博出纳处或赌注登记处，是博彩业所有人的专用场所，用于进行税额统计，确定应支付的赢钱数额。

6. 游戏道，指保龄球的球道。

7. 宾果游戏，是指用带有号码（图片或者其他代号）的专用牌来开展的游戏，数字被筹码覆盖。

8. 征税对象登记卡，是用于证明与博彩业有关的征税对象在税务机关登记的文件，其格式由国家主管机关批准。

塔国税法规定，博彩商业税的纳税人免于缴纳以下税款，但不包括源泉扣税收入：（1）博彩业的利润税；（2）直接来自于持执照开展经营的个体企业博彩业收入的所得税；（3）增值税，但不包括向塔国非居民进口商品时提供服务或工程的增值税。

参与博彩业辅助经营活动的人员，必须对其收入支出和经营活动进行独立登记，并根据法律的规定纳税。

博彩商业税的纳税人不免除其履行法律规定的扣缴义务人的义务。

二、纳税人

博彩商业税的纳税人是开展博彩经营活动的法人及其分支机构、外国法人的分支机构和代表处以及个体企业。

三、征税对象

根据塔国《税法典》第 308 条的规定，博彩业的征税对象包括：（1）赌台；(2) 赛马赌博的出纳处；(3) 筹码兑换点；(4) 非赌博游戏的游戏台；(4) 游戏道；(5) 台球桌；(6) 宾果游戏组织；(7) 彩票发售单位；(8) 由地方国家权力机构确定的其他博彩业对象。

塔国税法规定，除发售彩票外，纳税人在开始进行其他的博彩活动前10日之内，应当在税务机关进行登记。税务机关应当对其进行登记并发放登记证明。

对于彩票发售，纳税人应当在彩票发售前的10日内，在税务机关对以现金形式的额定发售规模进行登记。税务机关应当对其进行登记并发放登记证明。

纳税对象（包括每次发售的彩票）的数量发生变化的，纳税人应当对纳税对象（包括每次彩票发售在内）的数量变化情况进行登记。

纳税人应当在博彩活动结束或彩票出售完成后的10日内将征税对象登记卡交给税务机关。

未对征税对象进行登记者，不得经营博彩业。

四、税额

塔国税法规定，应当按照每个征税对象（或每次彩票发售量）的预期收入来确定博彩税的税额。

对于征税对象（每次彩票发售量）的预期收入不能确定的，应当由各市（地区）地方权力机关与国家主管机关协商确定其在一个纳税期内的博彩商业税的应纳税额。

博彩商业税的纳税人应当按照塔国法律规定的程序对其收入和支出进行统计。

五、税款缴纳

博彩商业税的纳税期为1个月。

纳税人应当在每月5日前，按照国家主管机关确定的格式提交上个纳税期（即上个月）的纳税申报表。

纳税人或其代理人应当将博彩商业税的税款缴入征税对象所在地的地方财政银行账户。

博彩商业税的纳税人进行其他种类的经营活动的，应当对博彩经营活动和其他经营活动分别进行统计，并分别计算应纳税款。

税务机关负责对纳税人的纳税情况进行检查。

第十一章　税收优惠制度

第一节　对水电站项目的税收优惠

在塔国境内进行水电站工程施工期间，根据塔国政府规定的税收清单、数额和期限（周期），施工发包方和施工总承包方可以全部或部分免缴以下税款：(1) 增值税；(2) 利润税（简化税制）；(3) 交通工具税；(4) 不动产税；(5) 直接从事水电站施工的外国公民的社会税；(6) 与水电站施工有关的有价证券国家发行登记费。

进口用于作为塔国重大项目的水电站工程施工的商品，应当按照《税法典》第169条第4款第7项以及塔国《海关法》第345条规定的程序免征增值税和关税。

在水电站工程施工期间，上述商品、工程或服务的销售方可以全部或部分免缴与施工有关的增值税，免税数额由塔国政府按照相关规定确定。

塔国政府应当确定下列事项：(1) 根据政府规定的清单，确定免税的期限、种类和金额；(2) 根据国家动力工程主管机关的建议，确定水电站施工发包方和水电站施工总承包方；(3) 根据国家动力工程主管机关联合水电站施工发包方和水电站施工总承包方所起草的建议，确定水电站的施工期（期限）。

在实施上述各项免税政策时：(1) 按照与国家施工建设主管机关协商确定的施工预算，水电站施工发包方批准的合同被认定为与水电站施工工程相关的合同；(2) 根据在水电站施工期间签订的且在水电站施工期结束之前完成的与水电站施工相关的合同提供税收优惠。

施工发包方、施工总承包方以及商品、程和服务的销售方不免除其履行《税法典》规定的其他义务。

水电站工程施工的征税程序，以及纳税申报表的格式由国家主管机关与塔国财政部协商确定。

第二节　新办皮棉加工企业的税收优惠

塔国《税法典》第 313 条规定，将皮棉加工成最终产品（从棉纱到棉花缝纫产品）的全产业链的新办企业（以下简称新办企业），对直接用于自身需求的进口商品免征关税和增值税。如果新办企业将进口商品销售到塔国国内市场，则该业务应按照塔国海关法和塔国税法规定的程序缴纳关税、增值税以及其他税。

对新办企业所生产商品的出口免征增值税。

对新办企业免征利润税（但不包括适用简化税制的小型企业）和不动产税。

新办企业应当依照塔国税法和海关法的规定履行其他的纳税义务。

按照以下程序，根据国家工业主管机关与塔国财政部和国家主管机关的协商建议，塔国政府应当：（1）确定新办企业的名单以及所适用的税收优惠的内容，但适用税收优惠政策的期限不超过 12 年（从新办企业国家登记年度的 1 月 1 日开始计算）；（2）确定每个新办企业施工开始的时间以及将皮棉加工成最终产品所需要的周期。

将皮棉加工成最终产品所需要的周期设置应以技术设计和国际实践为依据。对于每个周期项目工程的实际实施情况以及每个周期项目的投产情况，新办企业应向国家主管机关和塔国财政部进行书面报告，以便进行专业统计，从而获得法定的优惠。

新办企业没有在规定的期限内着手建立下一个加工循环的，则终止适用法律规定的税收优惠。同时，新办企业自其国家登记至终止该优惠时所获得的税收优惠额应当根据获得该税收优惠期间的税率计算，并缴入财政，同时加算利息和罚款。

新办企业应当将统计文件和税务报表的保存至税收优惠期（周期）结束。

塔国政府可以提供将皮、毛、生丝及其他农业原料加工成最终产品的税收优惠，期限不超过 5 年。

新办企业的征税程序，以及纳税申报表的格式由国家主管机关与塔国财政部协商确定。

第三节　家禽养殖及饲料生产企业的税收优惠

塔国《税法典》第 313 条规定，对于家禽养殖场和从事畜禽饲料生产的企业，以及利用国外资金或国外银行贷款（借贷额度不小于 1600 万美元）开展相关业务的工业企业，实施税收优惠。

对于符合上述要求的企业，银行在向塔国提交有关资金入账证明或国家主管机关确认登记资本已经到位的情况下，免征以下税款和款项，期限为 12 年：（1）利润税；（2）增值税；（3）不动产税；（4）增值税以及企业进口自用商品所缴纳的关税。

如果企业将进口商品销售到塔国国内市场，则该项业务应当按照塔国海关法和塔国税法规定的程序缴纳关税、增值税以及其他税。

塔国农业部与塔国财政部，以及塔国政府所属海关事务部，协商确定本项应税企业直接进口自用商品的清单。

企业应当将登记文件和纳税申报表保存至税收优惠期结束。

第四节　对产品分配协议（合同）的征税

一、基本概念

为了解决对产品分配协议（合同）的征税，《税法典》第 48 章首先对一些比较重要的概念进行了界定。

1. 产品，是指在塔国境内根据投资者产品分配协议从所提供土地的地下资源中开采出的、质量符合塔国标准或国际标准的矿物。从已开采矿物的后续加工（选矿、工艺加工）中获得的产品以及作为加工工业产品的产品不能被认定为矿物。

2. 生产产品，是指采矿业产品及采矿场开发产品的数量，包含在从地下资源（废品、损失物）中实际开采的矿物和矿藏原料（岩石、液体和其他混合物），且其质量符合塔国标准或国际标准，该产量为投资者根据产品分配协议在实施作业的过程中所采得，并扣除了规定定额范围内的该产品的工艺损失。

3. 产品分配，是指根据塔国《产品分配协议法》和《税法典》的规定，在国家和投资者之间以实物或货币方式实施的产品分配。

4. 利润产品，是指在履行产品分配协议的过程中在一个税收报告期（纳税期）内的生产的，且扣除了补偿产品后的产品。

5. 补偿产品，是指在履行产品分配协议过程中，将部分生产产品的所有权转让给投资者，以补偿他们在履行产品分配协议时的开支（补偿开支）的这部分产品。该开支是由产品分配协议规定的。补偿产品根据每个产品分配协议以及所开发矿区的经济价值单独确定。产品分配协议规定的补偿产品数量不能超过总产量的70%。

6. 分配站，是指对生产产品的总量进行计量（估算）和统计的地点。分配站确定产生产品的质量，并且根据产品分配协议向投资者转让其应得部分的生产产品。

7. 产品价格，是指根据产品分配协议确定的生产产品的销售价格或出口价格。该价格不得低于销售或出口日期的市场价。

8. 纳税人（扣缴义务人），是指在适用本项税收优惠制度时，依据塔国《产品分配协议法》被认定为投资者的人员。

二、一般规定

为了履行产品分配协议，使用本项税收优惠制度的人员应当向税务机关提交经盖章证明的产品分配协议副本。作为国家一方，签署产品分配协议的塔国政府主管机关也要向税务机关提供一份类似信息。

本项税收优惠制度：（1）可以反映在产品分配协议中，应在该协议整个有效期内采取该优惠税收制度；（2）针对身为投资人的纳税人使用；（3）该税收优惠制度规定投资者与塔国之间的利润产品的分配，以及投资者对税款和其他应缴财政款的支付。

在履行规定了产量分配条件的产品分配协议时，根据塔国法律《产品分配协议法》第10条第1款的相关规定，投资者应当缴纳以下税款及其他财政款：（1）自然资源税；（2）社会税；（3）国家税；（4）关税；（5）不动产税；（6）交通工具税；（7）其他与履行产品分配协议有关的应缴财政款。

在履行规定了产量分配条件的产品分配协议时，根据塔国《产品分配协议法》第10条第2款的相关规定，投资者应当缴纳以下税款及其他财政款：（1）社会税；（2）国家税；（3）关税；（4）不动产税；（5）交通工具税；（6）其他与履行产品分配协议有关的应缴财政款。

纳税人根据塔国《产品分配协议法》第10条第1款、第2款的规定履行产品分配协议，缴纳上述各项税收和其他应缴财政款时：（1）向雇佣劳动者支付工资以及支付其他同等支出的投资者按照规定的程序缴纳所得税和社会税；（2）投资者提供生产产品并不能免除其增值税和消费税；（3）投资者免于缴纳利润税；（4）进口产品分配协议中规定的商品免缴增值税，此类工程由工程计划和开支预算来确定，该工程计划和开支预算按照塔国《产品分配协议法》规定的程序根据产品分配协议确定。如果在塔国境内销售（出口除外）此类商品，应当根据《税法典》和其他法律的规定缴纳上述税款和其他税款。对于出口的商品，应当根据向海关提交的文件免缴上述各项税款。

在产品分配协议的有效期内，当税法规定的税种和其他应缴款的名称发生变化但征税要素未变时，这些税种或其他应缴款在履行新名称产品分配协议时需进行计算和缴纳。

在产品分配协议的有效期内，当纳税程序以及纳税申报表的格式、填写程序和提交期限发生变化，但是税基、税率和税款计算程序没有改变时，应当根据塔国税法的规定缴纳税款并提交纳税申报表。

三、产品分配协议的基本要素

（一）一般规定

根据塔国《产品分配协议法》和《税法典》订立的产品分配协议，主要解决的是产品在国家和投资者之间进行分配的问题。

根据法律规定，补偿产品应以产品在实际产生过程中所发生的费用为限内对投资者进行返还，但是不超过产品分配协议规定的补偿范围。同时，每个纳税期的补偿产品不能超过当期总产量的70%。

（二）产品分配协议的内容

根据《税法典》的规定，在产品分配协议中应当规定以下几个方面的内容：

（1）根据塔国《产品分配协议法》第10条的规定订立产品分配协议的共同规则。根据塔国《税法典》的规定，纳税人在根据塔国《产品分配协议法》第10条的规定订立产品分配协议时，除了应当分别满足下述第（2）、

（3）项的规定外，还应当满足以下规定：①根据产品分配协议规定的条件，确定投资者向国家转让属于国家的部分产出或与其等价物的程序和条件；②根据产品分配协议规定的条件，确定投资者获得属于投资者的部分产出的程序和条件。

（2）根据塔国《产品分配协议法》第10条第1款订立产品分配协议的特殊规则。对于根据塔国《产品分配协议法》第10条第1款的规定订立的协议，除应当遵守上述第（1）项的共同规则外，在协议中应当规定以下内容：①确定通过分配站的总产量及其价值的程序和条件；②确定作为补偿产品的产出部分的程序和条件；③确定在国家和投资者之间利润分配比例的程序和条件。

（3）根据塔国《产品分配协议法》第10条第2款订立产品分配协议的特殊规则。对于根据塔国《产品分配协议法》第10条第2款的规定订立的协议，除应当遵守上述第（1）项的共同规则外，在协议中还应当规定以下内容：①确定通过分配站的总产量及其价值的程序和条件；②确定在国家和投资者之间分配总产量的程序和条件，或确定分配与总产量等价物的程序和条件。应当根据该矿区的地质条件和经济价值，由产品分配协议确定分配比例。

根据税法的规定，产品分配协议只能根据上述规定对某一种产品的分配作出规定。同时，在产品分配协议中，不得规定改变产品分配方法的内容，也不得规定用一种产品分配方法替换另一种产品分配方法的内容。

另外，《税法典》还规定，投资者在塔国国内履行产品分配协议的行为视为作为具有居民身份的独立法人企业的行为。

四、总产量及其价值的确定

塔国《税法典》第317条规定，应当根据产品分配协议确定产品分配站，在此基础上，由分配站确定每一个纳税期产品的总产量。

应当根据产品分配协议，由产品分配站按照相应的计量单位（吨、立方米、桶等）对每一个纳税期内产品的总产量与该纳税期内通过分配站对产品的销售和出口的价值进行确定。

五、返还费用

根据塔国《税法典》第318条的规定，返还费用是指有文件证明的投资者的支出，这些支出是投资者在塔国《产品分配协议法》确定的工程计划和开支预算范围内的进行工程施工的实际支出，但不包括补偿支出。塔国税法规定，对于费用返还，只能通过对投资者支付利润的方式来实现，而不得通过对投资者支付补偿性的产品来实现。

（一）返还费用的范围

根据塔国税法的规定，返还费用主要包括以下几类支出或费用：（1）根据塔国《产品分配协议法》的规定参与获得地下资源使用权的竞标费用（支出）；（2）获得地质信息的费用（支出）；（3）支出项目的费用（支出），但仅限于根据产品分配协议规定的限额部分（包括限额超出部分）；（4）缴纳的环境污染费用；（5）给予投资者的补偿产品和利润产品的销售款或出口款，包括将该产品从分配站运送到销售地或出口地的支出、运输时的损耗、保险支出以及将产品运输到目的地时的手续费和其他支出；（6）根据投资者股东的要求进行经济审计的支出；（7）投资者的违约支出，包括未履行或不当履行塔国《产品分配协议法》第 9 条第 2 款规定的义务而产生的支出，以及由于违反塔国法律而产生的支出；（8）参观费和旅游费，包括根据介绍信而实施的参观和旅游方面的付款；（9）贷款利息、手续费、保证金，以及借贷其他利率超过伦敦银行间同业拆借利率（LIBOR）的资金所产生的相关费用。但保证金不能超过伦敦银行间同业拆借利率（LIBOR）；（10）由于投资者的过错而导致的事故，以及违反安全标准或技术引起的损失（支出）；（11）工作人员自愿保险的费用；（12）诉讼费用；（13）国家机关对投资人的罚款和罚金（利息）；（14）超出塔国法律规定的，用于工作人员个人消费方面的支出；（15）税费和其他应缴款项；（16）不属于产品分配协议规定范围内的支出，包括投资者无偿转让的财产、工程和服务的价值。

（二）费用返还的程序

塔国税法规定，费用返还应当按照法律的规定和产品分配协议的约定来进行。

国家和投资者之间的产品总产量或利润的分配应当根据产品分配协议的规定，从产品收到之月起进行。

转让给投资者的、用于抵偿投资费用的产品不得超过根据产品分配协议规定的数量。

在每一纳税期末，未抵偿返还费用的剩余量确定为：上一纳税期内未向投资者抵偿的返还费用，加上本纳税期内投资者产生的返还费用，再减去本纳税期内已向投资者抵偿的返还费用后的余额。

六、其他

（一）补偿产品、利润产品和返还费用的统计

根据塔国的法律规定，投资者应当对产品分配协议中确定的补偿产品和利润产品的产量进行统计。

（二）税款的计算和缴纳

投资者应当按照塔国法律规定的程序和期限计算应纳税额，并向财政部门缴纳税款。

投资者应当按照塔国法律规定的期限提交纳税申报单表。

由纳税大户的税务监察部门对投资者的纳税情况进行检查。

第五节　在自由经济区内经营活动的税收优惠

一、一般原则

根据塔国税法的规定，本项税收优惠制度仅适用于在依据塔国法律规定设立的自由经济区内从事生产经营活动的主体。

外国进口商品和国产商品输入自由经济区时全部免缴关税，并接受海关的监督。

由海关根据法律规定对将商品从自由经济区内输出到塔国的其他地区或出口的情况进行管理和监督。

适用本项税收优惠制度的纳税人包括持执照开展经营的法人、个体企业以及在自由经济区内开展活动的外国法人的分支机构。它们应当同时符合以下条件：（1）具有按照塔国《法人和个体主国家登记法》进行国家登记以及在相应地区（城市）税务监察部门中进行登记的证明文件；（2）在自由经济区之外没有独立经营单位；（3）在自由经济区从事的是国家相关法律未禁止的生产经营活动。

二、自由经济区内的税收制度

自由经济区主体和自由经济区管理部门在自由经济区内开展业务活动或从事资产管理和使用的，免于履行《税法典》和塔国其他法律规定的所有税种的纳税义务和税款扣缴义务，但下述两种情况除外：（1）自由经济区主体是所得税的扣缴义务人，并按照法律规定是为自然人支付收入、利润和其他款项时的社会税的纳税人。（2）持执照从事业务的个体企业，应当依据法律规定按季度缴纳所得税和社会税，并在向自然人支付收入、利润和其他款项时缴纳或扣缴所得税和社会税。

三、税款计算和缴纳

国家主管机关规定自由经济区主体的税款计算、缴纳程序和期限，以及纳税申报表或其他税务报表的格式和提交程序。

在每季度第1个月的15日之前，自由经济区的管理部门应当按照国家主管机关规定的格式向自由经济区的税务机关提交上一季度自由经济区主体和纳税对象的信息。

根据塔国法律的规定，自由经济区的主体应当对自己的收入、开支、财产和经济活动进行独立统计。

根据塔国税法的规定，对位于自由经济区区域内但不属于自由经济区主体的征税对象不征收税款。

税务机关与自由经济区管理部门的相互关系可以通过订立协议的方式来确定。

由税务机关和海关对自由经济区主体的纳税情况进行检查。

第三编　塔国税收征管法律制度

第十二章　税务管理

第一节　税务管理的一般规定

根据塔国《税法典》第21条的规定，《税法典》中规定的行政管理准则适用于各类税收、关税、国家税收和其他应缴财政款，法律另有规定的情况除外。纳税人和扣缴义务人必须遵守税务管理的准则。

一、税务管理的内容与形式

根据塔国税法的规定，税务管理是税务机关执行国家管理、执行塔国税法和其他法律法规的一种形式，税务机关负责税法和其他法规的执行情况。

税务机关对自然人和法人的税务管理承担全部独立责任，负责检查税收计算的正确性和税款缴纳的及时性，以及对征税其他方面的管理，但《税法典》规定由其他机关负责的情况除外。

税务机关进行税务管理的方式主要有以下各项：（1）纳税人登记、征税对象登记、涉税标的物登记、纳税义务登记及纳税义务履行情况登记；（2）增值税纳税人登记；（3）税务稽查；（4）审核；（5）跟踪调查；（6）检查税控收款机的使用情况；（7）对应纳消费税商品的生产和流通、个别应纳消费税商品标签的使用，以及消费税税务站点的设立进行税务管理；（8）确定征税商品的市场价格；(9) 通过主管机关检查税收计算和缴纳的正确性。

另外，海关事务主管机关在其权限内依照塔国《税法典》和《海关法》的规定，对进出口商品和通过海关的运输工具进行税务稽查。

二、偷税漏税的防范措施

在塔国税法中，为了防范纳税人偷税漏税，《税法典》专门规定了一些防范的措施与手段。

1. 税款认定。塔国税法规定，任何人用于纳税的款项即为此人缴纳的税款。

2. 对非法收入的处理。塔国税法规定，纳税人按照《税法典》的规定所获得的收入或利润，都应当归纳税人所有。如果纳税人的收入按照法律规定被认定为非法收入，就必须收归国有，包括之前从这些非法收入中扣缴的税款。

3. 实质课税。为了确定纳税人的纳税义务，塔国在《税法典》中确定了实质课税的原则。根据该原则，税务机关有权：(1) 不考虑对纳税人没有实际经济意义的业务或交易，但对纳税义务有意义的除外；(2) 如果纳税人从事的业务或交易的形式与实际内容不相符合，则根据实际情况对纳税人从事的业务或交易进行重新审核或确认；(4) 如果纳税人按照正常的形式或顺序从事业务或交易会造成偷税漏税现象，则有权根据所从事的业务或交易的实际情况来确定和计算税收总额。

4. 纳税评估。塔国《税法典》第23条第4款规定，在下列情况下，税务机关有权利用直接评估法或间接评估法，通过对纳税人的资产、资金周转、生产费用等的跟踪调查，或者采用同行业比对方法等，确定纳税人的应纳税额：(1) 纳税人未进行会计核算、税务登记，或者违反税务核算规定的；(2) 用于确定纳税义务所需的会计凭证遗失或被销毁的；(3) 未提交税务报表的；(4) 与持有离岸法区（指具有直接税免征或双边税务协定免税或税率十分优惠的国家或地区）企业股份的居民企业开展业务或交易，或与在离岸法区登记人员开展业务或交易的；(5) 纳税人拒绝税务机关工作人员对其生产、仓储和贸易场所和区域进行检查或调查的；(6) 未在规定的期限内向税务机关提交税款计算所需的资料和文件；(7) 纳税人被认定为失信纳税人的。

对于在税务稽查过程中发现纳税人没有提交相关的登记信息或者没有对征税对象进行登记的，税务机关有权根据商品、工程或服务的销售价格、资产价值、平均工资和25%的利润额度对应纳税额进行计算。

纳税人在税务检查或税务稽查之后提交了税务报表和纳税申报表，并在必要情况下还提交了征税对象登记信息的，税务机关应当根据纳税人提供的信息对应纳税额进行修正。

5. 交易价格的确定。塔国税法规定，纳税人进行易货交易或以实物形式进行支付的，税务机关应当将其视为按照市场价格进行的商品、工程或服务的销售。

三、市场价格

商品价格是计算与确定商品交易应纳税额的重要依据。因此，在塔国《税法典》中，专门针对商品交易中的市场价格作了规定。

根据塔国税法的规定，商品、工程或服务在交易时的应缴税款应当按照双方交易时的实际价格进行计算和征收，但纳税人必须提供有效的证明文件。如果上述商品、工程或服务的交易价格与市场价格不同但纳税人又未提交形成价格差异的合理依据的，那么应当按市场价格进行征税。

商品、工程或服务的市场价格是指在同等商品、工程或服务的市场供求作用下，非关联人员在相应市场完成的商品、工程或服务交易时的价格。如果没有同等商品、工程或服务的市场价格的，则以同类商品、工程或服务的市场交易价格为准。其中，同等商品是指具有相同特性，主要是具有相同物理特性、品质、市场声誉、生产国和生产者的不同商品；同类商品是指虽然不属于同等商品但具有类似特性，由类似元素构成，具有相同功能，并且在商业中可以互相替代的不同商品。

商品、工程或服务的市场价格依照销售该商品、工程或服务之时在相应市场中进行交易的信息确定。如果没有销售商品当天的交易信息的，则应当根据最接近商品出售日期的一天，即进行商品、工程或服务销售的前一天或后一天同等（或同类）商品、工程或服务的交易信息进行确定，其中包括由估价员确定并在国际交易市场和其他交易市场规定使用的价格。

在商品、工程或服务的市场中不存在同等或同类商品、工程或服务交易的，商品、工程或服务的市场价格就应当依照此前最接近商品、工程或服务出售的日期（不超过30日）时的同等或同类商品、工程或服务的交易价格进行确定。

对于按照国家的定价销售的商品、工程或服务，应当按照国家的定价来计算应纳税额。

对于不能按照上述方法确定商品、工程或服务的市场价格的，应当根据后续售价法、预计利润确定法或其他方法来确定商品、工程或服务的市场价格。

市场价格应当根据政府发布的商品、工程或服务市场价格的信息、政府机关的信息库、税务机关提供给纳税人和估价员的信息，以及其他可靠信息来确定。

对于关联交易，只有在关联方之间的相互关系不会影响到交易结果时才会考虑关联方之间的交易价格。

另外，塔国还规定了税务机关适用市场价格的具体范围，包括：（1）交易双方为关联方；（2）进行商品、工程或服务交易的；（3）外贸合同中的交易一方是享受《税法典》第 131 条规定的在税收优惠国取得收入的国内居民；（4）交易双方中的一方享有税收优惠或采用税收优惠制度；（5）交易价格与同等或同类商品、工程或服务的交易价格相差超过 30%。

税务机关采用市场价格的程序由塔国政府确定。

第二节 税务登记

根据塔国《税法典》第 47 条第 1 款的规定，税务登记是指相关人员依照《税法典》的要求编制登记文件的过程，目的在于将征税对象或涉税标的物的信息进行总结并使其系统化，以便完成税收计算，编制税务报表。

一、纳税人登记的一般规定

塔国税法规定，所有纳税人、扣缴义务人以及年满 16 周岁的塔国公民都必须在税务机关进行登记（税务登记），以便为税务调控提供保障。

纳税人登记包括：（1）自然人登记；（2）法人以及由法人成立的独立经营单位（分公司、代表处、常设机构等）的登记；（3）外国法人分公司和代表处登记，以及外国法人常设机构登记；（4）驻塔国的外国外交代表机构及同等机构登记；（5）增值税纳税人登记；（6）纳税人进行的网上报税登记；（7）纳税人在征税对象和（或）涉税标的物所在地进行的登记。

纳税人进行税务登记的依据为：（1）纳税人或其法定代表的书面申请；

(2) 主管机关或其他机关的信息；(3) 信贷组织相关信息；(4) 境内其他税务机关的相关信息。

纳税人税务登记的地点，根据塔国税法的规定，纳税人应当在以下地点的税务机关进行登记：(1) 自然人应当在居住地的税务机关进行登记；(2) 法人，法人独立经营单位应当在法人所在地、法人独立经营单位所在地，以及其应税不动产和运输工具所在地登记；(3) 对于未开设分公司或代表处，但通过常设机构开展活动的非居民法人，应当在该非居民常设机构所在地进行登记，或者在收入来源于塔国的非居民纳税人的所在地进行登记；(4) 非居民自然人（包括无国籍人员）应当在其入境卡中填写的在塔国的临时居住(居留)地进行登记；(5) 依据与非居民的合同约定代表非居民的利益，并以非居民的名义在从事经营活动的自然人或法人（包括非居民），视为非居民法人常设机构，应当在签订协议（合约、合同）之日起的10日内，或自实际开始活动之日起的10日内进行税务登记；(6) 驻塔国的外国外交代表机构及同等机构，应当根据从塔国外交部获取的申请或信息，在其机构所在地进行登记。另外，塔国税法还规定，如果纳税人自己难以确定登记地点的，自然人居住地或法人纳税人所在地的税务机关应根据提交上来的资料作出相应判断。

国家主管机关应当依据登记资料，对纳税人进行国家统一登记（以下简称国家登记）。国家登记的内容包括：(1) 纳税人信息的录入；(2) 纳税人登记资料的变更和（或）补充；(3) 纳税人信息的注销。其中，纳税人信息的录入包括以下内容：(1) 自然人，包括外国公民或无国籍人士的居住地或临时居留地；(2) 居民法人、其分公司和代表处、非居民法人的分公司和代表处所在地信息；(3) 在塔国通过常设机构开展活动，且没有开办分公司、代表处的非居民法人，执行其常设机构职能的非独立代理人所在地信息；(4) 对于在塔国买卖证券、股份、不动产的非居民自然人和法人的信息，应将这些资产所在地信息，或为在塔国买卖不动产的居民股份所有者进行登记的居民所在地信息录入国家登记簿；(5) 驻塔国的外国外交代表机构和同等机构、国际组织的所在地信息；(6) 针对通过常设机构开展活动，且没有创立分公司、代办处的非居民，将行使非居民常设机构职能的人员登记地点信息录入国家登记；(7) 非居民开设账户的居民信贷机构（扣缴义务人）所在地信息；(8) 飞机和其他运输工具所有者所在地信息；(9) 不动产、土地的实际所在地信息。

应当依照年满16周岁自然人的申请对其进行国家登记。如果未满16周岁的自然人具有纳税义务，也应对该自然人的扣缴义务人（法定代表人或委托代理人）的资料进行国家登记。

对法人和个体企业进行国家登记时，应当对下列内容进行登记：（1）基本资料，在国家登记过程中录入；（2）登记信息（法人公司章程、居民或非居民法人分公司和代办处的位置），在进行国家登记之日后的30个工作日内录入；（3）税控所需其他必要信息，包括在信贷组织开设的账户、获得许可证或经营权、在自由经济区开展活动的信息上，以及其他由《税法典》所规定的信息，在获得这些义务后的5个工作日内录入。

其他法人、外国法人分公司和代表处申请作为纳税人或对征税对象、涉税标的物进行登记的，应当在进行国家登记后的30个工作日内提交申请。

申请在不动产、运输工具和其他征税对象或其他涉税标的物所在地进行税务登记时，纳税人应在登记义务产生后的10个工作日内提交申请。

上述登记对象申请变更登记信息的，应当在登记信息发生变化的10个工作日内向税务机关提交申请。

其他的法人或个体企业发生清算（终止活动、改组）、自然人死亡或残疾的，则应当由税务机关依据所获得的信息资料对其税务登记进行注销。

税务机关有权依照有关国家机关提供的资料和信息，自主完成纳税人登记。

对在塔国境内未通过创立分公司和代办处形式进行活动的非居民自然人和法人进行的登记不能作为其独立纳税的依据。

税务机关应当在3个工作日内完成纳税人登记。

在税务机关进行登记及注销登记均免费。

纳税人识别号证书是其在税务机关进行登记的证明文件。

如果纳税人未在税务机关登记，根据塔国法律规定的程序可将其活动作为追责依据。

二、税务登记文件的编制和保存

根据塔国税法的规定，税务登记文件是确定征税对象及涉税标的物的原始单据，会计总账和其他文件，这些文件还可以用作计算纳税义务的依据。

纳税人编制登记文件时必须遵守塔国财政部和国家主管机关的法规规定，必要时还需遵守塔国国家银行以及其他主管机关的规定。

每个人必须针对下列业务编制登记文件：（1）产生纳税义务的业务；（2）应当履行源泉扣税义务的业务；（3）能够提供征税相关信息义务的业务。

登记文件包括：（1）会计文件，适用于依照会计核算法履行义务编制会计文件的人员；（2）税务报表；（3）用于确定征税对象或涉税标的物，以及用于计算纳税义务的其他依据文件。

原始的登记文件（电子文件除外）至少要一式两份，其中一份由编制和提交此文件的人员保留，而另一份则交给需要此文件的人员保管。

纳税人采用外文编制登记文件的，应当根据税务机关的要求，将该文件翻译成塔国本国语言。

纳税人编制的登记文件为电子文件的，应当在税务稽查过程中按照税务机关的要求提供相应的纸质文体。

纳税人必须将登记文件保存在塔国境内，保存期限不少于5年。

未设立分公司或代表处，通过常设机构在塔国境内开展活动的非居民，必须将登记文件保存在其在塔国的驻地或办公室，如果没有办公室，则应保存在非居民在塔国代理的办公室。

法人重组时，重组法人的登记文件由其权利继承人负责保存。

法人清算时，登记文件按法律规定的程序交由国家档案室保存。

三、税务登记的方法

塔国税法规定，纳税人必须采取利润税的登记方法，及时准确地依照文件资料对收入和支出进行登记，并将收入和支出归入相应的会计期，以便正确反映征税收入（利润）和所开展的业务情况。

纳税人在进行税务登记时，应当按照收付实现制和权责发生制的方法进行登记。

在下列情况下，纳税人应当按照权责发生制进行登记：（1）纳税人依照一般税收制度纳税的；（2）纳税人按照复式记账法进行会计核算的。

纳税人的多种生产经营活动分别适用于不同税收制度的，纳税人必须按照不同的征税制度的要求对纳税对象和涉税标的物作专项登记。

第三节　纳税人识别号与税务报表

一、纳税人识别号

纳税人识别号通常简称为“税号”，是每个纳税人终生不变的数字代码。赋予每个纳税人一个识别号，既有利于纳税人自己从事税收缴纳等，而且也有利于税务机关对纳税人的管理和监督，因此，建立纳税人识别号制度，是世界各国税务管理的共同做法。塔国也不例外。

根据塔国税法的规定，自然人纳税人、法人纳税人、外国法人分公司或代表处在税务机关办理登记时，均可以无偿获得纳税人识别号。纳税人识别号一经获得，则不得变更，也不得将其转授给其他的纳税人，法律另有规定的情况除外。

在所有或某类纳税人全部进行重新登记的情况下，或国家主管机关授予纳税人识别号时发生错误（授予纳税人识别号不正确、授予不同纳税人同一个识别号或授予同一个纳税人多个识别号），依照塔吉克斯坦共和国政府决议可以变更纳税人识别号。

税务机关应向自然人、法人、外国法人分公司和代表处发放纳税人识别号证书。如果法人有独立经营单位、其他征税对象或涉税标的物，则应当按照国家主管机关批准的程序和方式为此类法人规定纳税人申报原因代码。同时，为在塔国开展活动但并未开设分公司（代表处）的非居民常设机构，或其授权代理规定类似的申报原因代码。

对于按照塔国《法人和个体企业国家登记法》进行国家登记的法人和个体企业，税务机关在向其发放纳税人识别号证书时，还应同时发放国家登记证书。税务机关应当根据年满16周岁的自然人以及其他的法人的申请，向其发放纳税人识别号证书。

国家机关及其他的授权机关与人员，在为自然人或法人办理下列业务时，有权要求自然人或法人出示其纳税人识别号：（1）公证，包括办理不动产和运输工具的公证；（2）发放土地使用权执照、许可证和证明文件；（3）办理对政府、企业、机关和其他组织的工作验收；（4）办理对外经济业务手续；（5）重新计算塔国境内外资金；（6）办理贷款业务，但自然人储蓄（存款）

账户的存取业务除外。

纳税人在与国家其他主管机关发生业务交往时，必须在税务报表中，在与税务机关、海关机关或金融机关来往信函中，以及在海关报关单、支付证明、发货单、收款机凭条、公务文件（合同、合约）上注明自己的纳税人识别号。

塔国自然人公民的纳税人识别号以签章的形式标注在该自然人的护照上。法人和个体企业的公文用纸和印章上也应该有纳税人识别号。

二、税务报表

根据塔国《税法典》第50条的规定，税务报表包括以下各项内容：（1）纳税人针对各个税种编制的纳税申报单、核算表、资料；（2）税务登记申请或税制变更申请；（3）增值税纳税人登记申请；（4）超收税款或误征税款的返还申请，增值税返还申请；（5）适用避免双重税收协定及其他与征税问题相关的国际法规的申请；（6）年度会计报表、对纳税人所作的审计材料；（7）法人章程、法人分公司或代表处的条款，包括其变更决议；（8）法人独立经营单位的相关信息；（9）法人清算或重组、破产的决议副本；（10）在信贷组织开设账户的资料；（11）对外经济活动（进出口）相关资料；（12）获取从事个别活动类型许可的相关信息；（13）获得土地使用执照或其他土地使用权授权文件的相关信息；（14）依据法律规定必须编制并提交给税务机关的其他文件。

（一）税务报表的编制

塔国税法规定，税务报表由纳税人、扣缴义务人或其代表依照税法典规定的程序和格式用本国语言进行编制。税务报表分纸质报表或电子报表两种。

纸制税务报表应由纳税人、扣缴义务人或其代表签字，并加盖纳税人、扣缴义务人或其代表印章加以确认。如果税务报表由多个纳税人代表共同编制，则由总代表在税务报表上签字即可。

电子版税务报表应由纳税人、扣缴义务人以电子数字签名方式加以确认。

纳税人（扣缴义务人）或其代表编制税务报表时，应对税务报表中资料的真实性负责。

税务报表分为以下4种：（1）原始报表，是指纳税人进行税务登记或个别税种首次产生纳税义务期间，由纳税人、扣缴义务人提交的税务报表；（2）定期报表，是指纳税人进行税务登记或某个税种首次产生纳税义务，以及在取消征税对象情况下，产生整个纳税期纳税义务的纳税期结束后，在下一个纳税期内提交的报表；（3）补充报表，是指先前已提交税务报表的纳税期发生了税种变更或补充，从而导致应对先前所提交税务报表进行变更或补充的，由纳税人、扣缴义务人提交的报表；（4）清算报表，是指在纳税人活动终止或纳税人重组，以及取消增值税登记的情况下，纳税人、扣缴义务人针对各税种提交的报表。

根据塔国税法的规定，当纳税人的经营活动对应不同的征税制度时，纳税人应当根据不同税种分别编制税务报表。

（二）税务报表的保存

塔国《税法典》第 52 条规定，税务报表应当由纳税人、扣缴义务人保存，保存期限应不少于本法规定的时效期限。

法人纳税人、扣缴义务人重组时，税务报表由其权利继承人保存。

（三）税务报表的提交

塔国《税法典》第 53 条规定，税务报表应当由纳税人依照法律规定的程序和期限提交给税务机关。

税务报表应当由纳税人提交给办理税务登记的税务机关。个别税种的税务报表由纳税人根据法律的规定提交给纳税人属地的税务机关。自然人纳税人应当将税务报表提交给其居住地的税务机关。

纳税人、扣缴义务人有权选择下列方式提交税务报表：（1）通过呈报提交或委托代表提交；（2）通过邮局挂号信方式连同通知一同提交，但由纳税大户税务监察机关进行监督的纳税人，以及持摊贩营业牌照开展活动的个体企业，不得采用此种方法；（3）根据国家主管机关的规定，提交电子报表。

纳税人、扣缴义务人以呈报方式提交纸质税务报表的，应当提交两份税务报表。其中一份税务报表加盖税务机关印章后交还纳税人、扣缴义务人。

税务机关在接收税务报表时无须预先进行审核。

税务报表中未注明或错误注明纳税人识别号、纳税期、税种和税收金额、税务报表的提交日期的，视为税务报表未提交给税务机关。

在一个纳税期内税务报表的内容发生变更或需要补充的，纳税人应当在时效允许的范围内提交补充税务报表，对已提交的报表进行变更和补充。

纳税人在得知或被告知要进行查账之前向税务机关提交补充税务报表的，应当免除纳税人之前提交的错件的税务报表所引起的法律责任。在这种情况下，应按规定程序计算并扣除未及时缴纳税款的利息。

对个别受纳税大户税务监察局监督的纳税人，由塔国政府对其申报表的提交和纳税期限作出规定。

依法纳税的纳税人在申报表提交期限到期之前申请延长所得税或利润税申报表提交期限并缴纳了所有当期应缴税款的，应当将其申报单的提交期限延长2个月。

对于按照规定延长申报单提交期限的，不得变更纳税期限，也不能中止未及时缴纳税款的利息计算。

第四节　税款缴纳和返还

一、税款缴纳

塔国税法规定，税款、罚款及利息应当按照法律规定期限缴纳，并根据国家预算法的规定，由财政机关的国库组织按照财政预算进行分配。其中，国家税收上缴共和国预算，地方税收则上缴地方预算。

农村地区自然人的不动产税可由税务机关授权工作人员，在当地自治机关工作人员的协助下以现金形式征收。

纳税人以现金形式缴纳不动产税时，应当按照国家主管机关与塔国财政部商定的格式和程序填写纳税报告文件，一式两份。

对于查定的税款、罚金和利息，应在下列地点缴纳：（1）税务机关发出的纳税通知中规定的地点；（2）税务机关发出的纳税通知中未规定纳税地点的，根据塔国税法的相关规定指定的地点；（3）对于税法的相关规定中没有指定纳税地点的，则纳税地点应当为自然人纳税人的居住地、个体企业的经营地、法人的（外国法人分公司和代表处）国家登记地点或扣缴义务人（居民法人分公司和代表处）的所在地。

纳税人每年应到税务机关对其缴纳的各项税款、罚款和利息等事项进行核实。

在独立经营单位工作的自然人，其所得税和社会税应上缴至独立经营单位所在地的预算，并根据塔国预算法的规定在国家预算和地方预算之间的分配。

二、溢缴税款的抵扣或返还

塔国《税法典》第69条规定，在一个纳税期内纳税人溢缴的税款、罚款和利息是指在该纳税期内上缴财政预算的税款、罚款和利息，超过了估定的应计税款、罚款和利息的收益，但《税法典》第191条规定的增值税纳税税额超出该纳税期应纳税额的情况除外。

对于纳税人溢缴纳的税款、罚款和利息必须以本国货币，按照下列程序进行强制抵扣：（1）纳税人没有提出抵扣申请的，则用溢缴的税款、罚款和利息偿还纳税人所欠该项税款的利息与罚金，或者纳税人应当缴纳的其他税款、罚款和利息；（2）纳税人提出抵扣申请的，税务机关在完成上述抵扣后，对纳税人剩余的金额进行核算，并用于偿付其他税款、罚款和利息的待付款项。

税务机关在完成上述抵扣后如果还有剩余的金额，则应当在纳税人提交书面申请之时起的30日内，协同财政机关将剩余的金额返还给纳税人。

税务机关用纳税人溢缴的税款、罚款和利息抵扣其他税款的，应当在进行抵扣后的3日内将此情况通知纳税人。

对于商品在进出口和运输工具通过塔国海关过境运输时溢缴的税款、罚款和利息，税务机关在收到海关开具的证明后，用溢缴的税款、罚款和利息抵扣其他的税款、罚款和利息之后，将剩余的金额退还给纳税人，并在3日内通知纳税人和海关。

三、纳税期限的变更

塔国税法规定，纳税人可以依照法律的规定，以书面形式申请进行延期纳税，但实行源泉扣缴的税款和社会税的纳税期限不得延期。

纳税人在变更纳税期限后还必须履行相应的纳税义务。

纳税人在变更纳税期限后，须缴纳延期税款的应计利息。

在纳税期限延长期内，法律规定的税款、罚款和利息征收时效暂停。

延期缴纳的税款、罚款和利息，在延长期结束前不应被视作欠缴，并且也不得对税款、罚款和利息采取强制征收措施。

延期缴纳的税款应在延长期结束后的次月缴纳。纳税人在缴纳延期的税款后，还必须缴纳当前纳税期应当缴纳的税款。

只有出现下述情况时，可以准予纳税人延期纳税：（1）自然灾害、事故或其他不可抗力导致该纳税人遭受损失的；(2) 纳税人从事研发性或创新性活动，包括应用技术的创新和完善，新型原料和材料的创新；(3) 纳税人的预算拨款推迟，或国家订货支付延迟。

纳税人未全部缴纳延期的税款、罚款和利息的，不得再次申请延期缴纳税款、罚款和利息，但上述第 (1) 项规定的情况除外。

同意纳税人延期缴纳税款、罚款和利息的决议中应注明延期缴纳的税款、罚款和利息种类，金额和缴纳期限。

在下列情况下，不能同意纳税人延期缴纳税款、罚款和利息：(1) 纳税人因违反塔国税法构成刑事犯罪的；(2) 纳税人有税务违法或税务行政违法案件的；(3) 纳税人被列入失信纳税人名单的；(4) 有依据证明纳税人会利用延期隐瞒资金或其他财产以逃避纳税义务履行的。

对国家税收的延期决议由塔国政府根据塔国财政部的报告作出。对地方税收的延期决议由所在市（区）众议院议员根据市（区）财政和税务机关的报告作出。

四、欠税清偿程序

塔国《税法典》第 71 条规定，纳税人欠缴税款的，应当按照以下程序偿还：(1) 估定（应付）税额；(2) 估定利息；(3) 估定罚款。其中，在清偿所欠税款时，应当按照欠税的发生时间，按年份顺序进行偿还。

第十三章　税务检查与强制执行

第一节　税务稽查

一、一般规定

根据塔国《税法典》第28条的规定，税务稽查是指税务机关对塔国税法及其他法律执行情况进行的检查和监督。税务稽查主要由税务机关执行。但依据国家金融监管与反贪机关的书面请求，税务机关可以和这些机关依法共同进行税务稽查。

税务机关在进行税务稽查时不应暂缓纳税人的活动，个体企业未雇佣劳动者且必须亲自参与检查过程的情况除外。

根据塔国税法的规定，税务稽查主要分为查账和突击检查两种。

（一）查账

按照塔国税法的规定，查账一般分为例行检查与临时检查两种。其中例行检查是指根据国家主管机关批准的税务稽查计划进行的检查。税务稽查计划是在税务违法风险评估、纳税人提交的纳税报表分析、主管机关资料，以及其他有关纳税人活动的文件和信息基础上编制的。临时检查则是指对纳税人进行的计划外检查。

根据具体内容的不同，查账一般分为以下三种形式：

（1）综合审查。综合审查是针对各类税收纳税义务的履行情况进行的检查，包括纳税人清算或重组情况下进行的检查，故它也简称为“税务清算检查”。它主要由税务机关依照执法机关的书面请求，针对接到税务犯罪刑事案件确认函的纳税人进行的检查。

（2）专项检查。专项检查主要是针对纳税人（扣缴义务人）进行的检查，检查内容包括以下三个方面：第一，个别税种与相关税种纳税义务的履行情况。如果某项税收的计算金额变化会引起另一项税收金额的变化，则前一项税收视为后一项税收的相关税种；第二，纳税人或信贷组织对追缴税款决议的执行情况；第三，应退还增值税金额的批准情况。

(3) 第三方检查。第三方检查是指税务机关在进行税务稽查时，为获取纳税人税务登记的相关信息，对第三方进行的审查。

(二) 突击检查

根据塔国税法的规定，突击检查是税务机关就下列情况进行的检查：(1) 纳税人在税务登记表中登记的纳税人所在地信息的确实性；(2) 用人单位雇佣劳动者完成某种工作（服务）的情况；(3) 税控收款机的使用情况；(4) 应税产品的包装情况、印花税票的标识使用情况，以及个别种类应税消费品经营的情况。它是根据税务机关领导决议进行的必要检查。

二、税务稽查周期

(一) 一般规定

对于上一年度总收入超过1500万索莫尼的纳税人，1年最多进行一次例行税务查账，但增值税、消费税、皮棉和初炼铝销售税除外。

对于上一年度总收入少于1500万索莫尼的纳税人，最多2年进行一次例行税务查账。

对于通过简化税收程序纳税的小型经营者，只允许在其进行国家登记之日起满24个月后对其活动进行初次例行税务查账。如果该类小型经营者在上述期限结束前被列入失信纳税人名单，则应进行重组或清算，并对其活动进行临时综合文件检查。

税务查账应当在一个纳税期结束后开展，但因法人清算、非居民常设机构活动终止或持照经营的个体企业活动终止而取消的税务稽查除外。如果在计划进行检查的纳税期内对纳税人进行了综合税务稽查，则无须再对此纳税期进行专项检查。

(二) 应当进行临时综合检查或专项检查的情况

根据塔国税法的规定，当出现下列情况时，税务机关应当进行临时综合检查或专项检查：(1) 作为增值税纳税人的个体企业终止生产经营活动的；(2) 法人重组或解散、通过分公司或代表处在塔国开展活动的外国法人终止生产经营活动的；(3) 根据塔国税法规定终止法人优惠措施的；(4) 矿藏利用合同有效期满的；（5）核实申请返还的增值税金额的；（6）核实依照塔国《税法典》第28条第6款规定纳税人涉嫌进行税务刑事犯罪的依据的；（7）投资项目完成的情况。

（三）可以进行临时综合检查或专项检查的情况

根据塔国税法的规定，在下列情况下税务机关可以进行临时综合检查或专项检查：（1）必须进行第三方检查的；（2）依据国家主管机关领导决议进行检查的；（3）根据其他国家税务机关请求进行检查的；（4）对失信纳税人进行检查的；（5）持照经营的个体企业终止活动的；（6）纳税人自己请求检查的情况。

另外，塔国税法还规定，禁止税务机关在同一个纳税期内重复进行综合检查，但下列情况除外：（1）根据纳税人自己的书面申请进行检查的情况；（2）依照本法第28条第6款规定对纳税人涉嫌税务犯罪的情况进行检查的；（3）国家主管机关领导采纳税务机关领导的建议作出决议进行检查的；（4）根据国家主管机关领导的决议，并按照税务查账的程序进行检查的，但只限于在最后一次税务查账的纳税期内进行。

三、税务稽查的依据与期限

（一）税务稽查的依据

塔国税法规定，税务稽查只能依据指示开展，指示形式由国家主管机关与塔国财政部协商确定。

依据专项稽查指示只能开展专项税务稽查，但突击检查除外。

（二）税务稽查的期限

塔国税法规定，税务稽查的期限从纳税人收到稽查指示、要求提交文件之日开始计算，到纳税人提交税务稽查要求文件之时，以及根据税务机关请求从第三方获取资料和文件之时为止，期间不得超过30个工作日。但检查期限中不包括暂停期。

对拥有独立经营单位的法人，在塔国拥有多处常设机构并通过常设机构开展活动的非居民，以及在税务监察机关中登记的纳税大户进行税务查账的期限不应超过60个工作日。由国家主管机关执行的税务查账期限可延长，但延长时间不应超过30个工作日。

针对小型企业主纳税人的税务查账期限不应超过10个工作日。

突击检查期限不应超过15个工作日。个别纳税人的突击检查延时不得超过4个工时。

税务稽查只能在规定的工作时间和工作日开展。如果纳税人的生产经营活动是在其他时间进行，则允许在该时间内对其进行税务稽查。如果税务机关的工作时间与纳税人的工作时间存在冲突，则允许在纳税人的工作时间进行税务稽查。

纳税人从事季节性生产经营活动的，税务机关不得在下列时间内对其进行例行税务查账：(1) 对于从事农产品经营的，则不得在播种期（每年4月1日至6月1日）以及收获期（每年8月1日至11月1日）进行检查；(2) 对于从事产品（易腐败果蔬产品）再加工的企业，则不得在每年6月20日至10月20日期间进行检查。

(三) 税务稽查通知

税务机关至少应当在开始进行税务查账前的10个工作日给纳税人寄送或当面递交税务稽查通知。

临时税务稽查至少应当在开始前24个小时向纳税人发送书面通知。

纳税人可能存在隐瞒或销毁检查所需征税相关文件，或者会有导致检查不能进行或者不能全面进行的其他情况的，税务机关有权在不通知纳税人的情况下，按照上级税务机关的书面许可，对其进行临时税务查账。

纳税人必须按照税务稽查通知的要求，亲自参加（或由其代表参加）检查并提供检查所需文件。纳税人由于出现下列情况不能在税务稽查通知中确定的日期参加税务稽查的，则必须在税务稽查开始前书面通知执行检查的税务机关，并在其中提出开始进行税务稽查的日期，但这一日期不得晚于收到税务机关通知之后的5个工作日：(1) 有文件证明纳税人未收到税务稽查通知的；(2) 有文件证明纳税人生病的；(3) 税务稽查相关负责人公务出差的；(4) 纳税人的直系亲属死亡的；(5) 发生自然灾害的。

在任何情况下，税务机关都有权在通知规定的检查期限内开始进行税务稽查。纳税人必须为税务机关开展税务稽查活动提供必要的条件保障，并提供税务稽查所需的文件。

第三方检查和突击检查无须提前通知。

四、税务稽查的过程

(一) 税务稽查的开始

塔国《税法典》第33条规定，税务稽查自指示下达给纳税人（扣缴义务人）之时起开始。税务稽查工作人员应将指示原件交给纳税人。纳税人在指示复印件上签字表示已经收到指示并知悉其内容。

税务稽查人员必须向纳税人出示工作证，并按规定的程序在经营主体检查日志上作相应记录。

进行突击检查时，应向进行商品销售或提供服务的纳税人或其工作人员出示指示原件，以便其了解指示内容，然后将指示复印件交给纳税人或其工作人员保管。纳税人或其工作人员应在指示原件上签字表明已收到指示复印件并了解指示内容，并写上收到指示复印件的日期和时间。

纳税人拒绝接收指示不能作为取消税务稽查的依据。

根据塔国《税法典》第 34 条的规定，纳税人应当允许税务稽查人员进入其生产经营区域或场所，或进入征税对象及涉税标的物内进行调查，但纳税人的生活区除外。纳税人拒绝或阻止税务稽查人员进入上述区域或场所，或征税对象及涉税标的物的，税务稽查人员应当做好记录，并由税务稽查人员和纳税人（扣缴义务人）在记录上签字。纳税人（扣缴义务人）拒绝在记录上签字的，税务稽查人员或纳税人应在记录上注明纳税人拒签的事实。

对于塔国税法中规定的、税务稽查人员必须凭准入证明方可进入纳税人的区域或场所的，税务稽查人员必须携带专用的准入证明。

在下列情况下，纳税人有权制止税务机关工作人员进入税务稽查区域或场所：（1）在开始税务稽查前没有向纳税人发送稽查通知或没有向纳税人送达税务稽查指示、出示工作证等的；（2）税务稽查指示规定的检查期限未到或已过；（3）稽查指示中未注明的人员；（4）税务稽查人员未按照规定携带纳税人区域或场所专用的准入证明。

（二）税务稽查的结束

税务稽查人员完成稽查工作后，应当编制税务稽查报告，报告格式由国家主管机关与塔国财政部协商确定。

纳税人在税务稽查期间未按照要求提供确定征税对象或涉税标的物所必需的文件的，必须作出书面说明。

税务查账在纳税人收到税务稽查报告之日结束。纳税人拒绝接收税务稽查报告的，税务查账则以税务机关将税务稽查报告用挂号信寄送给纳税人之日结束。

对于在税务稽查结束后未发现纳税人存在违反税法的事实的，应当在税务稽查报告中做出说明。

应当在税务稽查报告中附上相关的文件复印件、税务稽查人员的工作记录，以及在稽查过程中获取的其他材料。

税务稽查报告至少一式两份，由税务稽查人员和纳税人签字。其中一份报告交由纳税人（扣缴义务人）保管。

收到税务稽查报告时，纳税人（扣缴义务人）必须在另一份报告上注明已收到报告并签字。此时，纳税人的签字并不表明其同意税务稽查的结果，也不会限制纳税人针对税务稽查人员的行为（不作为）提请申诉的权利。纳税人（扣缴义务人）拒绝接收税务稽查报告或拒绝在报告上签字的，税务稽查人员应当将此情况在报告上注明，并用挂号信将税务稽查报告与稽查通知一同寄送给纳税人（扣缴义务人）。

五、税务稽查结论书

塔国税法规定，税务查账结束后，如果发现纳税人存在违法行为的，税务机关应对税务查账的结果做出判定。判定的格式由国家主管机关与塔国财政部协商确定，并在税务查账结束后的15个工作日内寄送给纳税人。

突击检查结束后，如果发现纳税人存在违法行为的，税务机关应当按照法律规定的程序对税务违法行为进行处理。

如果发现纳税人存在税务违法行为，则税务机关应在同一天对税务查账的结果判定和税务查账报告进行登记，并做相同编号。

纳税人未对税务稽查结果进行投诉的，应当在收到税收、罚款和利息的通知后的10个工作日内，按照规定缴纳上述各项税费。

税务稽查结束后未发现纳税人存在违反税法的行为的，无须向纳税人发送税务查账的判定书。

如果税务稽查过程中发现纳税人有犯罪嫌疑且有逃税和逃避缴纳其他规费的事实的，税务机关应当根据法律规定，在作出税务查账的结果判定后的10个工作日内，向执法机关提交相关的资料。

六、税务审核

根据塔国《税法典》第37条的规定，税务审核是税务稽查的一种形式，是由税务机关在其工作场所依据纳税人提供的税务报表、主管机关提供的相关信息和其他文件，对纳税人的纳税情况进行的检查。它是风险管理体系的组成部分。

税务审核的对象主要包括以下各项：（1）纳税人提供的资料和文件与税务机关持有的资料和文件是否相符；（2）纳税人是否完成了增值税纳税人登记；（3）税制使用是否合法；（4）税收优惠的使用是否合法。

在税务审核过程中需要对税务人进行现场检查的，税务稽查人员可以依据职权进行现场检查，无须税务机关领导下达专项检查决议或指示。

税务机关在税务审核过程中发现纳税人可能存在违反税法的情况时，应当通知纳税人在5个工作日内提供必要的说明、文件或履行法律规定的其他义务。

如果税务审核查明的违法行为会导致纳税人应缴税额发生变化的，执行审核的税务机关工作人员必须编制审核报告。税务机关应当根据审核报告采取相应的决策。

七、跟踪调查

根据塔国《税法典》第40条的规定，跟踪调查是税务机关进行税务管理的一种形式，其目的在于确定纳税人在营利性活动中的实际收入和实际支出，并对此进行调查。跟踪调查的内容主要包括以下各项：（1）征税对象或涉税标的物；（2）是否具备资金、金融票据、账簿、报表、预算书、有价证券、核算表、申报单及其他与调查的征税对象或涉税标的物有关的单据；（3）税控收款机报告；（4）实际雇佣的工人人数。

跟踪调查应当根据税务稽查的指示进行，且每年最多开展一次，每次不超过3个工作日。

接受调查的纳税人在周末和节假日从事经营活动的，跟踪调查也可以在周末和节假日进行。同时，跟踪调查应当根据纳税人的作息时间进行，无须考虑昼夜时间。

税务机关根据查账结果计算税收总额时，应当考虑对纳税人跟踪调查的结果。

八、对应税消费品及其他经营活动的检查

塔国税法规定，对于个别应税消费品，应当由应税消费品生产者或进口者负责对该商品粘贴印花税票。税务机关应当按照国家主管机关的规定，对应税消费品生产者在应税消费品上粘贴印花税票的情况进行检查。海关部门对进口的应税消费品粘贴印花税票的情况进行检查。

为了对商品流通（包括应税消费品和资金）情况进行统计，国家主管机关有权依照塔国政府规定的程序在下列地方设立税收点：（1）生产应税消费品的纳税人所在地；（2）有应付税款的纳税人的所在地；（3）经常进行零申报的纳税人所在地；（4）经营采矿业务的纳税人的所在地。

第二节　税控收款机

一、一般规定

根据塔国《税法典》第38条第3款，税控收款机是一种装有税控记录模块的电子计算机设备，用于记录商品销售、工程施工和提供服务的结算信息。它能够自动记录每一班结算的信息，并能够在不依赖电能的情况下长时间存储信息。

税控收款机的国家登记由塔国经济发展和贸易部会同国家主管机关，以及其他有关机关共同批准。税控收款机的电子系统与使用方法（包括支付卡和条码卡操作）由塔国政府规定。

塔国税法规定，在塔国境内出售商品、进行工程施工和提供服务，使用现金、银行卡和支票进行货币结算时，必须使用能够打印收款票据的税控收款机，但下列人员的货币结算，不适用税控收款机：（1）个体企业（销售应税消费品的个体企业除外）。它具体包括两种情况：第一是持摊贩营业牌照开展活动的个体企业；第二是以个体企业身份进行纳税人国家登记未超过3个月的（持照经营的除外）。（2）为居民提供服务并为其开具收据、票据、单据、邮票和其他类似收据的正规报表凭证的纳税人。（3）在市场和其他专门的室外场所销售自产农产品的自然人。（4）室外农产品产地销售自产农产品的单一税纳税人。

税控收款机发生技术故障或停电时，或者对于不使用税控收款机的纳税人，应当按照法律规定的程序为购买方开具单据，并填写资金登记统计簿。

纳税人在使用税控收款机时，应当满足下列要求：（1）在开展生产经营活动前到税务机关登记税控收款机；（2）开具税控收款机发票；（3）保证税务机关可以使用税控收款机。

二、对税控收款机的税务稽查

塔国税法规定，税务机关应当对税控收款机的安装和使用等情况进行稽查。稽查范围具体包括以下各项：(1) 对税控收款机的使用情况，以及对资金登记统计簿、票据及其他正规报表凭证统计簿的使用情况进行监督检查；(2) 对税控收款机税控记录模块中储存的数据进行监督检查；(3) 对提交税控收款机数据时提交纳税申报表及其他格式的税务报表的情况进行监督检查；(4) 对各个城市（地区）税控收款机的分布和使用情况进行登记。

纳税人应当在醒目的位置悬挂经营时间表和商品价目表（工程、服务价目表)，价目表上的价格使用本国货币标示。

第三节　风险管理体系

一、概述

根据塔国税法的规定，风险是指纳税人（扣缴义务人）不履行或不完全履行纳税义务，已经或可能会给国家带来损失的概率。税务机关可以依据对纳税人进行风险评的估结果采取相应的税收管理措施或手段，从而降低纳税人税收违法犯罪的概率。因此，本节的风险管理体系就是建立在对纳税人进行风险评估基础上的，防范税收违法犯罪产生发展的一系列措施。

税务机关采用风险管理体系的主要目的在于：一方面，能够集中关注税收违法犯罪的高风险区域或范围，从而更有效地利用现有的税务管理的资源，提高税务管理的能力和水平；另一方面，能够更有效地发现和查处税收违法犯罪行为，防止税收违法犯罪给国家造成更大的损失。

税收风险管理体系应当建立在税收风险管理信息系统的基础上。在税务管理过程中，可以采用风险管理体系，包括根据风险评估的结果，选择对一些高风险的纳税人（扣缴义务人）进行税务稽查。

二、税务机关的风险评估和管理行为

根据塔国《税法典》第 44 条的规定，税务机关对纳税人（扣缴义务人）进行风险评估的主要依据是纳税人提交的税务报表、主管机关相关资料，以

及其他与纳税人（扣缴义务人）活动相关的文件或资料。税务机关通过对上述资料的分析研究，划定纳税人的风险等级，确定失信纳税人的名单，奖励守信纳税人，加强对失信纳税人的监督。

失信纳税人名单由国家主管机关根据风险评估的结果编制，并发布在其网站上。失信纳税人在改正违法行为并提供相关的证据后，国家主管机关应当将其名字（名称）从失信纳税人名单中删除。

除失信纳税人之外，其余的纳税人即为守信纳税人。

第四节　强制执行措施

一、一般规定

（一）基本原则

为了保障纳税人能够完全及时地履行纳税义务，塔国《税法典》第5篇规定，对于不履行或不完全履行纳税义务的纳税人（扣缴义务人），税务机关可以采取法律规定的强制执行措施，以保障纳税人履行其未及时履行的纳税义务。

根据塔国《税法典》的规定，强制执行措施主要包括四种，即：（1）加算利息；（2）暂停纳税人从银行账户中的支取业务；（3）征缴纳税人或其债务人的银行资金，以及纳税人的现金抵缴税款；（4）查封出售纳税人的资产抵缴税款。

针对上述四种强制执行措施，塔国税法规定，除加算利息外，税务机关可以按照行政程序直接对纳税人采取其余的三种强制执行措施；司法机关可以依据司法程序对纳税人的欠税，采取除加算利息外其余的三种强制执行措施。

如果纳税人在规定的期限内未缴纳税款、罚款和利息从而产生欠税的，税务机关应当：（1）通知纳税人必须在收到本通知之日起的20日内偿还所欠税款，以及可能对其采取的强制执行措施；（2）纳税人不按照通知的要求缴纳欠税的，税务机关可以同时对其采取的全部强制执行措施。

对于上述第（2）、（3）种强制执行措施，税务机关可以通过行政程序加以决定和实施，但下列情况除外：（1）自然人在其经营活动中未动用其储蓄

(存款)账户的;(2)由国际金融组织出资开设的信贷账户和专用账户的;(3)通过纳税人账户支付工资和类似款项,缴纳当期的应纳税款和之前的欠税的。

(二)暂停纳税人的银行账户支取业务

纳税人有欠税的,只要出现下述任何一种情形,税务机关就可以采取第(2)种强制执行措施,强制银行暂停纳税人的账户支取业务:(1)税务机关通知纳税人提交纳税申报表,但纳税人不仅未能在规定期限前提交,且在收到通知后的30日内依然没有提交纳税申报表的;(2)纳税人在收到税务机关对其进行税务检查以及可能对其采取强制执行措施的通知之日起的10日内,不允许税务机关对其进行税务稽查或其他形式的监督检查,不提交检查所需的文件的,但违反规定程序进行税务检查的情况除外。

根据塔国税法的规定,税务机关采取强制执行措施、暂停纳税人在信贷机构账户的支取业务时,应当按照下列程序进行:(1)税务机关应当将由其领导(或授权副职领导)批准的命令送达纳税人开立账户的银行机构,令其执行;(2)银行机构必须执行税务机关关于暂停纳税人账户支取业务的相关命令,不能为纳税人开设新账户,也不能从其账户支取现金或为其提供贷款;(3)银行机构必须依照该税务机关的要求,每月向税务机关提供纳税人被暂停银行账户上的收支操作信息。税务机关可以对银行机构执行规定和提供资料的情况进行检查。

(三)征缴纳税人或其债务人的银行资金以及纳税人的现金抵缴税款

塔国税法规定,征缴纳税人或其债务人的银行资金,以及纳税人的现金抵缴税款时,应当按照下列程序进行:(1)税务机关应当将由其领导(或授权副职领导)批准的托收指示,以及应收账款核对证明(只适用于由欠税人支付应付款的情况)发送给纳税人或其债务人开设账户的银行机构,令其执行。如果通过外汇账户追缴资金,银行机构必须在收到托收指示后的2个工作日内出售纳税人的外汇资金,并将货币资金转入相应预算。外汇出售产生的费用由纳税人承担;(2)除《税法典》第72条第4款规定的情况外,银行机构不得要求税务机关提供纳税人欠税的补充文件,同时必须执行税务机关关于从纳税人账户或其债务人账户征缴资金用于偿还应付税款的托收指示;(3)银行机构必须按照税务机关的要求,每月向税务机关提供纳税人或其债务人银行账户的收支操作信息;税务机关可以对银行机构执行规定和提供资料的情况进行检查;(4)税务机关应当将由其领导(或授权副职领导)批准的决定发送给纳税人，以征缴其持有的现金缴纳税款。纳税人在收到决定后，必须根据法律规定的程序，用其所持的现金偿还欠税，但支付工资及类似款项的情况除外。

银行机构或纳税人及其债务人执行了上述第（2）、（3）项强制执行措施后，税务机关应依据机构提供的书面资料，或税务机关核查纳税人纳税义务履行情况的核查报告，在1个工作日内承认之前采取的决议已执行完毕，同时给相应人员发送通知。税务机关有关决议已经执行的书面通知自发送之日起，信贷组织和纳税人视为已经执行了税务机关之前的决议。

（四）查封出售纳税人的资产抵缴税款

塔国税法规定，通过出售纳税人的财产来追缴所欠税款的，税务机关应依照塔国执行程序法的规定，作出查封并出售纳税人财产用以偿还所欠税款的决议。

（五）其他

根据塔国税法的规定，在对纳税人采取强制执行措施时，应当提出可行的经济赔偿方案，税务机关和纳税人可以就清偿欠税的方法和期限签订合同。合同有效期最多不超过6个月。国家主管机关的领导可以延长合同的期限。同时，之前所作出采取强执行税措施的决定在合同期内暂停执行。

二、利息

根据塔国税法的规定，除法律规定的情况外，纳税人（扣缴义务人）欠缴税款的，应当支付相应的利息。利息应当从纳税义务履行期限结束后的次日开始按日计算。

利息的计算和支付与采取其他强制征缴措施，以及纳税人应当承担的税收法律责任无关。

利息应当以欠税金额附加费的形式支付。

纳税人出现下列情况时，不计算利息：（1）做出破产决议的个体企业和法人，自法院宣布其破产之日起，不再对其欠税计算利息；（2）法院认定自然人失踪的判决自生效之日至判决撤销之日期间，不对自然人的欠税计算利息；（3）不对利息和罚金计算利息；（4）用溢缴的税款抵扣欠税的，自抵扣支付凭证上的日期起不再对其计算利息；（5）用一个税种的多付税款抵扣另一税种的欠税时不计算利息；（6）自提交自然人死亡证明文件后，对其欠税不再计算利息。

纳税人溢缴税款的，自纳税人提出返还或抵扣溢缴税款的申请之日起至实际返还或抵扣溢缴税款之日超过30日的，则应当向纳税人计算并支付自返还（抵扣）溢缴税款申请之日至实际返还或抵扣税款之日期间产生的利息。

用溢缴税款抵扣欠税时，如果溢缴的税款与欠缴的税款分别属于不同的预算，则在获得抵扣许可的当日，认为溢缴税款的返还已经完成。

自欠缴的税款支付当日起不再计算利息。

欠税或溢缴税款每日的利息为应付税款金额的0.08%。

三、追缴欠税的司法程序

采用司法程序追缴纳税人的欠税时，税务机关的领导（或授权副职领导）应当按照法律规定的程序，向经济法院或纳税人所在地法院提交起诉状，要求采取除加算利息外的其他强制执行措施征缴欠税。税务机关应当同时将起诉状副本送交纳税人。

经济法院应当按照塔国经济诉讼法的规定，以简易程序审理追缴法人或个体企业欠税的案件。

纳税人所在地法院应当按照塔国民事诉讼法的规定，审理追缴非个体企业法人欠税的案件。

法院的判决生效后，税务机关应按塔国法律规定的程序执行判决。

四、财产查封及出售

塔国税法规定，为保障纳税人履行其清偿欠缴税款的义务，税务机关应当依照塔国税法和其他法律的规定，对纳税人的财产进行查封。

根据塔国法律的规定，在查封纳税人的财产时，只能对那些用于履行纳税义务的财产进行查封。

海关应当依照税务机关查封纳税人财产决议的书面通知，在规定的期限内暂停办理该纳税人被查封财产的出境业务。

国家公证员、村镇自治机构代表和其他公证机构的负责人，以及办理财产抵押合同的登记机关，依据税务机关查封纳税人财产决议的书面通知，在规定的期限内暂停办理该纳税人被查封财产转让（出售）和抵押的公证业务。

禁止查封国家机关的设备、建筑、设施和其他固定资产。

由具备评估资质的自然人和法人对查封财产的价值进行评估。评估费用和评估人的服务费按塔国法律规定的程序支付。

应当按照塔国执行程序法规定的程序，出售纳税人被查封财产。所得收入应当用于清偿纳税人的所欠税款。清偿纳税人的欠税后如有剩余，必须在10个工作日内将剩余的款项返还给纳税人。

五、确定纳税人破产的诉讼程序

塔国税法规定，对欠税的纳税人实施了所有的强制执行措施后纳税人仍不能清偿欠税，或者纳税人银行账户上没有足够的资金，或者没有可兑换成资金的财产或应收债款等而出现破产迹象时，税务机关有权向法院提起申请纳税人破产的诉讼。

六、税务呆账的注销

纳税人的下列欠税应当被认定为呆账，应当按照塔国政府规定的程序注销：(1) 根据塔国《税法典》第64条第2款至第6款规定的情况，被认定为纳税义务终止的情况的；(2) 发生自然灾害及紧急情况导致无法支付欠税的，以及塔国政府确定的其他情况的。

第五节　税收法律责任和税收争议解决

一、税务法律责任

(一) 一般规定

塔国《税法典》第79条规定，税务违法行为是指纳税人、扣缴义务人及其负责人，以及主管机关的负责人不执行或不当执行《税法典》或塔国其他规范性文件规定的行为。纳税人、扣缴义务人及其负责人，以及主管机关的负责人应当为此承担塔国法律规定的责任。税务机关应当对上述纳税人、扣缴义务人及其负责人，以及主管机关的负责人的行为进行监督检查。

当出现下述的情况时，上述人员应当免于承担法律责任：(1) 纳税人（扣缴义务人）执行国家主管机关发送的纳税义务履行书面说明的情况；(2) 纳税人（扣缴义务人）在接受本法规定形式的税控之前，已经自行修正税务违法行为的情况。

另外，塔国法律还规定，当出现下列情况时，上述人员均不用承担法律责任，法律另有规定的情况除外：（1）未发生税务违法行为或事件的；（2）在发生税务违法行为的过程中相关人员无过失的；（3）不满16周岁的自然人从事税务违法行为的；（4）已过税务违法行为的追责期的。

（二）税收法律责任的追索时效

塔国《税法典》第66条规定，税务机关可以在纳税年度结束后的5年内对纳税人的应纳税额进行重新计算、核查和调整，并根据重新计算、核查和调整的结果对税款进行追缴。

纳税人有权在纳税年度结束后的5年内要求返还溢缴纳税款或用溢缴税款抵扣其他的税费。

在进行税务稽查时延期缴纳税款期间及延期纳税期间，上述规定的时效暂停计算。

（三）税收争议的解决

塔国《税法典》第81条规定，纳税人均有权针对税务机关的决议、行动及其作为或不作为，向上级税务机关、国家主管机关或法院进行投诉。其中，纳税人对税务机关行动提起的投诉也就同时包括了对税务机关针对该行动作出的决议的投诉。

纳税人向法院提交的投诉，法院应当按照塔国法律规定的程序进行审理和裁决。

纳税人应当在收到税务稽查报告，税款、罚款和利息查定结果，以及税务机关的其他决定后的30日内，向有关机关递交书面投诉书。纳税人因为有正当理由而无法在规定的期限内递交投诉书的，根据纳税人的申请，上级税务机关和国家主管机关可以根据法律的规定重新规定提交期限。

税务机关应当在收到投诉书之日起的30日内，对纳税人的投诉进行审理，作出裁决后应当以书面形式通知投诉人。

税务机关在处理纳税人的投诉时有权：（1）按规定的程序进行税务稽查，以及税务复查；（2）要求纳税人或执行税务稽查的税务机关提供其他补充信息，或就投诉书中的问题进行说明；（3）就纳税人投诉书中的有关问题向相关国家机关及外国税务主管机关进行问询；（4）与纳税人就投诉书中反映的问题进行会谈。

上级税务机关依据事实对投诉的内容调查研究后应当作出裁决，并将裁决书发送或递送给纳税人，裁决书复印件发送给被投诉的税务机关。

依据投诉处理的结果，上级税务机关应当维持税务机关作出的决定或行为，或做出新的裁决。

另外，塔国税法规定，针对税款、罚金和利息查定，以及税务机关其他决议而提出的投诉，在有关机关没有作出处理结果之前，税务机关应当按照法律规定的程序向纳税人征缴欠税以及纳税人无异议的部分税款。

因纳税人投诉而暂停征收纳税人全部或部分税款的，并不能免除在此期间因未及时将税款转入预算而产生的利息，其中包括自提交投诉书到作出投诉裁决期间的利息。

附录　中塔《关于对所得避免双重征税和防止偷漏税的协定》解读

为了协调中塔两国的税收管辖关系，妥善处理跨国纳税人的征税事务，防止双边经济活动中的重复征税和偷漏税现象发生，中国政府和塔国政府以《经济合作与发展组织关于对所得和财产避免双重征税的协定范本》（以下简称 OECD 范本）和《联合国税收协定范本》（以下简称 UN 范本）为蓝本，在双方平等基础上通过谈判，于 2008 年 8 月 27 日在塔吉克斯坦共和国首都杜尚别签订了《中华人民共和国政府和塔吉克斯坦共和国政府关于对所得避免双重征税和防止偷漏税的协定》（以下简称中塔税收协定）。该协定已自 2010 年 1 月 1 日起执行。由于该协定是处理中塔两国公民在双边经济活动涉税问题的基本法律规范，故有必要对其内容加以解读。

第一节　中塔税收协定的适用范围与一般定义

一、协定的适用范围

一般而言，在一个税收协定中，首先需要解决的问题是协定的适用范围。它一般包括了人的适用范围和税种的适用范围两个方面。

（一）人的适用范围

人的适用范围，实际上就是关于该协定适用于哪些纳税人的问题。一般而言，晚近的税收协定在其适用范围的确定过程中，基本都以居民原则取代了之前的国籍原则，即将协定的适用范围限定为居民。之所以如此，是因为居民对于其所属国负有无限纳税义务，需要对其全部所得（包括境内所得和境外所得）对所属国纳税。因此，在居民税收问题上，可能就会发生居住国和所得来源国税收管辖权的重叠，这也正是税收协定所要解决的问题。故

OECD 范本第 1 条明确规定："本协定适用于缔约国一方或者同时为缔约国双方居民的人"，从而明确了居民原则。中塔税收协定也在第 1 条采用了这一表述。这表明，中塔税收协定只适用于中国和塔萨克斯坦一方或双方的居民，而不适用于第三方的居民。

（二）税种的范围

税种的范围，实际上就是关于该协定在适用过程中主要涉及哪些税种的问题。总体而言，国际上一般把那些基于同一征税客体，但基于各国税收管辖权的冲突而导致可能重复征税的税种都列入协定的税种范围。一般来讲，这主要指的是直接税。鉴于中塔税收协定主要是协调解决对所得的征收问题，故该协定的税种范围主要限于双方的所得税。为此，协定明确规定：第一，协定适用由缔约国一方或其地方机构对所得征收的所有税收。第二，所得包括了全部的所得或某项所得，也包括转让动产或不动产的收益以及资本增值，都应当征税。第三，协定适用的税种在中国主要指个人所得税和企业所得税两个税种（以下简称中国税收），在塔国主要指自然人所得税、法人利润税和不动产税共三个税种（以下简称塔吉克斯坦税收）。第四，本协定也包括缔约国双方在之后新增加的、对所得征收的税种，也包括以后代替上述税种以及与上述税种相同或实质相似的税种。如果缔约国一方的税法有了重要变动，则该缔约国的主管当局应在其变动后的适当时间内通知对方。

二、协定中的一般定义

在当代世界，没有两个国家的税收制度是完全相同的。不仅每个国家的税收制度各不相同，而且各个国家税法中所使用的概念和术语也各有特定的内涵和外延。因此，为了避免由于所使用的概念的差异而导致不必要的混乱，双边或多边税收协定都首先会对所涉及的一些比较重要的概念或用语加以规定。中塔税收协定也不例外。该协定第 3 条首先对协定所涉及的"中国"、"塔吉克斯坦"、"人"、"公司"、"缔约国一方企业"和"缔约国另一方企业"、"国际运输"、"主管当局"、"国民"等 8 组概念进行了界定。例如，"人"的概念包括了个人、公司和其他团体；"公司"一语是指法人团体或者在税收上视同法人团体的实体；"缔约国一方企业"和"缔约国另一方企业"分别指缔约国一方居民经营的企业和缔约国另一方居民经营的企业；"国民"一语是指任何具有缔约国一方国籍的个人，以及任何按照缔约国一方现行法律建立的法人、合伙企业或团体；"主管当局"一语在中国方面是指国家税务总局或其授权的代表，在塔吉克斯坦方面是指财政部或其授权的代表。除此之外，对于协定中未进行明确定义的用语，协定明确规定应当采取该缔约国法律中规定的有关该税种的含义。

另外，由于“居民”和“常设机构”这两个概念在中塔税收协定中有着非常重要的意义，故协定第4条和第5条还分别对这两个概念作了专门的界定。

（一）居民

鉴于现代各国对居民认定的条件比较宽泛，故有可能出现一个人同时成为两个或两个以上国家的居民的情况。为了解决这一问题，中塔税收协定明确规定，缔约国一方居民指的是按照该缔约国法律，由于住所、居所、成立地、实际管理机构所在地或者其他类似的标准，在该缔约国负有纳税义务的人。它还包括了该缔约国及其地方当局。但是，这一用语不包括仅因来源于该缔约国的所得或坐落在该缔约国的财产而在该缔约国负有纳税义务的人。

当根据上述定义和缔约国各方的规定，出现了某个个人同时为缔约国双方居民的情况时，为了确定其纳税义务，协定明确规定了确定其居民身份的具体规则：

第一，永久性住所标准。中塔税收协定规定，应以其永久性住所所在地作为确定其居民身份的标准。当该个人只在缔约国一方拥有永久性住所的，则应该认定其为该国的居民。

第二，重要利益中心标准。中塔税收协定规定，应当以重要利益中心作为确定居民身份的标准。当该个人在缔约国双方同时拥有永久性住所的，则应认定其是与其个人和经济关系更密切（重要利益中心）的所在缔约国的居民。

第三，习惯性居住地标准。中塔税收协定规定，应当以习惯性居住地作为确定居民身份的标准。如果该个人重要利益中心所在国无法确定，或者在缔约国任何一方都没有永久性住所，则应认定其是习惯性居所所在国的居民。

第四，国民身份标准。中塔税收协定规定，应当以国民身份作为确定居民身份的标准。如果该个人在缔约国双方都有或者都没有习惯性居所，应认定其是国民身份所属缔约国的居民。

第五，协商。如果该个人同时是缔约国双方的国民，或者不是缔约国任何一方的国民，则缔约国双方主管当局应通过协商确定其居民身份。

另外，对于同时为缔约国双方居民的非自然人，缔约国双方主管当局应当通过协商解决其居民身份。

（二）常设机构

在国际税法中，“常设机构”与“居民”的概念一样，是一个非常重要的概念。它的主要作用在于确定跨国企业是否和某国有实质性的联系从而使该国能对归属于该常设机构的所得进行征税。因此，确定常设机构的概念就成为税收协定的重要内容。根据中塔税收协定的规定，“常设机构”的内涵是指企业进行全部或部分营业的固定营业场所。在其外延上，一般包括了以下对象：（1）管理场所；（2）分支机构；（3）办事处；（4）工厂；（5）作业场所；（6）矿场、油井或气井、采石场或者其他开采自然资源的场所。另外，以下2项也包括在了常设机构的范围之内：（1）建筑工地，建筑、装配或安装工程，或者与其有关的监督管理活动超过12个月以上的；（2）缔约国一方企业通过雇员或者雇佣的其他人员在缔约国另一方为同一项目或相关项目提供劳务和劳务咨询，在任何12个月中累计或连续超过183天的。

为了进一步明确常设机构的概念，中塔税收协定还明确规定，以下各项不得包括在常设机构的范围之内：（1）专为储存、陈列或者交付本企业货物或者商品的目的而使用的设施；（2）专为储存、陈列或者交付的目的而保存本企业货物或者商品的库存；（3）专为另一企业加工的目的而保存本企业货物或者商品的库存；（4）专为本企业采购货物或者商品，或者搜集信息的目的所设的固定营业场所；（5）专为本企业进行其他准备性或辅助性活动的目的所设立的固定营业场所；（6）专为上述各项活动的结合所设的固定营业场所，如果由于这种结合使该固定营业场所的全部活动属于准备性质或辅助性质。

当一个人在缔约国一方代表缔约国另一方的企业进行活动，有权并经常行使这种权力以该企业的名义签订合同，则这个人为该企业进行的任何活动，都应该认定为该企业在该缔约国一方设有常设机构。但是，如果这个人通过固定营业场所进行活动，根据上述规定被明确认为不属于常设机构的，则这个固定营业场所不能认为是常设机构。

当缔约国一方企业在缔约国另一方仅通过常规的经纪人、一般佣金代理人或者其他独立地位的代理人进行营业的，不应认为该企业在缔约国另一方设有常设机构。

缔约国一方的居民公司，不论是否通过常设机构，或者在缔约国另一方进行营业的公司（不论是否通过常设机构）控制缔约国另一方的居民公司，或者被缔约国另一方居民公司，或者在缔约国另一方进行营业的公司所控制，都不能认为任何一方公司构成另一方公司的常设机构。

第二节　征税权的分配

和世界上其他税收协定范本和双边税收协定、多边税收协定一样，中塔税收协定的主要目的在于避免对纳税人的跨国所得进行双重征税。为此，中塔两国政府通过协商做出承诺，各自放弃对部分所得的征税权，以消除可能出现的双重征税。故在该协定中，根据纳税人的不同所得，中塔两国政府就其征税权的分配作出了明确的规定。

一、不动产所得

中塔税收协定中对不动产所得的定义，完全采纳了 OECD 范本的规定。即“不动产”一语“应当具有财产所在地的缔约国的法律所规定的含义。该用语在任何情况下应包括附属于不动产的财产，农业和林业所使用的牲畜和设备，有关地产的一般法律规定所适用的权利，不动产的用益权以及由于开采或有权开采矿藏、水源和其他自然资源取得的不固定或固定收入的权利。船舶、飞机、公路或铁路车辆不应视为不动产”。

关于不动产所得，中塔税收协定第 6 条规定，它包括了“从直接使用、出租或者任何其他形式使用不动产取得的所得”。从这个定义可知，它涵盖了对不动产的直接使用、出租以及其他任何形式的使用而取得的收入，但不包括出售不动产而取得的财产收入。另外，它从范围上也包括了企业的不动产所得和用于进行独立个人劳务的不动产所得。

关于对不动产所得的征税权力，中塔税收协定规定，缔约国一方居民从位于缔约国另一方的不动产取得的所得（包括农业或林业所得），可以在该缔约国另一方征税。这表明，不动产的所在国享有对不动产所得的征税权。

二、营业利润

关于营业利润，中塔税收协定在借鉴 OECD 范本和 UN 范本的基础上确定了对营业利润进行征税的基本原则。

1. 利润归属原则。对于缔约国一方企业的营业利润如何分配，中塔税收协定以常设机构为标准，首先确定了利润归属的基本原则。根据第 7 条第 1 款的规定，缔约国一方企业所获得的利润应仅在该缔约国征税，故该缔约国一方对该利润具有独占征税权。但是，如果缔约国一方企业在缔约国另一方设有常设机构，并且通过该常设机构进行营业的，对归属于该常设机构的利润，缔约国另一方则享有征税权。

2. 独立企业原则或独立交易原则。由于在法律上常设机构并不是独立的企业法人，其经营行为必须由总机构加以控制，利润分配也应该由总机构来决定。故为了保证利润来源国享有相应的征税权，一般都将常设机构认定为一个独立企业，假定其为一个在相同或类似情况下从事相同或类似活动的分设机构。这样，就把它与其总机构所隶属的其他企业完全独立开来。它与总机构所隶属的其他企业之间的交易被视为一种内部交易，由此所可能产生的利润也应该归属于该常设机构。

3. 合理计算原则。为了确定归属于常设机构的利润，在借鉴其他国际税收协定范本等的基础上，中塔税收协定对利润计算规定了三个方面的内容。

（1）费用扣除。借鉴国际上的一般做法，中塔税收协定明确规定，在确定常设机构的利润时，应当允许扣除其为进行营业活动而发生的各项费用。这些费用包括行政费用和一般管理费用。对于这些费用，不论其发生于该常设机构所在国或者其他任何地方，都允许进行扣除。

（2）常设机构利润归属方法的一致性。为了确定营业利润的分配方法，中塔税收协定规定了两方面的内容：第一，对于缔约国一方以将总利润按比例分配给所属各单位的方法来确定常设机构利润的做法，并不违背独立企业原则或独立交易原则。但其分配的结果，应与有关营业利润分配的原则相一致。第二，常设机构利润的分配方法，应该保持其一致性。除非有适当的和充分的理由需要变动外，每年应采用相同的方法。

（3）常设机构为本企业采购货物或商品的行为。由于采购行为不是一个完整的商业循环，故采购能否获得利润其实在现实中可能无法确定。因此，对于常设机构为本企业采购货物或商品的行为，不应当将其利润归属于该常设机构。在计算其应税所得时，也不得列支采购费用。

4. 特定种类所得条款优先原则。由于企业的利润除了营业利润之外，可能还包含许多其他的所得，如不动产所得、投资所得、租赁所得、劳务所得等，故如果协定中对上述各项所得的分配或归属的规定与对营业利润的分配或归属的规定不一致的，中塔税收协定在借鉴其他税收协定或税收协定范本的基础上，明确规定，“利润中如果包括本协定其他各条单独规定的所得项目时，本条规定不应影响其他各条的规定”，从而明确了特定种类所得条款的优先原则。

三、国际运输

对于从事跨境海运、空运或陆上运输的企业而言，它可能涉及多个国家。因此，如果按照常设机构原则对其征税，则一方面利润分配难以实际进行，另一方面由于从事国际运输的利润不高，如果允许多国同时对其征税就会导致其税负过重。为了解决这一问题，当代一些主要的税收协定范本和双边或多边协定，都对此做了特别规定。中塔税收协定也不例外。该协定第 8 条规定，缔约国一方居民以船舶、飞机、公路或铁路车辆经营国际运输业务取得的利润，应仅在该国征税。这一规定，确立了对从事国际海运、空运和陆运的居民国独占征税权的原则。根据此原则，缔约国一方企业从事国际海运、空运和陆运而从缔约国另一方所获得的利润，仅在该缔约国一方征税，而不能由缔约国另一方征税。对于参加合伙经营、联合经营或者参加国际经营机构从事国际海运、空运和陆运业务而取得的利润，其征税权的行使也应按照上述规定执行。

同时，协定还进一步明确了从事国际运输取得的利润应当包括以下两类：(1) 以光租形式租赁船舶、飞机、公路或铁路车辆取得的利润；(2) 使用、保存或出租用于运输货物或商品的集装箱（包括拖车和运输集装箱相关的设备）取得的利润。

四、关联企业

关联企业也叫联属企业。在现实中，关联企业主要有两种不同的类型：一种是直接或间接的控制，一种是由同一人控制多个受控企业。鉴于关联企业之间存在关联关系和关联交易，会导致账面利润不符合独立企业原则或独立交易原则而使缔约国一方无法确定其纳税义务时，就需要对其进行账务调整。否则，如果关联企业之间的交易属于正常的独立企业之间的交易，则不需要对其进行账面调整。

根据 OECD（2014）范本的规定，无论哪一类关联企业，当这样的“两个企业之间在商业或财务关系中达成的交易条件不同于独立企业之间达成的交易条件，此时，本应由其中一个企业取得，但由于这些条件而没有取得的利润，可以计入该企业的利润，并据以征税”。中塔税收协定第9条第1款直接采用了这一表述，对关联企业进行账面调整的条件进行了明确的规定：第一，必须是关联企业；第二，其交易行为不符合独立企业原则或独立交易原则；第三，本应按照独立企业原则或独立交易原则而使其中的一个企业所获得的利润，由于关联关系而使其没有获得应有的利润。只有企业满足了这三个条件，即可进行账面调整。

缔约国一方将缔约国另一方已征税的企业利润（这部分利润本应由该缔约国一方企业取得的）包括在该缔约国一方企业的利润内，并且加以征税时，该缔约国另一方应对这部分利润所征收的税额加以调整。根据条约的规定当关联交易中国居民企业一方被实施转让定价调整（初次调整），缔约国另一方应进行相应的调整，以避免双重征税。因为如果中国税务机关调增了该国居民企业的应税所得，而该居民企业的关联方所在国如并不因此调减该关联方的应税所得并退还相应已经缴纳的税款，则被中国实施的转让定价初次调整所对应的利润就会被双重征税（经济性双重征税，即同一笔所得由两个不同纳税主体被两个主权国家课征税赋）。相应调整是缔约国一方实施转让定价初次调整后，缔约国另一方为履行条约义务，而做出的调整。当然，条约只是要求缔约国另一方进行相应调整的义务，换言之，并没有规定缔约国另一方彻底消除双重征税的义务。而且缔约国另一方认为缔约国一方调整的利润符合了独立交易原则，才会做出相应的调整。税收条约联属企业条款通常都会规定缔约国另一方在确定相应调整时，应适当考虑协定中的其他规定，如有必要，缔约国双方主管当局应相互协商。相互协商程序的引入在于缔约国一方所进行的转让定价初步调整通常情况下并不会被缔约国另一方主动接受并因此做出相应调整，所以缔约国另一方所做出的相应调整是两国税务主管当局通过税收协定的相互协商程序来实现的。

五、股息

在中塔税收协定中，对“股息”的定义是从股份或者非债权关系分享利润的权利取得的所得，以及按照分配利润的公司是其居民的缔约国法律，视同股份所得同样征税的其他公司权利取得的所得。根据这个定义，股息应该是指通过持有证券而享有参与公司利润分配的权利而获取的所得。另外，任何在公司所在的缔约国被认为是股份所得的所得，也都被认为是股息。

对于股息的征税权，中塔税收协定第10条第1款规定，缔约国一方居民公司支付给缔约国另一方居民的股息，可以在该缔约国另一方征税。由此可见，收取股息的居住国对此拥有征税权。同时，第2款也规定，这些股息也可以在支付股息的公司是其居民的缔约国，按照该缔约国法律征税。由此可见，股息的来源国也可以对此拥有征税权。不过，如果股息的受益所有人是缔约国另一方的居民，则在受益所有人是公司（合伙企业除外），并直接拥有支付股息的公司至少25%资本的情况下，不应超过股息总额的5%；在其他情况下，不应超过股息总额的10%。中塔双方主管当局应对实施该限制税率的方式进行协商确定。

如果股息受益所有人是缔约国的一方居民，支付股息的公司是缔约国的另一方居民，股息受益所有人是通过设在缔约国另一方的常设机构进行营业或者通过设在该缔约国另一方的固定基地从事独立个人劳务，据以支付股息的股份与该常设机构或固定基地有实际联系的，在这种情况下，该股息应被视为营业所得或独立个人劳务所得。由此可见，该项规定实际上是将股息归于该常设机构所有。

中塔税收协定还规定，缔约国一方居民公司从缔约国另一方取得的利润或所得，该缔约国另一方不得对该公司支付的股息征收任何税收。这一规定表明，来源国的征税权是基于股息的支付，而不是来源于支付股息的利润。故股息来源国不得因为股息来源于国内而对支付给作为缔约国另一方的股息征税。同时，中塔税收协定还禁止对公司未分配的利润征税。

六、利息

在中塔税收协定中，对“利息”的定义是从各种债权取得的所得，不论其有无抵押担保或者是否有权分享债务人的利润；特别是从公债、债券或者信用债券取得的所得，包括其溢价和奖金。对于延期支付而产生的罚款，不应视为协定所规定的利息。

对于利息的征税权，中塔税收协定第11条第1款规定，缔约国一方居民公司支付给缔约国另一方居民的利息，可以在该缔约国另一方征税。由此可见，收取利息的居住国对此拥有征税权。同时，第2款也规定，这些利息也可以在该利息发生的缔约国，按照该缔约国法律征税。由此可见，利息的来源国也可以对此拥有征税权。不过，如果利息的受益所有人是缔约国另一方的居民，则所征税款的总额不得超过利息总额的8%。中塔双方的主管当局应对实施该限制税率的方式进行协商确定。

除上述规定外，中塔税收协定还规定了在两种情况下，利息取得国的征税独占权：一种情况是，在利息来源国发生的利息归于缔约国另一方的政府、地方当局及其中央银行或者完全为其政府所有的金融机构。另外一种情况是，在利息来源国发生的利息，虽然为该缔约国另一方居民取得，但其债权是由该缔约国另一方政府、地方当局及其中央银行或者完全为其政府所有的金融机构担保或保险的贷款。对于这两种情况，利息收取国享有征税独占权，利息来源国则不得对其征税。其中，“中央银行或者完全为其政府所有的金融机构”，在中国主要指以下6类，即（1）中国人民银行；（2）国家开发银行；（3）中国农业发展银行；（4）中国进出口银行；（5）中国出口信用保险公司；（6）缔约国双方主管当局随时可同意的，由中国政府完全拥有的任何机构。“中央银行或者完全为其政府所有的金融机构”，在塔国主要指以下3类，即（1）塔吉克斯坦国家银行；（2）塔吉克斯坦共和国国家储蓄银行（阿马纳银行）；（3）缔约国双方主管当局随时可同意的，由塔吉克斯坦政府完全拥有的任何机构。

如果利息受益所有人是缔约国的一方居民，在利息发生的缔约国另一方，通过设在该缔约国另一方的常设机构进行营业或者通过设在该缔约国另一方的固定基地从事独立个人劳务，据以支付该利息的债权与该常设机构或者固定基地有实际联系的，则该利息应被视为营业所得或独立个人劳务所得。由此可见，这一规定实际上是将该利息归于常设机构所有。

如果利息支付人为缔约国一方居民，应认为该利息发生在该缔约国。然而，当利息支付人不论是否为缔约国一方居民，在缔约国一方设有常设机构或者固定基地，支付该利息的债务与该常设机构或者固定基地有联系，并由其负担利息，上述利息应认为发生于该常设机构或固定基地所在的缔约国。

如果利息支付人与受益所有人之间或者他们与其他人之间由于存在特殊关系，导致就有关债权所支付的利息数额超出支付人与受益所有人没有这种特殊关系时所能同意的数额的情况，则只能根据一种没有这种特殊关系时的利息来确定其征税权的分配。前述规定只适用于公平的利息。对于超出公平利息的部分，仍应在本协定规定的基础上，按照各缔约国的法律征税。

七、特许权使用费

在中塔税收协定中，对于“特许权使用费”的定义是，使用或有权使用文学、艺术或科学著作，包括电影影片的版权，任何专利、商标、设计或模型、计划、秘密配方或秘密程序所支付的作为报酬的各种款项，或者有关工业、商业、科学经验的信息所支付的作为报酬的各种款项。

对于特许权使用费的征税权，中塔税收协定第 12 条第 1 款规定，发生于缔约国一方而支付给缔约国另一方居民的特许权使用费，可以在该缔约国另一方征税。由此可见，收取特许权使用费的居住国对此拥有征税权。同时，第 2 款也规定，这些特许权使用费也可以在其发生的缔约国，按照该缔约国法律征税。由此可见，特许权使用费的来源国也可以对此拥有征税权。不过，如果特许权使用费的受益所有人是缔约国另一方居民，则来源国的征税额度不得超过特许权使用费总额的 8%。中塔双方的主管当局应对实施该限制税率的方式进行协商确定。

如果特许权使用费受益所有人是缔约国一方居民，在特许权使用费发生的缔约国另一方，通过设在该缔约国另一方的常设机构进行营业或者通过设在该缔约国另一方的固定基地从事独立个人劳务，据以支付该特许权使用费的权利或财产与该常设机构或固定基地有实际联系的，在这种情况下，该特许权使用费应被视为营业所得或独立个人劳务所得。由此可见，此处的规定，实际上是将这些股息归于常设机构所有。

如果支付特许权使用费的人是缔约国一方居民，应认为该特许权使用费发生在该缔约国。然而，当支付特许权使用费的人不论是否为缔约国一方居民，在缔约国一方设有常设机构或者固定基地，支付该特许权使用费的义务与该常设机构或者固定基地有联系，并由其负担这种特许权使用费，上述特许权使用费应认为发生于该常设机构或者固定基地所在缔约国。

由于支付特许权使用费的人与受益所有人之间或他们与其他人之间的特殊关系，就有关使用、权利或信息支付的特许权使用费数额超出支付人与受益所有人没有上述特殊关系所能同意的数额时，则只能根据一种没有这种特殊关系时的特许权使用费来确定其征税权的分配。前述规定只适用于公平的利息。对于超出公平利息的部分，仍应在本协定规定的基础上，按照各缔约国的法律征税。

八、财产收益

对于转让财产的收益，中塔税收协定第 13 条作出了如下的规定：

1. 缔约国一方居民转让位于缔约国另一方的不动产取得的收益，可以在缔约国另一方征税。

2. 转让缔约国一方企业在缔约国另一方的常设机构营业财产部分的动产，或者缔约国一方居民在缔约国另一方从事独立个人劳务的固定基地的动产取得的收益，包括转让常设机构（单独或者随同整个企业）或者固定基地取得的收益，可以在该缔约国另一方征税。

3. 转让缔约国一方企业从事国际运输的船舶、飞机、公路或铁路车辆，或者转让属于经营上述船舶、飞机、公路或铁路车辆的动产取得的收益，应仅在该缔约国征税。

4. 转让一个公司的股份取得的收益，如果该股份价值的50%（不含）以上直接或者间接来自于缔约国一方的不动产，可以在该缔约国一方征税。

5. 转让上述财产以外的其他财产取得的收益，应仅在转让者为其居民的缔约国征税。

九、独立个人劳务

中塔税收协定第 14 条规定，独立个人劳务包括独立的科学、文学、艺术、教育或教学活动，以及医师、律师、工程师、建筑师、牙医师和会计师的独立活动。

对于独立个人劳务的征税权，中塔税收协定规定，缔约国一方居民由于专业性劳务或者其他独立性活动取得的所得，应仅在该缔约国征税。但是，如果出现下述两种情况，则缔约国另一方有权征税：第一，在缔约国另一方为从事上述活动设有经常使用的固定基地。在这种情况下，该缔约国另一方可以仅对属于该固定基地的所得征税。第二，在一年中在缔约国另一方停留连续或累计达到或超过 183 天。在这种情况下，该缔约国另一方可以仅对在该缔约国进行活动取得的所得征税。

十、非独立个人劳务

除中塔税收协定规定的特殊情况以外，缔约国一方居民因受雇取得的薪金、工资和其他类似报酬（不包括在缔约国另一方从事受雇活动的报酬），应仅在该缔约国一方征税。而在该缔约国另一方从事受雇活动取得的报酬，可以在该缔约国另一方征税。但是，如果缔约国一方居民因在缔约国另一方从事受雇活动取得的报酬，同时具备以下三个条件的，应仅在该缔约国一方征税：（1）收款人在 1 年中在该缔约国另一方停留连续或累计不超过 183 天；（2）该项报酬由并非该缔约国另一方居民的雇主支付或代表该雇主支付；

（3）该项报酬不是由雇主设在该缔约国另一方的常设机构或固定基地所负担。

另外，在缔约国一方企业经营国际运输的船舶、飞机、公路或铁路车辆上从事受雇活动取得的报酬，应仅在经营上述船舶、飞机、公路或铁路车辆的企业为其居民的缔约国征税。

十一、董事费

缔约国一方居民作为缔约国另一方居民公司的董事会成员取得的董事费和其他类似款项，可以在该缔约国另一方征税。

十二、艺术家和运动员

对于艺术家和运动员，中塔税收协定第 17 条规定：

1. 缔约国一方居民，作为表演家，如戏剧、电影、广播或电视艺术家、音乐家或作为运动员，在缔约国另一方从事其个人活动取得的所得，可以在该缔约国另一方征税。

2. 艺术家或运动员从事其个人活动取得的所得，并非归属艺术家或运动员本人，而是归属于其他人，则可以在该艺术家或运动员从事其活动的缔约国征税。

3. 作为缔约国一方居民的艺术家或运动员，在缔约国另一方按照缔约国双方政府的文化交流计划进行活动，且其活动是由缔约国任何一方的公共资金或政府资金资助的，那么他们所取得的所得，在该缔约国另一方应予免税。

十三、退休金

中塔税收协定规定，因以前的雇佣关系支付给缔约国一方居民的退休金和其他类似报酬，应仅在该缔约国一方征税。

缔约国一方政府或地方当局按社会保险制度的公共福利计划支付的退休金和其他类似款项，应仅在该缔约国一方征税。

十四、政府服务

这是税收协定中对于缔约国政府及其地方政府或行政机关支付给其雇员的工资、薪金及其他报酬的征税规定。协定规定，支付国对于支付给受雇于该国政府的个人的工资、薪金及其他的报酬享有排他性的征税权。雇员的居住国必须对这些收入免税。但是，如果该项服务是在缔约国另一方提供，而且提供服务的个人是该缔约国另一方居民，并且该居民是该缔约国另一方国民，或者他不是因为提供该项服务而成为该缔约国另一方的居民，则该雇员的居住国享有排他性的征税权。

协定还规定，缔约国一方政府或地方当局支付或者从其建立的基金中支付给向其提供服务的个人的退休金和其他类似的报酬，则该缔约国一方对其享有排他性的征税权。但是，如果提供服务的个人是缔约国另一方居民，并且是其国民的，该缔约国另一方对该项退休金和其他类似的报酬应享有排他性的征税权。

十五、教师和研究人员

对于教师和研究人员等任何个人，在前往缔约国一方之前是，或者曾经是缔约国另一方的居民，他前往缔约国一方主要是了为在该缔约国一方的大学、学院、学校或为该缔约国一方政府承认的教育机构和科研机构从事教学、讲学或研究的目的，停留在该缔约国一方。对其由于教学、讲学或研究取得的报酬，该缔约国一方应自其第一次到达之日起，3 年内免予征税。但是，这一规定不适用于不是为了公共利益而主要是为某个人或某些人的私利从事研究取得的所得。

十六、学生

学生如果在紧接前往缔约国一方之前是，或者曾经是缔约国另一方居民，仅由于接受教育的目的，停留在该缔约国一方，对其为了维持生活或接受教育的目的收到的来源于该缔约国以外的款项，该缔约国一方应免予征税。

十七、其他所得

对于缔约国一方居民取得的协定中未规定的其他所得，无论发生在什么地方，应仅在该缔约国一方征税。对于除不动产所得以外的其他所得，如果收款人为缔约国一方居民，通过设在缔约国另一方的常设机构在该缔约国另一方进行营业，或者通过设在该缔约国另一方的固定基地在该缔约国另一方从事独立个人劳务，据以支付所得的权利或财产与该常设机构或固定基地有实际联系的，应该按照营业所得或独立个人劳务所得的规定征税。

十八、财产

对于财产，中塔税收协定第 23 条针对财产的不同状况分别规定，第一，对于不动产，为缔约国一方居民所有并且位于缔约国另一方的，可以在缔约国另一方征税；第二，对于缔约国一方企业设在缔约国另一方的常设机构营业财产部分的动产，可以在缔约国另一方征税；第三，缔约国一方企业经营国际运输的船舶、飞机、公路或铁路车辆，或附属于经营上述船舶、飞机、公路或铁路车辆的动产，应仅在缔约国一方征税；第四，缔约国一方居民的所有其他财产，应仅在缔约国一方征税。

第三节　消除双重征税的方法及特别措施

从上述规定我们可以看到，中塔税收协定在上述所得征税权的分配过程中，除了对一些项目规定了排他性的征税独占权外，还对许多项目的所得规定了来源国与居住国都享有征税权，这就会产生双重征税的问题。为了解决这一问题，中塔税收协定专门规定了解决双重征税的具体方法和手段。

一、消除双重征税的方法

根据中塔税收协定第24条的规定，对于涉及中塔双重征税的所得，中塔两国分别采取了两种不同的办法。其中，中国一方采取了抵免法，塔国一方采取了免税法。

根据规定，对于中国居民从塔萨克斯坦取得的所得，按照中塔税收协定的规定在塔萨克斯坦已经缴纳的税额，中国税务机关在对该项收入征税时，应该从按照中国税法规定计算的税额中抵免。但是，抵免额不应超过对该项所得按照中国税法和规章计算的中国税收数额。其中，中国居民从塔国取得的所得，是指塔国居民公司支付给中国居民公司的股息，并且该中国居民公司拥有支付股息公司的股份不少于20%，该项抵免应当考虑支付该股息公司就该项所得缴纳的塔国税收。

对于塔吉克斯坦居民从中国取得的所得，按照中塔税收协定的规定，可以在中国纳税的，塔吉克斯坦将允许：（1）从对该居民所得征收的税额中扣除等于在中国缴纳的所得税税额；（2）从对该居民的财产征收的税额中扣除等于在中国缴纳的财产税税额。但是，根据上述规定扣除的税额不应超过按照塔吉克斯坦适用税率对同样所得或财产征收的税额。另外，按照协定规定，塔国居民取得的所得或财产，在塔吉克斯坦予以免税的，塔国在计算该居民的其余所得或财产的税额时，可以对免税的所得或财产予以考虑。

二、非歧视待遇

非歧视待遇也叫做无差别待遇。它是税收协定中一个比较常见的内容，其目的在于消除一个国家在税收问题上的歧视，以协调缔约国之间的税收权利、税收利益。一般来讲，它包括了国籍非歧视、常设机构非歧视、支付非歧视和资本非歧视四个方面。中塔税收协定也在第25条专门规定了无差别待遇，以消除上述四种可能的歧视。

1. 国籍非歧视。根据本条第1款的规定，缔约国一方国民在缔约国另一方负担的税收或者有关条件，在相同情况下，特别是在居民身份相同的情况下，不应与该缔约国另一方的国民负担或可能负担的税收或者有关条件不同或比其更重。这就是国籍非歧视。它要求缔约国一方的所有国民，在缔约国另一方，都应该与该国国民享受相同的税收待遇，而不应该受到歧视。这一规定，对于不是缔约国国民的第三国居民，也同样适用。

2. 常设机构非歧视。根据本条第2款的规定，缔约国一方企业在缔约国另一方建立的常设机构的税收负担，不应高于该缔约国另一方从事同样活动的本国企业的税收负担。但是，缔约国一方由于民事地位、家庭负担给予该缔约国居民的个人补贴、优惠和减免也不一定必须给予该缔约国另一方居民。

3. 支付非歧视。根据本条第3款的规定，除中塔税收协定中对关联企业、利息和特许权使用费等的特别规定外，缔约国一方企业支付给缔约国另一方居民的利息、特许权使用费和其他款项，在确定该企业应纳税利润时，应与在同样情况下支付给该缔约国一方居民同样予以扣除。同样，缔约国一方企业对缔约国另一方居民所欠的任何债务，在确定该企业的应纳税财产时，应与在同样情况下欠债于该缔约国一方居民一样，予以扣除。

4. 资本非歧视。根据本条第4款规定，缔约国一方企业的全部或部分资本，直接或间接为缔约国另一方一个或一个以上的居民拥有或控制，该企业在该缔约国一方负担的税收或者有关条件，不应与该缔约国一方其他同类企业的负担或可能负担的税收或者有关条件不同或比其更重。

上述规定适用于任何税种。

三、相互协商程序

相互协商程序是指税务协定缔约国的主管当局，用于协调缔约国之间的涉税事项和税务争端的解决机制。它是国际税收协定中必不可少的内容。OECD 范本、UN 范本以及双边和多边税收协定中都对此有专门的规定。中塔税收协定也不例外。其在内容上也与 2000 年 OECD 范本的内容基本一致。

中塔税收协定第 25 条第 1 款规定，当一个人认为，缔约国一方或者双方所采取的措施，导致或将会导致对其的征税不符合中塔税收协定规定时，他就可以将案情提交本人为其居民的缔约国主管当局，而可以不需要考虑各缔约国国内法律的补救。这说明：第一，该程序的提起并不是因为缔约国的主管当局实施了双重征税，而是因为其所采取的措施与税收协定中规定的内容不符。故只要纳税人认为缔约国一方或双方所采取的措施，导致或可能会导致对其的征税不符合中塔税收协定的内容时，就可以提起该程序。第二，该程序的提起不以寻求国内法的救济为前提条件。换言之，纳税人可以在不提起国内法的救济的情况下，直接向本人为其国民的缔约国主管当局提起。至于提起的时间，应该在不符合本协定规定的征税措施第一次通知之日起的三年内。

对于纳税人提出的意见，如果主管当局认为是合理的但又不能单方面圆满解决时，主管当局应设法同缔约国另一方主管当局相互协商解决，以避免不符合本协定的征税。达成的协议应予执行，而不受各缔约国国内法律的时间限制。

缔约国双方主管当局应通过协议设法解决在解释或实施本协定时所发生的困难或疑义，也可以对本协定未作规定的消除双重征税问题进行协商。

缔约国双方主管当局为达成解决上述问题的协议，可以相互直接联系。双方主管当局的代表可以进行会谈，口头交换意见。

四、信息交换

由于在国际法中不允许一个国家在未经其他国家同意的情况下在该国进行税务调查，故为了保证税收协定的执行，各种税收协定范本和各个双边或多边税收协定都规定了信息交换的内容。中塔税收协定第 26 条参照 OECD 范本，对中塔两国税收信息交换的内容进行了规定。

根据规定，缔约国双方主管当局交换的信息包括以下两类：第一类为实施中塔税收协定的规定所需要的信息。第二类为缔约国双方关于本协定所涉及税种的国内法律规定所需要的信息。但这些信息只限于那些依据国内法律的规定征税不与本协定相抵触的情况。另外，信息交换的范围，并不仅限于缔约国双方的居民。换言之，它可以涉及非缔约国的居民。

中塔税收协定对税收信息交换的保密进行了规定。对于缔约国一方提供的信息，收到信息的缔约国另一方应作密件处理。这些信息告知的范围，仅限于与本协定所含税种有关的查定、征收、执行、起诉或裁决上诉的有关人员或当局（包括法院和行政管理部门）。这些信息只能由上述人员或当局仅用于本协定所含税种的查定、征收、执行、起诉或裁决上诉，而不能用于其他的目的。但是，在公开法庭的诉讼程序或法庭判决中可以公开有关的信息。

另外，中塔税收协定还对信息交换的限制范围进行了规定。依据本条第3款的规定，缔约国一方或双方有权拒绝交换以下三类的情报：第一，使缔约国一方或另一方采取与其国内法律和行政惯例相违背的行政措施的信息。第二，按照缔约国一方或缔约国另一方法律或正常行政渠道不能得到的信息。第三，提供泄露任何贸易、经营、工业、商业、专业秘密、贸易过程的信息或者泄露会违反公共政策（公共秩序）的信息。

缔约国一方根据上述规定要求缔约国另一方提供信息的，缔约国另一方应当使用信息收集的手段获得缔约国一方所需要的信息，即使缔约国另一方可能并不需要此信息。除上述三类信息外，缔约国另一方不得因为缔约国一方所需要的信息没有国内利益而拒绝给缔约国一方提供该信息。

另外，对于第3款规定的信息，不应理解为允许缔约国一方仅因为信息由银行、其他金融机构、名义代表人、代理人或受托人所持有，或因信息与人的所有权益有关，而拒绝提供。

五、外交代表和领事官员

对于按国际法一般规则或特别协定规定的外交代表或领事官员的税收特权，并不受本协定的限制。

参考文献

1. 刘晓红主编：《“一带一路”法律研究》（第1卷），知识产权出版社2020年版。

2. 奋迅·贝克麦坚时联营办公室编著：《“一带一路”国别投资法律指南》，中国法制出版社2020年版。

3. 蓝琪主编：《中亚史》，商务印书馆2020年版。

4. 莫纪宏、廖凡、孙南翔等：《“一带一路”法律风险防范与法律机制构建》，中国社会科学出版社2019年版。

5. 单文华主编：《“丝绸之路经济带”贸易投资便利化法律框架研究》，法律出版社2018年版。

6. 任飞、狄飞编著：《中亚五国与南高加索三国投资环境》，经济科学出版社2018年版。

7. 王瀚主编：《“一带一路”与人类命运共同体构建的法律与实践》，知识产权出版社2018年版。

8. 漆彤：《“一带一路”国际经贸法律问题研究》，高等教育出版社2018年版。

9. 祖雪晴、冀蕊、闫瑾编：《塔吉克斯坦》，大连海事大学出版社2018年版。

10. 刘启云编著：《塔吉克斯坦》，社会科学文献出版社2018年版。

11. 杜剑、杨杨编著：《“一带一路”国家税制研究》，经济管理出版社2017年版。

12. 中国税务学会编：《“一带一路”税收服务文集》，中国税务出版社2017年版。

13. 中华全国律师协会编：《“一带一路”沿线国家法律环境国别报告》（第1卷），北京大学出版社2017年版。

14. 中华全国律师协会编：《“一带一路”沿线国家法律环境国别报告》

（第2卷），北京大学出版社2017年版。

15. 赖小民：《“一带一路”沿线国家和地区法律与税收政策研究》（上册、下册），中国金融出版社2017年版。

16. 《“一带一路”沿线国家法律风险防范指引》系列丛书编委会编：《“一带一路”沿线国家法律风险防范指引·塔吉克斯坦》，经济科学出版社2017年版。

17. 新疆维吾尔自治区国家税务局译：《塔吉克斯坦共和国税法》，中国税务出版社2016年版。

18. 张春敏主编：《中亚四国经济》，中国经济出版社2016年版。

19. 刘国胜、程静：《中亚五国宪法制度概论》，知识产权出版社2015年版。

20. 包毅：《中亚国家的政治转型》，社会科学文献出版社2015年版。

21. 杨波：《塔吉克斯坦国家发展与社会文化研究》，世界图书出版广东有限公司2015年版。

22. 陈彤主编：《中亚经济法律问题研究论文集》，企业管理出版社2014年版。

23. 新疆师范大学中亚法律资政研究中心编著：《中亚经济法律问题研究》，企业管理出版社2014年版。

24. 郭学兰：《中亚五国企业法律概论》，知识产权出版社2013年版。

25. 马幸荣：《中亚五国税收法律概论》，知识产权出版社2012年版。

26. 中国国际税收研究会编：《中国居民企业对外投资与税收研究报告》（续篇），中国税务出版社2012年版。

27. 中国国际税收研究会编：《中国居民企业对外投资与税收研究报告》，中国税务出版社2010年版。

28. 新疆中亚科技经济中心、新疆对外贸易经济信息中心编：《中亚五国及俄罗斯经贸法律法律汇编》，新疆人民出版社2005年版。

29. 中国驻中亚五国大使馆经济商务参赞处：《中亚法律汇编》，未公开出版，具体汇编时间不详。

30. 国家税务总局国际税务司国别投资税收指南课题组：《中国居民赴塔吉克斯坦投资税收指南》，载国家税务总局官网2019年5月31日，http：//www.chinatax.gov.cn/chinatax/n810219/n810744/n1671176/n1671206/c2581520/5116181/files/7dbd0f77e6b345228843d580252f9059.pdf.

31. 商务部国际贸易经济合作研究院、中国驻塔吉克斯坦大使馆经济商务处、商务部对外投资和经济合作司：《对外投资合作国别（地区）指南——塔吉克斯坦》（2020 年版），载中国商务部官网，http：//www. mofcom. gov. cn/dl/gbdqzn/upload/tajikesitan. pdf.

32. 邹长胜：《塔吉克斯坦税收制度简介》，载《国际税收》2015 年第 12 期。

33. 中国商务部欧洲司综合处：《塔吉克斯坦主要经贸法律法规》，载《俄罗斯中亚东欧市场》2007 年第 8 期。

34. 廉秀丽：《塔吉克斯坦税收法律制度研究》，新疆大学 2016 年硕士学位论文。

35. 郑守瑛：《塔吉克斯坦投资法律制度研究》，新疆大学 2016 年硕士学位论文。

36. ［塔］拉希德·阿利莫夫著：《塔吉克斯坦与中国：战略合作 共同发展》，民族出版社 2015 年版。

下篇

土库曼斯坦税收法律制度

第一编　土国税法总论

第一章　土国税法概览

第一节　土国税法的制定与发展

1991 年 10 月 27 日土库曼斯坦宣布脱离苏联，成立独立的土库曼斯坦共和国（本书中将其简称土国）。土库曼斯坦在独立之前是苏联的一个加盟共和国，在经济体制方面一直实行严格的社会主义计划经济体制，在税收法律制度方面实行的是与计划经济体制相适应的税收法律制度。再加上中央政府对土库曼斯坦在政治、经济、文化、宗教等领域实行大俄罗斯沙文主义，导致土库曼斯坦按照尼亚佐夫总统的话来讲，就“一直处于落后者的行列”。根据 1990 年的统计数据，当年土库曼斯坦的国内生产总值只有 76 亿卢布，仅占全苏联国内生产总值的 0.9%。土国的财政收入严重依赖于中央政府的拨款。有鉴于此，土国独立之后，就放弃了苏联时期的计划经济体制，决定建立市场经济体制。但与其他中亚国家不同的是，土国并没有实施激进的改革措施，而是根据土国的实际情况采取了渐进式的改革措施。根据土国独立日颁布的关于土库曼斯坦独立和国家制度原则法律第 9 条的规定，“共和国在经济上要向市场经济过渡”。其经济政策的原则是要走“向市场经济过渡的道路”，故要“采取循序渐进向市场经济过渡”的经济改革政策。这一原则在 1992 年 12 月 24 日尼亚佐夫总统在土库曼斯坦人民议会例会上公布的《十年稳定计划》

中被进一步确定为国家的经济发展战略，即土国的经济发展目标是要建立发达的社会导向型的市场经济国家，以建立国家强有力的宏观调控下的、发达的、以社会为优先导向的混合型市场经济。为了实现这一目标，土国在经济体制改革过程中采取了分阶段的改革措施，并根据改革发展的不同阶段，制定相应的税收法律和法规。从而使得土国的税收法律制度经历了三个不同的发展阶段。

第一阶段：土国税收法律制度的创立阶段，时间从 1991 年宣布独立到 1998 年。

土国独立之初，鉴于当时还处于计划经济时期，故国家并没有急于制定自己的税收法律，而是沿用了苏联的税法。只是出于加强税收征管的需要，国家在独立两个多月之后，即 1992 年 1 月 6 日颁布了《关于成立土库曼国家税务总局》的总统令，规定设立土国国家税务总局，除负责土国税收政策的制定之外，具体负责土国税法的执行和税收征收管理工作。

从 1992 年 5 月开始，土国开始制定与经济体制发展相适应的法律法规。例如，1992 年 5 月制定了《外国投资法》、《对外经济活动法》、《投资活动法》，1993 年 10 月制定了《经营活动法》等，1993 年 12 月 28 日制定了《有价证券和证券交易所法》等法律。这些法律对于保障土国经济体制的改革具有重要的价值。由于税收制度是市场经济制度的重要内容，故这一时期，土国也制定了多部税收法律。其中，1993 年 8 月土国制定了《增值税法》，当年 10 月制定了《利润税法》，12 月制定了《有价证券业务税法》等，这些法律对纳税主体、计税依据、税率、税收优惠等作为详细的规定。另外，在当时制定的其他法律中，也对税收的相关问题作了一些规定，如《外国投资法》对有关外国投资的税收优惠问题进行了规定，《土国有价证券和证券交易所法》对有关证券交易的税收问题进行了规定。1996 年 12 月制定的《油气资源法》中对有关外国企业开采油气资源的税收优惠等进行了规定。从而初步形成了基本能够符合国家需要的税收法律体系。

第二阶段为土国税收法律制度的发展时期，时间从 1999 年到 2013 年。

到 1998 年时，土国不仅建立起了比较完善的政治制度，而且在经济体制改革方面也提前实现了《十年稳定计划》所设定的目标。国家完成了对生产资料、土地、其他物质财富的私有化改造，建立起了由市场进行调节的价格体系，实现了银行金融体系的改革，发行了本国货币马特纳从而摆脱了对卢布的依赖。工业企业也取得了长足的发展，等等。在这样的情况下，1997 年初，政府提出了1997—2001年社会发展构想，拟定了加速向市场经济过渡的1000天计划。为了配合这一改革的需要，1999年开始，土国对税收法律体制进行了进一步的发展和完善。1999年1月8日土国颁布了《增值税法修订及补充》，对《增值税法》作了比较大的修改、增订和补充。

1999年7月12日土国颁布了《利润税法修订及补充》，对《利润税法》作了比较大的修改、增订和补充。

21世纪初，土国又制定了《土库曼斯坦到2010年社会经济改革战略》，其目标是在市场经济和进行有效的国际合作基础上，建立保障居民有较高生活水平的发达国家。为此，2000年土国颁布了《关税法》。与此同时，当年8月8日，土国总统签署了两份命令，第一份命令规定对土国生产和运进土国的商品征收特别消费税，第二份命令规定对运进土国和运出土国的商品征收关税。《关税法》的实施和这两个命令的执行，不仅使土国由此前的零关税国家变成了关税国家，而且也标志着土国关税法律制度的建立。

2009年9月8日，土国颁布了《关于完善税收体制》的总统令，对土国的税收管理体制进行了完善，并扩大了进口商品的增值税的免税范围，降低了有营业执照的个体经营者的统一税的税率。

2001年11月23日土国总统颁布了《整顿税收及实施财政处罚》的总统令。在其中，除对企业、公司和机构以及从事商业活动的公民在经济活动过程中因违反税法及其他法律而实施的财政处罚进行了调整之外，还对此前颁布的《关于成立土库曼国家税务总局》、《关于完善税收体制》等法规进行了修改。

第三阶段为土国税收法律制度的定型期。时间为2004年至今。

2004年10月23日至25日，土国第十五届国民大会审议并通过了土国独立以来的首部税法典，即《土库曼斯坦税法典》（以下简称《税法典》）。在本法典中，土国政府根据国家社会政治经济发展的现状和需要，对税种体系进行了调整和规范，最终保留了增值税、消费税、矿产使用税、财产税、法人利润（所得）税、自然人所得税和地方收费等七个税种，取消了土地税、车辆税、有价证券交易税、矿产勘探和开发权移交收入税等税种。其中，增值税的纳税人包括了在土国境内销售商品、开展土建安装工程、提供劳务等应税的企业、单位、个体经营者和个人；消费税的纳税人包括了在土国境内销售商生产和进口应税消费品的各类企业、单位、个体经营者和其他个人；矿产使用税的纳税人包括在土国境内从事矿物开采以及提取化学元素及其化合物为目的的开展地下（地上）水资源开采和利用活动的各类企业、单位、个体经营者和个人；地方收费包括了广告费、城乡土地建设专项收费、停车场经营收费、汽车销售收费、养犬税等5个项目。同时，下调了部分税种的税率、归并了部分税种的征税对象、减轻了部分私营企业的税收负担。这样，经过调整后的税收法律制度就更加公平和有效，为刺激土国的经济发展和保障国民经济收入创造了更好的条件。

近年来，随着经济形势的不断发展，土国的税收法律制度也在相应地进行调整。2014年土国在修订《税法典》时，完善了增值税的相关规定，对消费税的征税对象和部分税率进行了调整。从2016年5月起，对从事出口土国产品的土国商人取消某些限制并给予一些优惠，对进口汽车的关税税率进行了调整，并对进口电动汽车免征关税。2017年9月，根据土国总统的命令，土国国家税务总局被并入了财政部，更名为财政部税务局。从2018年5月起，土国为阿富汗商品开放土国国内市场，并将进口关税降低50%。从2018年12月起，根据修订后的《税法典》，土国提高了啤酒、葡萄酒，烈性甜酒、含酒精饮料（麦芽 除外）以及含酒精的酿酒原料、烟草制品等的消费税税率。2019年土国总统签署法令，为促进本国经济发展，保护消费者，进一步完善商品价格和有关税率，对重要商品、产品、劳动、生产技术及社会服务的价格及有关税率由国家负责监管。本国市场商品、产品、劳务和服务价格及其税率清单由财政经济部会同内阁协商确定，并据此由立法机关对法律进行修改，等等。

第二节 土国税种体系

一般而言，现代世界各国都普遍实行复税制，国家的税收体系由多个不同的税种组成。土国也不例外。根据2004年制定的《税法典》，土国现行的税收体系由7个税种组成。

1. 增值税。增值税的纳税人包括在土库曼境内销售商品、开展土建安装工作、提供劳务等从事应税业务的企业、单位、个体经营者和其他个人。依据土库曼《油气资源法》从事石油工程业务的承包商、分包商、私营企业以及适用“简化税收制度”（即领取专营许可证、从事土内阁颁布的经营活动清单中列明业务）的个体经营者不在纳税人之列。对商品销售、工程、劳务提供征收15%的增值税。对出口自产非战略资源性产品（包括农产品，但不包括石油、天然气、棉花及其加工产品）、从事国际客货运输的不征收增值税。

2. 消费税。消费税的纳税人包括在土库曼境内生产和进口应税消费品的各类企业、单位、个体经营者和其他个人。从事来料加工业务的消费税商品生产者亦为消费税纳税人。预算机构、依据土库曼《油气资源法》从事石油工程业务的承包商和分包商不在纳税人之列。计税依据数为：对于土境内生产的产品以商品售价（含消费税、但不含增值税）为基数：对于进口商品以海关价值（含海关税费、但不含消费税）为基数。

3. 矿产使用税。矿产使用税的纳税人包括在土库曼境内从事矿产开采以及以提取化学元素及化合物为目的开展地下（地上）水资源开采和利用活动的各类企业、单位、个体经营者和其他个人。依据土库曼斯坦《油气资源法》从事石油工程业务的承包商和分包商不在纳税人之列。征计税依据数为：油气资源（原油、天然气、伴生气）以销售价格（不含增值税）为基数：其他矿产以销售利润为基数。

4. 财产税。财产税纳税人包括拥有财产所有权的企业、单位。在纳税人将财产租赁给其他人时，承租者将成为纳税人。征计税依据数的计算方法根据征税期限不同而各不相同。征税期限一般分为：一季度、半年、九个月、全年，相应的征计税依据数计算方法分别为：征税对象在该期限内剩余价值总和的1/4、1/7、1/10和1/13。

5. 法人利润税。法人利润税纳税人包括土库曼本国企业以及在土库曼通过设立长期经营场所（工厂、商店等）开展活动或有收入来源的外国企业。纳税人来源于土库曼境内、境外的生产、经营利润和其他利润，都应当依法缴纳法人利润税。法人利润税以应纳税利润额为计税依据。纳税人每个纳税年度的收入总额减去准予扣除项目之后的余额，为应纳税利润额。应税项目包括：股息、利息、保险赔偿：著作权，证明，品牌、商标等使用费：工业、商业和科技经验方面的信息使用费：不动产租赁收入：劳务工程费：出售在土境内的不动产、股权和发行股票及其他有价证券费：收缴的违约罚款和滞纳金：国际运输费等。

6. 个人所得税。个人所得税纳税人为在土定居、并有收入来源的土国公民和外国公民。应税项目是土国公民和在土常驻（1年中超过183天在土国停留）的外国公民的全部收入（与来源无关）。

7. 地方收费。包括5项，分别为：（1）广告费。缴费人为发布商业性广告的企业、单位和个人。不包括依据土库曼《油气资源法》开展业务的企业。（2）城乡土地建设专项收费。缴费人为各类企业，个体经营者和其他个人。（3）停车场经营收费。缴费人为将其名下地皮作为停车场使用的个体经营者和企业。（4）汽车销售收费。缴费人为在土境内出售汽车的企业和个人。依据土库曼《油气资源法》开展业务的承包商和分包商（法人）不在缴费人之列。（5）养犬税。缴费人为居住在城市中的个人养犬者（公用犬养护者除外）。

另外，根据2011年1月1日生效的《海关法》第3章的规定，海关对于进出口货物应当征收海关费。根据该法第256条的规定，海关费包括进口关税、出口关税、税收和海关手续费四种。海关费依据土国的法律规定征收。因此，关税也是土国税种体系的组成部分。

第三节　土国税收的法律概念与税收法律原则

鉴于税法的专业性和技术性，土国《税法典》中专门对税收的概念和税法的原则作为规定。

一、税收的概念

由于税收的概念是整个税法体系中最为基本的概念，故为了明确该概念的内涵和外延，土国《税法典》第7条专门规定了它的含义及特征。

根据规定，在土国，税收是指由国家规定的，由自然人和法人强制性的、无偿的、单独的向国家财政缴纳的款项。其目的是为国家的活动提供财务上的保证。它包括了以下几个方面的特征：（1）纳税人类别；（2）征税对象；（3）计税依据；（4）税率；（5）计税和缴纳的时间和方法。另外，在确定税收时，可以规定报告期，还可以规定纳税优惠和纳税人享受税收优惠政策的依据。

根据土国税法的规定，在《税法典》中规定的税收在土国境内有效。

为了进一步明确税收的概念，《税法典》第7条还规定了三种不同的特殊情况。（1）关税和收费被认为属于特殊税种，故其可以不具有税收的某些方面的特征；（2）对于关税、其他未在《税法典》中规定的国家规费和收费，对于相关管理机关作出的征缴决定和对相关责任人的乱作为和不作为作出的决定，相关人员提起上诉和追究过错方的责任时所产生的法律关系，不应当视为税收关系，不适用《税法典》的规定；（3）对于出资、存款和按照合同或者其他民事法律关系支付的其他款项，以及罚款或其他违反土国法律而产生的制裁，不属于税收。

二、税收法律原则

税法原则不仅是一国税收法律制度的重要组成部分，而且也是支配整个税收法律制度的基本准则。土国《税法典》第1条分别规定了税收的普遍性原则、平等性原则和有利法律溯及既往原则。

1. 税收普遍性原则。鉴于税收是国家为提供公共产品而筹集财政资金的重要手段，故基于公共产品公共性的要求，税收就应当具有普遍性。它要求，税法在对其构成要素及税收管辖权的设定上，对人征税的税种都应当尽可能普遍触及管辖权范围内的每个自然人和法人。对物征税的税种应尽量普遍触及征税范围内的每一次物品交易。这就是税收普遍性原则的基本要求。在当代，税收普遍性原则已经成为各国税收法律制度制定与实施都必须共同遵守的基本规定。土国税法也不例外。它要求，土国税收制度的制定与实施，都必须满足普遍性原则的要求。

2. 税收平等性原则。税收平等性原则也被称为税收公平原则。它被认为是法律公平原则在税法领域中的具体体现。它的基本要求是指政府征税要使各个纳税人承受的负担与其经济状况相适应，并使各个纳税人之间的负担水平保持均衡。它一般包含了两个方面的内容：一是经济能力或纳税能力相同的人应当缴纳数额相同的税收，即以同等的方式对待条件相同的人，这称作横向公平（亦称作横的公平或水平公平）。二是经济能力或纳税能力不同的人应当缴纳数额不同的税收，即以不同的方式对待条件不同的人，这称作纵向公平（亦称作纵的公平或垂直公平）。在当代世界中，税收平等性原则是各个国家进行税收制度设计和实施应当遵守的基本原则。土国也和世界其他国家一样，在《税法典》中明确规定，土国的税法以平等性原则为基础，从而使该原则成为土国税法的基本原则。

3. 有利法律溯及既往原则。“法不溯及既往”是指新制定的法律不得适用于其施行前发生的行为与事项。它是民众信赖利益的保证，被视为法治国家中法律适用时应当遵循的一般原则。由于该原则的适用在后果上可能会对适用的对象产生两种不同的结果，即有利的后果和不利的后果，故前者被称为“有利法律溯及既往”，后者被称为“不利法律溯及既往”。在现代各国，基于当事人信赖利益保护原则的考量，故一般禁止对不利于当事人溯及既往，而允许对有利于当事的溯及既往。这种情况就是称之为“有利法律溯及既往”原则，被认为是对法不溯及既往原则的补充或发展。土国在《税法典》中也采纳了这一原则。该法第1条第4款明确规定：“土库曼斯坦税法在税种、税率、纳税人和扣缴义务人地位、税务违法责任等方面，采用‘有利法律溯及既往’原则”，从而明确了有利溯及既往的范围与内容。

第四节　土国税法的渊源与效力

一、土国税法的渊源

在当代世界各国，法的渊源问题一般是指法的存在形式与表现形式。由于它直接影响到法的适用范围与效力，故被认为是任何法律都首先必须解决的问题。根据《税法典》第2条第1款的规定，土国的税法是以宪法为基础，由《税法典》和其他调整税收法律关系的规范性法律文件构成。因此，土国税法的渊源一般包括以下几种：

（一）宪法

宪法是国家的根本法，是治国安邦的总章程，具有最高法律地位和最高法律效力。宪法是制定普通法律的依据，普通法律的内容都必须符合宪法的规定。税收作为一种非常重要的政策工具，应当在宪法中有所体现，土国宪法也不例外。土国《宪法》第42条规定：“每个人都必须按照法律规定的方式和额度缴纳国税和其他税款。”同时，《宪法》又在第86条第3款明确规定地方自治机构有权“规定地方税、费及其征收程序”。通过上述两项规定，宪法不仅对国家征税权和税收制度来源提供了依据，也为纳税人履行纳税义务提供了依据，从根本上解决了土国税法合法性问题。

（二）税收法律

在土国的税收法律体系中，《税法典》是土国税法的主要渊源。根据《税法典》第1条规定，《税法典》确定了土国的税收制度、征税的一般原理、纳税义务产生（修改、终止）的依据和履行办法、纳税人的权利和义务、税务机关的权利和义务、税务检查的形式和方法、违反土库曼斯坦税法的责任、对税务机关决议和相应责任人行为进行控诉的办法等内容。另外，该法典第2条第1款第2项规定，调整税收法律关系的法规是基于本法形成的，不得与本法规定相抵触。如果出现相抵触情况，以本法规定为准。第4款明确规定，除本法另有规定外，土国的其他法律不包含税收规定。该法典第1条第3款规定，每一位纳税人的纳税义务，也都必须要由本法来规定。这样，上述各项规定就确立了《税法典》在土国税收法律体系中的重要地位。

除《税法典》外，在土国的税收法律体系中，《油气资源法》中还对有关油气资源的税收问题进行了特别的规定。

另外，对于海关所涉及的税费及其征收管理，是由《海关法》第3章规定的。在其中规定了关税、海关征收的税收、海关费等的相关内容及其征收管理的程序等内容。

（三）税收法规

根据《税法典》第2条第1款第2项的规定，税收法规也是土国税法的重要组成部分。它一般包括了总统颁布的命令、决定以及土国内阁为执行法律、总统和议会的决议而作出的决定等。

（四）国际条约

国际条约是土国与其他国家或国际组织间缔结的相互权利义务关系的书面协议。根据《税法典》第6条之规定，土国签订的国际条约规定的某些条款与《税法典》存在差异的，以国际条约中的条款为准。

（五）土库曼斯坦议会的决定

土国议会是土国行使立法权的最高代表机构。根据《宪法》第63条的规定，土国议会有权通过法律，对土国宪法和法律进行修改和补充，并对其实施进行监督并进行解释。故土国议会有权对《税法典》的内容进行解释，并对其实施进行监督。

二、税法的效力

税法的效力又称税法的生效范围，指的是税法在什么时间、什么地点和对什么人有效，一般分为时间效力、空间效力和主体上的效力三种情况。

（一）时间上的效力

关于土国税法在时间上的效力，根据《税法典》的相关规定，存在三种情况：第一，一般生效时间。第3条第2款规定："对本法进行修改、规定新的或者修改现有税种的土库曼斯坦法律，自正式颁布之日起1个月后开始生效，但是不得早于相应税种当前报告期次月1日。”根据这一规定可知，为修改现有的税种或者规定新的税种而对《税法典》进行的修改，其生效时间应该在修改后的法律公布之日起的一个月后，并且不得早于新税种报告期第一个月的第一天。第二，有利于纳税人的生效时间。为改善纳税人的地位或取消现行税种而对《税法典》进行修改的，其生效时间为修改后法律的公布日期。第三，有利法律溯及的生效时间。根据《税法典》第1条第4款的规定，对于税收法律中有关税种、税率、纳税人和扣缴义务人地位、税务违法责任等方面，采取“有利法律溯及既往”的原则，可以根据法律法令中规定的时间回溯生效。

（二）空间上的效力

根据《税法典》第7条第2款的规定，该法中规定的税种在土国境内有效。这一规定也符合当代世界大多数国家的共同做法。

（三）对人的效力

根据《税法典》的规定，负有纳税义务的单位和个人均为纳税人，包括自然人纳税人和法人纳税人，适用于自然人、法人和其他分支机构。由此可以看出，土国税法实行属人税制。

第五节　土国《税法典》的结构与主要内容

如前所述，土国的税法是在宪法基础上，以《税法典》为主体，再加上其他法律中的相关规定、税收法规、总统与内阁的命令决定、国际税收条约等其他法律文件所组成的一个比较庞大的法律体系。鉴于《税法典》是土国税法体系中的基本法，决定着土国税收法律制度的体系、架构及其主要内容，并对土国税法的制定与运行具有决定性的作用。因此，为了使读者对土国的税法有更深入的了解，有必要对《税法典》的结构与主要内容作以简单的介绍。

土国《税法典》是由土国议会于2004年10月23—25日第十五届大国民会议审议通过、从2005年1月1日起开始实施的。虽然到目前为止，该法进行了多次修改，但总体框架和基本内容均没有大的变化。整部法律分为两大部分，共222个条文。根据新疆维吾尔自治区原国家税务局翻译、中国税务出版社出版的中文译本，大约有 140 页，19 万字。

第一部分由 8 篇 94 个法律条文组成。其中，分别规定了税法的一般性规定及税收征管的程序性内容。

第 1 篇为“总则”，包括两章 9 个条文。其中，第 1 章的标题为“基本规定”，在其中，规定了有关土国税法的基本原则、税法的调整范围、税法与国际条约的关系、税法的效力等内容。第 2 章标题为“土库曼斯坦税收”，在其中，对税收的概念及特征、税收优惠政策、计税和税款支付的货币等内容进行了界定。

第 2 篇为“税收法律关系及其主体”，包括 4 章 14 个条文。其中，第 1 章为“税收法律关系主体”，用 4 个条文规定了税收法律关系的内容、主体、纳税人、参与税收法律关系的其他主体和授权机关等。第 2 章为“纳税人”，分两节，分别规定了自然人纳税人和法人纳税人。第 3 章为“协助纳税人参与税收法律关系的单位”，在其中，规定了扣缴义务人、法定代表人、授权代表等。第 4 章为“纳税人的权利和义务”，在其中，分别规定了土国纳税人所享有的法律权利和应当履行的法律义务。

第 3 篇为“纳税人登记”，包括 5 个条文。其中，分别规定了纳税人登记的范围、登记的程序和期限、纳税人登记表、国家机关向税务机关提供信息的义务、银行机构向税务机关提供信息的义务等内容。

第 4 篇为“税款计算和缴纳”，包括 3 章 52 个条文。第 1 章为“征税统计和报表”，在其中分别规定了征税对象的统计、报税单及其编制和修改、报税单的延期缴纳等。第 2 章为“计算税款和出具纳税通知单”，在本章分别规定了计算和核实应纳税额、出具纳税通知书等内容。第 3 章为“缴纳税款”，在其中，分别规定了纳税义务及其履行、税款等的缴纳期限的变更、履行纳税义务的保障措施等。

第 5 篇为“土库曼斯坦税务机关”，共 9 个条文，分别规定了土国税务机关、国家税务总局、税务机关领导人和公务人员以及他们的权利和义务等。

第 6 篇为“税务检查”，共 5 个条文，其中，分别规定了税务检查的种类、按照实地税务检查作出的决定、税务调查等。

第 7 篇为“对税务机关作出的决定、对税务机关领导人和公务人员的行为提出的复议和诉讼”，包括 3 个条文。其中，分别规定了提起复议和诉讼的权利、复议申请书或起诉书的递交和审理的程序、向法院提起诉讼的规定等。

第 8 篇为“税务违法行为的经济处罚”，共 7 个条文。其中，分别规定了对不同种类税务违法行为的处罚措施。

第二部分由7章128个条文组成。其中，分别规定了7种不同的税收与地方收费的具体内容。

第1章为“增值税”，共19个条文，主要规定了增值税的构成要素及其征收管理等。

第2章为“消费税”，用13个条文规定了消费税的确定与缴纳。

第3章为“矿产使用税”，共9个条文，分别规定了矿产使用税的构成要素及其征收管理等。

第4章为“财产税”，共9个条文，分别规定了财产税的构成要素及其征收管理等。

第5章为“法人利润（所得）税”，共35个条文，在该部分规定了法人所得税的确定、征收与管理等。

第6章为“个人所得税”，共19个条文，该部分规定了个人所得税的确定、征收与管理等内容。

第7章为“地方收费”，用了22个条文分别规定了广告收费、城乡土地建设专项收费等5种地方性收费的确定、缴纳和管理等。

从以上介绍可以看出，土国《税法典》的条文数量仅有200多个，只有乌兹别克斯坦《税法典》条文数量的1/2，还不到哈萨克斯坦《税法典》条文数量的1/3，故整部法典篇幅短小。土国《税法典》设置的税种和地方收费项目不多，税款征收和税务管理制度也比较简洁实用，因而具有较好的适用性。另外，与中亚其他国家的《税法典》相比，土国《税法典》的修改次数很少，故具有较强的稳定性。根据笔者手头的统计资料，从2012年以来，土国政府每年都处于财政盈余的状况。由此可见，土国《税法典》在为土国政府筹集财政资金、保障土国政府职能方面就发挥了非常重要的作用。

第二章　税收法律关系

税收法律关系是指由税收法律规范确认和调整的，国家与纳税人在税款征收和税务管理过程中所形成的权利义务关系。它的核心内容是对税收权利义务在国家和纳税人之间进行的分配与确认。它是税法在社会关系中的存在形式和实现的形式，是调整税收关系、规范税收活动的本根本规则。正因如此，土国《税法典》第一部分第2篇不但标题为“税收法律关系及其主体”，在其中用4章14个条文分别规定了税收法律关系的主体、纳税人、代纳税人参与税收法律关系的人、纳税人的权利与义务等内容之外，还在第5篇“土库曼斯坦税务机关”中，规定了土国税务机关及其人员的权利与义务等。根据法律规定，税收法律关系是指在履行税收法规的过程中，在各个税收法律关系主体之间产生的权利与义务的总和。在其中，税收法律关系主体包括纳税人、协助纳税人参与税收法律关系的其他单位，以及《税法典》第13条规定的授权机关。这些授权机关包括税务局、海关、财政机关以及参与税收法律关系的其他授权机关。

第一节　税务机关及其权利与义务

一、对税务机关及人员的一般规定

根据《税法典》第71条的规定，土国的税务机关是指土库曼斯坦国家税务总局及其在各州、市、区的分支机构。其中，土国国家税务总局隶属于土库曼斯坦内阁，并依据内阁条例开展工作，组织和领导各州、市和区分支税务机构的活动。它的主要职能包括：（1）保证完整及时地对纳税人（扣缴义务人）进行统计，对计算是否正确、是否完全和及时向国家财政缴纳税款进行监督；（2）收集和分析履行税收法规情况的信息，制定完善税收法律的提案；（3）对于在其权限范围内的问题颁布程序准则和指示；（4）对于在税务机构职权范围内的问题，按照规定程序审查自然人和法人的申请和要求；（5）就征税问题参与制定与其他国家的合同草案；（6）与其他国家税务机关相互协作。

根据法律规定，土国税务机关应当依据《税法典》和其他法律的规定，在其职权范围内开展工作。另外，税务机关还应当与其他国家权力和管理机关、地方执行权力机关和地方自治机构协同开展工作。

在土国，税务机构的责任人和公职人员被分别授予下列头衔：（1）国家税务局首席顾问；（2）国家税务局一级、二级和三级首席顾问；（3）国家税务局资深顾问；（4）国家税务局一级、二级和三级资深顾问；（5）国家税务局顾问；（6）国家税务局一级、二级和三级顾问。其中，国家税务局首席顾问和国家税务局一级首席顾问的头衔由土国总统授予；为国家税务机构公职人员授予个人头衔和附加岗位工资的办法由土国内阁进行批准。

另外，税法还规定，国家财政拨款只占税务局工作人员工资的 50%，剩余的 50% 由收缴或追缴的罚款和滞纳金金额支付。

二、税务机构责任人员和公职人员的权利

根据《税法典》第 74 条的规定，税务机构的责任人员和公职人员在税收征管中的权利主要包括以下各项：（1）要求提供并接收纳税人（扣缴义务人）和其他方（包括银行机构）提交的文件和其他资料，这些文件和资料须编制成按照规定程序批准的格式，是计算和缴纳税款的依据，以及要求提供和接收证实税款、经济处罚和滞纳金计算正确、缴纳及时的证明文件和解释；（2）按照土国税收法规规定的程序进行税务检查；（3）在必要情况下组织对纳税人的财产进行盘存；（4）聘请专业人员和专家，并听取专业人员和专家对于不适于税务机关职权范围的征税 相关问题得出的结论；（5）和其他国家机关一起参与检查；（6）在按照《税法典》和其他现行法律的规定进行税务凭证检查时，检查法人和自然人用于经营和开展获取利润（收入）的其他活动的生产、仓储、贸易和其他场所，以及与其业务相关的财产；（7）对通过银行卡进行无现金支付的电子税控收款机使用规范的遵守情况进行监督；（8）在职权范围内对税收违法事件编制证明书；（9）纳税人不提交文件（资料）时，自主根据现有资料判定和规定应缴纳的税款金额；（10）要求纳税人（扣缴义务人）以及持有纳税人（扣缴义务人）文件或资料的其他机构或人员到

达税务机构；（11）《税法典》、税收法律法规和其他法律法规规定的其他权利。

需要说明的是，对于税务机构责任人员和公职人员在不同岗位上的具体权利，应当由本税务机构领导批准的岗位职责明确加以规定。

根据税法的规定，税务机构的责任人员和公职人员是国家权力机关的代表，受国家保护。纳税人（扣缴义务人）及其法律代表必须执行税务机构责任人和公职人员的合法要求。纳税人或其他人员妨碍税务机构责任人员和公职人员执行公务、侮辱其声誉和尊严、威胁、抵抗、强迫或者因其执行公务而蓄意谋害其生命、健康和财产时，应当承担法律规定的责任。

三、税务机构责任人员和公职人员的义务

根据《税法典》第75条的规定，税务机构的责任人和公职人员的主要义务有以下各项：（1）严格按照《税法典》和土国税收法规与其他法令开展工作；（2）遵守税收秘密和纳税人（扣缴义务人）相关资料保管条例；（3）在职权范围内对遵守税收法规的情况进行监督，要求纳税人（扣缴义务人）改正违规行为，并对执行上述要求情况进行监督；（4）在职权范围内按照纳税人的咨询告知其现行税收政策、税款缴纳办法和期限、纳税人（扣缴义务人）权利和义务，以及相应土库曼斯坦税收法规法令的相关规定；（5）尊重纳税人（扣缴义务人）以及税收法律关系其他参与者的声誉和尊严；（6）《税法典》、《国家公务员法》和《国家公务员和国家领导人员选拔任用法》等法律法令中规定的其他义务。

除上述规定外，税务机构的责任人和公职人员还应当履行以下两项义务。

1. 回避义务。根据《税法典》第76条第2款的规定，在下列情况下，税务机构的责任人和公职人员禁止对纳税人（扣缴义务人）履行义务：（1）如果纳税人（扣缴义务人）是自然人或者法人的领导或总会计师，且是税务局责任人或公职人员的近亲；（2）与税务机构的责任人和公职人员或其近亲有直接或间接财政依赖关系的人员。

2. 纳税人涉税信息的保密义务。根据《税法典》第78条的规定，除下列信息外，税务局机构获得的关于纳税人、扣缴义务人的任意信息均属于纳税人（扣缴义务人）秘密：（1）纳税人（扣缴义务人）自己披露的信息或者经过其许可后披露的信息；（2）提交至执法部门、法院和经授权的国家机关的、抵御非法所得合法化和为恐怖主义提供资金的信息；（3）纳税人的纳税

识别号相关信息；(4) 违反税收法规和违规责任办法的相关信息；(5) 按照土库曼斯坦国际协议提供给其他国家税务和执法机关的信息。根据法律的规定，负有保密义务的机关和人员主要指税务机关及其责任人和公职人员，包括该机关之前的责任人和公职人员，参与的专业人员和专家。

根据法律的规定，税务机构责任人员和公职人员的具体义务，应当由本税务机构领导批准的岗位职责明确加以规定。

税务机构、涉税的其他机构及其责任人员和公职人员，需要按照法律的规定承担相应的责任。税务机构、涉税的其他机构的责任人员和公职人员在税务征管活动中乱作为或者不作为的，应当承担法律规定的责任。另外，税务机构的责任人员和公职人员将含有属于纳税人（扣缴义务人）秘密信息的文件遗失，或者这些信息被披露的，都应当承担法律规定的责任。

第二节 纳税人及其权利与义务

一、纳税人的定义与种类

根据《税法典》第 12 条的规定，土国税法上的纳税人是指按照《税法典》的规定，承担缴纳规定税款义务的人。它在范围上包括了自然人纳税人、法人纳税人和代表纳税人参与税收法律关系的人共三类。

（一）自然人纳税人

按照税法的规定，自然人是指土国公民、外国公民和无国籍人士。自然人纳税人可以是土国居民，也可以是土国的非居民。据此，税法将自然人纳税人就分为居民自然人、非居民自然人和个体经营者自然人三种。

居民自然人是指在一个税务年度内，在土国境内居留总时长达到 183 天及以上的人员。此时，自然人实际处于土国境内的任意一天，无论停留时间长短，均视为该自然人在达土国的停留之日。但仅为过境土国而停留的情况除外。

不属于上述规定的土国居民的自然人，被认定为土国的非居民。另外，外国外交代表机构或者领事机构的工作人员及其家属、国际组织的工作人员及其家属，作为外国公民，即使在土国境内停留的时长超过了上述规定的时间，也不能被认定为是土国的居民。税法规定，在对非居民自然人进行认定时，以及确定对非居民自然人适用有关土国避免双重征税的国际条约或协定时，应当依据下列文件来办理：（1）在办理税务登记时，由税务机关依据提供税务登记文件来确定；（2）根据《税法典》第 198 条的规定，由扣缴义务人根据自然人所提供的文件来确定。对于由外国国家机关出具的自然税收居民的身份证明和完税凭证，无须办理领事认证。

对于个体经营者自然人，应当按照土国《民法》规定的程序和条款来进行认证。依据外国法规规定注册为个体经营者的自然人也可以认定为个体经营者自然人。但自然人在开展经营活动时，违反有半进行登记、取得许可证或者其他类似证件的规定的，则不得把该自然人认定为个体经营者进行征税。

另外，出于征税的目的，在对自然人的居住地进行确定时，应当按照《民法》的规定执行。

（二）法人纳税人

根据《税法典》第 17 条的规定，土国法人纳税人是指满足下面两个条件之一的法人，即按照土国法律法规规定创建或成立的法人，或实际管理机构（行政部门、董事会、理事会或其他类似机构）在土国境内的外国法人，在征税时都将被认定为土国的居民法人。

对于外国法人的非居民地位进行认定时，或对其适用土国签署的避免双重征税的协定时，应当依据纳税人在进行税务登记的登记文件，或者扣缴义务人依据《税法典》第 181 条规定提交的避免双重征税的文件来进行。对于外国国家机关出具的法人税收居所、纳税等情况的证明文件，不要求领事机构对其进行认证。

（三）非居民企业的常设机构

根据《税法典》的规定，土国非居民企业法人在土国境内从事全部或部分经营活动的固定营业场所，包括通过被授权人（自然人或法人）从事全部或部分经营活动的固定营业场所，被为非居民法人在土国境内的常设机构。

按照税法规定，非居民企业的常设机构包括以下四类：（1）管理场所，分支机构，局，办公室，办事处，工厂，工作室，车间，商店或者开展此类活动的其他类似场所；（2）与自然资源勘探、开发或开采作业相关的任意场所，无论其从事此类活动的期限长短，具体包括：矿井、矿场、油井或气井、露天矿场、陆地或者海上井架或油井，以及与上述项目的设备设置、安装、组装、调试、启动、维修或保养相关作业的任意地点，这也包括海上钻井平台，与其类型无关；（3）施工现场，安装工程或者组装工程，以及与该工程相关的监督管理活动，而无论其作业期限长短；（4）位于土国境内用于销售（供应）商品的仓库。

对于上述第（2）和第（3）种情况，其设立常设机构的日期依据下列日期中较早的一个确定：（1）颁发自然资源勘探、开发或开采的许可证之日，或者开始从事这些作业或服务之日；（2）将施工场地移交付给承包商的证明文件（准许分包方人员进场施工的证明文件）签署之日，或者实际开工之日。

对于施工现场结束之日，应当以业主（发包方）在合同中规定的项目或者整套工程交接证明日期的日期为准。但如果出现下列两种情况时，则视为施工现场已不存在：（1）在签署项目（整套工程）交接证明之前业主开始使用该项目，且对不动产产权进行了登记；（2）签署过项目（整套工程）交接证明后，或者业主开始使用该项目后，工程实际已结束。

对于施工作业临时停工的，施工场地并不终止，但按照国家权力和管理机关、地方执行权力机关和地方自治机关决议，以及由于不可抗力导致施工项目暂停的情况除外。施工项目工程中断后，继续或者恢复项目时，后续的施工时间应加上继续进行或者恢复的工程工期以及停工的时间。在同一施工场地内，继续或者恢复与新项目建造或者安装相关的、与之前已竣工项目扩建相关的工程时，需要将施工场地的存续时间加上仍继续或者已恢复工程进行的时间、各项工程的中断时间。

除上述的规定外，土国非居民企业通过固定活动地点开展的经营活动，在任意 12 个月内进行经营活动的时间超过 45 天的，无论签订的合同（协议）数量多少，都被视为设有常设机构。

根据法律规定，非居民企业在土国境内专门用于下列目的的场所不认定为常设机构：（1）专为存储、陈列属于该法人的商品或产品；（2）专门为另一法人加工的目的而保存属于该非居民法人的商品或产品；（3）专为采购商品然后输出，包括按照合同由其他方销往土国境外的场所；收集该居民法人所需信息的场所；（4）专为代表该法人签订合同而设立的固定场所；（5）代表该法人的利益开展其他任意准备性或者辅助性经营活动。

在上述情况下，土国非居民企业获得《税法典》第 149 条第 2 款规定的营业外收入，且这些营业外收入不符合本条第 1 款规定的特征时，不视为该非居民企业在土国境内设立常设机构。

土国非居民企业在土国境内通过中间人（经纪人，或者依据委托、委托代理或者代销合同，或者其他类似合同进行工作的其他独立代理人）开展的业务活动，且这些中间人是在自己主营活动范围内开展工作时，不视为该非居民企业在土国境内设立常设机构。

当土国非居民企业在土国境内将人员租赁给其他不是常设机构的法人企业时，如果该人员归该法人企业管理，并且以该法人企业名义进行经营活动，则这种人员租赁行为不视为该非居民企业在土国境内设立常设机构的行为。

土国非居民企业销售其在土国境内、土国海关关境之内或者在海关监管下加工的货物的，则视为该非居民企业在土国境内设立常设机构。

土国居民法人和非居民法人之间的关联关系，不构成土国的非居民企业的常设机构，但居民法人为非居民法人的被授权人的情况除外。

土国非居民企业可以在土国境内设立一个或多个常设机构。常设机构自其设立，被赋予相应有代表权限或者开始经营之日起，被视为已成立常设机构。

二、代表纳税人参与税收法律关系的人

根据土国税法的规定，在税收法律关系中，除了国家税务机构和纳税人之外，代表纳税人参与税收法律关系的其他人员，也是税收法律关系的主体。在税法上，这些主体一般包括扣缴义务人、法定代表人和委托代理人三种。

（一）扣缴义务人

根据法律规定，扣缴义务人是指按照《税法典》的规定，代替纳税人承担计算应纳税额的义务，并扣缴和向国家财政划拨税款的单位和个人。

（二）法定代表人

根据《税法典》规定，法定代表人包括自然人纳税人的法定代表人和法人纳税人的法定代表人两种。其中，前者是指拥有相应权限，按照土国法律法规的规定可以以纳税人名义开展工作的个人；后者是指依据法人成立文件或者土国法律法规规定获得授权，代表法人利益的单位或个人。在税收法律关系中，法人纳税人的法定代表人的作为或者不作为，将被视为是该法人的作为或者不作为。

（三）委托代理人

根据《税法典》第21条的规定，纳税人或扣缴义务人的委托代理人是指获得纳税人或扣缴义务人的授权，代表纳税人或扣缴义务人参与税收法律关系，与税收法律关系的其他主体发生关系的单位或个人。纳税人或扣缴义务人的委托代理人依据委托合同或者委托书在授权范围内行使自己的职权。

参与税收法律关系的授权机关负责人、法官、侦查员、调查员和检察官，不能作为纳税人或税务代理人的委托代理人。

三、纳税人的权利

土国《税法典》第22条专门规定了纳税人在税收法律关系中所享有的各种权利。根据规定，土国纳税人的权利主要有15项。

1. 纳税人有权与税务局和税收法律关系中的其他授权机关就适用土国税法方面的问题进行磋商。

2. 纳税人有权亲自或者通过自己的法定代表人或委托代理人代表自己的利益，与税务机关进行交涉。

3. 纳税人有权依据相关规定，享受税收优惠，或者拒绝享受税收优惠。

4. 纳税人有权从税务机关获得应当履行税收债务情况的相关信息。

5. 纳税人有权按照税法规定的程序，延期或者分期缴纳税款或者其他款项。

6. 纳税人有权查阅对其进行税务检查和调查的报告，并对其做出相应的解释。

7. 纳税人有权向税务机构及其相关责任人提交计算和缴纳税款的解释和说明。

8. 纳税人有权代替其他纳税人缴纳税款，并书面通知税务机关。

9. 纳税人有权及时抵扣或者返还多缴或多征的税款。

10. 当税收法律关系中授权机关的相关责任人对待纳税人乱作为或不作为时，纳税人有权要求其遵守土国的法律法规。

11. 纳税人有权按照规定程序对税务机关或海关的征税决定或其他决定，以及税收法律关系中的授权机关及其相关责任人的乱作为和不作为提起行政复议或行政诉讼。

12. 纳税人有权要求保守税务秘密。

13. 纳税人有权按照规定程序，要求赔偿因税收法律关系中的授权机关及其相关责任人的非法决议、乱作为或者不作为所造成的损失。

14. 纳税人有权独立修改确定纳税对象、计算和缴纳税款时产生的错误。

15. 纳税人有《税法典》和土国税收法规及其他法令规定的其他权利。

另外，对于通过海关进出口商品而缴纳税收的纳税人，土国《海关法》中还规定了其应当享有的各种权利。

四、纳税人的义务

（一）一般规定

根据《税法典》第23条的规定，土国的纳税人应当依照法律的规定，承担以下各项义务。

1. 纳税人有依照《税法典》的规定缴纳税款的义务。

2. 对于土国法律规定应当办理税务登记的，纳税人有按照《税法典》规定的程序在税务机关办理税务登记的义务。

3. 除《税法典》另有规定的情况外，纳税人有按照规定程序，对计算和缴纳税款所需的收入、扣除项目（费用、开支）和征税对象进行核算，从而计算和缴纳税款的义务。

4. 除法律另有规定的情形外，纳税人有按照规定程序向税务登记所在地的税务机关提交纳税申报表和财务报表的义务。

5. 除法律另有规定的情形外，以及在进行税务检查时，纳税人有向税务机关及其相关责任人和办事员提交计算和缴纳税款的必要文件和资料的义务。

6 纳税人有依照税务机关的要求，对被发现的违反土国税收法规的行为进行整改的义务。

7. 纳税人有依照土国法律的要求，完整保存会计核算文件和税务登记文件的义务。

8. 纳税人在申请享受税收优惠政策或者免税时，有向税务登记所在地的税务机关（或者根据相关规定向扣缴义务人）提交享受税收优惠文件和免税文件的义务。

9. 纳税人有《税法典》和土国其他税收法规、法令规定的其他义务。

（二）对法人和个体经营者纳税人的特殊规定

对于法人和个体经营者纳税人，除应当履行上述各项义务外，还应当履行以书面形式向税务登记所在地的税务机关报告以下各项事务的义务：

1. 法人和个体经营者纳税人在土国境外的银行机构开设或注销基本账户和其他账户的，非居民需要告知其为了开展经营和其他活动、而用于在土国境内获取利润（收入）的账户，报告时间为账户开设（注销）之日后的3日内。

2. 法人和个体经营者纳税人对于参股其他法人或者合作企业的，应当向税务登记所在地的税务机关报告其参股的情况，报告时间为参股开始之日后

10 日内。如果参股涉及土国税收法规所调整的关系时，土国非居民企业有义务报告其参股的情况。

3. 法人和个体经营者纳税人在土国境内设立的所有独立分支机构，有义务向税务登记所在地的税务机构报告其设立所有分支机构的义务，报告时间不晚于创建、重组或者清算之日后 10 日。对于土国的居民企业，还需要在上述时间内报告其在土国境外设立的所有独立分支机构。

4. 法人和个体经营者纳税人在业务终止、清算或者重组、宣布破产时，有义务向登记登记所在地的税务机构报告其业务终止、清算或者重组、宣布破产的情况，报告时间不晚于做出相关决议之日后 10 日。

5. 法人纳税人的所在地、管理地点或个体经营者的居住地发生变化的，法人和个体经营者纳税人有义务向登记所在地的税务机构报告其所在地、管理地点或居住地发生变化的情况，报告时间不晚于作出决议之日或者居住地改变之日起 10 日。

（三）扣缴义务人的义务

根据税法的规定，扣缴义务人除了履行上述各项义务外，还应当履行以下各项义务。

1. 扣缴义务人有义务正确计算相应的税款，代扣纳税人的应纳税款并及时上缴至国家财政。

2. 扣缴义务人有义务对纳税人支付的款项进行统计，并对纳税人已经完成的计算、扣除并上缴土国国家财政的税款的情况进行统计。

3. 对于未能扣缴纳税人的税款以及纳税人的欠税情况，扣缴义务人有义务在 1 个月内书面向税务登记所在地的税务机构汇报上述情况。

4. 扣缴义务人有义务向税务登记所在地的税务机关提交相关文件，以便税务机关能够对税款计算、扣税和向土国国家财政上缴税款的情况进行监督。

5. 扣缴义务人还应当履行土国税收法规规定的其他义务。

另外，对于通过海关进出口商品而缴纳税收的纳税人，《海关法》中还规定了其应当履行的各种义务。

缴税义务可由 1 名或者几名在土库曼斯坦境内开展经营的公司股东承担。纳税人（公司股东）须按份额履行纳税义务。“公司”一词采用的是土库曼斯坦总统萨帕尔穆拉特《民法》中规定的含义。

第二编 土国税种法律制度

第三章 增值税法

增值税是以商品（含应税劳务）在流转过程中产生的增值额作为计税依据而征收的一种流转税。它采用税款抵扣原则，具有公平合理、计税依据广泛、便于管理的特点，在理论上比较容易为人们接受，在实践上也能够消除重复征税等问题。因此，它被认为是最富有成果的税种，不仅得到了世界上绝大多数学者的认同，而且自20世纪70年代以来，也受到了世界大多数国家和地区的广泛欢迎。据统计，目前世界上已经有超过140个国家和地区开征增值税。特别是在欧洲，经过欧共体（即欧盟的前身）财政和金融委员会的努力，使得开征增值税成为加入欧盟的基本条件之一，从而使得所有欧共体成员国都开始征收增值税。经济合作与发展组织（OECD）（以下简称经合组织）成员国中除美国之外，其他的国家也都开征增值税。虽然每个国家增值税的具体内容都存在一定的差异，但与所得税相比，各国增值税在内容上却具有更多的共同性。特别是在欧洲国家，由于欧盟一直致力于成员国增值税法律制度的标准化，故它所作出的一系列指令，使得欧盟各国的增值税法律制度不仅实现了基本统一，而且变得更加科学和完善，从而成为其他国家或地区增值税改革的蓝本。土国的增值税法律制度就是在充分借鉴和吸收欧洲国家增值税法律成功经验的基础上，通过多次修订发展而来的。土国最早的增值税法律制度是1993年8月制定的《增值税法》。该法确立了增值税在该国税收法律体系中的重要地位。1999年1月土国出台了《增值税法修订及补充》。正如其名称所示，《增值税法修订及补充》对土国的增值税法律制度进行了许多修改，并增加了许多的新的规定。此后，2001 年 4 月和 8 月，土国总统两次颁布总统令，对增值税法律制度中的一些内容进行了修订。2004 年 11 月生效的《税法典》对增值税法律制度进行了系统的规定，从而取代了《增值税法》，为土国增值税制度提供了法律上的依据。

第一节 纳税人

在现代税法中，纳税人不仅是税收法律关系最重要的主体，而且是纳税义务的承担者和履行者，必须承担和履行相应的税收缴纳义务。因此，在确立任何一种税种时，都首先必须确定该税种的纳税人。土国税法中除了把“纳税人”作为税法的基本概念在总则中作了一般性的规定外，还在增值税法律制度一章中，用第 95 条对增值税的纳税人作了专门规定。根据规定，凡是从事《税法典》第 96 条规定的应税业务的企业、单位、个体经营者和自然人都是土国增值税的纳税人。由此可见，在土国税法上，无论是企业还是其他的社会组织和个人，只要从事了法律规定的增值税应税业务，就都是增值税的纳税人，应当履行缴纳增值税的义务。

为进一步具体明确增值税的纳税义务人，《税法典》还对不属于增值税纳税人的范围作了除外性的规定。具体包括：（1）土库曼斯坦中央银行。由于土国实行二级银行体制，在其中，土库曼斯坦中央银行属于一级银行，主要负责发行土国法定货币马纳特，并对二级银行的业务进行监督，故其不应该成为增值税的纳税人。（2）根据土国《油气资源法》规定的承包商和分包商在从事与石油工程有关的交易时，不是《税法典》规定的增值税的纳税人。（3）私营企业。（4）经营活动适用于简化征税制度的个体经营者。

第二节 征税对象与计税依据

一、征税对象及其范围

征税对象又叫课税对象、征税客体、征税范围、税目等，是指征税的标的物。它是税法最基本的要素，是税收法律关系中权利义务所指向的对象，是区别一个税种与另一个税种的重要标志。它体现着征税的最基本界限，决定着某一种税的基本征税范围。因此，在各国税法中，都对各个税种的征税对象进行明确的规定。土国也不例外。根据税法的规定，增值税的征税对象是符合上述规定的纳税人在土国境内从事的应税交易。

（一）一般规定

1. 货物销售、进行施工、提供服务、转让产权。根据土国税法的规定，纳税人从事货物销售、进行施工、提供服务、转让产权的行为，都是增值税的征收对象，应当缴纳增值税。其中，商品销售根据土国《税法典》第97条第1款的规定，是指通过货物买卖（供货）、货物交换、货物赠与（无偿转让）或其他方式，将货物的所有权从一方转让（转移）至另一方的行为。退回之前已取得所有权的货物的行为，也属于税法上规定的商品销售行为。进行施工是指以实物展现其成果的活动，其成果可用于满足个人和单位的需求。提供服务是指其成果在实施过程中进行销售和消耗的活动。

2. 为满足内部需要实施的建筑安装工作，但不包括单纯的设备安装、设备调试和设备维修。

3. 因货物被盗或损坏而从责任方取得的损失赔偿，以及获得的保险赔偿。

4. 将商品、施工、服务用于个人需要或消费的，且相应费用未记入所得税的可扣除项目（如摊销和折旧）。

（二）特别规定

根据土国税法的规定，下列销售、施工或服务都应该缴纳增值税。

1. 视同销售。一般来讲，在税法中，视同销售是对“视同销售货物行为”的简称，其主要含义为该行为是不同于一般意义上的销售行为，而是为了计税的需要，而将其视为一种特殊的销售行为。在土国增值税法规定的视同销售主要包括4种情况：（1）将电力、热力、气、水均视为货物，企业或个人销售这些东西即视为销售货物；（2）租赁服务、无形资产出售（转让）、财产租赁或者特许经营等行为被视为提供服务；（3）将货物交付员工使用，为员工提供施工、提供服务，视同销售商品、进行施工和提供服务；（4）除《税法典》另有规定外，对于转让财产权的行为，在计算增值税时，也被视为销售商品、进行工程、提供服务。

2. 辅助性销售。一般来讲，辅助性销售是指在销售某种主要货物或服务时，附带销售的货物或服务，其特征是附带销售的货物或服务，其价值不包括在主要货物或服务的价值之中，而是单独计算其价值。如企业在销售某一台大型设备时，单独计算并收取的该设备的包装费用，即属于辅助性销售。在土国税法中，辅助性销售主要包括两种情况：（1）与主要业务有关的辅助性的商品销售、进行施工、提供服务，可视为主要业务的一部分；（2）销售施工合同或服务合同中规定的设备、原料、材料的，销售进行其他施工、提供服务时使用的财产的，均被视为辅助性销售。但根据《税法典》第99条规定土国境内的货物供应或买卖、进行施工和提供服务，不视为辅助性销售。

3. 对于货物被盗或损坏的，如果纳税人无法提供货物被盗或损坏的官方证明，则超出自然损耗定额范围的货物短缺部分，应当认定为货物被销售，也应纳入增值税的征税对象。对于已过保质期的货物，如果不能提供相应的证明和被再利用的证明文件的，也依照上述规定处理。

（三）不属于应税销售的事项

为了进一步明确增值税应税销售的范围，《税法典》第96条第3款还明确规定，下列事项或行为不属于增值税的应税交易事项或行为。

1. 作为合法支付工具的货币、资金、钞票的流通，但如果此类交易不具有货币用途，与土库曼斯坦中央银行下令生产货币企业的货币销售无关，其流通不属于货币存储、代收服务对象。

2. 有价证券发行（企业股权转让），但有价证券经纪服务和其他服务除外；发放贷款（借款）和收取贷款（借款）利息。

3. 无偿转移下列财产：（1）在企业重组时，将固定资产、无形资产或其他财产无偿转移给其继承人的；（2）按照国家权力机关和管理机构、地方执行权力机关和地方自治机构决议，无偿转移社会性和生产性设施（住宅、疗养院、工厂、生产厂和其他类似的设施）的；（3）慈善机构无偿转移商品、无偿施工或提供服务的；（4）无偿转让用于人道主义或慈善援助的商品、施工和服务。

4. 处置下列财产：（1）出于国家或社会的需要，或者因为不合理利用土地、文物，根据国家权力机关和管理机关、地方执行权力机关和地方自治机构决议，没收或收回土地之上的附着财产的；（2）因征收、没收财产或继承财产，以及由国家接收的无主财产或者财产的。

5. 利用外国或国际组织或个人向土国提供的国际人道主义援助、财政援助、技术援助，以及贷款（借款）等从事的销售商品、进行施工、提供服务的。其中包括：（1）由外国国家、国际组织或者个人的授权进行商品（工程、服务）销售的被授权人；（2）接受此类援助和贷款（借款）的接收人；（3）与上述被授权人及接受援助和贷款（借款）人的签订合同，并从资金中取得价款的（对合同进行付款）的供货商（工程施工方或服务提供商）。

6. 由非企业法人完成的不以营利为目的的货物销售、项目施工和提供服务。

7. 国家权力机关和管理机关、地方执行权力机关和地方自治机构，根据土国法律规定的职权，在其专属职能范围内进行的工程施工或提供服务。其中包括国家消防服务、海关服务、商品（工程、服务）认证服务及其他类似的工程和服务。

8. 首次转让根据商品（工程、服务）销售合同所形成的债权，或者依照法规规定转让债权。

9. 以财产作为出资参股其他法人企业和合伙企业。

（四）货物销售地、进行施工地和提供服务地的确定

为了便于对增值税的征税对象进行确定和管理，土国税法中对增值税征税对象的地点进行了明确的规定。

1. 商品销售地。在土国税法，增值税应税商品的销售地点可认定为下列地点：（1）如果货物不需要发运和运输的，则以货物交付给买方之时的商品所在地为货物的销售地；（2）如果货物是由供货人、收货人或其他人进行发送或者运输的，则以货物开始发运或者运输时的货物所在地为货物的销售地；（3）如果由于技术、工艺或者其他原因货物只能以拆卸或者未组装状态送达收货人，之后再由供货人或者以他人代供货人进行安装或组装的，则以货物的安装地或组装地为货物的销售地。

2. 工程施工地和提供服务地。根据土国税法的规定，除规定的情况外，工程施工地或提供服务地一般是指企业所在地或者其分支机构或代表处（常设代表机构）的所在地；对于个体经营者是指其固定居住地或者其施工或者提供服务的固定经营地点。其中的固定经营地点是指个体经营者在土国境内开展全部或者部分经营活动的场所。固定经营地点应当依照《税法典》第 18 条有关常设机构的规定进行确定。

根据《税法典》第 99 条第 2 款的规定，在下述 3 种情况下，工程施工和提供服务的地点是指：（1）对于与不动产相关的工程施工和提供的服务，包括建筑、安装、建设安装、维修、修复工程，租赁服务等，是指该不动产所在地；（2）与动产相关的工程施工和提供服务（租赁除外），包括卸货、装货、安装、组装、加工、维修和技术养护，是指进行施工、提供服务的实际地点；（3）对于在文化、艺术、教育、体育或者运动领域内提供的服务，是指实际提供服务的地点。

对于进行下列项目施工或提供服务的企业，其工程施工和提供服务的地点是指，企业所在地或者其分支机构、代表处所在地；对于个体经营者，是指固定居住地或者其提供服务的固定活动地点。具体表现为：（1）转让和提供专利、许可、商标、著作权或者其他类似的权利；（2）广告服务；（3）咨询服务、法律服务、会计服务、审计服务，数据管理、数据处理服务、提供信息服务，地质勘探服务。工程技术领域内的服务包括工程咨询服务，设计前服务和设计服务（编制可行性研究报告，规划设计方案及类似服务）；（4）金融、银行、保险服务，包括再保险服务，但保险柜租赁服务除外；（5）提供人员服务；（6）以其他机构或人员的名义，利用他们的资金开展工作，保证为其提供本部分服务的代理人提供的服务；（7）运输服务企业向他人提供的有形动产转让出租的服务，但铁路运输除外；（8）提供计算机程序和数据库（计算机技术软件及信息产品）开发、改进和升级服务（工作）。

二、计税依据

计税依据又叫计税依据，是指据以计算征税对象应纳税款的数量依据。虽然计税依据与征税对象都是对征税客体的反映，他们之间存在着非常紧密的联系，但两者之间也存在着明确的区别。其中，征税对象是对征税客体质的规定性的反映，它要解决的是对什么征税的问题；而计税依据则是对征税对象量的规定性的反映，它要解决的是如何计算的问题。它是在确定了征税对象之后，解决如何计量的问题。对于一些税种来说，它的征税对象与计税依据是一致的，但多数税种的征税对象与计税依据则是不同的。如法人利润税，它的征税对象是企业的所得额，但它的计税依据则是扣除了生产成本等费用后的余额。在土国税法中，对于增值税的计税依据，作了如下三个方面的规定。

（一）一般规定

根据《税法典》第100条的规定，土国增值税的计税依据应当依据下述的规定来确定。

1. 除按照国家固定价格（费率）进行的应税交易外，其他应税交易的计税依据是指纳税人从其他方收取或者有权收取的不含增值税的价款。按照国家固定价格（费率）进行的应税交易时，计税依据是指纳税人从其他方收取或者有权收取的含增值税的价款。在这两种情况下，商品的价格中都应该包含消费税的税款。

2. 商品被盗或者受损时，计税依据还应当包括向责任人员的收取损失赔偿款，以及保险赔付金额。但这一规定仅适用于《税法典》第96条所规定的应税项目，而不适用于按照税法规定的免税项目。

3. 对于以外币计算和付款的商品（工程、服务）的价款，应当按照应税业务发生之日土国中央银行确定的官方汇率换算成马纳特。对于未办理税务登记的外国人员在土国从事应税业务并以外币计算和付款的，扣缴义务人当按照应税业务发生之日土国中央银行确定的官方汇率换算成马纳特并从中扣缴税款。

4. 每个纳税期的计税依据，应当为相应纳税期内发生的所有应税交易的计税依据总额（也包括商品被盗或者受损时向责任人员的收取损失赔偿款以及保险赔付金额），减去依照《税法典》第106条规定的在相应纳税期内发生的免征增值税和不征增值税的交易价款后的余额。

（二）计税依据的确定与调整

根据《税法典》第101条的规定，在确定纳税人应税业务的增值税计税依据时，具体应当依据下述规定来进行。

1. 纳税人从事的增值税应税的计税依据，应当论据纳税人从事商品交易、进行施工和提供服务价款，并按照《税法典》第36条的规定来进行确定。

2. 无偿转让商品、无偿进行施工、无偿提供服务的，其计税依据应当根据纳税人正常进行有偿销售同类商品、进行工程、提供服务的价格确定。对于纳税人无偿转让之前使用过的固定资产时，计税依据根据其剩余价值确定。

3. 对于交易双方未规定互换商品（工程、服务）的价值的，其计税依据应当根据纳税人进行正常销售该类商品（工程、服务）的价格来确定。纳税人在进行不等价交换时，应税所得额中还应当包括所交换商品（工程、服务）价值的补差价款。

4. 纳税人将商品（施工、提供服务）用于内部消费且没有将相应的费用列入法人利润税（收入）的扣除项目的，增值税的计税依据应当根据纳税人正常销售商品（工程、服务）的价款来确定。

5. 纳税人进行建筑安装工程施工用于内部需要时，增值税的计税依据应当根据纳税人施工所花费的所有实际费用计算的工程价值来确定。

6. 纳税人提供中介服务、委托服务和寄售服务时，其增值税的计税依据应当为纳税人以佣金、费用或其他以服务费方式所收取的款项。

7. 国有企业和消费者合作社企业在进行批发和零售贸易（包括进行批发供销和购置活动）时，以及在进行贸易交易时，国家为国有企业和消费者合作社企业规定了固定价格（费率）。进行应税交易（出口交易除外）以及贸易交易时，上述单位采用国家固定价格（费率）进行应税业务时，计税依据是包含增值税的商品差价。上述单位没有采用国家固定价格（费率）进行应税业务时，计税依据是指不包含增值税的商品差价。

国有企业和消费合作企业销售公共餐饮产品时，计税依据为其所生产商品的销售价值（不含增值税）与其用于产品生产的商品价值（不含增值税）之间的差价来确定。对于未经加工的商品，计税依据是指不包含增值税的商品加价。

8. 对于来料加工的，其计税依据为加工（再加工）费。根据来料加工合同，委托人可用部分用来料生产的半成品或者成品抵付加工费。这一规定也适用于利用委托人提供的、并非从发包方购得的材料进行的委托来料加工产品。

9. 当纳税人进行工程施工、提供服务时，如果其进行工程施工、提供服务的价款中已经包括了所使用的材料或配件的价值时，增值税的计税依据则为此项工程或服务的价值，但不含增值税在内。其中，所使用的材料和配件的价值按其购置价格计算，其中不含在购买时所缴纳的增值税以及施工（服务提供）方的商业加价（不含增值税）。

当纳税人进行工程施工、提供服务时，如果其进行工程施工、提供服务的价格中不含所用的材料或配件的价格，且这些材料或者配件是由工程发包方或者服务购买方单独支付的，则增值税的计税依据应当工程和服务的价款和向工程发包方或服务购买方所销售的材料和配件的价款之和，但不包含增值税。

10. 计税依据中不包含收货人应当返还的包装箱的价值。

11. 纳税人从事担保业务的，其增值税的计税依据为其所收取的价款来确定，但其中不包含增值税的价款。

12 被清算企业（土库曼斯坦非居民法人的分支机构或代表处）或者终止经营的个体经营者销售货物或其他财产时，增值税的计税依据应当根据纳税人实际销售价格来确定，但不得低于商品购买价格和固定资产及无形资产的剩余价值。

13. 根据优惠价格（费率、定价）销售商品、工程和服务的，增值税的计税依据应当参照该优惠政策来确定。这项规定还适用于按照土国法律规定免费发放给居民的商品和提供的服务。

14. 财政机构、国家权力机关和管理机关、地方执行权力机关和地方自治机构，销售商品、进行工程施工和提供服务时，以及按照这些机关的决议进行货物销售、工程施工和提供服务的，其增值税的计税依据应当按照实际销售价格来确定，其中包括无偿销售。该规定还按照国家权力机关和管理机关、地方执行权力机关和地方自治机构决议无偿转让社会性和生产项目。

15. 货物损耗短缺超出自然损耗标准的，如果没有官方证明文件能够证实应货物被盗或者毁损，其增值税的计税依据应当按照正常的程序来确定。

16. 每一个纳税申报期内应纳税的计税依据应该减去当期划转到土国政府外汇储备的资金金额。

17. 按照应税商品（工程、服务）的销售合同转让债权，或者依法将债权转让给他人时，转让上述商品（工程、服务）时增值税的计税依据应当按照法律规定的程序确定。当新的债权人出售（行使）债权时，计税依据为该债权人转让或者终止相应权利时收入的金额，与获得该债权时支出的金额之间的差额来确定。

根据《税法典》规定，当纳税人发生了本法第 35 条规定的情况时，可以对计税依据进行调整。

第三节　税率

在土国税法中，对于增值税的税率有两种，即 15% 的一般税率和零税率。其中，一般税率适用于除适用零税率之外的其他应税交易。零税率适用于以下各项应税交易。

1. 出口销售自产和外购的货物，但天然气（伴生气）、石油及其加工产品除外。同时，出于征税的目的，出口货物可定义为，在具有能够证实货物按照规定程序通过土国海关边境事实的证明文件的情况下，将商品运至土国境外。

2. 为个人和单位提供国际客运和货运服务。此时，如果起运地和目的地均位于土国境内，即使进行运输的车辆会到达土国境外，这样的运输服务也不属于国际运输。

3. 纺织品生产商向直接从事货物出口的土库曼斯坦居民个体经营者和居民法人销售纺织品。同时，出口货物可定义为，在具有能够证实货物按照规定程序通过土国海关边境事实的证明文件的情况下，将商品运至土国境外。

4. 出口商品的运输、装载、卸载、转运服务以及外国货物通过土国境内过境运输服务。

5. 为从事国际货运和客运的外国船舶和飞机加油、维修（包括航行、起飞着陆）相关的服务，以及用于从事国际客运和货运的外国船舶和飞机上的机组人员和乘客消费的销售货物。

6. 销售免税店的货物。

7. 向外国外交代表机构和类似机构、国际组织的官方机构销售供其使用商品、施工和提供服务。

8. 利用土库曼斯坦政府外汇储备资金支付价款的销售商品、进行施工、提供服务。

9. 向按照土国《油气资源法》规定的石油工程承包商和分包商为实施石油工程而销售商品、施工和提供服务。但这一规定不适用于：（1）如果这些商品、工程和服务专门用于石油工程施工以外的活动；（2）事前不能准确判定这些商品、工程、服务最终将用于哪类活动的；（3）这些商品、工程、服务不仅用于或将用于实施石油工程，还用于其他活动，且无法区分的。石油工程承包商和分包商应该提前（即在向其出具或开具发票之前），通知供货商或者承包商。

10. 销售自产农产品。

第四节　销项税额与进项税额

根据税法的规定，土国增值税纳税人应当缴纳的增值税税额，是采用国际上通行的购进扣税法来进行计算的，即当期应纳增值税的税额，是当期销项税额抵减当期进项税额后的余额。故有公式：

当期应纳增值税税额 = 当期销项税额 − 当期进项税额

因此，要确定纳税人的应纳税额，就需要分别确定纳税人的当期销项税额和当期的进项税额。

一、销项税额

在增值税法律制度中，销项税额一般是指纳税人在销售货物、进行施工、提供服务时，按照计税依据和税法规定的税率计算并向购买方收取的增值税税额。故有公式：

销项税额 = 计税依据 × 税率

在土国税法中，对于当期销项税额，法律规定应当依据下述各项规定进行计算。

1. 在销售商品、进行工程施工或提供服务等应税交易时，销售方（承包商）作为纳税人，有义务要求购买方（发包方、消费者）在支付商品（工程、服务）价款时，同时支付相应的增值税。

2. 纳税人销售商品、工程施工或提供服务的，在计算购买方（承包方、消费者）需要缴纳的增值税金额时，其计税依据应当为根据税法规定的不含增值税的价款，但实行国家固定价格（费率）的应税业务除外；对于国有企业和消费合作企业从事批发零售贸易（包括供销、采购业务）的，其计税依据应当为根据税法规定的不含增值税的贸易加价额，但实行国家固定价格（费率）的应税业务除外。

3. 在结算文件中，相应的增值税金额以单独一行列出。但向居民以货物标签和价目表上的零售价格或者费率销售商品、工程、服务的，不单独划分相应的税款金额。

4. 进行应税交易的纳税人，有义务为商品、工程和服务的购买方开具规定样式的发票。发票一式两份，其中一份提供给购买方（承包人、消费者），另一份由开具单位留存。

除法律另有规定的情形外，纳税人应当自发货、施工和提供服务之日后的5日内开具发票。销售电能、水、天然气、通信服务、市政服务的纳税人，有权在商品发货进行工程施工、提供服务后次月的5日前开具发票。

发票格式由土国财政部规定。

这一规定还适用于不属于《税法典》第96条第3部分规定的应税交易的商品、工程和服务的销售。

5. 纳税人进行免征增值税的应税交易的，在开具发票时无须单独列出增值税，但需作相应说明或者加盖“不含增值税”的印章。

6. 从事贸易或服务活动的人员所开具的货物、工程和服务的收款凭证（存根）可作为发票使用。收款凭证中应该注明商品、工程和服务的总价值及其中所包含的增值税的税额。如果没有在收款凭证中单独列明的，应当另附账单予以体现，账单应当按照规定程序填写。

从国有企业和消费合作企业中购买商品，或从零售企业购买货物时，购买方有权要求开具发票，发票中应单独注明批发和零售贸易企业在购得商品时单独缴纳的增值税金额。

根据土国财政部的规定，具有规定的格式并且符合发票相关要求的其他凭证也可作为发票使用。

二、进项税额

在增值税法律制度中，进项税额一般是指纳税人在购入货物、进行施工、提供服务时，按照计税依据和税法规定的税率计算并向销售方支付的增值税税额。由于在各国税法中，并不是对所有的进项税额都允许抵扣，故对于进项税额，就分成了准予抵扣的进项税额和不予抵扣的进项税额两种。

（一）准予抵扣的进项税额

（1）准予抵扣进项税额的范围。准予抵扣的进项税额是指根据税法的规定，由纳税人在购入货物、劳务和服务时支付给销售方，并在纳税人销售货物、劳务和服务时从购买方支付的、缴纳给税务机关的增值税税额中扣除的款项。根据《税法典》第 110 条的规定，土国增值税的进项税额是指纳税人在相应纳税期内购买商品（工程、服务）时向商品的出售商支付的税款金额，但法律另有规定的除外。

对于购进货物（包括固定资产、未完工项目和无形资产）、工程和服务用于《税法典》规定的增值税应税项目的，即使未被纳税人法人利润税的扣除项目，其进项增值税也准予扣除。

自建用于自用的建筑安装工程的，在以后将该建筑安装工程出售时，纳税人计算的增值税金额应该予以抵扣。

销售和输送电能时，纳税人在相应纳税期内向商品（工程、服务）供应商缴纳的增值税税款，可准予抵扣。

（2）抵扣的依据。纳税人在对进项税额进行抵扣时，应当依据按照《税法典》第 107 条规定程序开具的发票以及纳税人与供货商（承包商）结算（付款）的证明文件进行。

对于销售和输送电能的，纳税人应当依据所取得的，依据《税法典》第107条规定开具的发票进行增值税抵扣。

对于适用增值税零税率的，以及在某些必要情况下，土国国家税务总局可以对准予抵扣增值税的证明文件提出补充性要求。

对于《税法典》第108条第2款规定的由外国法人和外国自然人个体经营者进行的工程施工、提供服务，由扣缴义务人扣缴相应的增值税的，则在抵扣增值税时不要求出具按照本法第107条规定开具的发票作为抵扣依据。

（3）一些特殊规定。根据税法的规定，对于固定资产、在建项目和无形资产，其进项税额可按照下列方式进行抵扣：A. 对于购买价（不含增值税）不超过10000马纳特的，应当在购买时一次性抵扣；B. 对于购买价（不含增值税）超过10000马纳特的，应当在购买后的两年内按月等额抵扣；C. 对于基建工程项目（建筑物、构筑物、道路、传送装置）、船舶和飞机、铁路运输工具，应当自从购买（自行制造）时起的7年内按月等额抵扣；D. 对于利用财政拨款资金购买的固定资产、在建项目和无形资产，其增值税的进项税额不得抵扣。

销售使用过的固定资产时，对于购买该固定资产时已经支付的增值税税额准予抵扣，但以销售时尚未根据法律规定进行抵扣或者尚未提足折旧的增值税额为限。

由扣缴义务人计算、扣除和缴纳增值税的，应在扣缴义务人将其自支付给纳税人的款项中代扣的税款上缴至土国国家财政之后，按照法律规定抵扣增值税税款或向纳税人退还增值税税款。扣缴义务人抵扣或退还税款时，应当根据规定向扣缴义务人所在地的税务机关提交进行抵扣和退还的申请，并同时提交相应的发票和凭证。

根据法律规定进行计税依据调整的，应当同时调整增值税的抵扣额。该项规定还适用于根据土国《油气资源法》的规定从事油气资源开发的人员购买在纳税申报期内用于实施石油工程或其他工程的商品（工程、服务）的货物时支付的增值税。

对于重组企业支付的增值税，该项增值税的税额由其法定继承人进行抵扣。

（4）抵扣额的确定。根据税法的规定，纳税人从事增值税应税业务（包括按照《税法典》第106条的规定免征增值税的业务）时，准予抵扣的进项税额以按照不能免税的应税交易进行计算，但法律另有规定的除外。

对于某些交易无法分别核算准予抵扣的增值税金额和不予抵扣的增值税金额时，则可抵扣的增值税金额应当按照准予抵扣的应税货物（工程、服务）的计税依据占全部应税及免税货物（工程、服务）计税依据的比例进行确定。销售和输送电能时，准予抵扣的增值税进项税额应当根据向货物（工程、服务）供应商支付的增值税金额进行确定。为了能更准确地确定可抵扣的增值税金额，准予进行年度汇算，并在12月份体现调整的情况。

（二）不予抵扣的进项税额

根据税法的规定，纳税人将购得的货物、工程、服务用于下列目的时，增值税的进项税额不得抵扣：①《税法典》第106条规定的免税项目的应税交易；②进行《税法典》第96条规定的不属于应税项目的交易；③国有企业和消费合作社在进行批发零售贸易（包括进行批发供销和采购活动或某些贸易业务）时，就其购入的用于以后出售的货物向供货商支付的进项增值税税额不得抵扣；④国企和消费合作社用于生产餐饮食品支付给供货商的增值税进项税额不应抵扣。对于销售的未经加工的商品，在购买时支付给供货商的增值税不应抵扣。同时，该增值税金额和商品、工程、服务的价款一起包含在计算企业所得（收入）税时扣除的款项（计算个人所得税时从个体经营者账户扣除的款项）中，由纳税人缴纳税款后的剩余利润（收入）支付，或者由相应拨款来源支付。

第五节　应纳税额的计算

一、应税业务发生当期

按照土国《税法典》第109条规定，根据纳税义务发生时间确定税款所属期。因此，在纳税人销售货物、进行工程施工、提供了服务等之后，应该在什么时间计算应纳税额，这关系到纳税人应纳税额的大小及纳税义务的履行时间。根据世界各国的共同做法，都以“当期”作为应该税额计算的基础，并在税法中对当期进行了明确的规定。

土国税法规定，除法律另有规定的情形外，以货物发运（转移）、工程已完成并交付发包方（包括分阶段交付）和服务已完成的纳税申报期，为应税业务的发生当期。

纳税人履行了交易或者合同规定的所有义务并且无条件向纳税人支付（补偿）相应款项的，则视为货物已发运（转移）、工程已完成和服务已提供，即使付款请求权被延迟满足或者进行分期付款的。

对于依据长期合同进行长期施工、提供服务的，应当按照每个纳税申报期最后一天实际完成的应税交易额来确定应税业务的发生当期。本项规定中的长期合同是指在 3 个月内所有无法完成的合同。对于商品销售合同，长期合同是指单件货物生产周期超过 3 个月的合同。

对于货物短缺已超出正常损耗范围并根据《税法典》的规定视为视同销售的货物，以发现货物短缺所在的纳税申报期在应税业务的发生当期。

进行建筑安装工程施工用于自用的，在完成建筑安装工程或者工程开始运营所在的纳税申报期为应税交易发生当期。

对于商品被盗或者毁损而从过错方获得赔偿款或向保险机构获得保险赔偿时，以获得赔偿款或保险赔偿所在的纳税申报期为应税业务发生当期。

将商品（工程、服务）用于自用的，将货物交付使用（消费）、工程完工或者服务完成所在的纳税申报期视为应税业务发生当期。

二、应纳税款的计算

（一）应纳税款的计算主体

根据税法的规定，增值税的应纳税额，应当由纳税人自行计算，但在下述两种情况下，分别由扣缴义务人和税务机构计算。

（1）由扣缴义务人计算的应纳税额。外国法人或者外国自然人个体经营者在土国境内进行应税交易但未办理税务登记的，增值税的税额由支付货物、工程、服务价款的扣缴义务人计算并扣除。这一规定还适用于按照委托（寄售）合同由该外国法人或者外国自然人个体经营者的受托人销售商品的情况。在此情况下，由受托人（代售人）从应支付给委托人（寄售人）的每笔款项中扣除增值税金额。对于以任意方式终止的请求权均被视为已支付。外国法人或者自然人向支付所购商品（工程、服务）价款的人员（单位）提供其已在土国办理了税务登记的证明时，付款人不再扣缴税款。

在此种情况下，扣缴义务人是指支付所购商品（工程、服务）价款的土国居民企业、在土国办理税务登记的自然人个体经营者，以及在土国境内通过分支机构、代表处或者常设机构开展经营、支付（包括在国外）所购商品、工程和服务价款的外国法人。

扣缴义务人无法计算和扣缴增值税或者不能确定扣缴义务人的，则该外国法人或者外国自然人个体经营者有义务在当地税务局办理税务登记，履行自主缴纳税款的义务。

（2）由税务机关计算的应纳税额

对于个体经营者和合伙人均为自然人的合伙企业，由税务机关根据其提交的纳税申报表中的信息计算其应缴纳的增值税金额。

（二）应纳税款的计算方法

适用同样税率的应税交易税款金额，可按照《税法典》第100条第4部分和第101条的规定计算应税交易的计税依据，乘以按照《税法典》第103条规定的相应税率进行计算。

对于本条第2部分中注明的外国单位和个体工商户，其应上缴土库曼斯坦国家财政及应扣除的增值税金额按照《税法典》第100条和第101条确定的在土库曼斯坦境内完成的每项应税业务的计税依据，减去《税法典》第106条规定的税收优惠以后，乘以按照《税法典》第103条规定的相应税率进行计算，即：（计税依据－税收优惠）×税率。

如果在某个纳税期内可以用于抵扣的增值税金额超过在该纳税期内按照本条规定计算的增值税金额，按照《税法典》第49条规定，超出的金额应该予以退还，或者用于抵减纳税人应该上缴土库曼斯坦国家财政的其他应付款项。

按照国家固定价格销售商品、施工、提供服务时，适用于采用计算法确定的比率乘以100%作为相应税率。计算法确定的税率也适用于税务机关根据本法第36条确定的实际市场价格计算税率。

三、税收优惠

根据法律规定，土国增值税的税收优惠方式主要包括两种，即免税和不征税。

（一）免税

根据税法的规定，在土国，纳税人从事下列的货物销售、工程施工和提供服务时免税。

（1）城市公共客运服务（出租车除外，包括固定线路的出租汽车），以及城市近郊河道、铁路或者汽车客运运输服务；

（2）保修期内免费提供的商品维修和技术保养服务，包括免费提供零配件；

（3）销售药品、药剂、消毒用品、医用制品、医用器械、修复整形产品和残疾人专用交通工具；

（4）兽医和卫生防疫服务；

（5）卫生保健服务，口腔修复（非治疗性整容不能免征增值税）；

（6）为病人、残疾人和老年人提供护理服务，为残疾人提供康复训练服务；

（7）教育系统服务；

（8）杂技服务；

（9）殡葬礼仪及其他相关服务，包括墓碑制作服务，墓地修复工程；

（10）宗教组织提供的服务，包括举办仪式和典礼，以及销售宗教用品和祭祀用品；

（11）销售由盲人、失聪人士和其他残疾人企业生产的产品；

（12）保险机构提供的保险和再保险服务；

（13）农业企业销售自产的初级农产品，但动植物油除外；

（14）销售籽棉加工产品（棉花纤维、棉籽、短纤维、死棉桃、棉绒、废料）；

（15）销售种子，家蚕蚕茧和蚕卵及其养殖服务，化肥，灭草剂、农药和其他植物保护制剂，通过农场内部灌溉系统为农产品生产单位提供耕种场地的供水服务和排水服务，以及农产品生产和收割的机械化服务；

（16）销售粮食（食品）类商品（消费税应税商品除外）及用于食品生产、准备和加工时使用的商品，销售混合饲料；

（17）销售春季剪取的萨拉金羊毛和春季萨拉金羊毛毛线，以及销售这种羊毛清洗服务（包括净化和分类）、用这种羊毛制作毛线（包括染色）的服务；

（18）销售地毯和手工地毯制品；

（19）向私人出售土地时进行的土地平整工作；

（20）进行用于下列目的的建筑和建筑安装工程：储存粮食作物，生产面粉（含淀粉产品），生产面包和新鲜糖果，生产面包干和饼干，生产可长期保存的馅饼和甜点，生产通心粉制品，生产儿童食品和保健食品，制药，人类保健活动，兽医活动；

（21）提供与纪念碑建筑安装及其基础设施建设相关的工程和相关服务；

（22）为居民提供住宅物业管理服务，以及街道、公园、广场等的室外照明服务；

（23）利用国家财政拨款提供的资金进行的科研工作和设计试验工作；

（24）商品（工程、服务）用于广告宣传，但单个商品（工程、服务）的购置（创造）费用不得超过土国规定最低工资额的0.4倍；

（25）进行彩票、赌博和赌钱（赌博业）；

（26）与在国家旅游区内外建设游客接待工程项目及其基础性设施相关的作业、服务及货物销售，但仅限于以国家旅游区内的经营活动为目的。该项优惠仅适用于下列人员：a. 以自营方式开展上述工作的；b. 通过外包方式开展上述工作的承包商；c. 为a、b两类人员为完成上述工程而从提供服务和供应货物（原料、材料、上述项目中设置的设备）的。另外，本条中的游客接待服务包括安排安置、公共饮食、提供个人家庭服务和医疗卫生服务、组织娱乐（博彩活动除外）和其他服务，以及与国家旅游区范围内旅游业项目管理和运营相关的服务。按规定程序获得国家旅游区项目地位的单位，在国家旅游区范围以外提供同类服务时，也可享受优惠政策。

（27）按照自然人的订单进行住宅建造工作，向自然人出售成品房屋和公寓，其中包括通过私有化程序出售成品房屋和公寓；

（28）土国居民法人长期租赁农用机器、牵引车、机械和设备的业务；

（29）生产企业通过贸易站或直接将按照土国法律授权在边境地区从事货物出口的机关销售纺织产品。此时，出口商品是指有合规证据可以证实这些商品（或产品）是通过土国海关出境的商品。

本部分规定的优惠政策，不适用于采用本法第105条规定适用零税率的商品（工程、服务）。

（二）不征税

土国税法规定，对于下列机构销售（完成的应税交易）的商品（消费税应税商品除外）、进行工程施工和提供的服务，不征收增值税：（1）投资养老基金；（2）残疾人协会；（3）教育机构。

（三）退税

根据土国税法的规定，对于向外交代表机构和同等代表机构、国际组织的外交人员、行政技术人员（包括随行家属）销售商品、提供个人使用的施工或服务时，需缴纳增值税。但纳税人如果能够提供土国财政部规定的商品收款凭证时，可以通过金融机构退还税款。

四、增值税的申报与缴纳

（一）纳税申报期和税款缴纳期

根据法律规定，对于法人企业和有法人作为合伙人的合伙企业的合伙人，增值税的纳税申报期和税款缴纳期为一个月。

对于个体经营者和合伙人均为自然人的合伙企业的合伙人，增值税的纳税申报期是从1月1日至6月30日和从7月1日至12月31日，税款缴纳期为一年。

（二）纳税申报

根据土国法律的规定，除在土国的外国法人和外国自然人个体经营者不进行增值税纳税申报外，法律规定的其他人员有义务按期对增值税进行纳税申报。

每个纳税人都应该在纳税申报期结束后次月20日前向税务机构提交增值税纳税申报表。

向土国非居民进行付款的单位（个人），应该在付款后次月20日前向税务登记所在地的税务局提交关于该收款单位（个人）计算、扣除并缴纳增值税金额的相关报告，以及账户中未扣除增值税的单位（个人）相关资料。报告的形式由土国国家税务总局与土国财政部协商确定。

（三）税款缴纳

根据土国法律的规定，除在土国的外国法人和外国自然人个体经营者、个体经营者和合伙人中不包含法人企业的合伙企业外，其他的增值税纳税人应该在纳税申报期结束后次月25日前，向土国国家财政缴纳申报的增值税税款。

扣缴义务人应在税法规定的扣除税款期限内，向土国国家财政缴纳扣除的增值税。对于在土国境外进行的支付，代扣的增值税税额应当自规定的扣税之日起的15日内缴纳税款。

对于付款晚于应税业务所属纳税期最后1日的，税款应当由扣缴义务人先行缴纳，之后再从应该支付给纳税人的款项中扣除。在此情况下，应当在进行应税交易之日计算税额。对于长期合同，应当在进行应税交易的纳税期最后1日计算税款。税款应当在该纳税期结束后的15日内缴纳（包括在国外进行支付的情况）。

个体经营者和合伙人中不包括法人企业的合伙企业，对于在1月1日至6

月30日的申报期内的增值税税款，应在本年度9月1日前上缴至土国国家财政；对于在7月1日至12月31日的纳税申报期内的增值税税款，应在次年3月1日前上缴至土国国家财政。

纳税人在缴纳增值税的税款时，应当按照税务局发出的税务通知书进行。纳税申报期为1月1日至6月30日内应当缴纳的税款，税务机关应当应在本年8月1日前发出缴纳税款通知书；纳税申报期为7月1日至12月31日内应当缴纳的税款，税务机关应当在次年2月1日前发出缴纳税款通知书。

对于个别的纳税人，土国国家税务总局可以规定其他的纳税申报期限和增值税缴纳期限，但不得晚于上述各项规定期限30日。

（四）合伙企业增值税的计算和缴纳办法

根据土国税法的规定，合伙企业可以委托其中一位在土国境内开展业务的合伙人计算增值税。对于该项决定，该合伙企业的各位合伙人应该在作出上述决定的5日内向各自所属地税务机关以书面形式报告。

合伙企业在计算增值税时，任何一位合伙人为从事合伙经营活动而支付的原料、材料、工程、服务其他项目的增值税，都可以按照合伙企业的经营活动而进行抵扣。抵扣的依据为所有合伙人支出费用的相关资料（初级会计核算文件正本或副本）。在此情况下，准予抵扣的增值税税额，在确定纳税人从事合伙企业经营活动范围之外的其他活动的增值税税额时，不得重复抵扣。

对于应当缴纳的增值税税款，既可以由其中的一位合伙人全部缴纳，也可以由全部的合伙人按照各自的比例分别缴纳。无论是在哪种情况下，负责计算增值税的合伙人都应该在规定的期限内，向主管税务机关进行合伙业务的全部增值税的纳税申报。

合伙企业的纳税人在进行纳税申报时，还应该在纳税申报表中附带注明下列内容的资料：（1）合伙人的名称和姓名、各位合伙人的纳税识别号、所在地或者居住地；（2）由其中一个合伙人或者由每个合伙人按比例缴纳税款的决议副本。

税务机关应当在提交了纳税申报表后的5日内，将相关信息发送至其他合伙人的进行税务登记所在地的税务局，其目的在于：（1）通报由其中一个合伙人缴纳增值税税额的情况；（2）制定其他合伙人足额及时缴纳各自所承担的增值税税款的监管措施。

（五）一些特别规定

对于适用增值税税收优惠、免税或者零税率的情况，如果纳税人在发票或者其他证明文件中错误列入增值税税款金额的，则该项税款应按照规定程序上缴至土国国家财政；没有及时缴纳税款，应当加收滞纳金。在这种情况下，对于按照法律规定应当进行抵扣的，允许购买方（发包方）抵扣其所支付的增值税税款。

根据土国税法的规定，对于上述情况，不得对其进行经济处罚。

上述规定也适用于下面三种情况：（1）商品销售、工程施工、提供服务的单位不被认定为纳税人；（2）不属于增值税应税交易；（3）计税依据确定有误（定得太高）等。

上述规定还适用于购买方不要求修改向其开具的发票或者税金填写错误的其他凭证的情况。

对于因为纳税人的失误而未将增值税金额列入出具给购买商品、工程施工、接受服务的单位的发票中并且未向土国国家财政缴纳税款的，税务机关有权向该购买方（发包方）追缴该项税款。

第四章 消费税法

消费税是世界各国普遍征收的一种税，是国家财政收入的重要来源。它是国家为了引导消费方向，调节社会消费结构，以特定的消费品或消费行为的流转额作为征税对象而开征的一个税种。尽管各国消费税的征税范围宽窄不一，但基本上都是基于各国的消费政策而选择特定的消费品或特定消费行为为课税对象，并规定了较高的税率，以使这些消费品或消费行为的消费者要承担较高的税负，从而达到贯彻国家消费政策，调节消费结构，限制过度消费，平衡供求关系，引导社会消费习惯，改善社会与自然环境，增加国家财政收入，促进社会公平分配等目的。因此，在当代世界，消费税得到了各个国家的普遍重视，成为国家税种体系中的重要组成部分。土国也不例外。1995 年 6 月 1 日土国总统第 2236 号令《消费税法》，确立土国的消费税制度。1996 年 7 月 2 日土国总统根据《海关法》的规定颁布了第 2740 号《消费税法》，对于消费税制度进行了修改完善。2000 年 8 月 8 日土国总统颁布了第 3153 号总统令，对消费税制度进行了较大的修改。2004 年在制定的《税法典》第 2 卷第 3 章，专门对消费税法律制度进行了规定。近年来，消费税制度又进行了多次的修改，从而使其更加科学和实用。

第一节 纳税人

根据土国《税法典》的规定，企业、单位、个体经营者和其他个人在进行应税交易时，以及将消费税应税商品运入土国海关辖区时，都应当是消费税的纳税人。此外，对于在土库曼斯坦境内来料加工的应税消费品，商品生产单位是消费税的纳税人。

消费税纳税人不包括：预算机构；按照土国《油气资源法》规定的承包商和分包商实施与石油工程有关的应税交易，但向土国海关辖区运入并非用于石油工程的应税消费品时，则为消费税的纳税人。

第二节　征税对象

一、征税对象

根据土国《税法典》的规定，消费税的应税商品是根据税法规定适用消费税税率的商品或者产品，与其后续用途无关。它包括消费税应税交易和运入土国海关辖区的应税商品。

（一）应税交易

根据《税法典》第119条的规定，消费税的应税交易包括以下4类商品：

（1）啤酒。

（2）天然葡萄酒、烈性酒、烈性甜酒、含酒精饮料（麦芽汁除外）以及含酒精的酗酒原料。

（3）汽油。

（4）柴油。

（二）运入土国海关的商品

根据《税法典》第119条的规定，运入土国海关的应税商品包括以下6类商品：

（1）啤酒。

（2）葡萄酒及其他含酒精饮料。

（3）制酒用的酒精（用于医疗目的以及外国有企业和消费者合作社企业所运入的除外）。

（4）烟草制品。

（5）其他经过工业加工和烟草及烟草的工业替代品。

（6）小轿车（医疗急救车和残疾人专用设备除外）。

根据税法典的规定，应税交易是指：（1）销售自产的消费税应税商品；（2）将生产的消费税应税商品转为自用，缴纳了消费税的商品除外；（3）商品被盗或者被损坏时，获得过错方对所造成损失的赔偿以及保险赔付；（4）来料加工应税消费品的服务。但需要说明的是，根据土国税法的规定，这种应税交易仅指的是发生在土国境内的应税消费品生产或者制造、灌装服务等。

确定应税消费品销售情况时，采用土国《税法典》中关于商品销售、施工和提供服务的规定。

由于征用、没收而转让所生产的应税消费品，以及将此类商品运入土国境内的交易，不属于消费税征税对象。

二、计税依据

根据土国《税法典》第117条，消费税应税商品的计税依据应当根据下列规定进行确认。

1. 纳税人在进行应税交易时，计税依据是指根据纳税人从其他方获得或者有权获得的、包含消费税的商品价格（不含增值税）确定的价值。

进行应税交易时，如果应税消费品被盗或者受损，计税依据还包括获得过错方对于所造成损失的赔偿，以及对这些商品的保险赔付金额。

2. 销售（转让）来料加工的应税消费品时，计税依据可根据商品生产企业采用的最高出厂价格，参照销售商品时同类自产商品的消费税来确定。如果没有出厂价格的，将根据《税法典》第36条规定根据类似商品实际市场价格来确定。

3. 无偿转让自产应税消费品时，计税依据应当根据纳税人日常销售时此类商品的销售价格确定。

4. 交易双方未规定互换应税消费品的价值时，计税依据应当根据纳税人日常销售此类消费税应税商品的销售价格确定。纳税人进行不等价交换时，互换应税消费品之间的补差价值也应当计入应税消费品的应税流转额之中。

5. 纳税人将生产的消费税应税商品转为自用时，即使相应费用包含在计算所得（收入）税相应的扣除额中，消费税的计税依据仍然根据纳税人日常销售此类商品的销售价格来确定。

6. 商品短缺超出自然损耗标准的，如果不能够提供官方证据证实商品被盗或者毁损的文件，则计税依据应当按照纳税人日常销售时此类商品的销售价格确定。

7. 对于以优惠价格销售应税消费品的，在确定计税依据时应当参照该优惠政策。该规定还适用于按照土国法律免费发放给居民的商品和提供的服务。

8. 计税依据中不包含应税消费品接收人应该退回的包装费用。

9. 进口商品的计税依据是商品的海关价值，包含海关税费，不包含消费税。

10. 以外币计价的应税交易的价款、构成计税依据的款项、消费品的海关价值，应按照应税交易实施之日土国央行的汇率相应换算成马纳特：进口应税消费品按照消费税缴纳之日土国央行汇率进行换算。

11. 进行应税交易和进口商品时，对于个别的应税消费品，计税依据可以以实物确定。

12. 按照税收法规规定计算的计税依据，减去应该纳入土库曼斯坦政府外汇储备的资金金额。

第三节 税率

根据土库曼斯坦总统别尔德穆哈梅多夫2020年10月24日签发的《土库曼斯坦税法修订案》的规定，土国商品消费税的税率按照下述标准执行（见表4-1）。

表4-1 **消费税的税率** 单位：%

商品名称	税率
土库曼斯坦境内生产的产品	
啤酒	24%
葡萄酒、烈性酒、烈性甜酒、含酒精饮料（麦芽汁除外）以及含酒精的酿酒原料，其中：	
酒精含量≤20%；	31%
20%<酒精含量≤30%；	48%
酒精含量>30%	61%
汽油	40%
柴油	40%
进口产品	
啤酒	73%，且不低于7马纳特/升
葡萄酒及其他含酒精饮料，其中：	
酒精含量≤20%；	133%，且不低于31马纳特/升
酒精含量>20%	133%，且不低于48马纳特/升
制酒用酒精（进口医用酒精除外）	6美元/升
烟草制品	74%，且不低于3美元/盒
工业加工烟草及烟草的工业替代品	15.6美元/公斤
小轿车（医疗紧急救护车和残疾人专用设备除外）	0.3美元/毫升（发动机排量）

应税消费品的清单按照对外经济商品名录编码进行分类。

第四节 税额计算与缴纳

一、消费税的计算

1. 消费税金额计算方式为：

发生应税行为时，由纳税人自行计算；

进口商品时，由海关机构计算。

2. 应上缴土国国家财政的消费税金额，按照相应纳税期内所有应税交易的消费税金额，减去在该纳税期内用于抵扣的消费税金额计算。故有公式：

当期应上缴的税金 = 当期所有应税交易的税金 - 当期用于抵扣的税金

对于每一种应税消费品进行应税交易的消费税金额，按照消费税应税交易计税依据，乘以相应税率计算。故有公式：

消费税金额 = 计税依据 × 税率

根据税法的规定，消费税纳税义务的发生时间，应当根据消费税应税交易发生的时间来确定。

3. 对于进口的应税消费品，每种商品的消费税金额根据该商品的计税依据乘以相应税率计算。故有公式：

每种商品的消费税金额 = 该商品的计税依据 × 相应的税率

4. 如果在某个纳税期内可抵扣的消费税金额超过在该纳税期内按照《税法典》规定计算的消费税金额，按照《税法典》中抵扣和返还多缴税款的规定，超出的金额应该予以退还，或者用于抵减纳税人应该上缴土国国家财政的其他款项。

5. 如果按照土国《油气资源法》规定属于承包商和分包商的单位使用进口的、不用于石油工程的应税消费品，应该按照规定程序缴纳消费税。

二、应税交易完成时间的确认

应税交易完成时间，与增值税相同，按照《税法典》关于应税交易完成时间确认的规定确定。

三、消费税的抵扣

根据《税法典》第126条的规定，消费税的纳税人有权依照下述各项规定对消费税的税额进行抵扣。

1. 消费税的纳税人有权按照所售应税消费品消费税税签上注明的金额进行抵扣。

2. 当购入的应税消费品作为原材料（材料）生产其他应税消费品，以及委托方提供应税消费品（来料）生产或加工其他应税消费品，纳税人有权抵扣在购入原材料或进口应税消费品所作原料（材料）使用时所支付的消费税。此时，消费税的抵扣额限于当期为该项目所使用的部分原料（材料）。

3. 按照《税法典》第127条规定程序开具的发票以及与供应商之间的结算（付款）证明文件，为应税消费品供应商所支付的消费税金额的抵扣依据。

对进口应税消费品进行清关时，对于已缴纳的消费税进行抵扣的依据包括：（1）证实缴纳消费税进行实际汇款的银行对账单和付款文件；（2）对按照海关自由流通放行制度对货物进行放行的货物报关单或者带有海关机构标记的货物报关单副本。

4. 用外购应税消费品作为原料（材料）生产非应税消费品或者用于其他目的时，不得抵扣，该消费税金额应和该原料（材料）的价值合计，作为法人利润税扣除项目，或者由纳税人缴纳税款后的剩余利润（收入）支付，或者由相应拨款来源支付。

5. 对于重组企业支付的消费税，由其法定继承人进行抵扣。

四、税收优惠

1. 进口下列应税消费品，不征收消费税：（1）外国向土国政府提供的人道主义援助、无偿技术援助；（2）外交代表机构和同等代表机构、国际组织及其工作人员（包括随行家属）使用的商品；（3）个人自用的酒精类饮料、啤酒（限额5升）和香烟（10包）。

如果纳税人根据土国某些法规享受税收优惠政策或者免税，除非对此进行明确规定，否则不征收消费税。

2. 对于利用订购人自备原料（原油）生产（制造）汽油和柴油的服务，原料的所有权属于外国企业，且后续将产品运往土国境外的，可免缴消费税。

3. 按照政府间协议作为人道主义援助或慈善援助转让的应税消费品，以及依据国家权力机关和管理机关决议转让的应税消费品，可免征消费税。

五、进出口应税消费品的征税办法

进口应税消费品时，根据选定的海关制度按下列程序征收消费税：

1. 应税消费品被海关放行自由流通时，全额缴纳消费税。

2. 应税消费品进行再进口、转运、处于海关仓库、免税店、在海关监管下进行再加工、在海关辖区内进行再加工、处于自由关税区、自由仓库、销毁、拒绝货物入关时，不缴纳消费税。

3. 应税消费品再出口时，按照海关自由流通放行制度缴纳消费税，在商品运至土国境外时，进行退还。

4. 商品被临时进口时（属于外国自然人、未在居住地注销的私家车除外），按照海关自由流通放行制度，支付消费税，出口临时进口的应税消费品时，如果临时在土国境内停留的时间不超过1年（自运入之时算起），之前缴纳的消费税应予以退还。

5. 将之前按照临时出口海关制度出境的应税消费品运往境内，自出境之时起在土国境外临时停留的时间（自运出之时起）不超过1年的，不征收消费税。

6. 进口在土国海关辖区以外再加工的商品时，按照海关自由流通放行制度缴纳消费税。

海关制度发生变化时，依据新的海关制度确定消费税的缴纳义务。

纳税人不遵守选用的土库曼斯坦境内海关制度时，按照应税消费品海关自由流通放行制度向其征收消费税，并缴纳自商品进口之日至缴纳消费税之日（含）期间的滞纳金。

六、销售方向购买方收取的消费税额

土国税法规定，在下面两种情况下，由销售方向购买方收取消费税的应纳税额。

1. 销售自产应税消费品或者利用委托人提供的原料（材料）生产（制造、灌装）应税消费品的纳税人，以及销售进口应税消费品的纳税人，有义务向该商品购买方和委托人征收相应的消费税金额。此时，消费税的金额应该在结算文件中以单独一行列出。

按照销售方在商品标签和价目表中标明的零售价销售应税消费品时，不单独列出消费税的金额。

2. 销售自产应税消费品或者利用委托人提供的原料（材料）生产（制造、灌装）应税消费品的纳税人，以及销售进口应税消费品的纳税人，有义务向该商品的购买方开具规定样式的发票。发票一式两份，其中一份提供给购买方（订购人），另一份由开具单位留存。

自销售应税消费品或者提供利用委托人原料（材料）生产（制造、灌装）应税消费品之日起的5日内开具发票。发票格式由土国财政部规定。

七、消费税的管理、申报和缴纳

土国税法规定，对于个别种类的应税消费品，无论是国产还是进口，都应当按照土国内阁规定的程序贴上消费税标记。

根据土国税法的规定，土国消费税的申报期和纳税期为1个月。

纳税人应在每个申报期对消费税的应税行为进行纳税申报。

纳税人在申报期结束后的20日前（即次月20日前）进行消费税纳税申报。

纳税人应在申报期结束后的25日前（即次月25日前）缴纳消费税。

进口应税消费品的，纳税人应在清关之前或者清关之时缴纳消费税。

进行合伙经营（合伙企业）的，应参照《税法典》中关于进行合伙经营时增值税的计算和缴纳办法对增值税的规定，进行消费税的计税、纳税申报和向土国国家财政缴纳税款。

第五章　法人利润税法

法人利润税，也被称为“公司所得税”、“法人所得税”或“法人利润税”等，是国家对企业在一定时期内生产经营所获得的净利润的征税。它是国家参与企业利润分配的重要手段，在一国的税制体系中占据重要地位。据统计，目前世界上至少有160多个国家或地区都开征了法人利润税。土国也不例外。自1991年独立之后，土国即开征了法人利润税。1993年10月8日土国分布了《法人利润税法》，为法人利润税提供了法律上的依据。1999年7月12日土国颁布了《法人利润税法修订及补充》，对法人利润税法律制度进行了发展和完善。2001年11月23日土国总统颁布《整顿税收及实施财政处罚》的总统令，在其中，对法人利润税的有关内容进行了修订。2004年10月土国第15届大国民会议审议通过的《税法典》第2卷第5章专门对法人利润税法律制度进行了规定，从而取代了之前的《法人利润税法》。近年来，随着土国社会经济的发展，土国政府多次对法人利润税法律制度进行了修改和完善，从而使其在土国的税制体系中发挥了非常重要的作用。

第一节　纳税人

土国《税法典》第147条规定，企业所得的税纳税人包括两类：（1）土国居民企业；（2）在土国境内通过常设机构开展经营活动或者有收入来源的非居民企业。按照当地的税法，土库曼斯坦居民企业是指根据土国法律设立（创立）的法人企业，或者按照国外法律设立但实际管理机构（领导机构、管理层、管理委员会或其他类似机构）位于土国境内的法人企业。非居民企业是指按照外国（地区）法律成立且实际管理机构不在土国境内，但在土国境内设立机构、场所、或者在土国境内未设立机构、场所，但有来自土国境内所得的企业。

根据此项规定可知：第一，土国法人利润税的纳税人是法人企业，这说明土国的法人利润税法本质上是公司所得税法。它只对具有独立法人资格的公司或其他的法人机构征税，而不对非公司制的企业或其他组织征税。第二，纳税人的范围包括了土国的居民法人和在土国境内通过常设机构从事经营活动或收入来源于土国的非居民法人，这表明，土国在法人利润税的管辖权上，同时实行属人原则和属地原则。其中，前者适用于土国的居民法人，后者是用于土国的非居民企业。土国居民法人在法人利润税上负有无限纳税义务，必须为其在土国境内和境外的经营活动或收入向土国政府缴纳法人利润税。而在土国的非居民纳税人只负有有限纳税义务，只对其在土国境内通过常设机构从事的经营活动或通过常设机构获得的收入负有向土国政府纳税的义务。

为了使法人利润税的纳税人更为明确，《税法典》还规定了两种例外，即土国中央银行和土库曼斯坦红新月会不是土国法人利润税的纳税人。

第二节　应税所得

根据《税法典》，土国法人利润税的征税对象包括：利润，以及纳税人在申纳税报期内所获得的单独收入。根据《税法典》第 148 条第 1 款第 2 项的规定，企业利润为纳税人的收入总额减去本法规定的且与该收入的相关的扣除项目之后余额。土库曼斯坦居民企业应当就其在土国境内和境外获得的利润（所得）缴纳法人利润税。土国非居民企业应当就其通过在土国常设机构在土国境内开展经营活动或获得的利润（所得）缴纳法人利润税。

一、收入总额的范围

在土国税法中，居民法人的年度收入总额包括了纳税人在纳税期内在土国境内和境外取得或应取得的全部收入。在土国境内通过常设机构从事经营活动的非居民法人的年度总收入包括了该居民法人通过在土国的常设机构从事经营活动所取得的境内和境外的全部收入。根据土国《税法典》第 149 条的规定，纳税人的收入总额主要包括商品销售收入、工程施工收入、提供服务的收入，以及营业外收入。

（一）营业外收入

根据《税法典》的规定，除法律规定的特殊情况外，营业外收入主要包括企业以下各项收入：

（1）各类债务利息收入；

（2）出资参股其他法人企业或合伙企业取得的股息和其他收入；

（3）根据保险合同或再保险合同获得的保险赔偿金；

（4）因合同违约而获得的罚款或者其他违约金收入，以及对损失或者损耗的赔偿金；

（5）用于清偿之前核销的债务的款项；

（6）使用或者有权使用土国民法典规定的著作权，以及证书、品牌、商标或者服务标志、图纸或者模型、电路图、秘方或秘密工艺流程，或者工业、商业或者科学试验而支付的作为报酬的各种款项；

（7）从债务人处收回的之前利用呆账准备金核销的应收款项；

（8）由于诉讼时效届满或者由于其他原因核销的应付账款，但按照《税法典》第57条规定核销的所欠税款、罚款和滞纳金除外；

（9）外币业务汇兑收益，以及外币资产和债权升值或者外币债务贬值产生的汇兑收益；按照双方协议规定的商品（工程、服务）、产权销售（入账）之日外币汇率计算的所产生的债权和债务收入与实际到账的马纳特金额（支付）不符时纳税人获取的收益；

（10）纳税申报年度内发现的以前纳税申报年度的收入；

（11）至纳税期结束时未使用的，但按照《税法典》规定计入扣除款项的准备金和资金；

（12）从弃置的固定资产上拆卸下来的材料或者其他财产的价值；

（13）从事慈善事业时获得的未按照规定用途使用的财产（工程、服务）的价值；

（14）存货盘盈；

（15）无偿获得的财产（工程、服务），包括产权，但《税法典》规定不属于收入总额的收入项目除外。在计算收入时，应当按照实际市场价格、并参照《税法典》第36条关于确定商品、施工和服务价格的规定对该财产（工程、服务）进行估价。

（16）其他营业外收入。

（二）不属于收入总额的项目

为了进一步明确法人利润税的收入范围，土国还在税法中明确规定了不属于法人利润税收入总额的事项。具体包括以下各项收入：

(1) 出资人（股东、合股人）的出资，包括股票（股份）发行的举国溢价收入；

(2) 出资人（股东）退出或者在企业清算产时，出资人（股东、合股人）获得的以原始出资额为限的资产；

(3) 合伙人退伙时，或者在合伙企业被清算时，合伙人获得的以其原始出资额为限的资产；

(4) 有价证券价格变动产生的收益；

(5) 按照土国法律和国际财务报告标准固定资产（资金）重估增值；

(6) 预算机构按照国家权力机关和管理机关、地方执行权力机关和地方自治机构决议获得的财产；

(7) 纳税人在专项拨款范围内获得的资金和其他财产，专项拨款来源于财政支出、国家基金资金、资助金和其他来源；

(8) 在寄售合同规定代销费用不能列入代理人支的情况下，供销人根据寄售合同以及作为代销费用补偿而获得的资金，该规定还适用于委托合同或者其他类似合同；

(9) 按照养老保障法获得的并划入个人养老金账户的企业投资收益；

(10) 以借款和贷款方式获得的资金和其他财产，以及为了偿还借款和贷款获得的资金和其他财产；

(11) 按照《税法典》第 49 条第 4 款的规定纳税人所获得的资金；

(12) 专门用于维持非营利性机构及其法定活动的财产，包括会费和慈善捐款、捐赠、遗产；

(13) 以担保或者保证金（定金）方式获得的作为债权担保的财产；

(14) 国有企业在成立时获得的资金和其他财产；

(15) 国家权力机关和管理机关、地方执行权力机关和地方自治机构，根据法定职权进行施工（提供服务）时获得的资金；

(16) 法定继承人在该企业重组时获得的财产；

(17) 按照赠予合同获得的财产（工程和服务），或者预算单位、非经营性企业、国家权力机关和管理机关、地方执行权力机关和地方自治机构决议无偿获得的财产；

(17) 企业按照土国总统令、土国内阁决议、地方执行权力机关和地方自治机构决议，以及按照各部委和机关决议在行业内部无偿转让时获得的财产；

(18) 在外国或国际组织为土国提供的国际人道主义援助、财政援助、技术援助方案和规划范围内获得的财产（工程和服务）；

（19）用于广告宣传的商品（工程、服务），企业在购买（创造）时的费用不超过土国规定的最低工资额40%的，其价值不包含在收入总额之内。

（三）对销售货物、工程施工、提供服务的收入总额的特别规定

土国税法规定，对于销售货物、工程施工、提供服务的收入总额，应当按照《税法典》第97条关于增值税有关销售货物、工程施工、提供服务的相关规定执行。

在确定销售货物、工程施工、提供服务的总额时，下列的无偿转让行为不视为销售：（1）因法人重组由其权利义务的继承人继承财产；（2）按照国家权力机关和管理机构、地方执行权力机关和地方自治机构决议，无偿转让社会性设施和生产性设施（住房、疗养院、工厂、生产厂和其他类似项目）；（3）按照政府间协议以及国家权力机关和管理机关的决议，用于人道主义援助和（或）慈善援助的物资（无偿施工和提供服务）。

另外，根据税法的规定，下列财产转让也不属于商品销售：（1）由于国家或者公共需要，或者因不适当地使用土地，根据国家权力机关和管理机关、地方执行权力机关和地方自治机构的决议，处于被收回地段上的附着物；（2）征收，没收财产或者继承财产，以及由国家接收的无主财产或宝藏；（3）以财产出资参股其他法人企业或合伙企业。

确定商品（工程、服务）销售收入时，应当按照《税法典》第36条的规定，以交易双方确认的商品、工程、服务的价格确定收入。如无相反的证明，该价格被视为市场价格。

无偿转让商品、施工、提供服务时，根据纳税人日常有偿销售时采用的商品、工程、服务的价格确定收入。

无偿转让之前使用的固定资产和无形资产时，应当根据该固定资产和无形资产剩余价值来确定收入。

交易双方未规定互换商品、工程、服务的价值的，还可根据纳税人日常有偿销售时采用的商品、工程、服务的价格确定收入。

进行不等价交换时，补差价款应当计入收放总额。

向自己的员工销售商品、工程、服务时，应当根据纳税人日常有偿销售时采用的商品、工程、服务的价格确定收入。

销售被清算企业（外国企业的分支机构或代表处）的商品时，可根据纳税人实际采用销售价格来确定收入，但对于固定资产和无形资产，其实际销售价格不得低于该固定资产和无形资产剩余价值；对于其他商品，不得低于其购买价值。

对于以优惠价格（费率、定价）销售的商品、工程、服务的，可参照该优惠政策确定收入。该规定还适用于按照土国法律免费发放给居民的商品、工程和服务。

向预算单位、国家权力机关和管理机关、地方执行权力机关和地方自治机构销售商品、工程和服务，以及按照这些机关的决议销售商品、工程和服务的，应当按照实际销售价格确定来确定收入，其中包括无偿转让商品、工程和服务的情况。该项规定不适用于按照国家权力机关和管理机关、地方执行权力机关和地方自治机构决议无偿转让社会性设施和生产设施。

（四）对银行收入总额的特别规定

土国税法规定，银行收入总额可按照银行业务收入和本节第1、第2、第3部分规定的收入金额确定。其中，银行业务收入应当包括下列各项收入：(1) 银行以自己的名义、自付费用发行由其筹集的资金所取得的利息收入，贷款和借款利息收入；(2) 为客户包括代理行开立账户和记账，以及受客户和代理行的委托实施结算，所取得的收入；(3) 资金、票据、付款文件托收业务收入，柜台服务收入；(4) 现金和非现金的外币业务收入，货币资产业务收入；(5) 贵金属和宝石业务收入；(6) 为负有货币给付义务的第三方提供银行保函、担保、票据担保业务的收入；(7) 因购买金钱债务履行权而取得的收入；(8) 按照与客户签订的合同代为管理资金或者其他财产而取得的信托收入，包括受托服务；(9) 银行保险柜业务收入；(10) 向客户收取的通信服务补偿费；(11) 银行收到的已偿还的贷款（借款），这些贷款（借款）之前作为银行亏损被核销，或者之前通过设立的准备金从计税依据中减去的扣除款中核销；(12) 福费廷业务和保理业务收入；(13) 对贵金属和宝石进行重新评估时的收益；(14) 从事其他银行业务和服务取得的收入。

（五）对保险企业收入总额的特别规定

土国税法规定，保险企业的收入总额可按照保险业务收入和本节第1、第2、第3部分规定的收入金额确定。其中，保险活动收入包括下列收入：(1) 根据保险合同、共同保险合同和再保险合同收取的保险费（保费），此时，共同保险合同的保险费（保费）按照其保险费份额计入保险人（共同保险人）收入；(2) 转回的以前纳税申报期的保险准备金，同时应考虑到再保险接受人保险准备金份额的变化；(3) 根据再保险合同收取的酬金和佣金；(4) 根据共同保险合同收取的共同保险佣金；（5）再保险公司支付的转让再保险风险的保险赔付款；（6）提供保险经纪服务、代理服务、保险公正、损失鉴定所取得的酬金；（7）再保险风险抵押金的利息；（8）在土国法律规定的情况下，根据保险合同投保人请求权实现程序从造成损害的责任方取得的索赔金；（9）保险合同违约罚款收入；（10）因再保险合同提前终止而退还的再保险费（保费）金额；（11）开展保险业务时获得的其他收入。

（六）关联企业收入的确定

关联企业之间形成或者规定的交易条件与类似交易中普通条款的规定不一致的，其中一方本应获得的收入，因这些特殊交易条件而未能获得，则这一部分收入应该按照本章的规定计入其应税收入。

二、准予扣除的项目

根据土国税法的规定，在确定应税利润时，应该对法律规定的收入，以及与经营活动和获得利润相关的费用和损失进行扣除。

同一项费用允许在多个支出科目中扣除的，只能在计算应税收入时扣除一次。

与适用不同税率的应税所得相关的支出（费用），或者根据《税法典》第 170 条规定免税收入的应税所得相关的支出（费用），应分别进行核算。无法对支出进行分别核算时，则应按照相应收入占总收入的比例进行分配。

本部分规定的扣除款项，必须依据相应凭证才能进行扣除。

根据土国税法的规定，准予扣除的项目主要是指与商品、工程、服务的生产和销售相关的费用（支出）。

（一）材料费

根据土国税法的规定，企业从事商品生产、工程施工、提供服务时所使用的材料费，允许从计算法人利润税的应税收入中扣除。

根据《税法典》第 155 条的规定，材料费包括纳税人的下列费用：（1）购进后用于今后销售的货物；（2）购进用于生产成品、进行施工、提供服务时使用的原料和材料；（3）购进用于包装和处理所产或销售商品所需的材料，以及用于其他生产和经营所需的材料；（4）购买工具、设备、器材、仪器、工作服和其他不可折旧的财产；（5）购买需要安装的配套产品；（6）购买需要后续加工的半成品；（7）购买工艺、发电、室内供暖所需的燃料、水、电，以及输变电的费用；（8）购买由第三方法人企业和个体经营者提供的生产性工程和服务。生产性工程和服务包括：进行某些产品制造，原料和材料加工，对原材料进行质量检测，对工艺流程进行监督，对主要生产设施进行维护等。另外，由其他单位提供的用于维持经营的运输服务，也属于生产性服务；(9) 维护和运营固定资产和用于环保的其他财产的费用，排污费和其他类似费用，包括土地复垦费用；(10) 与经营活动和以获得利润（所得）为目的的其他活动相关的其他材料的支出。

计入材料支出中的存货价值，应当根据其购买价格确定。购买价格中包含向中介机构支付的佣金、商品交易所注册登记费、对进口货物征收的关税、消费税、运费以及与存货购买相关的费用。存货价值中不包含应该按照《税法典》第 110 条和第 126 条规定抵扣的增值税和消费税金额。

材料支出不包括可回收废品的价值。

对于将应退还给供货商的包装箱价值计入购买货物的价格当中的情况，应当按照包装箱的可用价值或者销售价格，将包装箱的价值从购买货物的总金额中扣除。对于不予退还的包装箱价值，应当计入购买货物的费用之中。

对于包含上述材料费中的商品销售、工程施工和提供服务，根据《税法典》第 96 条的规定免征增值税，或者根据《税法典》第 96 条的规定不征收增值税，则购买该商品、工程和服务的价值及所支付增值税一并计入扣除项目。本规定还适用于《税法典》第 95 条第 2 款规定的非增值税纳税人购买的商品、工程和服务。

如果自产或者进口的应税消费品被用作生产非应税消费品的原料（材料）或者用于《税法典》第 126 条规定的其他目的，包含在材料费中的商品价值还包含为该商品缴纳的消费税。

另外，土国税法还规定，下述各项支出也应当计入材料费之中：(1) 土地复耕支出和用于其他环保措施的费用，法律另有规定的除外；(2) 按照土国内阁规定的程序确定的、在自然损耗标准范围内的货物短缺或损坏而造成的损失；(3) 生产或运输过程的工艺损失；(4) 矿产资源开采准备费。

(二) 劳动报酬支出

根据《税法典》第 156 条的规定，企业在从事商品生产、工程施工、提供服务过程中发生的劳动报酬支出，可以从企业得税应纳税所得中扣除。这些劳动报酬支出包括以现金方式和实物形式的发放的人工成本。

土国税法规定，可以扣除的劳动报酬支出包括：(1) 按照企业实施的劳动报酬形式和体系，基于规定的计件工资、计时工资和岗位工资计算的实际工资；（2）生产成果奖，工资性津贴；（3）按照土国法律规定的、工作制度和劳动条件相关的补助费或补贴，包括夜班工作补贴、倒班补贴、兼职补贴、增加工作量的补贴、重度体力劳动补贴、有害和特别有害环境下的工作补贴、加班补贴和节假日加班补贴；（4）按照土国法律规定，免费向员工提供公共服务、膳食、食品、住宿等的费用，或者相应的现金；（5）根据劳动合同或集体合同的规定的员工伙食支出，也包括由第三方提供的伙食费用；（6）按照土国法律规定，免费发放给员工供其个人日常使用的物品（包括制服、服装）；（7）为员工履行土国法律规定的国家义务或社会义务而发放的工资；（8）按照土国法律规定支付的年休假和补充休假工资（应休未休假的补偿金），青少年进行短时工作的工资，哺乳期妇女在工作日哺乳期间的工资，以及进行体检、履行国家和社会义务期间的工资；（9）对因企业（分支机构、代表处）重组或清算、裁员或者减编而失业的员工支付的补偿款；（10）支付遣散费；（11）按照土国法律对长期服务者支付的一次性奖励；（12）按照土国法律规定支付给员工在学习（专业培训、再培训等）期间的工资；（13）根据土国法律的规定，对被迫缺勤或者执行低工资工作的员工支付的工资；（14）根据土国法律的规定，对临时失去劳动能力的员工支付的工资补差；（15）用人单位按照强制险保险合同支付的款项，以及用人单位按照与保险机构签订的、为员工的自愿保险合同支付的款项；（16）按照土国法律的规定为实行轮班工作制的员工发放的额外津贴；（17）向献血的员工在每次献血之前的体检日、献血日和休息期间支付的工资；（18）根据签订的民事合同，向非在编的员工支付的进行施工（服务）的工资，但向个体经营者支付的费用除外；此时，工资额中不包括与施工（服务）相关的材料费价值；（19）员工休假工资储备金和长期服务年度奖准备金；（20）根据土国法律，或按照劳动合同或集体合同的规定向员工支付的其他费用。

为了进一步明确劳动报酬的范围，土国税法中还规定了不属于扣除款项的人工成本。具体包括：（1）物质帮助；（2）上下班的公共交通费用、专线交通费用、通勤运输费用；（3）企业提供给员工的产品差价，或者企业的附属经营单位为企业公共食堂提供的产品（工程、服务）的差价；（4）疗养费或休养费、观光费和游览费，在运动俱乐部、兴趣小组或者俱乐部从事运动活动的费用，使用娱乐或者体育（运动）设施的费用，订阅报刊图书的费用（不包括订阅技术标准和其他用于生产目的的图书），购买员工个人所需商品的费用，以及用于其他类似员工福利的支出。

（三）折旧费用

根据土国税法的规定，纳税人用于获取收入的固定资产和无形资产，也应该通过折旧扣除的方式计入纳税人的支出之中。

资本性支出，应当以摊销的方式计入纳税人的支出（费用）中。

对于无形资产的摊销费用，只有按照土国法律规定的条件并能够确认纳税人在获得收入时实际使用了无形资产时，才可以扣除。

纳税人的支出（费用）中，不包含按照土国法律和国际财务报告标准重新评估固定资产（资金）时产生的顺差折旧扣除。

在计算法人利润税时，无偿获得的固定资产，如果非企业法人、预算机构和社会团体的财产被用于获取收入，均不得计提折旧。

《税法典》明确规定直接准予扣除的资本性支出，不得计入折旧财产的价值。

对于租赁（出租）的财产，由出租方（出租人）进行折旧扣除。

对于转让金融租赁的财产，由承租人进行折旧扣除。

发包方将尚未按照规定程序验收或尚未作为固定资产进行核算登记的建筑项目使用时，按照固定资产进行折旧扣除相同。该规定也适用于其他类似情况。

折旧费应当按照土国法律规定的程序和标准进行计算。

（四）与商品（工程、服务）生产和销售相关的其他费用和损失

土国《税法典》第158条规定，与商品销售、工程施工、提供服务等相关的其他费用和损失，在计算法人利润税时，也应当进行扣除。

根据税法的规定，这些其他费用和损失包括以下各项：（1）土地费；（2）发明奖和合理化建议奖；（3）各类债务利息支出；（4）土国法律规定、由用人单位支付给临时失去劳动能力的员工的补助金和其他社会性补助；（5）在员工调往新的工作地点时，给员工发放的津贴；（6）根据《税法典》第166条规定支出的财产租赁租金、金融租赁费；（7）海运、内河运输船舶和飞机乘务人员在土国内阁确认的标准范围内的餐饮费；（8）劳务派遣服务费；（9）为建立与保持合作关系，接待和服务其他法人谈判代表的招待费用，但不得超过收入总额的1%；（10）通信服务费；（11）审计、法律、咨询、信息和其他管理服务费用；（12）支付给其他企业和个体经营者的佣金及其他同类费用；（13）办公用品支出；（14）广告费，包括参加展览会和展销会的费用；（15）员工培训和进修费用；（16）组织招聘员工的费用；（17）警卫和安保费用支出，以及用于提供正常工作条件的支出（财产保护服务、消防措施、劳动安全费用支出，和与直接位于企业范围内的房屋和医疗站财产保养相关的费用，及其他类似费用）；（18）在自然损耗标准范围内的货物短缺而造成的损失；（19）废品损失；（20）因为内部生产原因导致停工造成的损失；（21）财产保险和其他类型保险费用，但《税法典》第154条第1款和第156条第1款中规定的费用不在此列；（22）预提的维修金、季节性行业生产备用金，以及对租赁物品的维修预备金；（24）用于准备和开发新部门、车间和机组的费用；（25）与技术改进、组织生产和进行管理相关的非资本性费用；（26）保修和保养费用；（27）进行倒班作业的企业用于维持生活营地和临时居住地的费用，包括公共住宅和社会生活项目的维持费用；（28）研发费用；（29）自然资源开发费用；（30）在土国内阁确认的标准范围内的差旅费。该部分费用包括：工作人员到达出差地点和返回固定工作地点的车费；住宿费用，出差补助；办理和发放签证、护照、邀请函和其他类似文件的费用；领事费，机场费，入境费和其他类似付款和收费；（31）为员工租用住房的费用；（32）按照土国法律支付的、员工由于工伤而丧失劳动能力时的补助金；（33）港口费和机场费、领航服务费和其他类似支出；（34）海运运费，入境费和过境费以及其他类似缴费；（35）为获得开展某些类型业务而支出费用和规费（企业登记费、许可证使用费等）；（36）产品（商品、工程、服务）认证费用；（37）银行服务费；（38）与商品（工程、服务）生产和销售相关、但不属于上述费用的其他费用。

另外，土国税法还规定，与商品生产和销售、施工、提供服务相关的损失和其他费用，还包括未按照《税法典》第110条第4款规定抵扣的固定资产、未完工工程和无形资产的增值税金额。

（五）营业外支出（损失）

根据土国《税法典》第159条的规定，对于企业支出的、不直接与商品、工程和服务的生产或销售相关的费用，为企业的营业外支出（损失）。对于这些支出（损失），在计算法人利润税时，应当从应纳税所得额中扣除。

根据土国税法的规定，允许扣除的营业外支出（损失）包括以下各项：（1）根据经营租赁（融资租赁）合同所租入财产的维护费用（包括该财产的折旧费用），但仅限于不以经营租赁（融资租赁）为主营精力的法人；（2）有价证券买卖损失；（3）用于组织股票发行和有价证券服务的费用；（4）外币业务的汇兑损失，以及由于外币资产和债权贬值、外币债务升值而产生的汇兑损失；（5）纳税人按照双方协议规定的商品（工程、服务）、财产权销售（入账）之日外币汇率计算的债务和债权金额，与实际收入（支付）马纳特款项不符时产生的亏损；（6）预提的呆账准备金；（7）固定资产的弃置费用，包括尚未提足的折旧费用，以及未完工项目和其他未安装的财产的处置费、地下资源保护费用和其他类似工程费用；（7）与生产设备和项目封存、启封相关的费用，包括被封存的生产设备和项目的维护费用；（8）与法院审理案件相关的费用；（9）与被取消的生产订单有关的费用，以及无产品产出时的发生费用；（10）包装业务的损失；（11）罚款、滞纳金、违约金和其他罚金，以及对所造成损失的赔偿费用，但上缴至土国国家财政或者其他国家财政的除外；（12）对于根据法规规定在纳税申报期内由于诉讼时效届满或其他原因而被核销的物资、工程和服务的应付账款时，这些物资、工程和服务所含的增值税款；（13）召开年度股东大会的费用；（14）因诉讼时效期限届满或者其他原因而被核销的应收账款金额；（15）用于偿还之前已核销债务的金额；（16）在当前纳税申报期内发现的之前纳税申报期应扣未扣的费用（损失）；（17）由于内部生产原因造成的停工损失，以及由于外部原因停工而过错方未给予赔偿而产生的损失；（18）由于自然灾害、火灾、事故和其他紧急情况而造成的损失，包括与预防和消除自然灾害或者紧急情况后果相关的费用。由于上述原因而导致固定资产报废的损失，可根据《税法典》第160条的规定判定；（19）超过自然损耗额度范围的物资短缺和损失，以及无法确定责任人的物资被盗损失；（20）债权出让交易损失；（21）按照土国法律租赁国家财产时，由财产持有人扣除的、上缴至土国国家财政的租赁利息金额；（22）合伙企业的合伙人从事合伙企业经营活动而产生的亏损；（23）与商品（工程、服务）生产和销售无直接关系的其他费用。

（六）出售固定资产和无形资产时的扣除款项

根据土国税法的规定，纳税人出售固定资产和无形资产时（包括无偿转让），应从收入总额中扣除该财产初始（资产负债表）价值与使用期内计算的折旧扣除金额之间的差值。这一规定还适用于从责任方获得损失赔偿和保险赔偿的被盗或者受损的固定资产和无形资产。

（七）固定资产维修费用

土国税法规定，固定资产的维修费用包括维修时使用的备件和所消耗材料的价值、维修工人的劳务费和与自行维修时产生相关的其他费用，以及支付给他人的作业报酬。这些费用都可以扣除。

承租人和出租人之间的合同（协议）未约定由出租人对承租人租入的固定资产维修支出给予补偿的，承租人对租入固定资产所承担的维修费用也应当扣除。

纳税人有权设立固定资产维修准备金。在纳税申报期内预提的固定资产维修费用准备金，应当等额列支相应纳税申报期最后 1 日。纳税人设立了固定资产维修准备金的，则实际产生的维修费用金额应通过该准备金中支出。在纳税申报期内实际产生的固定资产维修费用金额超过设立的固定资产维修准备金金额，在进行征税时，差额部分将计入纳税期结束之日的其他费用。

如果在纳税期结束时，固定资产维修准备金余额超出当期内实际产生的固定资产维修费用金额的，在进行征税时，应当将差额计入纳税人的收入。

（八）自然资源开发费用

土国税法规定，纳税人进行矿产资源地质勘查、矿产勘探、进行准备性工作时所产生的费用，可视为自然资源的开发费用。该费用还包含开采天然气或者伴生气以及石油的纳税人按照土国内阁规定的金额和程序向他人进行地质勘探作业所产生的费用。如果纳税人的自然资源开发费用不是来源于土国国家财政资金或国家行业基金的拨款，则这些自然资源开发费用（其中包含未取得良好成果的费用）应计入纳税人相关纳税申报期的其他费用。

（九）科研、设计和开发费用

土国税法规定，应当从收入总额中扣除科研、设计和开发费用（包括那些没有取得收益的费用），但用于购置、安装固定资产的费用和其他资本性支出的费用除外。

（十）银行服务费

除上述各项规定的支出（确定利润时的扣除款项）外，银行服务费还包括：（1）下列利息：①根据银行存款合同和使用账户资金的利息；②自有债务（债券、存托凭证或者储蓄凭证、票据或者其他债券）利息，其中包括贴现利息；③跨行贷款利息、银行与其分支机构之间以及同一家银行的各个分支机构间重新分配的贷款利息；④再融资贷款利息，包括按照土国中央银行规定的程序通过竞拍获得的再融资贷款的利息；⑤按照规定程序延期（长期）的跨行贷款利息，以及按照土国内阁决议延期的贷款利息；（2）服务费和代理服务的手续费，包括客户的现金核算服务、开设账户服务、向其他银行支付现金核算的服务费和其他类似费用；（3）进行外汇业务的费用，包括买卖外币的手续费（收费），外汇风险管理及保护费用；（4）进行贵金属和宝石业务的费用；（5）根据之前纳税年度的结算结果缴纳或者返还的利息或者手续费；（6）下列各项的费用：①用于开展银行业务的固定资产租赁费，其中包括代收进款的汽车和运送银行票据和贵重物品的专用汽车，以及包括代理点在内的无形资产；②与银行业务和客户服务有关的通信服务，包括传真和卫星通信；③现金结算服务和计算中心服务；（7）根据与个人和企业签订的合同提供的福费廷业务、保理业务资金和其他财产的信托支出费用；（8）养老金和补贴汇款费用；（9）下列项目的费用：①制造、购买和转送表格、银行卡以及重要空白票据、支票、收据、存折和其他证簿，纸币和硬币的包装材料；②支付结算工具（塑料银行卡、旅行支票和其他支付结算工具）的制作与发行；（10）纸币、硬币、支票和其他支付结算凭证托收费用，以及用于银行或者银行客户的贵重物品的包装（包括现金配备）、运输、转送或配送的费用；（11）现金转运袋和贵重物品运输保存袋的维修和修补费用，及其购买或者更换破旧无法使用的袋子的费用；（12）设立个人存款保障基金的费用。

（十一）保险服务费

除上述各项规定的支出（确定利润时的扣除款项）外，企业提供保险服务的服务费还包括：（1）再保险的合同项下收取的保险费；（2）按照保险合同支付保险费和保险赔偿金；（3）再保险合同项下的保险给付补偿；（4）对再保险业务支付的代理佣金和酬金；（5）与设立保险准备金相关的费用；（6）向保险经纪人、代理人、鉴定人和事故调查人、其他企业和个人支付的，与保险业务相关的服务费；（7）与保险证明（包括保险单、重要票据、收据和为保险业务提供保证的其他必要凭证）的生产、发行、接收、保存、转运和采用相关的费用；（8）保险事故预防费用，但以保险费的15%为限；（9）根据土国财政部规定的标准，根据保险合同、再保险合同和共同保险合同计提的保险准备金。

（十二）融资租赁利润的确定

土国税法规定，将财产交付长期租赁时，融资租赁费超出出租财产的购买价值，或者建造生产费用的部分，计入出租方的收入总额。同时，出租人的扣除款项中应当包括《税法典》第154条至第158条中注明的应税扣除项目（包括材料费、人工支出、折旧费，以及与商品、工程、服务的生产和销售有关的其他费用和损失）的费用，但融资租赁财产的生产费用或者购买价值不在此列。

融资租赁费高于融资租赁财产的购买价值或者建造、生产价值的部分，准予从承租人从收入总额中扣除。同时，对于以融资租赁方式租入的固定资产（财产），其折旧费允许从承租方的收入中扣除。

（十三）经营损失

根据土国税法的规定，纳税人的经营损失指的是根据《税法典》第154条至第166条规定的扣除额超过按照本法第149条至第153条、第166条计算的收入总额。根据法律的规定，纳税人的经营损失可允许向以后的纳税年度结转，但结转年限不得超过3年，且应从下一纳税申报期的收入总额中扣除。

三、收入时间的确定

1. 根据土国税法的规定，对于因销售货物、工程施工、提供服务而取得的收入，在完成发（供）货、施工和服务的当期确认收入的实现，而与以资金或者其他财产（工程、服务）形式的付款实际是否到账无关。

2. 银行以自己名义自费发放所筹集的资金而获得的利息收入、提供贷款和借款而获得的利息收入，应当在利息支付或者以其他方式清偿对纳税人的债务的纳税申报期内进行确认。

3. 保险、共同保险和再保险的保费（保险费）收入，应当在签订保险合同的纳税申报期内进行确认，但保险费分期支付的情况除外。此时，在收到保费（保险费）或者以其他方式清偿对纳税人债务的纳税申报期内进行确认。

4. 对于超出自然磨损标准的货物短缺被根据法律规定认定为已销售的货物时，应当在发现货物短缺的纳税申报期内对收入进行确认。

5. 对于下列两种情况，应当视为已经发运（交付）商品、完成工程和提供了服务：（1）纳税人已经履行了交易或者合同规定的所有义务且应当向纳税人无条件支付所有对价的，即使该权利延迟履行或是分期付款的；（2）纳税人提供服务时，自合同规定的服务（包括分期提供的服务）已提供完毕之时起确认收入。

6. 对于长期合同，应当根据各个纳税申报期内实际完成的工作量确认本纳税期的收入。根据法律规定，长期合同是指在3个月无法履行完毕的合同。这一规定还适用于单件生产制造周期超过3个月的商品的销售合同。

7. 纳税人（寄售人）按照寄售合同或者其他类似合同销售货物的，以代销人在销售通知单或销售账单中注明的将属于寄售人的财产发出（转交）给消费者的日期为获得销售收入的日期。

8. 对于营业外收入，按照下列日期确定收入的实现：（1）对于债务利息收入、股息收入、保险赔付收入、违约处罚收入、清偿之前核销的债务的收入、知识产权的收入等，应以纳税人收到款项之日，或者以其他方式偿清欠纳税人债务之日为纳税人的收入确认之日。无论纳税人收到款项或者是由第三方按照纳税人的委托代收款项，这些款项都应当计入收入总额；(2) 对于由于诉讼时效届满或者其他原因核销的账款，应当以债权终止之日为收入的确认之日；(3) 对于因从事外币买卖而取得的收入，应当以外币交易完成之日或者外汇汇率改变之日为收放的确认之日；(4) 对于发现的以前纳税申报年度的收入、本纳税申报期未使用的准备金、从废弃的固定资产上拆卸下来的配件的价值、在慈善活动中未按照规定使用货物的价值、盘点时发现的盈余货物的价值，以确认上述各项收入的纳税申报期的最后一日为收放的确认日期。

9. 对于外币收入，在征税时，应当按照获得相应收入之日土国中央银行规定的官方汇率换算成马纳特。

四、准予扣除收入的时间确认

根据土国《税法典》第169条的规定，在计算法人利润税应纳税所得额叶，税法规定准予扣除的项目，其收入的确定时间应当按照以下各项规定来执行。

1. 除下述各项的特别规定外，所有的扣除项目都应当在所属的纳税申报期内进行扣除，与实际发生的资金支付时间和支付方式无关。

2. 对于长期合同、季节性的经营活动，或其他规定的情况，应当按照土国财政部和土国国家税务总局规定的程序，基于收入支出配比原则，在发生支出的纳税申报期内进行扣除。

3. 税款金额，以及强制性养老保险、强制性专业养老保险的缴纳金额，可在计提的纳税申报期内进行扣除。

4. 出资参股其他企业所取得的股息和其他收入，之前已由在土国的支付来源方进行源泉扣税的，应当在取得收入的纳税申报期内扣除。

5. 赌博收入应当在取得收入的纳税申报期内扣除。

6. 对于材料费，可在以下的纳税申报期内扣除：(1) 购进货物用于后续进行销售的，应当在货物发出（转交）给购买方（贸易活动）的纳税申报期内扣除；(2) 对于存货，应当在将存货投入生产的纳税申报期内扣除；(3) 对于工程和服务，应当在纳税人签署交接证明或者证实施工、提供服务的其他证明文件的纳税申报期内扣除；（4）对于排污费，应当在支付排污费的纳税申报期内扣除。

7. 劳动报酬支出，应当在计提所在的纳税申报期内扣除。

8. 折旧费用，应当在计算折旧费的纳税申报期内扣除。

9. 其他费用和损失，以及营业外支出和损失，均列入下列相应报告（纳税）期内的扣除款项中：（1）其他费用和损失的时间，以及营业外支出和损失的时间确定的，应当在该时间所属的纳税申报期内扣除；（2）其他费用和损失的时间，以及营业外支出和损失的时间不能确定的，应当在支付义务发生所属的纳税申报期内进行扣除，其中，支付义务的发生时间是指收到商品的时间、工程竣工和服务完成的时间（包括按阶段）和提交结算依据文件的时间；（3）由于货物短缺、货物废品、停工、自然灾害、火灾、意外事故和其他紧急情况造成的损失，以及由于包装材料造成的亏损，均应当在发现损失和亏损的纳税申报期内扣除；（4）固定资产的维修费用，应当根据《税法典》第 161 条的规定，在实施维修的纳税申报期内扣除；（5）有价证券买卖亏损，应当在亏损产生的纳税申报期内的扣除；（6）因货币汇率变动产生的损失，应当在产生损失所属的纳税申报期内扣除；（7）商品、工程、服务的应付账款已经核销的，被核销的商品、工程、服务的增值税款，应当在核销的商品、工程、服务应付账款的纳税申报期内扣除。核销的应收账款金额也应当在进行核销的纳税申报期扣除；（8）之前已核销后又支付的债务，应当在进行支付属于的纳税申报期内扣除；（9）因合伙企业经营亏损而给其合伙人造成的损失，应当在合伙人分摊亏损的纳税申报期内扣除。

10. 对于应当划拨至土国政府外汇储备的资金，应当在进行划拨所属的纳税申报期内扣除。

五、税收优惠

根据土国税法的规定，法人利润税的税收优惠分为两种情况，即对特定单位的税收优惠和对特定活动的税收优惠。

（一）对特定单位的税收优惠

根据土国《税法典》第 170 条第 1 款的规定，对于下列单位和组织，免征法人利润税：（1）养老投资基金会；（2）残疾人康复机构；（3）教育机构；（4）残疾人社会团体；（5）宗教组织；（6）农业企业；（7）提供杂技服务的居民企业和非居民企业；（8）国际组织、政府间组织、国家间组织，但通过经营活动获得的收入除外。

另外，税法规定，对于属于按照土国《国家扶持中小企业法》确定的中小企业的私有企业（按照土国《油气资源法》开展业务的单位除外），可免于缴纳法人利润税。

（二）对特定项目的税收优惠

土国《税法典》第170条第2款规定，对于单位从事下列各项活动所取得的收入，免征法人利润税：（1）从事教育活动所取得的利润；（2）从事农业产品生产的企业销售自产农产品获得的利润，但经过工业加工的产品除外；（3）提供接待旅游者服务获得的利润，包括住宿、公共饮食、提供个性化的生活和医疗卫生服务、组织娱乐活动（博彩活动除外）和为国家旅游区范围内旅游者提供的其他服务，以及与国家旅游区范围内旅游业项目管理和运营相关的服务收入；按规定程序获得国家旅游区项目资格的单位，即使在国家旅游区范围以外提供同类服务时，也可享受该优惠政策；（4）在国家旅游区内外，为旅游区开展活动的目的，从事与提供旅游者接待项目及其基础性设施相关的工程和服务而获得的利润；（5）在投资项目注册后的3年内，企业销售自产家禽肉和鹌鹑（其可食用和不可食用副产品）及其加工产品获得的利润；（6）销售假肢矫形用品和残疾人专用车辆获得的利润。

对于上述免于缴纳法人利润税的生产经营活动所取得的收入，纳税人应该进行单独核算。无法单独进行核算的，可以根据适用优惠政策的商品（工程、服务）销售收入占商品（工程、服务）销售收入总额的比例确定。

六、应税所得的确定

根据土国税法的规定，每个纳税申报期内法人利润税的应税所得应当从每个纳税申报期的开始累加计算。对于纳税人在纳税申报期内出现亏损的，则本纳税申报期内纳税人的应该所得为零。

在对合伙人从合伙企业的生产经营中获得的收入征税时，为了确定应税收入，可委托其中一位是土国居民的合伙人对合伙企业的收入和支出进行核算。在进行核算时，合伙企业的经营活动与不在合伙企业经营范围内的经营应当分别进行核算。同时，对于在合伙合同中约定了利润分配（亏损分摊），则合伙企业的合伙人在进行合伙经营时产生的费用在确定应税所得时不得计入扣除范围。

对于适用不同税率的应税所得，应当分别进行确定。

对于以实物形式的应该所得，应当按照《税法典》第36条和第150条的规定，按照物资的交易价格进行核算。

对于参股其他企业而获得的红利或其他的收入，计税依据为这些来源于土国境内的收入总额，而不得减去任何的扣除款项。上述收入中不包括在通过提供游客接待服务，包括住宿、公共饮食、提供个人家庭和医疗卫生服务、组织娱乐（博彩活动除外）和为国家旅游区范围内旅游者提供的其他服务，以及与国家旅游区范围内旅游业项目管理和运营相关的服务在分配利润时获得的红利和其他所得。

对于从赌博活动中获得的收入，应当根据《税法典》第172条的规定，按照游戏机（牌桌）数量、座位数或者赌场面积来确定。

对于按照土国《国家中小型企业扶持法》的规定属于中小型企业的私有制企业（按照土国《油气资源法》规定开展业务的单位除外），计税依据是按照《税法典》第149条规定判定的收入总额，不得减去扣除项目的金额，但《税法典》第154条第2款第2项（即已经被源泉扣缴的、因参股其他企业而取得的股息和其他所得）、第3项（即赌博业收入）、第4项（即与生产和销售货物、工程和服务有关的费用）规定的扣除项目除外。同时，这些所得各不包括：（1）销售自产农产品获得的收入，经过工业加工的产品除外；（2）在投资项目注册后的3年内，企业销售自产家禽肉和鹌鹑（其可食用和不可食用副产品）及其加工产品获得的收入；（3）销售假肢矫形用品和残疾人专用交通工具获得的收入。

另外，土国税法规定，对于《税法典》第35条规定的情况，可以调整计税依据。

第三节　税率

与世界上许多国家不同，土国的法人利润税实行比例税率与固定税率并存的形式。根据《税法典》第172条的规定，法人利润税的税率结构如下：

1. 土国居民企业（国有企业和按照土国《油气资源法》开展业务的企业除外）的税率为8%。

2. 其对企业的税率为20%。

3. 企业由于参股其他企业获得的股息和其他所得的税率为15%。

4. 对于按照土国《国家中小型企业扶持法》的规定属于中小型企业的私有制企业（按照国《油气资源法》规定开展业务的单位除外）所取得的所得的税率为2%。

5. 对于赌博活动的所得，法律规定：（1）每台游戏机，每日税率为30马纳特；（2）每张牌桌，每日税率为370马纳特；（3）每个座位每日的税率为7马纳特，或者每平方米赌场每日的税率为3马纳特，或者每个收款台每日的税率为38马纳特。

另外，税法还规定，如果可适用不同的税率的某些赌博，在计算法人利润税时，应当采用可使税款金额最大的税率。

第四节 税额计算与缴纳

一、法人利润税的纳税申报期和税款缴纳期

根据土国《税法典》第173条的规定，土国法人利润税的纳税申报期为一季度，上半年，9个月和纳税年度。

法人利润税的纳税期为纳税年度。

赌博所得的纳税申报期和税款缴纳期为月。

二、税款金额的确定

1. 根据土国税法的规定，法人利润税、赌博所得的所得税，由纳税人自主计算。

企业参股其他企业获得的股息和其他收入，应由扣缴义务人在每次支付时计算和扣除。任何形式的请求权终止均视为已支付。扣缴义务人为产生了收入支付义务的土国居民企业。

2. 第一季度、上半年、9个月和纳税年度的法人利润税金额应当按照法律规定的计税依据，乘以法定税率来确定。

纳税人应当在每一个纳税申报期内预缴税款。预缴税款金额的确定如下：（1）每个纳税申报期（即每季度）第1个月应当预缴的税款，应当根据上一个纳税申报期最后一月的预缴税款金额确定；（2）每个纳税申报期（每季度）第2个月和第3个月应当预缴的税款，应当按照上一纳税申报期内计算

并实际缴纳税款金额，减去本年度上一个报告期内的税款金额后的1/3确定；(3) 至当期预缴税款时间截止之时，如果上一个纳税申报期的纳税申报期限还未到，或者纳税人未到税务局对上一个纳税申报期进行纳税申报，则纳税人当期应当预缴的税款按上一个纳税申报期最后一个月计算的预缴款金额确定。

如果按照上述办法计算的预缴税款与根据预估（核定）计税依据所确定的税款数额之间存在较大的差异，则应当由税务局根据预估（核定）计税依据来确定的应当上缴的税款数额。在此情况下，纳税人应在每个纳税申报期（即每季度）开始之前，向税务登记所在地的税务局提交下一季度预缴税额的相关资料。

第一季度应上缴至土国国家财政的利润税金额，可结合该纳税期以及上半年、9个月和纳税年度计算的预缴款金额，并参照最后一个报告期的支付款和本年度本报告期这前一个报告期计算（规定）的税款进行确定。

3. 赌博活动收入的法人利润税应当按月计算。在确定每月的税额时，应当按照法定税率乘以相应的实际指标和申报期内的营业天数。同时，在计算此类收入的法人利润税时，不得对其给予税收优惠或者免税。

三、法人利润税的缴纳期限

根据土国税法的规定，法人利润税的缴纳期限为：对于企业应当预缴的税款，纳税人应当在每月25日之前缴纳；对于第一季度、上半年、9个月和全年应当缴纳的法人利润税，纳税人应当在按规定期限进行所得税纳税申报后的5日内缴纳。

赌博活动收入的法人利润税，应在纳税申报期满后的次月25日前缴纳。

按照土国《国家中小型企业扶持法》的规定属于中小型企业的私有制企业（按照土国《油气资源法》规定开展业务的单位除外）缴纳的法人利润税，应当在第1季度、上半年、9个月和纳税年度结束后，在按规定期限进行所得税纳税申报后的5日内进行缴纳。

法人利润税的扣缴义务人应当按照法律的规定，在规定的期限内，向土国国家财政缴纳扣除的税款。在国外进行支付时，在规定的扣税之日后的15日内缴纳扣除的税款。

四、纳税申报表的报送

法人利润税的纳税申报表应当按照财务报表报送的期限进行报送。

赌博活动收入的法人利润税的纳税申报表，应当在纳税申报期结束后次月的20日前，向税务登记所在地税务机关报送。

企业因参股其他企业而获得了股息和其他资金，应当在获得收入次月的20日前，由扣缴义务人向税务登记所在地的税务局提交取得收入企业的相关资料，计算、扣除和上缴土国国家财政的所得税金额的相关资料格式由土国国家税务总局予以规定。

预算单位在纳税申报期不发生应税业务的，不提交纳税申报表。

五、特殊规定

对于按照土国《油气资源法》开展经营的企业，应当按照该法的规定计算法人利润税。此类企业的法人利润税的纳税申报期和税款缴纳期都是税务年度。此类企业应当按照合款规定的期限进行纳税申报和税款缴纳。《油气资源法》规定的从事油气资源开发的承包商和分包商的扣缴义务人，应当按照法律规定的程序履行义务。

按照《油气资源法》开展经营的外国企业，应当在提交的法人利润税纳税申报表中注明外币计税依据。按照纳税申报期最后1日土国央行官方汇率将计税依据换算为马纳特。应纳税额也应当以马纳特计算。

纳税人可以用外币（自由流通的货币）缴纳法人利润税，扣缴义务人可以用外币（自由流通的货币）缴纳法人利润税。在此情况下，根据按照税款缴纳之日土国中央银行的官方汇率，将以马纳特计算的税款金额换算成外币。

六、境外法人利润税的抵免

土国《税法典》第178条规定，土国居民企业在土国境外按照其他国家税收法律缴纳的法人利润税金额，在土国缴纳法人利润税时可进行抵免。本规定还适用于按照避免双重征税条约（协议）以及在遵守规定程序的情况时不能退还给纳税人的法人利润税。

对于在土国境外取得的所得，可被抵免的税款金额不得超过按照《税法典》规定计算的法人利润税金额。

应当根据外国税务机关或者其他授权机关出具的证实在土国境外缴纳税款的证明文件进行法人利润税的抵免。

对于在营业外收入中多次出现的同一收入，在计算应税收入时，该项收入只计算一次，不得重复计算。

对于适用不同税率的收入，或者按照利润税优惠政策的规定免于缴税的收入，纳税人必须对这些收入进行单独核算。

第五节 对土国非居民企业的征税

土国《税法典》除了对居国企业的法人利润税制度进行了比较详细具体的规定外，还专门在第二部分第5章第2节对非居民企业的法人利润税制度进行了规定。

一、在土国通过常设机构开展业务的非居民企业的纳税办法

根据法律规定，在土国通过常设机构从事生产经营活动的土国非居民企业，应当按照对居民企业的相关规定计算法人利润税，报送纳税申报表和缴纳税款。

1. 基本规定。根据土国《税法典》第179条第2款的规定，在确定非居民企业的法人利润税时，应当按照下列规定执行。

（1）收入总额中只包含由于在土库曼斯坦境内开展业务而取得的，并且归属于该常设机构部分的收入。

（2）非居民企业的财产主要是由位于土国境内并且归属于常设机构的财产构成，非居民企业销售股份（在企业中的股权）所取得的收入应当计入非居民企业的收入总额。

（3）收入总额中不包含通过常设机构从事外贸交易取得的收入，以及直接对外货物贸易而取得的收入。

（4）因在土国境内开展业务活动而发生的费用，应当从收入总额中扣除，无论这些费用是否是在土国境内产生。除土国关于避免双重征税的国际条约（协议）规定的情形外，在土国境外的外国企业主要管理机构产生的管理管理和行政费用不得从收入总额中扣除。

（5）归属于该常设机构的所得，应该与某个独立企业在同样条件下从事类似活动所取得的所得相符。

2. 非居民企业同时在土国境内和境外开展业务且未单独核算全部或部分的收入支出，因而不能够判定通过常设机构开展业务所获得的收入时，可以根据纳税人与税务登记地的税务局商定的计算方法来确定通过常设机构所获

得的收入。

3、非居民企业纳税人获得《税法典》第180条第2款规定的，来源于土国境内的收入的，只有能够提供税务登记所在地税务局出具的书面证明，证实在该证明出具之时所提供的服务（施工）是通过设在土国境内的常设机构进行的，且在土国境内开展业务获得的收入属于该常设机构的，则该收入的支付方可以不扣缴税款。

4. 非居民企业在土国境内设有多个常设机构的，则每个常设机构都应当单独计算其所从事生产经营活动所取得的收入和应当缴纳的税款，但该项规定不适用于在一个完整的工程流程范围内所开展的业务。

5. 对于按照《税法典》第180条的规定进行预扣税款并将税款上缴土国国家财政的收入，将这部分收入归属于通过常设机构在土国境内开展业务的外国企业收入总额时，应当从应纳税额中扣减已缴纳的税款。

6. 在土国通过常设机构开展经营活动的外国企业，在确定计税依据时有权核算由总部机构按照劳动合同支付的，并符合本法第156条规定的常设机构工作人员的劳动报酬。该企业还有权核算由总部机构派遣到常设机构短期和长期出差时的员工的差旅费和工资费用，但前提是这部分费用不应计入管理费用和行政费用。其中，差旅费按照下述标准进行核算：对与土国之间签订避免双重征税条约（协议）的国家的居民企业，该项费用按照实际支出核算；对于其他的情况，按照土国法律规定的标准核算。

7. 外国企业在土国境外分支机构和代表处所发生的任何支出，在确定该企业通过在土国的常设机构进行经营活动的应纳税所得额时，都不应进行抵扣。但如果这些支出与在土国境内的业务直接相关、并在确定该企业在其他国家的分公司和代表处利润时未作为费用被扣除的，允许在计算该非居民企业的应纳税所得额时扣除。但必须提供该笔费用的相关证明文件（如审计报告），并且这些支出应当单独进行核算。

二、对非居民企业在土国境内不通过常设机构所得的征税

（一）一般规定

土国《税法典》第180条规定，非居民企业不通过常设机构从事经营活动获得收入或获得其他收入时，由扣缴义务人从纳税人的收入总额中预扣所得税和任何扣除款项，增值税除外（计税依据）。此时，从应支付给该企业的每笔款项中扣除所得税税款，其中包括在土国境外支付的款项。另外，对于

以任何方式终止债权请求权的，都被认为是已经进行了支付。

（二）扣缴义务人

土国法律规定，对于上述收入负有支付义务的企业或个人都被视为扣缴义务人，应当履行税款扣缴义务。扣缴义务人具体包括：（1）土国居民企业；（2）通过分支机构、代表处或者常设机构在土国境内开展经营活动的土国非居民企业；（3）个体经营者。

对于扣缴义务人无法计算和扣除所得税的，或者由不属于个体经营者的自然人支付所得款项的，以及无法认定扣缴义务人的，该外国企业应当自行到相应的税务机关进行税务登记，履行自主缴纳税款的义务。本项规定还适用不是通过常设机构、分支机构和代表在土国境内出售不动产、买卖土国居民企业的股票和其他证券的，且买卖双方都是非居民企业的外国企业。

土国《油气资源法》规定的承包商和分包商，应当按照该法规定的程序履行扣缴义务。

在进行征税时，对于以外币计算的收入，应当按照支付之日土国中央银行规定的汇率换算成马纳特。

（三）应税所得

土国《税法典》第180条第2款规定，对于不通过常设机构在土国境内取得的、需要缴纳法人利润税的收入或所得主要包括以下各项。

（1）参股土国居民企业获得的股息和其他收益；

（2）由土国居民企业和个体经营者以任意形式偿还的债务利息，以及土国非居民企业以任意形式偿还的、通过该非居民企业在土国境内的分支机构、代表处或者常设机构开展经营活动而产生的债务利息；

（3）根据保险和再保险合同向土国居民企业和个体经营者收取的保险费，以及向通过在土国境内通过分支机构、代表处或者常设机构开展经营活动的非居民企业收取的保险费；

（4）由土国居民企业或者个体经营者支付的、由土国民法规定的著作权的使用费，证书、品牌、商标或者服务商标、图纸或者模型、电路图、秘密配方或秘密工艺流程的酬金，以及与进行工业、商业或者科学试验而产生的相关费用。土国非居民企业通过其在土国境内的分支机构、代表处或者常设机构开展经营活动而支付的上述费用，也应当按照本项规定执行。

（5）由土国居民企业和个体经营者在土国境内租赁（租用）的不动产、动产而支付的租金。土国非居民企业通过其在土国境内的分支机构、代表处或者常设机构在土国境内租赁（租用）的不动产、动产而支付的租金，也应当按照本项规定执行。本项规定也适用于融资租赁费超出租赁财产价值补偿额部分的租金。

（6）土国居民企业和个体经营者支付的在土国境内进行工程施工、提供服务的收入。土国非居民企业为用于其在土国境内的分支机构、代表处或者常设机构而进行工程施工、提供服务而支付的款项，也应当按照本项规定执行。进行工程施工和提供服务的地点按照《税法典》第99条的规定进行确定。

（7）出售在土国境内的不动产、土国居民企业的股票和其他证券或股权的收入。此项收入的计税依据为根据《税法典》第160条的规定，不动产、股票和其他证券或股权的销售价值和购买销售费用之间的差值。扣缴义务人无法确定应纳税所得额时，将从收入总额中扣除税款。在纳税人向税务局提交相应的文件时，重新计算税款。

（8）土国居民企业和个体经营者支付的合同违约金和滞纳金。

（9）国际运输收入。为土国居民企业和个体经营者提供的海运、河运、航运、汽车或者火车运输而取得的收入，但在位于土国境外各站点之间进行运输的情况除外。土国非居民企业为用于其在土国境内的分支机构、代表处或者常设机构而进行上述运输而支付的款项，也应当按照本项规定执行。

（10）从土国境内获得的、与通过常设机构开展的业务无关的其他类似收入，具体包括：①外国企业从至少有一个合伙人是土国居民的合伙企业获得进行合伙经营的收入；②根据代销合同在土国内销售从境外进口商品所取得的收入（支付给外国企业的所得是扣缴义务人销售价格和外国法人指定的价格之间的差额）；③向外国企业分配土国非居民企业在土国境内的分支机构、代表处和常设机构的财产和利润而获得的收入，包括在清算时获得的收入，但根据避免双重征税条约（协议）该类收入被视为股息的除外；④土库曼斯坦居民企业和个体经营者支付的转让债权、委托合同中介费、财产信托所得。如果这些服务是提供给土国非居民企业在土国境内的分支机构、代表处和常设机构的，则还应该包括土国非居民企业支付的上述收入。转让债权的收入可确定为，债券转让或者终止相应权利时获得的收入金额，超过获得该权利获得时支出金额的部分。

土国税法规定，上述各项收入与是否直接支付给纳税人或者按照委托合同或其他类似合同支付给委托人无关。

（四）不属于应税所得的收入

根据土国税法的规定，下述各项所得，不属于非居民企业通过常设机构在土国从事生产经营活动的、应当缴纳法人利润税的所得。

（1）提供在旅游区内游客接待服务（包括住宿、公共饮食、提供个人和家庭医疗卫生服务、组织娱乐、不包括博彩活动）和其他服务获得的收入，以及提供在国家旅游区范围内旅游项目管理和运营服务而获得的收入；

（2）在国家旅游区内外建造，提供仅用于旅游区开展业务的游客接待项目及其基础性设施相关的工程。服务而获得的收入；

（3）土国居民企业分配其在旅游区内游客接待服务（包括住宿、公共饮食、提供个人和家庭医疗卫生服务、组织娱乐，不包括博彩活动）、国家旅游区内旅游项目管理和运营服务的所得时，股东分得的股息和其他所得；

（4）在国家旅游区内外建造、提供仅用于旅游区开展业务的游客接待项目及其基础性设施相关的工程、服务所借贷款的利息；

（5）仅在国家旅游区内使用土国民法规定的著作权，以及证书、商标、商品商标或者服务商标、图纸或模型、电路图、秘密配方或秘密工艺的酬金，或者与进行工业、商业或者科学试验相关的费用；

（6）在国家旅游区内的不动产和动产的租赁费用；

（7）销售国家旅游区内不动产的收入；

（8）土国非居民企业（包括外国自然人）提供杂技服务获得的收入。

（五）税率

土国税法规定，对于上述各项应税所得，除船舶和飞机租赁收入外，由扣缴义务人按照15%的税率计算纳税人应当缴纳的法人利润税。对于船舶和飞机的租赁收入，按照6%税率计算法人利润税。

（六）申报和缴纳

如果扣缴义务人是在获得收入月最后1日之后进行支付的，则扣缴义务应当利用自有资金缴纳税款，然后再从应该支付给纳税人的款项中扣除已支付的税款。对于根据长期合同进行施工、提供服务的，应当按照合同规定，在进行施工、提供服务的纳税期最后1日进行计税，并在该月份结束后的15日内缴纳税款（包括在国外进行支付的情况）。

向土国非居民企业支付收入的单位，即扣缴义务人，应当在进行支付后的次月20日前向税务登记所在地的税务局提交关于该收款企业、计算扣除和缴纳税款的相关资料。资料的形式由土国国家税务总局与土国财政部协商确定。

向土国非居民企业支付收入的扣缴义务人出现不从支付来源扣除税款并向土国国家财政上缴税款的情况时，将承担法律规定的责任，并同时承担法律规定的滞纳金，但扣缴义务人是国家权力机关和管理机关、地方自治机构的情况除外。

三、避免双重征税制度

对于国际协议的适用，《税法典》第6条规定，土库曼斯坦缔结的国际协定与本法典不一致的，适用国际协定的规定。

关于避免双重征收的适用程序，土国税法规定：(1) 税务机关应根据非居民企业的要求，出具可证明其已在土国缴纳利润（所得）税的证明文件。证明文件的形式由土国国家税务总局规定；(2) 为免缴利润（所得）税或者享受其他税收优惠，纳税人应该向土国国家税务局递交申请书，以及关于其在相应纳税期限内作为与土国签订避免双重征税协议国家的公民的官方证明；(3) 申请及证明可以在缴纳税款或者预缴税款之前，或该纳税期结束后的3年内递交，根据对资料的审核结果纳税人将得以免缴税款或者享受税收优惠权；(4) 申请书的格式和递交程序可由土国国家税务总局与土国财政部协商确定。如递交的申请不符合规定格式或违反递交程序，则土国国家税务机关有权拒绝受理。

第六章　个人所得税法

个人所得税最早起源于英国。1799 年为了筹集战争所需要的资金，英国政府开征了临时性的个人所得税。战争结束后个人所得税一度停征。1842 年个人所得税作为一种正式税种得到了恢复。此后，世界各国开始仿效，开征了此税。20 世纪以来，随着现代国家的发展和公共财政制度的建立，个人所得税在国家税制体系中的地位日益显现。在西方许多发达国家，个人所得税在收入功能方面居于所有税种的前列。在许多发展中国家，个人所得税的收入功能也在逐步提高。据统计，目前世界上有超过 140 个国家和地区都开征了个人所得税。土国也不例外。早在 1992 年 1 月 6 日土国总统就发布了《关于自然人所得税问题》的总统令（第 1596 号），规定了土国的个人所得税制度。此后，土国的个人所得税法律制度经过 1998 年 2 月 18 日第 2473 号总统令、1999 年 2 月 6 日的第 4070 号总统令、2001 年 3 月 14 日的第 3356 号总统令等，得到了进一步的发展。土国现行的个人所得税法律制度是由土国现行《税法典》在第 2 篇第 6 章规定的。

第一节　纳税人

一般而言，个人所得税是对个人（或家庭）在一定时期内所获得的收入的征税，因此，个人所得税的纳税人就是指这些获得收入的自然人。在各国税法中，对于个人所得税纳税人范围的界定不仅直接决定着国家税收管辖权行使的范围，而且也直接决定着纳税人纳税义务的范围。因此，个人所得税纳税人范围的界定问题就成为各国个人所得税法最为重要的问题。

对于个人所得税的纳税人，目前绝大多数国家的做法是把纳税人分为居民纳税人和非居民纳税人两类。之所以如此划分，是因为这两类纳税人所承担的纳税义务有所不同。居民纳税人一般是要为其来源于居住国境内和境外所有的所得向居住国承担纳税义务，这在税法上被称为“无限纳税义务”。而非居民纳税人一般只需要为其来源于非居住国的所得向该国承担相应的纳税义务，这在税法上被称为“有限纳税义务”。之所以有这样的区分，是因为在当代经济全球化的背景下，随着跨国经济与社会交往活动的日益增多，当事人的收入或所得与国家之间的联系日渐淡漠。换言之，在很多情况下，当事人的许多收入或所得并不是来自于其国籍所在的国家。这样，原先以当事人的国籍作为税收管辖权的做法已经不足以解决这些跨国当事人的税收问题。因此，在现代税法上，通过把当事人的收入或所得与其永久居住地或习惯居住地相联系，并以此来确定其纳税义务的范围和大小，就可以比较合理解决这一问题。故将纳税人分为居民纳税人与非居民纳税人，并让其承担不同的纳税义务，就成为在当代世界各国的通行做法。

与世界其他国家一样，土国《税法典》第 182 条明确规定，个人所得税的纳税人是获得该法第 183 条中规定收入的自然人。而该法第 183 条则规定，个人所得税的征税对象根据纳税人的身份不同而不同，即对于土国居民纳税人，是指其来源于国内外的全部收入，而对于土国非居民纳税人，则是指其从土国境内获得的收入。从这两条规定可知，土国个人所得税的纳税人分为居民纳税人和非居民纳税人两种，且居民纳税人承担无限纳税义务，非居民纳税人承担有限纳税义务。

第二节 征税对象

按照土国税法的规定，个人所得税的征税对象是自然人所取得的收入。为了进一步明确个人所得税的征税对象，土国税法对个人所得税征税对象的范围、应纳税所得额的确定都作了明确的规定。

一、纳税人来源于土国境内的应税所得

根据土国《税法典》第 184 条的规定，对于纳税人来源于土国境内的应税所得，一般包括以下各项收入。

1. 从土国居民企业获得的收入，通过在土国境内的分支机构、代表处或者常设机构开展业务的土国非居民企业获得的收入，以及按照土国法律注册的个体经营者和其他个人获得的收入。

2. 按照劳动合同（契约）和民事合同进行工作的报酬，以及企业董事会成员获得的董事费和其他类似款项。

3. 参股公司和合伙企业而得的股息和其他资金。

4. 各类债务利息。

5. 使用或者有权使用土国民法规定的著作权，以及证书、品牌、商品商标或者服务商标、图纸或模型、电路图、秘密配方或工艺流程的酬金，或者为进行工业、商业或者科学试验而获得的相关报酬。

6. 因发生保险事故而获得的保险赔款。

7. 养老金、津贴、奖（助）学金和其他类似的款项。

8. 在土国境内的出租财产或将财产交由他人使用而获得的收入。

9. 艺术工作者（例如戏剧、电影、广播、电视演员或者音乐工作者）以及体育运动员通过在土国境内的个人活动获得的收入，即使这些收入被记在他人名下。

10. 现金和其他实物形式的中奖收入。

11. 其他收入，但《税法典》第187条第1款和第2款规定的不应计入个人所得税应税所得的收入除外。

12. 与通过在土国境内的固定营业场所开展经营活动、提供专业服务相关的收入。固定营业场所是指个体经营者进行全部或部分经营活动的固定地点。对于土国非居民纳税人在土国从事经营时的固定营业场所，应当依据《税法典》第18条的规定进行。专业服务包括独立的科学、文学、艺术、教育或者教学活动，以及医生（民间医师）、律师、专利代理人、工程师、建筑师、审计师和会计师所独立开展的活动。

土国税法规定，自然人以自己的名义和为自己的利益而从事外贸（包括易货）活动所取得的收入，如果这些收入不是通过在土国境内的固定营业场所取得的，则不属于从土国境内取得的个人所得税的应纳税所得。

土国居民企业通过其在土国境外的分支机构、代表处或者常设机构所支付的款项，也不属于来源于土国境内的收入。

另外，土国税法还规定，土国非居民自然人通过从土国境内常设机构获得的劳动报酬和差旅费等收入，也属于其来源于土国境内的收入。

二、计税依据

根据土国税法的规定，在确定个人所得税纳税人的应税所得时，应当包括纳税人在整个纳税申报期内获得各项收入。这些收入，既包括货币收入，也包括商品、工程和服务，还包括物质利益和社会福利。其中，物质利益和社会福利具体包括：（1）纳税人从关联方以优惠价格（收费标准）购买的商品、工程、服务和其他财产；（2）获得低息贷款，但在土国法律规定低率的情况除外；（3）根据用人单位决定核销员工的债务或债款；（4）用人单位按照自愿保险合同，为员工支付保险金的费用；（5）用人单位向员工支付的、与其业务无关的费用。

在确定个人所得税的应税所得时，对于适用不同税率确的所得，应当分别进行核算。

对于适用10%税率的各项收入，其计税依据为该收入的货币价值，减去《税法典》第188条规定的应当扣除的收入和第189条规定的应当减免的收入后的余额，法律另有规定的除外。

如果在一个纳税申报期内，如果《税法典》第188条和第189条规定的税款扣除金额超过应纳税所得额时，则在该纳税申报期内纳税人的计税依据为零。

发生保险事故时，根据自愿保险合同所得的保险赔款的计税依据是指保险赔款超过个人缴纳的保费的部分。同时，保险赔偿金的计税依据按照《税法典》第187条的规定单独进行计算。

对于个体经营者因参股合伙企业而获得的收入，在确定其个人所得税的计税依据时，应当依照下列规定执行：（1）如果在合伙协议中已经对减除合伙人支出之后的收入分配进行了约定，则合伙企业的合伙人对用于合伙经营活动的支出在计算个人所得税应税所得时不得扣除；（2）合伙企业股东中既有土国居民又有土国非居民的，为了征税的目的，应当由其中的一名土国居民合伙人承担该合伙企业的收入和支出核算，而不论合伙协议是否约定由其负责合伙事务。该合伙人应根据整个纳税申报期内的累计结果，分别确定每名合伙人从合伙企业的应税所得额和支出。

除法律另有规定的情况外，为确定计税依据，对于纳税人所取得的收入，应当按照商品、工程、服务和其他财产的价值进行计算：（1）纳税人从企业和个体经营者处获得商品、工程、服务或其他财产时收入；（2）纳税人为获取收入而在经营活动或者其他活动中销售商品、工程、服务或其他财产而获得的收入。对这些商品、工程、服务或其他财产的交易价格，应当依照《税法典》第36条的规定确定。

在确定个人所得税的计税依据时，对于纳税人所销售的商品，与《税法典》第96条第4款对增值税应税销售中对商品的规定是一致的。

在确定个人所得税的计税依据时，下列财产转让不属于商品销售：（1）出于国家或社会的需要，或者因为不合理利用土地、文物，根据国家权力机关和管理机关、地方执行权力机关和地方自治机构决议，没收或收回土地之上的附着财产的；（2）因征收、没收财产或继承财产，以及由国家接收的无主财产或者财产的；（3）由于将个人的财产转移给其继承人。

无偿转让商品、无偿进行施工、无偿提供服务的，其计税依据应当根据纳税人正常进行有偿销售同类商品、进行工程、提供服务的价格确定。纳税人无偿转让之前使用过的固定资产和无形资产时，计税依据根据其剩余价值确定。

用于进行广告宣传的商品、工程、服务，企业购置（建造）的费用不超过土国规定的最低工资额的0.4倍的部分，其价值不计入收入总额。

对于交易双方未规定互换商品（工程、服务）的价值的，其计税依据应当根据纳税人进行正常销售该类商品（工程、服务）的价格来确定。纳税人在进行不等价交换时，应税所得额中还应当包括所交换商品（工程、服务）价值的补差价款。

终止经营的个体经营者销售商品时，可根据纳税人实际采用的销售价格确定其销售收入，但对于固定资产和无形资产，其销售价格不得低于剩余价值；对于其他商品，其销售价格不得低于购买价值。

对于非经营性企业、预算机构、国家权力机关和管理机关、地方执行权力机关和地方自治机构，销售商品、工程和服务的收入，按照实际销售价格确定。

对于纳税人所获得的外币收入，为了确定计税依据，应当按照获得收入之日土国中央银行规定的汇率换算成马纳特。

三、不予计列的所得

与许多国家一样，土国在个人所得税法中，也规定了在确定个人应纳税所得额时，不列入计税依据的收入项目。它具体包括了以下5类情况。

1. 不计入应税所得的收入。根据土国《税法典》第187条第1款的规定，下列各项个人收入不列入计税依据：

（1）土国法律规定的国家补助金，但临时丧失劳动能力的补助金除外。

（2）按照土国和其他国家养老金法律规定程序确定的养老金，以及根据商业（非政府）养老保险合同获得的养老金，个人储蓄性养老金的利息，所缴养老保险费高于养老保险费最低缴费基数的差额时所领取的养老金。

（3）在发生保险事故时，根据强制性保险、自愿人寿保险合同、自愿财产保险合同和责任保险合同获得的，与投保人和被保险人的生命和健康造成的损失、医疗费用赔偿等相关的保险赔款。在其他情况下，根据自愿保险合同获得的保险赔偿金金额超过自然人缴纳的保费部分，应当纳税。

（4）自然人通过继承和赠予获得的现金或者实物收入，但是向科学、文学、艺术作品作者的继承人以及发明人、创作人和工业样品设计人的继承人支付的奖金除外。

（5）从企业获得的，在1个纳税申报期内不超过土国法定最低工资额10倍的赠品。超过该数额部分的金额应当按照一般程序计入收入。

（6）按照土国法律规定程序获得的，与下列项目相关的补偿费，但不包括应休而未休假时给予的补偿：①生命和健康损害赔偿；②为给履行工作义务的自然人报销的差旅费，提供工作服、野外工作补助；③工作人员前往另一工作地点的车费；④为工作人员免费提供住宿和公共服务的费用；⑤发放实物给养的价值，以及发放现金代替实物的价值；⑥解雇员工。包括按照土国法律规定在解雇员工时支付给员工的所有费用；⑦其他费用补偿金。

（7）根据土国总统、社会团体和基金会的规定，以及根据其他国家、国际组织、跨国（政府间）组织的规定，高等院校、中等专业、职业学校、教会学校在其职权范围内发放给本校学生的助学金。

（8）获得的赡养费。

（9）因伤残或者其他健康损害失去劳动能力以及因扶养人死亡或失踪而获得的一次性资助金。

（10）献血补贴。

（11）通过出售个人财产获得的资金，但因进行经营活动而销售财产而获得的资金以及转让股票、债券、其他证券、公司股权所获得的资金除外。

（12）由企业发放的物质援助金：在发生自然灾害或者其他紧急情况时，与发放的数额无关；在其他情况下，在1个纳税期内不超过土国法定最低工资额的10倍。

（13）发放给在土国军队、其他军队、国家安全机关和军事组织服役的现役军人的津贴、奖金和其他款项。

（14）销售下列产品的收入：①在自留地或者作为个人副业而种植的天然和再加工农产品（其中包括养花和养蜂）。对此，纳税人必须提供真实存在自留地和个人副业的证明文件。②野生浆果，坚果和其他果实，菌类，种子，草药，狩猎产品，养殖和捕捞的鱼类，无论这些产品是天然的还是被加工过的。

（15）从事动物和家蚕养殖获得的收入。

（16）从事下列活动获得的收入：①承租人按照农业租赁承包合同从事农业承包经营，以及销售农业承包经营所生产的农产品及其加工品而获得的收入；②受雇于农业企业的劳动者所获得的收入，但管理机构的工作人员（领导、专家和管理人员）除外；③个人农产品生产者销售自产的农产品及其加工品所获得的收入。

（17）依照土国法律获得的私有化财产的价值。

（18）自然人的银行存款利息、存托凭证的股息。

（19）运动员因在官方组织的个人赛或团体赛中获胜而获得的奖金或奖品的价值。

（20）纳税年度内在任何比赛和竞赛上获得的奖金，以及金额是土库曼斯坦法律规定的 3 倍最低工资以内的任何奖金。

（21）按照土国总统决定颁发的奖金、奖品、纪念品和奖章。

（22）被派往境外工作的土国外交部工作人员获得的工资和其他外币金额。

（23）企业支付给自己的员工的、用于报销或者部分报销员工子女在幼儿园和其他保健机构的休养费用，以及用于报销员工门诊医疗或者住院医疗的费用；利用土国全国工会中心资金全额或者部分支付的物质援助、休养费和礼品费。

（24）按照土国民法的规定，发生家庭成员之间或近亲属之间的个人财产交易或非财产交易所取得收入，但个人通过签订民事合同或者劳动合同（契约）获得的收入除外。

（25）按照土国总统的决定，个人按照优惠价格或者无偿转让财产、商品、工程和服务时获得的经济利益。

（26）自然人获得的资助。

（27）从事杂技服务人员取得的工资（包括外国公民获得的收入）。

2. 不视为所得的项目。根据税法的规定，纳税人所取得的下列项目，不视为纳税人的所得：

（1）借款。

（2）归纳税人所有的、由纳税人管理的外币汇兑收益，但存放在个体经营者收款处和存放在银行账户内用于开展经营活动的外汇除外。

（3）合伙人（股东、持股人）退出的，或者在企业清算时各合伙人（股东、持股人）获得的资金，但以原始出资额为限。

（4）有价证券价值变动时产生的收益。

（5）按照《税法典》第49条第4款的规定，因税务机关未及时退还纳税人多缴的税款而向纳税人支付的利息。

（6）担保费。

3. 不视为营业活动的收入。土国税法规定，合伙人退出合伙企业时，或者在合伙企业清算时各合伙人所获得的、在原始出资额度内的财产不视为营业活动的收入。

根据代销合同约定代销费用不计入代销人支出的，供销人根据代销合同和代销费用补偿而获得的财产。这一规定还适用于委托合同或者其他类似合同。

4. 外国公民的收入，以及不经常居住在土国境内的土国公民从驻土国的外国外交代表机构、领事机构、国际组织、跨国（政府间）组织获得的收入，不应缴税。

这些代表处（机构和组织）的工作人员雇佣的家政人员不是土国公民或者不在土国境内长期居住的，所取得的劳动收入可免于缴纳个人所得税。

5. 免税收入。根据土国税法的规定，自然人的下列各项所得，属于免税收入，免于征税个人所得。

（1）土库曼斯坦英雄的收入；

（2）被授予土库曼斯坦“精神灯塔”勋章人员的收入；

（3）按照土国居民社会保护法规定，老干部的收入；

（4）在军事行动中致残人员的收入；

（5）自幼致残的一级和二级伤残人员的收入；

（6）放射性事故受害者的收入；

（7）土库曼斯坦“英勇”勋章获得的各项收入，减半计算应纳税所得额。

为了享受上述各项免税（优惠税收政策）政策，纳税人应当按照规定程序提交相应的证明文件（或其副本）。

6. 受雇在外国国家机关任职的自然人所取得的收入，不应当缴纳个人所得税。

四、准予从收入总额中扣除的项目

土国税法规定，对于以下各项收入，纳税人有权在收入发生的纳税申报期内，按月进行扣除。

1. 自然人取得的土国法定最低工资额。

2. 对因紧急情况（事故、灾难和其他灾祸）以及消除事故后果而致残的人员所取得的法定最低工资额 4 倍的收入。

3. 除自幼致残的一级和二级伤残人员，以及第 2 项规定的残疾人员外，其他伤残人士取得的土国法定最低工资额 2 倍的收入。

4. 纳税人抚养被抚养人的，纳税人每抚养 1 名被抚养人，则允许从其收入中扣除土国法定最低工资额 1 倍的收入。这项扣除款允许从抚养人夫妻双方或者其他家庭成员的收入中扣除。其中，被抚养人是指完全依靠纳税人抚养或者以纳税人的扶助为被抚养人日常生活主要经济来源的人。被抚养人具体包括：（1）由纳税人出资抚养或者提供抚养费的人员；（2）由国家提供补助金抚养的儿童；（3）正在休产假但没有产假薪资或津贴的妇女；（4）享有照料儿童国家津贴且没有其他独立收入来源的人。另外，下列人员不属于被抚养人：（1）获得助学金和退休金的人员，以及依靠国家抚养的其他人员；（2）正在休产假并获得产假津贴的妇女。在对抚养人的收入进行扣除时，并不考虑被抚养人是否与抚养人共同生活的情况。

5. 在保卫国家，以及在卫国战争、在他国领土上进行军事行动，或者在军队、内务部队和国家安全机关执行其他任务时，受伤、染病、残疾或牺牲的军人父母和配偶的取得的土国法定最低工资额 3 倍的收入。

对于纳税人同时拥有第 2 项至第 5 项中所列的扣除款项时，应当按照规定选择扣除款最多的一项进行扣除。

纳税人必须按照规定程序提交证实拥有该扣除资格的证明文件（或其副本）后，才可以进行扣除。

对于上述各项扣除项目，纳税人必须在纳税申报时单独进行扣除，但由全职工作的雇主进行扣除的情况除外。

纳税人有权扣除自愿养老保险和医疗保险的保费。

如果在纳税申报期内不允许纳税人进行收入扣除或者扣除金额少于本条规定数额的，在纳税期结束后，税务机关应当依据纳税人的申请和证明文件根据上述规定重新计算计税依据。

如果纳税人因未提交或未及时提交扣款证明文件（或其副本）导致不允许纳税人进行扣除，或者扣除金额少于规定的数额，扣缴义务人应当重新计算计税依据。

五、准予从收入总额中扣除的其他项目

根据土国《税法典》第189条的规定，在确定个人所得税的计税依据时，除上述各项收入允许扣除外，还允许扣除纳税人从进行经营、提供专业服务等活动中取得的收入和其他的收入。

1. 对于个体经营者，在实际生产经营活动中发生的且与获取利润相关的费用，依据其凭证进行扣除。

2. 对于按照民事合同进行施工、提供服务（包括提供专业服务）获得收入的纳税人，在进行施工、提供服务（包括提供专业服务）过程中实际发生的且与进行施工、提供服务（包括提供专业服务）直接相关的费用，依据其凭证进行扣除。

3. 取得了著作权的相关费用，科学、文学和艺术作品的创造、演绎的费用，或者其他发明、发现和工业设计奖金的纳税人，对于获得的与其完成上述工作（提供服务）直接相关的费用，依据其凭证进行扣除。

4. 通过证券交易和转让公司股权而获得收入的纳税人，对于其获得的与实际证券的交易和公司股权转让直接相关的费用，依据其凭证进行扣除。

如果上述各项收入没有凭证可以证实的，土国法律规定，应当按照表6-1的规定按比例扣除相应的金额。

表6-1　　准予从收入总额中扣除的其他项目的比重　　单位：%

	费用标准（占收入金额的百分比）
文学作品创作，包括戏剧、电影、舞台剧和杂技	20
艺术美术作品、摄影作品、出版物摄影、建筑作品和设计创作	30
各种工艺的雕塑、巨幅装饰画、装饰应用和装潢艺术、画架画、戏剧和电影舞台美工艺术和图像创作	40
视听（音像、电视和电影）作品创作	30

续表

	费用标准（占收入金额的百分比）
音乐作品创作：音乐舞台作品（歌剧，芭蕾舞，音乐剧），交响乐作品，合唱作品，室内乐作品，管乐合奏作品，电影原创音乐、电影、电视、录像片和戏剧作品； 其他音乐作品，包括准备发表的作品	40 25
制作文学和艺术作品	20
学术著作和科研工作创作	20
发明、创造和设计工业样品（使用最初两年获得的收入金额）	30

除个体经营者之外，在确定其他各项收入的计税依据时，允许扣除的项目中应当包括纳税人在进行工程施工和提供服务时的材料费（含增值税）。其中，材料支出的范围依照《税法典》第 155 条有关确定法人利润税计税依据时对材料支出的规定确定。

确定上述各项的计税依据时，取得凭证的支出与规定限额标准的支出，不能同时扣除。

六、收入时间的确定

为了确认纳税人的收入，土国在税法中还明确规定了个人取得实际收入的时间。具体分为以下几种情况：

1. 纳税人取得现金的，以获得现金收入的时间，或者第三人按照纳税人的委托将资金划入纳税人银行账户之日为实际取得收入的时间。

2. 纳税人获得实物报酬的，以获得实物报酬（包括商品、工程、服务）之日为实际取得收入之日。

3. 纳税人终止债务的，以债务终止（包括债权相互抵销）之日，为收入的实现之日。

4. 纳税人获得物质利益和社会福利的，以获得商品（工程、服务）、其他财产、支付利息、终止债务之日等为收入的实现之日。

5. 纳税人进行经营活动的收入，根据《税法典》第 168 条法人利润税收入确定的规定进行确认。

第三节 税率、税款计算与缴纳

一、税率

土国《税法典》第192条规定，土国个人所得税的税率分为两种，即基本税率和特殊税率。其中，基本税率是指对纳税人所取得的、除赌博业收入之外的其他税收，统一采用10%的比例税率计算应纳税款。特殊税率是指对通过人从事赌博业所取得的收入，按照法人利润税对企业从事赌博业所取得收入的税率规定执行，即：(1) 每台游戏机，每日税率为30马纳特；(2) 每张牌桌，每日税率为370马纳特；(3) 每个座位每日的税率为7马纳特，或者每平方米赌场每日的税率为3马纳特，或者每个收款台每日的税率为38马纳特。另外，税法还规定，如果可适用不同的税率的某些赌博，在计算个人所得税时，应当采用使税额最大的税率。

二、纳税申报期和税款缴纳期

土国税法规定，个人所得税的纳税期为纳税年度。

对于某些类型的收入，如果要求在纳税年度内进行纳税申报的，则纳税申报期为半年，即上半年和纳税年度。

三、应纳税额计算

土国税法规定，个人所得税的应纳税额应当根据所确定的纳税人的计税依据与法律规定的适用税率进行计算。

在一个纳税期内纳税人的纳税总额是纳税人在该纳税期内所取得的各项收入所承担的所有税额的总和。

税款金额以马纳特计。税款金额低于0.5马特纳（50坚戈）的，应当忽略不计；等于或高于0.5马特纳（50坚戈及以上）的，应当以1马纳特计。

按照土国《油气资源法》从事油气资源作业的承包商或分包商，其个人所得税应当按照《油气资源法》的规定进行计算和缴纳。

四、源泉扣缴

土国《税法典》第195条规定，纳税人从被认定为扣缴义务人处获得收入，或因与扣缴义务人发生业务往来而取得收入的，扣缴义务人应当按照法律的规定，计算扣除应当支付给纳税人收入所负担的税款，并上缴到土国财政部门。

根据税法的规定，下列单位被认定为个人所得税的扣缴义务人：（1）土国居民企业；（2）在土国境内通过分支机构、代表处或者常设机构开展经营活动的土国非居民企业；（3）个体经营者。

律师的所得税由律师协会（或律师事务所）进行计算、扣除和缴纳。

扣缴义务人应当上缴的税款，为每个纳税年度开始到每个月月末，由扣缴义务人根据规定的税率和在该期限内纳税人从扣缴义务人处获得的所有收入计算的税款金额，减去在之前月份代扣的税款金额的余额。

在计算应该税额时，不得减去《税法典》第 188 条和第 189 条规定的扣除项目。但该规定不适用于依据全职劳动合同（契约）支付劳动报酬的情况。从事全职劳动所获劳动报酬时，准予根据法律的规定扣除相关的项目。对于纳税人入职第一个工作时间不够一个月的，在支付其劳动报酬时扣缴义务人不得扣减任何扣除项目。

扣缴义务人在每次进行支付时，都应当从应支付给纳税人的、或根据纳税人的委托支付给第三人的款项中扣除税款。

扣缴义务人有义务上缴代扣的税款，上缴时间不得晚于扣缴义务人将支付给纳税人的款项实际交付给银行的时间，也不得不晚于从扣缴义务人的银行账户将支付给纳税人的款项汇入纳税人账户，或者按照纳税人的委托汇入第三方账户的时间。在纳税人获得实物收入的情况下，扣缴义务人应当在纳税人获得实物收入的次日前，将代扣的税款上缴至土国财政部门。

扣缴义务人应当将代扣的税款总额，缴纳至扣缴义务人登记所在地的税务局。

企业独立机构应上缴的税款，应当依据该独立机构其支付给其员工的应纳税收入来确定。

根据纳税人的申请，扣缴义务人应当向纳税人发放纳税人收入和扣缴税款的证明。证明的格式由土国国家税务总局确定。

扣缴义务人从纳税人的收入中多扣税款的，应当在纳税人提出退还多扣税款的申请后的 30 日内，应该将多扣的税款退还给纳税人。扣缴义务人未能够从纳税人处预扣税款或者未足额预扣税款的，扣缴义务人应当对纳税人进行追索，直至纳税人按照法律规定的程序付清全部税收欠款。

扣缴义务应当在每月结束后的25日（即下个月25日）内，向办理税务登记所在地的税务机关提交有关向纳税人支付收入、代扣税款的相关资料。资料的格式由土国国家税务总局确认。

五、申报纳税

土国税法规定，对于纳税人取得的收入，除由扣缴义务人在其支付给纳税人的收入时履行代扣代缴个人所得税的义务外，对于纳税人取得的下列各项收入，由纳税人自主计算和缴纳税款。

1. 依据民事合同，纳税人从是扣缴义务人的其他自然人处获得的收入，包括根据财产租赁合同获得的收入。

2. 土国居民从土国境外获得的收入。

3. 自然人和个体经营者根据民事合同（包括提供专业服务）获得的、不应当由扣缴义务人扣缴税款的收入。

4. 纳税人获得的、未经扣缴义务人代扣税款的收入。

纳税人应当按照法律规定的程序计算税款。

纳税人应当根据纳税申报表计算应纳税款的总额，并在纳税申报期结束后的10日前缴纳税款。外国公民应当在4月15日之前申报缴纳上一纳税申报期内的税款。

六、纳税申报表

根据土国《税法典》第197条的规定，个人所得税的纳税人应当在纳税申报期结束后次月25日前向税务登记所在地的税务局递交纳税申报表。外国公民应在上一纳税年度结束后的4月1日前向税务登记所在地的税务局递交纳税申报表。

不负有纳税申报义务的自然人，为了计算整个纳税期内的应纳税款，有权在该纳税申报期满后向其居住地的税务局递交个人所得税申报单。

外国自然人在纳税年度内终止其获得应缴纳个人所得税的收入的经营活动的，以及外国自然人在纳税年度内离境的，应当在出境前1个月向土国税务机关提交纳税申报表，申报其在该纳税申报期在土国境内驻留期间实际获得的收入，并在提交纳税申报表后的15日内缴纳所计算的税款。

纳税人应当在纳税申报表中注明在该纳税申报期内获得的所有收入、支付来源、扣除项目、扣缴义务人扣除的税款金额、在该纳税申报期内实际缴纳的税款金额、在该纳税申报期结束后应缴纳（补缴）或者返还的税款金额。

七、避免双重征税

根据法律的规定，土国居民按照其他国家的税法在土国境外缴纳的个人所得税金额，准予在土国境内缴纳个人所得税时进行抵扣。

对于来源于土国境外的收入，可被抵扣的税款金额不得超过按照《税法典》规定计算的所得税金额。

税款抵扣应当依据外国税务机关或者其他授权机关出具的证实在土国境外缴纳个人所得税款的证明文件来进行。本规定还适用于按照避免双重征税条约（协议）的规定的程序，未将个人所得税退还给纳税人的情况。

为了免缴税款或者享受的其他税收优惠，土国非居民纳税人应该向土国税务局递交申请书，以及在相应纳税申报期内其是与土国签订避免双重征税协议国家公民的官方证明。

申请书和证明文件可以在缴纳税款之前提交，也可以在该纳税申报期结束后的 3 年内提交。税务局将根据对资料的审核结果来确定纳税人是否能够免缴税款或者享受税收优惠待遇。

申请书的格式和递交办法由土国国家税务总局与土国财政部协商确定。

对于纳税人递交的申请不符合规定格式或违反递交程序的，土国税务机关有权拒绝受理。

八、完税凭证

根据土国非居民企业的请求，税务局有义务向其发放个人所得税的完税凭证，由凭证格式由土国国家税务总局规定。

第四节　简易程序

一、一般原则

根据土国《税法典》第 200 条的规定，对于从事某些类型的经营活动而获取收入的个体经营者，按照简易程序征收个人所得税。对于具体适用简易程序征税的经营活动，由土国内阁予以规定。

简易征税程序分为两种，即定额税（固定经营费）和附加税（附加经营费）。

在按照简易程序征收个人所得税时，不得减去《税法典》第188条规定的从税收总额中准予扣除的收入项目，以及第189条规定的从收入总额的准予扣除的与从事经营活动和提供专业服务有关的扣除项目和其他项目。同时，在按照简易程序征税时，纳税人也不得享受《税法典》第187条第5款规定的优惠政策。

二、定额税

土国税法规定，定额税的具体征税对象由土国内阁规定。

纳税人在同时进行几种类型的经营活动时，应当从高计征定额税。

纳税人应当在从事定额税征税对象的经营活动之前的3个月内，缴纳定额税。

纳税人临时停止经营活动期间，不免除缴纳定额的义务。纳税人在从事经营活动期间，不得改变定额税的税额。

纳税人在下面两种情况下，可以改变定额税的税额：（1）纳税人在经营活动期间从事适用比已缴纳的定额税额更高税额的经营活动的；（2）纳税人终止其个体经营活动的。

纳税人死亡的，其已缴纳的定额税应当退还给其继承人，或用于偿还该纳税人的欠缴纳款、罚款和滞纳金。

纳税人在开展新的经营活动或者终止经营活动之前，应当向税务机关提交申请书，要求重新计算定额税。

税务局应当根据纳税人的申请，在纳税人开展经营活动10日之前向其颁发（延期）缴纳定额税的证明文件（营业执照）。证明文件（营业执照）的格式由土国国家税务总局规定。

如果纳税人未能在规定的期限内向税务机关提出延长营业执照有效期（颁发新的营业执照）申请的，则该营业执照应该从现有（或之前颁发的）营业执照上注明的有效期终止后的第1日开始延期。同时，纳税人未及时缴纳定额税的，税务局将按照法律规定加收滞纳金。

三、附加税

根据土国税法的规定，附加费应当根据纳税人的收入总额进行计算。收入总额包含纳税人从事某些规定类型的经营活动获得的收入，以及某些营业外收入和支出（损失）。

纳税人从事某些规定类型的经营活动获得的收入按照《税法典》第186条和第187条第2款和第3款的规定进行计算和确定。

附加税的计税依据是纳税人从事某些规定类型的经营活动获得的收入、营业外收入和营业外费用（亏损）的总和。

根据法律规定，营业外收入包括以下各项：(1) 根据保险合同或再保险合同获得的保险赔付；(2) 纳税人因合同另一方违约而获得罚款以及损失赔偿款；(3) 之前已冲销而后又收回的债权；(4) 由于诉讼时效届满或者由于其他原因核销的债务，但按照《税法典》第57条规定核销的税款（滞纳金和罚款）坏账除外；(5) 外币业务的汇兑收益，以及外币资产和债权升值时或外币债务贬值产生的收益；(6) 本纳税年度内发现的之前纳税年度的未计收入；(7) 从弃置的固定资产上拆卸的材料或其他财产的价值；(8) 物资盘盈；(9) 其他营业外收入。

根据土国的法律规定，营业外支出（损失）包括：(1) 外币业务的汇兑损失，以及外汇业务和债权贬值时或者债务升值时产生的损失；(2) 与法院审理案件相关的费用；(3) 罚款、滞纳金、违约金及其他的经济处罚，以及对所造成损失的赔偿费用，但上缴土国国家财政或者其他国家财政的除外；(3) 由于诉讼时效届满或者由于其他原因而核销的债权；(4) 用于偿还之前已核销债务的金额；(5) 本纳税年度内发现的之前纳税期的费用（损失）；(6) 由于自然灾害、火灾、事故和其他紧急情况而造成的损失，包括与预防和清理自然灾害或者紧急情况后果相关的费用。

附加税的税率为收入总额的2%。

四、征收管理

简易程序的纳税期为纳税年度。

对于某些类型的收入，如果要求在纳税年度内进行纳税申报的，则纳税申报期为半年，即上半年和纳税年度。

适用简易程序征税的纳税人，应当在纳税申报期结束次月的15日之前向纳税人登记所在地的税务局进行纳税申报，并在纳税申报期结束后的25日内缴纳税款。

第七章　地下资源使用税法和财产税法

第一节　地下资源使用税法

与其他中亚国家一样，土国包括矿产资源在内的地下资源十分丰富。天然气远景储量约26.2万亿立方米，占世界第四位，工业储量2.7万亿立方米；石油远景储量为208亿吨，工业储量为2.13亿吨。石油和天然气储量均居世界前列。石油和天然气开采、石油加工等自然就成为土国的支柱产业。据报道，土国的油气行业占GDP的八成以上。因此，对石油、天然气等矿产资源的征税，自然也就成为土国财政收入的重要来源。有鉴于此，《税法典》第2卷第3章专门对地下资源的征税作了规定。

一、纳税人

根据土国《税法典》第129条的规定，地下资源使用税纳税人是指在土国境内从事矿产开采，以及以提取化学元素和化合物为目的开展地下（地上）水资源开采和利用活动的企业和个体经营者。此外，土国《油气资源法》规定的作为合同承包商和分包商的法人和自然人不是矿产使用税纳税人。但这些法人和自然人从事与《油气资源法》规定的石油工程无关的业务时，应当成为地下资源使用税的纳税人。

二、征税对象

根据土国法律的规定，地下资源使用税的征税对象为在土国境内进行的地下资源销售。

地下资源销售的具体范围包括：（1）纳税人销售自己开采的矿产；（2）纳税人自行消费（包括加工）所开采的矿产；（3）矿产被盗或者被损坏时，由过错方支付的损失赔偿及保险公司支付保险赔款。

地下资源销售，是指符合土国《税法典》第97条所规定的情况。

由于征用、没收导致的地下矿产资源转让，不属于征税对象。

交易发生地点是指地下资源的开采地点。

油气资源（原油、天然气和伴生气）的计税依据是纳税人获得或者有权获得的、不包含增值税的油气资源销售价款；其他地下资源的计税依据是纳税人销售这些矿产资源所获取的利润。

对于被盗或者受损的地下资源，计税依据还应当包括由过错方支付的损失赔偿以及对保险公司支付的保险赔款。

纳税人无偿转让地下资源的，其计税依据应当根据纳税人进行有偿销售此类矿产资源时的价格确定。

交易双方未规定交易价格的，其计税依据应当根据纳税人有偿销售此类地下资源时的价格确定。

纳税人进行不等价交易的，其计税依据中还应当包括补差款。

纳税人将地下资源转为自用的，即使相应的支出已经在计算企业所得税时计入了扣除项目，但还是应当据纳税人日常销售该类商品时的价格来确定计税依据。对于不能确定日常销售价格的，应当依照《税法典》第36条的规定，以类似商品的市场价格确定其计税依据。

地下资源短缺超出自然损耗标准的，如果不能证明地下资源被盗或者毁损，则应当对超出正常损耗的部分按照有偿销售此类地下资源时的价格确定其计税依据。

对于依据规定的优惠价格的销售地下资源的，应当依据该优惠政策确定计税依据。本规定还适用于按照土国法律规定免费发放给居民的商品和提供的服务。

纳税人同时开采多种地下资源的，应当分别确定每种地下资源的计税依据。

发外币计价销售地下资源的，为了征税，在确定计税依据时，应当按照销售之日的土国中央银行规定的汇率换算成马纳特。

每一种地下资源在1个纳税申报期内的计税依据可按照该纳税申报期内所有应税交易的金额确定。

在确定地下资源的计税依据时，应当减除缴入土国政府外汇储备的资金。

三、税率

根据法律规定，地下资源税的税率根据所销售不同的地下资源，分为以下两大类。

1. 油气资源。对于油气资源，其税率分别为：（1）天然气和伴生气的税率为22%；（2）原油的税率为10%。

2. 其他地下资源。对于其他地下资源，根据利润率的不同，分别适用表7－1规定的不同税率。

表7－1 地下资源使用税的税率 单位：%

利润率（%）	税率（%）
小于或等于15%	0
大于15%且 小于或等于17%	30%
大于17%且小于或等于19%	32%
大于19%且小于或等于21%	35%
大于21%小于或等于23%	40%
23%小于或等于25%	45%
25%以上	50%

在工业试验开发阶段，除油气资源之外的其他地下资源销售收入，应当按照规定税率的50%计税，但试产时间不得超过3年。

利润率按照产品销售利润占产品生产费用的比例确定。其中，生产费用是指根据《税法典》第154条第2款第1项和第4项规定，应当从产品销售利润中扣除项目的费用。而产品销售利润应当是根据《税法典》第149条和第150条的规定计算的产品销售总额，减去第154条第2款第1项和第4项规定的、应当扣除的项目后的余额。

四、税费计算

根据土国税法的规定，地下资源使用税的纳税申报期和税款缴纳期都为1个季度。

纳税人应当缴纳的矿产使用税金额为在该纳税期内所有应税交易的税款金额。

税款金额应当由纳税人按照每种矿产单独进行计算。

应当通过纳税义务发生时间确定税款所属纳税申报期。

纳税人在缴纳矿产使用税时，应当扣除之前预缴的税款。

当纳税人在一个纳税申报期内缴纳的税款超出了根据法律规定计算的税款时，根据税法的规定，超出部分应该予以退还，或者用于抵减纳税人应该缴纳的其他款项。

纳税人应当在每一个纳税申报期（即每季度）结束后的20日内向税务局报送地下资源税的纳税申报表。

除从事油气资源开发的纳税人外，其他地下资源使用税的纳税人应当在每一个纳税申报期（即每季度）结束后的25日内向税务局缴纳税款。

从事油气资源开发的纳税人应当在每个月25日前预缴地下资源税，预缴金额为上一个纳税申报期缴纳税额的1/3。

对于某些类型的纳税人，土国国家税务总局可规定其纳税申报期限和税款缴纳期限。

第二节　财产税法

一般来说，财产税是针对纳税人所拥有的财产的征税。它是一个普遍性的税种。世界许多国家都通过制定财产税法律制度，规定对纳税人所拥有的某些财产进行征税。土国也不例外。《税法典》第二部分第4章专门规定了财产税制度。

一、纳税人

土国《税法典》第138条规定，财产税的纳税人是指拥有依照法律规定对其征税的财产享有所有权的企业、单位，以及按照土国法律规定对其实施经营管理的国有企业。

将财产用于融资租赁或者特许经营的，承租人或者被特许人为财产税的纳税人。

将财产用于出租的，出租人为财产税的纳税人（国有企业除外）。

国家财产和市政财产用于出租的，财产的经营管理者为财产税的纳税人。

按份共有的财产，各位共有人都为财产税的纳税人。

对于共同共有的财产，经共有人协商一致，可由其中的一名共有人作为财产税的纳税人。

将未按照规定程序验收投产或者未作为固定资产进行登记的建筑项目用于经营的，该建筑项目的发包方为财产税的纳税人。

为了进一步明确财产税的纳税人，土国税法还进一步明确规定，下列企业或单位不是土国财产税的纳税人：(1) 根据土国《油气资源法》规定的从事油气资源开采的承包商和分包商，但这些承包商和分包商从事与石油工程无关的应税交易时所使用的财产，应当缴纳财产税；(2) 各政府预算机构；(3) 土国国家博物馆；(4) 土国中央银行；(5) 私有制企业；(6) 国家权力机关和管理机关、地方执行权力机关和地方自治机构。

二、征税对象

根据土国税法的规定，财产税的征税对象包括以下几类：(1) 对于土国居民企业，财产税的征税对象是指企业生产性的固定资产和用于生产活动的有形流转资产；(2) 对于在土国境内设立分公司、代表处或者常设机构的非居民企业，财产税的征税对象是指该非居民企业在土国境内的分支机构、代表处或者常设机构中的企业生产性的固定资产和用于生产活动的有形流转资产；(3) 对于未在土国境内开设分公司、代表处或者常设机构的非居民企业，财产税的征税对象是指该非居民企业在土国境内拥有的生产性不动产。

另外，土国法律还规定，土国居民企业的征税对象不仅包括该居民企业在土国境内的财产，也包含其在土国境外的财产。

土国税法还规定，下列财产不属于财产税的征税对象 (1) 土地；用设施建设无关的土地改良基本投资；(2) 国家储备财产，以及按照土国内阁决议被封存的财产。

土国《税法典》第 140 条规定，固定资产的计税依据是其年均剩余财产价值，有形流动资产的计税依据是其年均价值。

在确定有形流动资产的价值时，应当依据会计核算和其他的文件资料来进行。在特殊情况下，还应当根据《税法典》第 29 条规定的方法来确定有形流动资产的价值。

对于无形损耗或部分变质的商品和其他实物资产，其价值将根据预估的售价进行确定。

对财产进行重新估价的，其计税依据为重新评估价值。

在确定固定资产和有形流动资产的计税依据时，不包括购买该固定资产和有形流动资产时缴纳的增值税。

土国税法规定，每个征税对象的计税依据应当单独进行确定。每个征税对象的计税依据是其在相应的纳税申报期内的平均价值。

根据《税法典》第140条第2款第2项的规定，纳税期限为一个季度、半年、9个月和全年，每个纳税期的计税依据应当按照征税对象在该期限内剩余价值总和的1/4、1/7、1/10和1/13确定。

三、税率

财产税的税率为1%。

各个纳税期的缴纳比例为：第一季度：0.25%；第二季度：0.5%；第三季度：0.75%；全年：1%。

四、税收优惠

根据土国税法的规定，下列单位免缴财产税：(1) 养老投资基金会；(2) 残疾人协会；(3) 社会团体；(4) 宗教组织；(5) 教育机构；(6) 医疗卫生机构和企业；(7) 农业企业。

土国税法还规定，对下列财产免征财产税：(1) 燃气管道（主干线管道除外），铁路线，铁路专用线，公路，通信线路和输电线路，排水设施，桥梁，工程设施及其他设施；(2) 用于生产和保存农林产品的财产，以及自产的农林产品；(3) 用于公用住房事业的财产；(4) 专门用于科学、教育、残疾人康复、环保、消防和国防的财产；(5) 城市公共客运汽车（出租车除外）；(6) 体育设施、场馆和器材；(7) 索道，以及用于其运营的其他财产；(8) 儿童娱乐场和疗养院、儿童保健和娱乐中心的财产，以及用于组织儿童休闲、儿童娱乐的财产，包括游戏设施、游戏机等；(9) 用于建设国家旅游区内新建设施及相关基础设施的财产；(10) 国家旅游区内游客接待项目及其基础设施的财产。获得国家旅游区项目资格的单位拥有的位于国家旅游区范围以外的财产，也可享受优惠政策。

五、税款计算和缴纳

1. 纳税申报期和税款缴纳期。根据土国税法的规定，土国财产税的税款缴纳期为1年，纳税申报期为1个季度。

2. 税款计算和缴纳。土国税法规定，纳税人应当自主计算财产税金额。

财产税的金额为纳税申报期内的计税依据乘以税率，减去上一纳税申报期计算的财产税金额。

在土国境内未设有分支机构、代表处或者常设机构且在土国境内拥有不动产的非居民企业，应该在主管税务局进行登记，单独履行不动产纳税义务。

各纳税申报期内税款缴纳比例为：第一季度：0.25%；上半年：0.5%；9个月：0.75%；全年：1%。

在每个纳税申报期结束后的20日前，纳税人应当向税务登记所在地的税务局提交财产税纳税申报表。

纳税人应当在纳税申报期结束后的25日前缴纳财产税。

对于某些类型的纳税人，土国国家税务总局可对其财产税的纳税申报期和税款缴纳期作出规定，但该期限不得晚于上述规定的期限届满后30日。

六、税额抵扣

土国《税法典》第146条规定，土国居民企业按照其他国家税法规定在土国境外缴纳的财产税金额，在计算缴纳土国财产税时可以进行抵扣，但抵扣的金额不得超过按照《税法典》规定计算的金额。抵扣的依据为外国税务机关或者其他授权机关出具的证实的证明文件。

准予抵扣的税额还包括按照避免双重征税条约（协议）的内容和规定的程序不能退还给纳税人的财产税的税额。

对于《税法典》规定不属于征税对象以及享受优惠的财产，按照其他国家税法计算和缴纳的财产税，不予抵扣。

为免于缴纳财产税或者享受其他的税收优惠，土国非居民纳税人应该向土国税务局提交申请书和由其他国家颁发的证明文件，以证实自己是其他国家居民并且该国家与土国签订有避免双重征税条约。申请书和证明文件可以在缴纳财产税之前提交，也可以在该纳税期结束后的3年内提交，税务局将根据对资料的审核结果确定申请人能否免税或享受税收优惠待遇。申请书的格式和提交程序由土国国家税务总局与土库曼斯坦财政部协商确定。对于申请书不符合规定格式或提交程序不符合规定的程序的，税务局有权拒绝受理。

第八章　关税法

关税是主权国家对进出国境的货物征收的税种。在土国，2011 年 1 月 1 日开始生效的《海关法》第 3 章，对土国的关税制度作出了具体的规定。

第一节　纳税人

根据《海关法》第 258 条的规定，关税的纳税人为从事货物进出口的报关人。

如果报关是由报关代理人完成的，则根据《海关法》第 97 条第 2 款的规定，报关代理人即为纳税人。

对于不遵守《海关法》关于货物使用和处置的规定，或不符合《海关法》有关免缴关税和税收的规定或程序的，根据《海关法》的规定，临时存放仓库的所有者、海关仓库的所有者、承运人等为关税的纳税人。

对于经过土国关境非法运输（即走私）货物和运输工具，则该非法运输（走私）货物和运输工具的人以及参与该非法运输（走私）的人（参加运输时知道或应该知道该运输的非法性）为关税的纳税人。对于进口的非法运输（即走私）货物，如果购买方在购买时知道或者应该知道该货物为非法运输（即走私）的货物的，则购买方为关税的纳税人。

第二节　征税对象

根据土国法律规定，关税的征收对象是经过土库曼斯坦关境运输的货物。其中，进口货物的关税在将货物运进土国关境之时征收，出口货物的关税在提交出口报送单或将货物运出关境的行为完成之时征收。

一、计税依据的确定程序

根据《海关法》第259条的规定，关税的计税依据是货物的海关课税价值和数量。其中，货物的海关课税价值由报关人根据法律规定的办法确定，并在货物报关时向海关进行申报。

报关人所申报的货物海关课税价值必须以可靠的证明文件为基础。海关应当根据报关人提供的文件资料以及自己所掌握的信息，就报关人选择的货物课税价值的确定方法及所申报的货物海关课税价值的正确性作出决定。如果报关人所提交的文件资料不足以对所申报的货物海关课税价值做出判断时，海关机构可书面要求报关人在规定的时间内提交补充文件和资料。报关人应当按照海关机构的要求提交必要的补充文件和资料，或者提交书面报告，对所选择的货物海关课税价值的确定方法和所提交资料的进行说明。海关机构如果认为报关人所提交的文件和资料不足以对上述问题作出合理的解释的时，则有权通过决议，不同意使用报关人所选择的货物海关课税价值确定方法，并建议其使用其他方法。在此情况下，海关机构和报关人之间可以就货物海关课税价值的确定方法进行协商。

如果报关人拒绝按照海关机构的建议采用其他方法确定货物的海关课税价值，则海关机构应当按照法律规定的货物海关课税价值确定方法确定货物的海关课税价值。海关机构应当在作出决议的第二天将决议书面通知报关人。

如果货物海关课税价值在货物放行期间没有确定，则报关人可以提交担保金以使货物放行。海关机构应当以书面形式通知报关人缴纳担保金。如果海关机构在货物放行之后确定了货物的海关课税价值并且需要补缴关税的，则海关机构应当向报关人发出书面通知。报关人应当在收到缴费通知之日起的十天内缴纳关税。

二、进口货物计税依据的确定方法

根据土国海关法的相关规定，计税依据的确定方法主要有以下6种，即进口货物的合同价格、相同货物的合同价格、同类货物的合同价格、减价、加价和备用方法。其中，进口货物的合同价格是确定进口货物海关课税价值的主要方法。只有在不能使用进口货物的合同价格时，才可以依次采用上述其他方法。对于减价和加价这两种方法，可以根据报关人的意愿按任意顺序采用。

在出口货物时，其海关课税价值根据出口合同的价格确定。如果没有签订合同，则货物的海关课税价值可根据相同货物的合同价格或者同类货物的合同价格确定，也可根据收据、发票和其他能够证明出口货物的购买行为和货物价值的文件来确定。

（一）进口货物的合同价值

根据《海关法》第262条的规定，进口货物的海关课税价值为进口货物时实际支付的或者应该支付的合同价格。如果合同价格不包括以下费用，则应计算在内：（1）运费，具体包括：运输成本；装卸费；保险金费；（2）买方应承担的费用，具体包括：佣金（货物购买佣金除外）；集装箱费或其他可重复使用容器的费用；包装费；（3）由买方免费或低价提供的货物和服务，具体包括：进口货物的原材料、零部件、半成品和其他配套产品；生产进口货物时使用的工具、模具，模型和其他类似物品；生产进口货物时的消耗材料（润滑油、燃料及其他）；在土国关境外完成的、生产进口货物所必需的技术开发、设计试验、工艺设计、外观处理、草图和图纸及其他类似的工作；（4）由购买方直接或间接支付的许可证费用和知识产权费用；（5）出卖方在货物进口之后销售或使用所获得的直接或间接的收益。

根据法律规定，当出现下列情况时，不能按照合同价格确定货物海关课税价值：（1）买方对于货物的处置权和使用权受限时，但土国法律规定的限制除外；（2）不能确定货物销售和合同价格时；（3）报关人在申报货物海关课税价值时使用的数据不能被证实时；（4）在关联交易中合同价格尚未商定时。其中，关联交易是指相互关联的各方至少具有以下特征之一的人：①合同一方的自然人或者合同一方的负责人同时也是合同另一方的负责人；②合同一方是企业所有者；③合同各方缔结劳动关系；④合同各方缔结租赁关系；⑤合同一方是另外一方企业的投资人（股东）或者有表决权的股东，拥有5%以上的注册资本；合同的两方都处于第三方直接或间接的控制之下；⑥合同各方共同直接或间接控制第三方；⑦合同一方处于合同其他方直接或间接的控制之下；⑧合同各方或其负责人是亲属。

在根据合同价格确定海关课税价值时，应当扣除合同价格中包括的下列费用：（1）设备进口后的安装、装配和调试或者提供技术支持的费用；（2）货物入后的运输费用；（3）进口货物后的运输保险费。

（二）相同货物的合同价值

根据土国《海关法》第263条的规定，采用按照相同货物的合同价格确定货物海关课税价值时，相同货物是指与被进口货物在下列各方都相同的货物：(1) 物理特性；(1) 质量和市场信誉；(3) 原产地；(4) 生产商。

将相同货物的合同价格作为确定报送货物的海关课税的价值必须满足以下条件：(1) 货物出售是为了进口至土国境内；(2) 货物与被申报进口的货物同时进口或者在被申报进口的货物进口之日前九十天内进口；(3) 货物进口时数量相同，并且商业等级（批发、零售）相同。如果没有数量相同且商业等级（批发、零售）相同的货物进口，则可使用以其他数量和商业等级（批发、零售）进口的相同货物的价值，但在确定货物价值时应考虑这些差别。

在使用本方法时，如果出现了两个以上相同货物的合同价格，则应当采用其中较低的价格。

（三）同类货物的合同价格

根据土国《海关法》第 264 条的规定，按照同类货物合同价格确定进口货物的海关课税价值时，同类货物指的是，虽然并不是所有方面都与被报关进口的货物相同，但具有相似的特性、成分和功能，在商业意义上具有可替换性。同类货物时应该具有下列相同的特征：(1) 质量、商标、市场信誉；(2) 原产地；(3) 生产商。

在按照同类货物合同价格确定报关货物的海关课税价值时，应遵守《海关法》第 263 条的相关规定。

（四）减价

根据土国《海关法》第 265 条的规定，报关货物、相同货物或者同类货物在土国境内出售时保持其初始状态，则应当按照减价法确定货物的海关课税价值。

在按照减价法确定货物的海关课税价值时，采用报关货物、相同货物或者同类货物在土国境内以最大量出售给与卖方无关联关系的合同一方时的单价（报送货物自进口之日起九十天内）。

在按照减价法确定货物的海关课税价值时，应当从货物单价中减去：(1) 在土国境内销售同等级和同类进口货物时支付的佣金、价款、或者利润和其他费用；(2) 进口关税、税收、海关费和其他与进口或销售货物相关的费用；(3) 在土国境内的运输费、保险费、装卸费。

（五）加价

土国《海关法》第 266 条规定，以加价法来确定货物海关课税价值时，计算价格时应加上：（1）材料价值和生产商与生产报关货物有关的费用；（2）从货物出口国向土国出售货物的费用，包括货物到达土国关境的运输费、装卸费和保险费；（3）出口商向土国供货而获得的利润。

（六）备用方法

根据《海关法》第267条的规定，如果依次采用上述各种方法报关人仍不能确定货物的海关课税价值的，或者海关机构有充分论据认为不能采用上述各种方法的，则应当以土国海关机构所掌握的数据为基础来确定报关货物的海关课税价值。

在采用备用方法确定货物的海关课税价值时，不能以下列数据作为计税依据：（1）货物在土国国内市场上的价格；（2）最大海关课税价值；（3）从出口国销售到第三国的货物价格；（4）随意规定的或者不准确的货物价格。

三、出口货物计税依据的确定方法

根据土国《海关法》第268条的规定，出口货物的海关价值为使货物出口而实际支付的或者应该支付的合同价格。

在确定货物的海关课税价值时，如果合同价格中不包括以下费用，则应当把这些费用计算在内：（1）货物运至国关境的费用，包括运费和装卸费；（2）保险费；（3）卖方应承担的费用，包括佣金和经纪费、集装箱或其他可重复使用容器的成本、包装费。

在确定货物的海关课税价值时，应当扣除下列费用：（1）货物出口后的安装、装配和调试或者提供技术支持的费用；（2）货物出口后的运输费用；（3）货物出口后的运输保险费用。

四、税收减免

根据土国《海关法》的规定，下列情况下无须缴纳关税：（1）根据法律和土国参加的国际条约的规定，不应缴纳关税的货物和享受免缴关税待遇的货物；（2）进口货物在销售之前，由于事故或不可抗力被销毁或受损；（3）根据法律规定货物被收归国有；（4）进口货物的价值或数量没有超过土国法律规定。

另外，法律还规定，对于已经进口并销售的货物，符合《税法典》规定的情况时，应当终止其缴纳关税的义务。

第三节　税率、税额计算与税款缴纳

一、税率与应纳税额的计算

根据《海关法》第270条的规定，除法律规定的情形外，关税的税额应当按照《对外经济活动商品名录》中的商品名称和类别和海关机构接受报关单之日的税率来计算。

除通过国际邮件运输货物的情形和由海关发出缴纳关税通知的情况外，其他货物的关税税额由报关人或者其他承担缴纳关税义务的人独立计算。

二、关税的缴纳

（一）一般规定

关税的纳税人是依据法律规定承担缴纳关税义务的人。

任何人都有权替纳税人缴纳关税。

关税应当在报送人提交报关单之后的1天内缴纳。

关税应当用土国法定货币按照法律规定的方式缴纳。

在下列情况下，缴纳关税的义务被视为已经履行：（1）自资金从付款人的账户转入银行账户之时起；（2）自将现金交到银行收款处之时起；（3）把多余缴纳的或多余征收的关税列入缴纳关税账户之时起，如果该行为是付款人自愿的，则自收到申请书之时起；（4）把预付款列入关税的征收账户之时起，如果该行为是付款人自愿的，则自海关机构收到付款人的通知之时起；（5）银行根据银行担保书，或保险公司根据保险合同，或委托人根据委托协议所支付的资金列入关税缴纳账户之时起；（6）自向未缴纳关税的货物、抵押品和付款人的其他财产征收关税之时起，条件是上述资金额不低于应缴关税的税额。

根据付款人的请求，海关机构应当为缴纳税款的人发放纳税证明。

（二）延期和分期缴纳

根据海关法的规定，当出现了法律规定的事由时，纳税人可以提出书面申请，要求更改关税的缴纳期限。国家海关事务授权机构或者由其指定的海关机构可以根据纳税人的申请在10日内作出决定。决议应当以书面形式发送给提交申请的付款人。决议中写明延期或分期缴纳关税和税收的期限。如果拒绝延期或分期缴纳关税和税收，则在决议中应写明拒绝的依据。

变更缴纳关税期限的方式为提前缴纳或延期缴纳、分期缴纳关税1—3个月。

根据《海关法》第278的规定，出现下列情况时，允许纳税人延期或分期缴纳关税：(1) 由于自然灾害、技术事故或其他不可抗力情况造成损失的；(2) 经过土国关境运输的货物是易损货物的；(3) 按照国家间协议供货的；(4) 土国《税法典》规定的其他依据。但下列3种情况下，不得延期或分期缴纳关税：(1) 因违反土国《海关法》而处于刑事犯罪诉讼期间；(2) 在破产诉讼期间；(3) 土国《税法典》规定的其他情况。

根据法律规定，延期或分期缴纳关税的时间不超过30天。

纳税人申请延期或分期缴纳关税的，必须要提供缴税担保书。

纳税人在延期或分期缴纳关税期间，不得对其加收罚金。

(三) 纳税担保

土国《海关法》第281条规定，当出现下列情况时，纳税人应当其纳税义务提供担保：(1) 允许延期或分期缴纳关税的；(2) 货物有条件放行；(3) 运输或存放外国货物的；(4) 实施海关事务管理活动的。

关税担保金由海关机构根据货物进口或出口时应缴纳的关税税额确定，不得低于应缴纳关税税额。国家海关事务授权机关有权对特殊种类货物规定固定的担保额。

关税担保的方式有以下几种：(1) 货物及其他财产抵押；(2) 银行担保书；(3) 担保；(4) 保险合同。

纳税人有权选用一种或同时使用几种担保方式进行担保。

三、强制征收关税

(一) 一般规定

土国法律规定，没有纳税人没有在规定的期限内缴纳关税，则海关机构可以根据法律的规定对关税实行强制征收。

海关机构在采取强制征收关税措施之前，应当根据法律规定向付款人发出缴纳关税通知书。

强制征收关税的方法包括：(1) 从付款人的银行账户中征收关税；(2) 如果海关机构持有银行担保、保险或委托合同，则可从银行、保险公司或者委托人处按照法律规定征收关税；（3）从付款人的其他资产中征收关税；（4）按照司法程序征收关税和税收。

对于非个体经营者的自然人，采用司法程序强制征收关税和税收。

对于以下两种情况，不得采用强制措施征收关税：（1）自关税缴纳期限结束之日起，或者自纳税人按照法律规定承担缴纳关税义务开始之日起，在三年内没有发出缴纳关税通知的；（2）利用强制征收措施导致征收的关税额应高于采用普通方式征收的关税额的。

（二）罚金

海关法规定，如果纳税人没有在规定期限内缴纳关税，就应当支付罚金。罚金应当从关税缴纳期限结束后的第 2 天开始，到完成缴纳关税义务之日结束。罚金的数额按照纳税人每天未缴纳关税的 0.03% 计算。

罚金应当与关税同时缴纳，或者在支付关税之后缴纳，但不得晚于发出缴纳通知后 10 天。

缴纳关税不能免除缴纳罚金的义务，缴纳罚金也不能免除缴纳未缴关税和税收的义务。

罚金的缴纳、征收和退还按照关税的缴纳、征收和退还的规定执行。

（三）缴纳关税的通知

根据《海关法》第 290 条的规定，缴纳关税的通知为海关机构发出的在规定期限缴纳未缴关税的书面通知，或者海关机构发出的必须在其通知的期限内缴纳未缴纳关税和罚金的书面通知。

缴纳关税的通知应包括下列内容：应缴纳的关税金额、罚金金额、缴纳期限、拒不履行缴纳关税义务时的强制措施、通知的依据。通知的格式由国家海关事务授权机关规定。

缴纳关税通知应在发现纳税人未缴纳关税之日的 10 天内发给付款人。缴纳关税通知可以由付款人本人签字接收，也可以采用能够证明付款人收到通知的事实和接收日期的其他方式发出。如果付款人逃避收取通知的，则采用挂号信的邮寄方式，自挂号信寄出之日开始，到第 6 天结束时该通知被视为接收。

付款人应当在收到缴纳关税通知之日起十天内缴纳关税。

（四）强制征收

如果付款人在收到通知 10 天内没有履行缴纳关税的义务，海关机构即可根据规定对纳税人采取强制征收措施。

强制征收措施应当根据海关机关作出的强制征收决议进行。

强制征收决议是海关机构向银行发出自付款人账户向海关机构征收资金账户转账的托收委托书的依据。

强制征收关税只限于从付款人的银行账户中征收关税税款，而不能从付款人的贷款账户和预算账户中征收。从付款人的外汇银行账户征收关税时，应当按土国中央银行在征收日的汇率征收与土国货币相同金额的外汇。银行必须按照海关机构的托收委托书规定的办法和期限完成转账业务。

根据土国的法律规定，或者在付款人账户缺乏资金或没有付款人账户信息的情况下，海关机构有权依据法庭的决议向没有缴纳关税的货物征收关税，但货物被海关机构作为抵押品转交，或者货物在临时仓库或海关仓库的存放期结束时的情况除外。应当用出售货物所获得的资金首先偿还所欠关税和其他税收的税款，其次才能偿还货物在运输费和存放费。

付款人拒不执行缴纳关税的通知且其账户缺乏资金或者没有付款人账户的信息的情况下，海关机构有权自无人提取的预付款剩余金额中征收税款，或者从付款人现金和其他资产中征收税款。

第九章　地方收费

在土国《税法典》中，除了对上述各项税种制度作出规定外，还专门在第二部分第7章对在全国统一征收的5种地方收费项目作了具体的规定。

第一节　广告费

广告费是对在土国境内发布商业广告行为的征税。

一、缴费人

根据土国《税法典》第201条的规定，广告费的缴费人是指发布具有商业性质广告的企业、单位和个人，但按照土国《油气资源法》开展业务的法人，不是广告费的缴费人。

二、收费对象与征费依据

根据土国税法的规定，广告费的征收对象是由缴费人自主或者通过大众媒体和广告代理发布的具有商业性质的广告。但下列行为不属于广告费的征收对象：（1）个人或企业发布的公告、通知或者通告，其中包括在非经营性质的大众媒体上发布的公告、通知或者通告；（2）国家广告或社会广告；（3）房屋入口处、房屋内或者橱窗内的广告牌；（4）残疾人组织的康复或者社会活动广告；（5）公益性广告。

根据土国《税法典》第201条第2款的规定，广告费的计费依据为与广告制作和发布直接相关的费用。具体包括以下各项：（1）通过大众媒体（其中包括在印刷品上刊登，通过无线电和电视节目转播）和电信网络进行广告宣传的费用；（2）灯光和其他室外广告费用，包括制作广告架和广告箱的费用；（3）参加展览会、交易会、博览会的费用，装饰橱窗、展销会、样板间和展厅的费用，制作含有缴费人工作、提供服务或相关信息的广告册和产品目录的费用，展览时全部或者部分失效的商品的减价费用；（4）进行公共广告抽奖的费用，为广告抽奖的中奖者购买（生产）奖品的费用，以及其他形式的广告费用。

缴费人应该对每个缴费申报期内的与广告信息制作和发布直接相关的费用进行单独核算。

三、费率

根据土国法律的规定，广告费实行比例费率，并针对不同的地方实行不同的费率，即阿什哈巴德市为5%，各州中心城市为4%，其他居民区为3%。

四、计算与缴纳

广告费的缴费申报期和费款缴纳期为一个季度。

广告收费由缴费人自行计算。

每个缴费人都有义务在缴费申报期结束后的20日（即每季度第1月的20日）之前进行申报，提交广告费申报表，并在缴费申报期结束后的25日（即每季度第1月的25日）之前缴纳费款。

第二节　城乡土地建设费

一、缴费人

根据土国《税法典》第207条的规定，城乡土地建设费的缴费人包括以下4类对象，

1. 按照与土国居民企业、在土国境内通过分支机构、代表处或者常设机构开展经营活动的外国企业、个体经营者签订的劳动合同和民事合同工作的土国居民。上述企业和个体经营者被认定为扣缴义务人。

2. 与企业、个体经营者之间不存在劳动关系的土国居民根据民事合同完成工作或提供服务（其中包括提供专业服务）获得收入的人员，创作或制作的科学、文学和艺术作品时获得的奖金或者创作奖金的人员，获得科学发明、发现和工业样品设计的奖励的人员，以及自主生产农产品的人员。该类人员

还包括在国外或者从国外受雇进行工作获得收入的个人。

3. 个人个体经营者。

4. 在土国境内通过常设机构开展经营活动的企业，包括外国企业。

为了进一步明确城乡土地建设费的缴费人，《税法典》还同时规定，下列人员不是城乡土地建设费的缴费人。

1. 按照土国《油气资源法》从事经营活动的企业。

2. 土国中央银行。

3. 土库曼斯坦红新月会。

4. 养老投资基金。

5. 残疾人康复机构。

6. 教育机构。

7. 残疾人协会。

8. 宗教组织。

9. 国际组织、政府间组织和跨国组织。

二、费率

城乡土地建设费实行比较费率，具体规定如下：

1. 属于个体经营者的个人，费率为商品（工程、服务）不含增值税的销售总额的0.3%，但不得低于每月2马纳特。商品（工程、服务）销售总额可按照《税法典》第149条和第150条有关计算法人利润税时企业的销售收入总额的规定确定。

2. 对于其他个人，费率为每月2马纳特。

3. 对于农业企业，按照《税法典》第二部分第5章规定计算所得税时，采用的利润税金额的0.5%，不考虑《税法典》第170条规定的税收优惠。

对于其他企业，为法人利润税金额的1%。

三、计算、申报与缴纳

城乡土地建设费的申报期和缴纳期规定为1年。

个人个体经营者和在土国境内通过常设机构开展经营活动的企业（外国企业），应当自主计算城乡土地建设费。在缴费申报期结束后的5日内缴费人（个体经营者除外）应当缴费。个体经营者应当在缴费申报期结束后的25日内缴费。

缴费申报表应当由上述人员在年度财务报告递交期限内递交，个体经营者应当在缴费申报期结束后的15日前递交。

对于作为第一类缴费对象的土国居民，其所应当缴纳的城乡土地建设费，由扣缴义务人在个人所得税规定的缴纳期限内完成。在纳税年度结束后的20日（即次年1月20日）前，扣缴义务人应该向税务登记所在地的税务局提交计算、扣除和缴纳城乡土地建设费的相关资料。

对于作为第二类缴费对象的人员，应当自主计算城乡土地建设费，并在规定的个人所得税缴纳期限内缴纳至地方财政。如果城乡土地建设费被扣缴义务人扣除并上缴至土国国家财政，则上述责任人不需要缴纳城乡土地建设费。责任人应将此情况书面报告注册登记地税务局，并在规定的纳税申报表提交期限内提交扣缴义务人的证明文件。

第三节　停车场经营费

一、缴费人

根据土国《税法典》第210条的规定，停车场经营费的缴费人为经认证拥有可用作收费停车场的地皮的个人个体经营者和企业。缴费人应当在停车场所在地的税务机构进行登记。

二、缴费对象和计费依据

缴费对象是指缴费人划定用作收费停车场的地皮。

缴费时间自地皮全部或者部分开始用作停车场之时起。计费依据是用于停车场地的地皮总面积。

对于多层停车场，按每层面积计费。

三、费率

根据土国法律的规定，停车场经营费实行固定费率，并针对不同的地方实行不同的费率，即阿什哈巴德市为1.5纳特，各州中心城市、土库曼巴什市和阿巴丹市为1.2马纳特，在其他居民点为0.9马纳特。

四、计算与缴纳

停车场经营费的缴费申报期和费款缴纳期为 1 个季度。

停车场经营费由缴费人自主计算。

在每个缴费申报期结束后的 20 日（即每季度第 1 个月 20 日）前，缴费人应当向注册登记所在地的税务局进行缴费申报，提交缴费申报表，并在缴费申报期结束后的 25 日（即每季度第 1 个月 25 日）前缴纳费款。

第四节 汽车销售费

一、缴费人

根据土国《税法典》第 216 条的规定，汽车销售费的缴费人是指在土国境内销售汽车的企业和个人。但按照土国《油气资源法》开展经营活动的企业和土国中央银行不是汽车销售费的缴费人。

二、缴费对象和计费依据

根据法律规定，汽车销售费的缴费对象是指销售汽车（公共汽车、货车和小轿车）的行为。其中，对汽车销售这一概念，应当依据《税法典》第 97 条关于商品销售的规定进行定义。

下列行为不属于征收汽车销售费的对象：

1. 按照土国民法的规定，将汽车交由继承人继承。

2. 企业重组时，该企业将汽车转交给其法定继承人。

3. 按照国家权力机关和管理机关、地方执行权力机关和地方自治机构决议，对汽车进行转让。

4. 将汽车赠送给父母、配偶、兄弟、姐妹、儿子、女儿、孙子，以及配偶的父母、兄弟、姐妹和子女们。

5. 预算机构销售汽车。

6. 销售特种汽车，包括汽车起重机，移动实验室，救护车等。

7. 根据国际人道主义援助、财政援助、技术援助、外国或国际组织向土国提供贷款（借款）的计划和规划销售汽车。

8. 国家权力和管理机关、地方执行权力机关和地方自治机构销售汽车，该销售行为不以营利为目的。

汽车销售费的计费依据是所销售汽车的数量。

三、费率

根据土国法律的规定，汽车销售费的费率如下：

货车的费率为土国法定最低工资额的 8 倍；

公共汽车的费率为土国法定最低工资额的 5 倍；

小轿车的费率为土国法定最低工资额的 6 倍。

四、计算与缴纳

汽车销售费由缴费人自主计算。

汽车销售费在汽车销售交易办理之前缴纳。

道路监督管理局负责对是否正确计算和全额缴纳汽车销售费的情况进行监督。缴费人在对车辆进行注销登记时，必须出具缴纳汽车销售收费的证明文件。

第五节 养犬税

根据土国《税法典》第 220 条的规定，养犬税的纳税人是指在城市中养犬的个人（执勤犬除外）。

养犬税实行固定税率，其税率为土国最低工资额的 0.4 倍。

养犬税由住房公共事业机关征收养犬税。养犬的公民有义务在地方权力机关和地方自治机构规定的期限内，按照其规定的办法对犬进行登记。

第三编 土国税收征纳法律制度

第十章 税务管理

第一节 税务登记

税务登记是税务机关对纳税人的生产、经营活动进行登记并据此对纳税人实施税务管理和监督的一种法律制度。它是税务管理的基础环节和重要前提，是税收法律关系得到成立的重要依据和证明，也是纳税人必须履行的法定义务。因此，土国《税法典》在第一部分第 3 篇对税务登记制度作了专门的规定。

一、税务登记范围

根据土国《税法典》第 24 条的规定，应当办理税务登记的人员，主要包括以下各项。

1. 自然人个体经营者和依据土国法律注册的法人，以及在土国注册了分支机构和代表处的外国法人。

2. 按照劳动合同或者民事合同进行工作的自然人，应当通过用人单位（扣缴义务人）登记为纳税人。

3. 其他自然人根据法律规定应当缴税时，应当登记为纳税人。

4. 外国法人在土国设有常设机构的，应当登记为纳税人。

二、税务登记地

应当办理税务登记的单位和个人应该分别在法人（其独立分支机构）所在地、自然人居住地或者在土国境内开展活动所在地、财产所在地的税务局税务登记，注册为纳税人。

纳税人办理税务登记地点无法确定时，应当由税务局根据纳税人提交的资料确定。

合伙企业应该在企业所在地、经营活动所在地或者其中一名或多名合伙在土国境内的居住地的税务局办理税务登记，注册为纳税人。此时，该合伙人的选择结果属于企业的全部合伙人。

三、税务登记办法和时间

税务登记应当依据申请进行。

从事体经营的自然人和法人（独立分支机构）应当在办理国家登记之日起 10 日内，其他单位或个人应当自纳税义务产生之日起的 10 日内，办理税务登记，注册为纳税人。

合伙企业应当从签订合伙经营合同之日起的 10 日内，办理税务登记，注册为纳税人。

按照劳动合同（协议）或者民事合同开展工作的单位（个人），应该按照土国国家税务总局规定的程序登记为纳税人。

自然人在提交登记申请时，应当提交该自然人的身份证明文件和居住址的证明文件，如果自然人是个体经营者，还需要提交个体经营者国家注册证明。

法人企业在提交登记申请时，应当提交国家注册证明文件的复印件。法人企业在土国设立分支机构或者代表处时，应当提交经过国家公证的分支机构或代表处的登记证复印件以及统计卡复印件。同时，法人还应当提交经过国家公证的法定代表人资格的证明文件的复印件。

合伙企业在提交登记申请书时，还应当提交合伙经营合同复印件。

税务局有义务为纳税人办理税务登记，并在上述单位（个人）提交必要资料后的 3 日内颁发登记证。

纳税人提交的登记资料发生变化的，应当自变化之日起的 10 日内将变化事宜报告税务局。

法人常设机构终止经营的，则该法人有义务在作出终止经营决议后的10日内向常设机构所在地的税务局进行报告。

税务局应当向办理税务登记的纳税人（扣缴义务人）授予纳税人识别号。

税务局应当在向纳税人发出的所有通知和通报中使用纳税人的纳税人识别号。

纳税人（扣缴义务人）也必须在纳税申报单、申请书、结算付款凭证或者其他文件中注明自己的纳税人识别号。

纳税人识别号的授予、使用以及修改办法和条件由土国国家税务总局规定。

纳税人登记证及申请书的格式由土国国家税务总局规定。

四、国家机关向税务局提供纳税人信息的义务

土国《税法典》第27条规定，负责办理法人（独立分支机构）国家登记的机关，应当在法人（及其独立分支机构）登记（重新注册）或者清算（重组）之日起10日内，将进行注册（重新注册）或者清算（重组）之日起的10日内向法人（及其独立分支机构）所在地税务局通报相关的情况。

监护机构、教育机构、医疗机构、居民社会保障机构，以及按照土国法律规定对被监护人的财产进行监护或者管理的其他机构，在做出决议后的5日内，应当向所在地的税务局报告对自然人、法院认定的无行为能力人、某些未成年人、法院认定的限制行为能力的自然人、规定接受监护的限制行为能力人、法院认定失踪人员的财产的监护情况，以及与上述的财产、监护有关的变更情况。

自然人居住地的户口登记机关、对外国公民或者无国籍人士进行登记的机关、自然人出生和死亡登记机关，应当在上述登记事项结束后的次月5日向所在地的税务局通报进行登记的有关事宜。

颁发证明、许可证或者其他准许和登记类文件的机关，在向纳税人颁发证明、许可证或者其他准许和登记类文件（或者终止文件效力）后10日内，应当向所在地税务局提供该纳税人的相关资料。

公证机构应在继承权公证后5日内，向所在地的税务机关通报纳税人办理公证的情况。

五、银行机构向税务局提供纳税人信息的义务

从事个体经营的自然人、法人（法人独立分支机构）以及公司开设或者

注销银行账户（依据银行账户合同开设的账户，通过该账户收支款项）时，土国境内的银行机构应当在开设或者注销账户后1日内将相关事宜通知银行所在地税务局。

其他自然人开设银行账户的，银行应当根据税务局的要求在开设账户的3日内向所在地的税务局提交该自然人的账户信息。

土国国家税务总局和土国中央银行一起规定提交不同等级人群某些类别账户的开设或者注销相关信息的办法。

第二节 税收统计与纳税申报表

一、征税统计

土国税法规定，为征税的目的，纳税人（扣缴义务人）应当对征税对象进行统计。

对征税对象进行统计时，应当依据会计核算数据和征税对象的相关凭证资料来进行。

对于个别征税对象的统计办法，由土国国家税务总局与土国财政部协商确定。

纳税人（扣缴义务人）应当自行对纳税对象进行统计，但对于失踪人员和无民事行为能力人，由其法定代理人或者委托代理人对其财产进行统计。

对征税对象进行统计时，应当完整准确地反映纳税人的生产经营活动及其财务状况。在统计各项业务活动时，应当保证其业务过程的完整和可追溯。

无法对征税对象进行单独统计时，纳税人有权采用先进先出法、后进先出法、加权平均法等对存货进行统计。纳税人一旦选定了统计方法，则在1个纳税年度内不得改变。

存货的概念和在土国《税法典》中未规定的与征税对象统计相关的概念，均采用会计核算时规定的含义。

二、纳税申报表

纳税申报表是纳税人提交的一种税务报表，其作用在于计算和确定应当缴纳的税款。纳税申报表的格式和填写提交程序由土国国家税务总局与土国财政部共同制定和批准。

每个纳税人都按照应纳税种的不同分别提交纳税申报表，法律另有规定的除外。

纳税人应当向办理税务登记的税务机关提交由其签名的纳税申报表。在某些情况下，可由其法定代表人或者委托代理人签名。

纳税申报表既可以由纳税人亲自提交，也可以通过邮寄提交。税务局无权拒收纳税申报表。税务局应当按照纳税人的要求在纳税申报表复印件上对接收的纳税申报表的日期进行标记。纳税人通过邮局邮寄纳税申报表的，发件地邮戳上注明的日期视为提交日期。在与税务局协商，纳税人也可以提交电子版或者其他形式的纳税申报表。

纳税人不会单独编制纳税申报表的，或者纳税人无法计算应纳税款的，或者由于将该义务转移至第三方而无法提交纳税申报表的，税务局工作人员可以根据纳税人的口述内容代为编制纳税申报表。

如果发现已提交的纳税申报表中存在漏报、少报或误报的情况时，纳税人应当对纳税申报表进行必要的修改和补充，之后将其提交给税务局。

补充修改后的纳税申报表在税款缴纳期届满之前提交给税务局的，视为按时提交。

纳税人是在税款缴纳期满之后、在被告知进行税务检查之前向税务机关提交纳税申报表或者补充修改后的纳税申报表的，纳税人将可免于承担《税法典》规定的责任。对于纳税人发现在之前的税款缴纳期内纳税申报表中出现错误或漏报、根据《税法典》第 35 条第 2 款的规定进行计税依据调整的，也免于承担《税法典》规定的法律责任，但应该依照法律规定加收滞纳金。

根据实地税务检查的结果作出增加（减少）应纳税额的决议后提交修改补充后的纳税申报表的，纳税人应当按照规定的程序同时提交申诉书。税务只有在对申诉书进行审查之后，可以确定纳税申报表中的税款金额。

上述规定也同样适用于扣缴义务人提交纳税申报表的情况。

如果纳税人在纳税申报期满前要求延期提交纳税申报表报并已全额预缴了《税法典》第 39 条规定的，由税务局核定应纳税额的税款的，可以按照与税务局的协商将纳税申报表的提交期限延长 30 天。

第三节　税额计算和税务通知书

一、一般原则

土国《税法典》第34条规定，纳税人应当按照法律规定的程序自行计算每种应纳税种的税款。

税务机关应当根据室内审计结果对纳税人的应纳税款进行审核。

根据法律规定由扣缴义务人、税务局和税收法律关系中其他授权机关计算纳税人应纳税款的，计算的税款为核实后的应纳税款。

税务机关核实纳税人应纳税款的依据包括：(1) 纳税人纳税申报表中包含的信息；(2) 征税对象统计数据；(3) 税务检查和审计资料；(4) 其他有关的征税信息。

不得把以违法方式获得的信息作为确定税款金额的依据。

税务机关在室内审计结果送达期限内未通知纳税人对税款金额进行修改的，纳税人在纳税申报表中注明的税款金额为核实后的应纳税额。

基于已查明的事实和所发生的应税交易的实际情况，认为由于应税交易的法律形式（类型和内容）或者交易顺序导致逃税的，税务机关有权计算和核定应纳税额。

有事实证明纳税人有意逃避纳税的，税务机关有权提前计算和确定税款金额，并要求纳税人立刻缴纳。

二、计税依据

土国《税法典》第35条规定，应该按照不同的纳税申报期，分别确定每个税种的计税依据。计税依据应当具有价值量、实物量或其他特性。

当出现下列情况时，应当对计税依据进行修改：(1) 交易情势发生改变的；(2) 交易全部或者部分取消的；(3) 由于价格或者收费标准发生变化导致交易价格发生变化的；(4) 交易被认定为无效的；(5) 发现在之前的纳税申报期内存在未申报交易的；(6) 发现在之前的纳税申报期存在申报错误（误差）的；(7) 其他必要情况。

除上述第(5)项和第(6)项外，当出现上述其他情况时，纳税人应当对计税依据进行修改。当发现上述第（5）项和第（6）项的情况时，纳税人应当根据《税法典》对各个税种的计税依据的具体规定，对该纳税申报期的计税依据进行修改。

当交易行为按照土国法律规定被认定为无效的，纳税人应当减少计税依据，减少的金额为纳税人应该退还给交易另一方的金额。

在税务检查中发现存在非法所得（收入总额或者利润）并按照土国法律规定对其处以罚没处理的，应当减少计税依据和计算缴纳的税额。在税务检查前该非法所得未被征税的，则不再计算计税依据和相应的税款。

修改计税依据必须根据书面凭证才可以进行。

三、确定商品、工程和服务的价格

土国税法规定，在确定征税对象的计税依据时，应当适用交易双方采用的商品、工程和服务的价格。该价格为市场价格，除非存在相反的证据。

对于存在官方定价的，应当采用交易所在地区的官方定价。

当出现下列情况时，税务局在征税时有权评估交易双方的成交价格：（1）进行关联交易的；（2）进行商品、工程和服务互换业务的；（3）从事外贸交易的；（4）在对计税依据进行监督检查过程中有证据证明双方的交易价格与实际市场的价格之间存在很大差异的。

上述的关联关系是指交易双方的关系能够对经营活动的条件或者经营活动的结果造成影响的关系。

商品（工程、服务）的实际市场价格是指在可比条件下，按照市场供求关系所形成的价格。当不存在供求关系时，是指在类似条件下同类商品（工程、服务）的价格。其中，可比条件是指，这些条件之间的差异对此类商品（工程或者服务）价格产生的影响不是很大，或者可以考虑修正这些差异。

确定实际市场价值时，可以采用下列方法：

（1）以商品（工程、服务）实际市场批发价为市场实际价格的。商品（工程、服务）实际市场批发价应当依据从国家统计机构获得的商品（工程、服务）实际市场零售价格，减去批发价与零售价之间的比值。该比值应该为百分数，且不超过15%。即市场实际批发价 = 市场实际零售价 －（市场实际零售价 × 比值）。

（2）以购买方后续的销售价格为市场实际价格的。此时，商品（工程、服务）的实际市场价格为买方后续销售的价格减去在该商品（工程、服务）

销售时给该买方造成的损失相应部分，以及正常利润。

(3) 以商品（工程、服务）的生产费用和正常利润为市场实际价格的。此时，实际市场价格应当依据生产费用和商品（工程、服务）出售时所获得的正常利润来确定。根据土国税法的规定，只有在前两种方法无法使用时，才可以使用该方法。

利用上述方法确定的实际市场价格应该通过相应计算予以证实。商品（工程、服务）实际市场价格的数据和资料，以从国家统计机构以及其他的官方信息来源获得的数据为准。

税务机关有权要求相关机构或人员提供商品（工程、服务）的价格和收费标准，相关机构和人员有义务提供相关的资料。

在征税时，如果商品（工程、服务）是按照土国法律规定的价格（收费标准）销售时，则应当依据国家规定的价格（收费标准）来计税。

在确定商品（工程、服务）的实际市场价格时，对于以下列因素而造成的价格折扣，应当予以考虑：(1) 消费需求的季节性波动或其他波动；(2) 质量或功能退化；(3) 临近保质期或销售期即将结束；(4) 新品上市或推广；(5) 为使消费者了了解该商品（工程、服务）而销售的样品或试验品。

在税务机关依据规定对上述 4 种情况下（即前述的关联交易等）的交易价格进行评估时，如果交易双方实际采用的价格低于实际市场价格 20% 以上的，税务机关有权根据相关规定确定商品（工程、服务）的计税价格。当进口商品的销售价格高于实际市场价格 20% 以上的，税务机关也有权根据相关规定确定商品（工程、服务）的计税价格。

同一商品是指具有同一特征的商品，包括物理特性、质量、市场声誉、生产国、生产厂家等。

同类商品是指虽然不属于相同的商品，但却具有类似特性且由类似的成分构成的商品。这些商品具有同样的功能，在商业上可以相互替换。确定商品是否为同类商品时需考虑商品的质量、商标、市场声誉和生产国。

四、税率

根据土国税法的规定，税率是税款征收的标准。在土国，税率分为固定税率和比例税率两种。

五、税款缴纳期

根据土国《税法典》第 38 条的规定，税款缴纳期是指确定计税依据和应缴税款的时间间隔。在《税法典》中，针对不同的税种，分别规定了相应的税款缴纳期。

税款缴纳期可由一个或者几个纳税申报期组成。

对于1月1日至9月30日期间成立的法人，对于纳税期为一个税务年度的税种，自法人成立之日至该年度终了为一个税款缴纳期。

对于10月1日至12月1日期间成立的法人，对于纳税期为一个税务年度的税种，自法人成立之日至下一年度终了为一个税款缴纳期。

法人在年中被清算的，自该年度开始至清算之日为一个税款缴纳期。

对于上一年10月1日至年末之间成立、第二年被清算的法人，自法人成立之日至清算之日为一个税款缴纳期。

对于以月或者季度为一个税款缴纳期的税种，当法人成立或清算时，第一个或最后一个税款缴纳期应当与税务登记地的税务局协商确定。

六、税额核定的方法

根据土国《税法典》第39条的规定，纳税人不按照规定的期限提交纳税申报表的，税务机关有权根据纳税申报期的应纳税额核定当期的应纳税额。

在进行税务检查的过程中发现纳税人没有统计征税对象或者没有提交相关数据的，税务机关有权根据相关的信息，按照商品（工程、服务）销售估价、财产估价、平均工资水平、25%的利润率（对于贸易活动则以商品流转额的8%计算）等，核定应纳税款。

核定税额还可参照从事类似业务的其他纳税人的业务指标来进行。

采用上述评估方法得出不同结果时，则应当采用核定税额最大的方法。

当纳税人在核定应纳税额之后提交纳税申报表及核算数据的，税务机关应当根据纳税人提交的资料对应税金额进行调整。

七、追征期限

土国《税法典》第40条规定，在对纳税人的应纳税额进行核定后的5年内，税务机关仍然有权对核定后的应纳税额进行调整。

对于核定后的应纳税款或补征的税款，税务机关可以在以后的5年内进行追征。

八、税务通知书

根据土国税法的规定，税务通知书是税务局（海关）对纳税人发出的书面要求。

税务机关应当在下列情况下，向纳税人发出税务通知书：(1) 由税务机关（海关）按照《税法典》的规定计算税款的；(2) 税务机关依据室内检查结果发现纳税人应当缴纳的税款金额与纳税人自己计算的税款金额不一致的；(3) 税务局（海关）根据现场审计做出变更应税额的决议的；(4) 税款缴纳期发生变化的；(5) 纳税人存在未履行的纳税义务的；(6) 与征税相关的其他情况。

税务机关在发现上述各种情况后的5日内，应当将税务通知书寄送或者送达纳税人。

税务通知书转交给法人代表（包括法人的法定代表人或委托代理人）或自然人（包括其法定代表人或委托代理人），并签名或以其他方式证实已接收。同时注明接收日期。上述人员拒绝接收的，如果该单位逃避接受税务通知，税务机关应当通过邮局挂号寄送。自发送挂号信满6日后，视为税务通知已被接收。

税务通知发送或者送达纳税人后，税务局（海关）发现了会导致税务通知中注明的税款金额发生改变的情况或者证据，应该对税务通知进行修改。

税务通知应有税务机关负责人的签字和盖章证实。

税务通知的形式由土库曼斯坦国家税务总局核准。

第十一章 税款征收

土国《税法典》第一部分第4篇第3章用3节共28个条文对缴纳税款的内容与程序作了明确的规定。

第一节 纳税义务及其履行

一、一般规定

（一）纳税义务的产生和终止

按照土国《税法典》43条的规定，纳税人的纳税义务的发生时间为法律规定的纳税人缴纳税款的情况出现之时。

纳税人纳税义务的终止时间有以下几种情况：（1）纳税人缴纳了应纳税款的；（2）纳税人死亡或者按照土国民法的规定认定纳税人死亡的；（3）法院判决纳税人已经履行了纳税义务的；（4）法人纳税人由于资不抵债（破产）而被清算的；（5）出现法律规定的其他情况的。

（二）纳税义务的履行程序

土国税法规定，当纳税人在银行账户中的资金不足以履行所有的债务时，应当先行履行缴纳税款、赃款和滞纳金的义务，但下列情况除外：（1）生命和健康损害赔偿款，支付抚养费；（2）根据劳动合同（协议）和其他民事合同支付工作人员或职工的工资和补偿金，以及支付著作权费和支付工作人员的补助费；（3）支付国家养老金和津贴，计提国家强制社会保险费、养老保险费和医疗保险费；（4）用变卖纳税人的担保财产所得价款向担保人清偿债务。

（三）纳税义务的履行期限

纳税义务的履行期限由各税种法予以规定。

之前核定的应纳税额发生变化的，纳税人（扣缴义务人）应在收到税务通知后 5 日内缴纳补征的税款。

只有根据法律的规定，纳税人才可以变更纳税义务的履行期限。

二、纳税义务的履行主体和履行方式

（一）纳税义务的履行主体

土国《税法典》第 46 条规定，纳税义务应当由纳税人直接履行，法律另有规定的情况除外。

对于开展从事天然气或者伴生气、石油、石油产品的开采或销售业务以及从事铁路运输业务的土国居民法人，土国内阁可规定计算、缴纳税款和提交纳税申报表的特别办法。

（二）纳税义务的履行方式

土国税法规定，税款可以用现金支付，也可以汇款和非现金支付的方式支付。

以现金方式支付的，纳税人将现金存入银行之日，即视为纳税人缴纳税款的日期。

以非现金的方式支付的，银行将现金从纳税人账户划出之日，即视为纳税人缴纳税款的日期。

扣缴义务人扣缴税款时，扣缴义务人将税款扣除之日，即视为纳税人缴纳税款的日期。

税务机关（海关）或者法院作出用多缴或者多收税款抵消之前的欠税的决议之日，即视为纳税人缴纳之前欠缴税款的日期。

税务机关对纳税人（扣缴义务人）财产进行追缴或对第三人的财产进行追偿的，税务机关追缴或追偿的资金上缴土国国家财政之日，即视为税款缴纳的日期。

扣缴义务人未从向纳税人支付的款项中扣除税款并缴入土国国家财政的，应当由扣缴义务人利用自有资金支付，并按照土国法律规定的程序向纳税人进行追偿。

扣缴义务人从支付给纳税人的款项中未扣除应纳税款的，应当从纳税人的账户扣除或者提取税款。如果纳税人是自然人，则扣缴义务人应当从确定未扣除税款事实当月以前 3 个月内支付的款项中扣除或提取税款；如果纳税人是法人，则扣缴义务人应当从确定未扣除税款事实之年以前 5 年内支付的款项中扣除和提取税款。

纳税人（扣缴义务人）不履行或者不完全履行税款缴纳义务的，税务机关有权要求其缴纳税款和罚款，并对其采取法律规定的保障税款缴纳的措施。

上述规定也同样适用于收取滞纳金和罚款。

三、几种特殊情况下纳税义务的履行

（一）税务行政复议和行政诉讼期间的税款缴纳

根据土国《税法典》第 47 条的规定，在进行税务行政复议和税务行政诉讼期间，对于双方不存在争议的应纳税额，纳税人应当缴纳。对于双方之间存在争议的应纳税额，在复议或诉讼期间可暂停缴纳，但不得超过该金额确定之日（或者该金额调整之日）起的 6 个月。纳税人不缴纳全部或者部分税款的，应当缴纳滞纳金。

在税务行政复议或税务行政诉讼期间纳税人不履行无争议税款的缴纳义务的，税务机关（海关）有权对其采取强制执行措施。

税务机关有权要求纳税人对有异议的税款金额进行财产抵押或者担保。纳税人无法提供财产抵押或者担保的，应当缴纳有争议的税款。

当税务机关或法院做出取消全部或者部分有争议税款的决议时，纳税人有权要求返还因未支付被取消的税款所加收的滞纳金。

上述规定也同样适用于罚款和滞纳金，也适用于扣缴义务人。

（二）银行机构履行纳税人委托和税务局要求的义务

土国税法规定，银行机构有义务接受纳税人（扣缴义务人）的税款付款委托，无论纳税人（扣缴义务人）的账户内是否有现金。银行机构也有义务接受税务机关扣缴税款的请求，无论纳税人（扣缴义务人）账户内是否有现金。

纳税人（扣缴义务人）账户内的资金足够全额履行税款付款委托（扣款请求）时，银行机构应在收到付款委托（扣款请求）的次日前履行委托。

在银行机构收到税款付款委托（扣款请求）之日，如果纳税人（扣缴义务人）账户内的资金不足或者没有资金的，一旦有资金进入，则银行机构应当在资金进入账后的 1 日内履行委托。

上述规定也适用于向第三人（即纳税人的债务人）追索未支付的税款的情况。

银行将税款缴入土国财政时，不收取任何费用。

上述规定也适用于罚款和滞纳金。

（三）多缴税款的抵扣和返还

纳税人实际缴纳的税款金额超过了应纳税款的，如果纳税人存在其他税种的欠税、罚款和滞纳金的，则税务机关或海关应当在纳税人多缴税款后的1日内，用多缴纳的税款抵扣纳税人其他税种的欠税、罚款和滞纳金，并书面通知纳税人。如果纳税人不存在其他税种的欠税、罚款和滞纳金的，则在纳税人递交书面申请之后的10日内，税务机关或海关应当作出让金融机构将多缴税款返还给纳税人的决定。

金融机构在收到税务局（海关）结论后20日内，应当将多缴税款返还给纳税人。金融机构不及时向纳税人返还多缴税款或者扣除的税款时，每逾期一天加收该金额的0.03%作为滞纳金。

纳税人有权在税款缴纳（扣除）之日后的5年内要求抵消或返还多缴的税款。对税务机关做出的决议提起行政复议或行政诉讼时，该期限在行政复议或行政诉讼审理期间暂停。

上述规定同样适用于罚款和滞纳金，也同样适用于扣缴义务人。

（四）法人纳税人清算时的税款缴纳

土国《税法典》第50条规定，被清算法人的纳税义务由清算组履行，税款应当从该法人所有的资金中履行，包括从变卖该法人的财产所获得的资金。

被清算法人的资金（包括财产变卖后获得的资金）不足以缴纳税款的，如果按照法律的规定或者该法人的创立文件的规定，法人的创立人（股东）对法人的债务承担责任的，则剩余的纳税义务应该由该法人的创立人（股东）履行。

法人的创立人（股东）履行其对被清算法人负有的义务之后，法人剩余的债务将被认定为坏账，按照法律规定的程序予以注销。

被清算法人纳税义务应当在清算程序开始的后两个月内履行。对于具有充足依据的，税务局可以决定延长该期限，但延长时间不得超过1个月。

上述规定同样适用于罚款和滞纳金，也同样适用于扣缴义务人。

（五）法人纳税人重组时的税款缴纳

土国税法规定，被重组法人的纳税义务由该法人的权利义务的承受人履行。无论该承受人在重组完成之前是否了解被重组的法人未履行或者未正确履行税款缴纳义务的情况或事实，该承受人都必须履行被重组法人的纳税义务。

同时存在多个承受人时，每个承受人应该承担的缴纳税款的份额，应当按照资产分配表或者其他分配协议书确定。

对法人进行重组的，不会改变该承受人税款缴纳义务的履行期限。

法人变更法律组织形式的（不包括私有化），重组后的法人作为权利义务的承受人应当履行缴纳税款的义务。

法人新设合并的，新设立的法人被认定为法人权利义务的承受人而应当履行缴纳税款的义务。

法人吸收合并的，合并后的存续法人被认定为法人权利义务的承受人而应当履行缴纳税款的义务。

法人新设分立的，分立后的法人作为原法人的权利义务的承受人应当履行缴纳税款的义务。

法人存续分立的，新设法人将不继承原法人缴纳税款的义务。新设法人也不再享受原法人的税收优惠政策。

有充分证据证明法人重组是为了逃避税款缴纳的义务的，税务机关有权要求重组后的法人履行重组前法人税款缴纳的义务。

上述规定同样适用于罚款和滞纳金，也适用于扣缴义务人。

（六）自然人死亡时的税款缴纳

土国《税法典》规定，自然人死亡的，其所欠税款应当由其财产继承人承担。继承人（权力继承人们按照继承比例）应当按照土国民法的规定，在继承财产后的6个月内缴纳被继承人所欠的税款，但不用缴纳由此而产生的罚款和滞纳金。罚款和滞纳金应该被认定为坏账，由税务机关并按照法律规定的程序注销。

已死亡自然人生前居住地及其财产所在地的税务机构，应当在得知该自然人死亡信息后的5日内向办理该自然人遗产事宜的公证机关通报死者欠缴税款的情况。公证机关应当将上述情况告知继承人，并告知继承人有在获得遗产时替已死亡的自然人履行缴纳剩余税款的义务。

没有继承人或者继承人拒绝接受遗产的，自然人死亡时未缴纳的税款将被认定为坏账，应当按照法律规定的程序注销。

（七）失踪或无民事能力的自然人的税款缴纳

被法院认定为失踪或者无民事能力的自然人在被认定之日欠缴的税款、罚款和滞纳金，应当由失踪或者无民事能力的自然人的财产管理人代为缴纳，所需资金应当从被管理的财产中支付。财产管理人应当在担任财产管理职责后的3个月内缴纳税款、罚款和滞纳金。

税务机关在收到自然人被认定失踪或无民事能力的决定后的5日内，应当将该自然人存在欠税、罚款和滞纳金事宜通知该自然人的财产管理人。

自该自然人被认定失踪或为无民事能力之时起至该财产管理人缴纳所欠税款期间计算的罚款和滞纳金，应当按照法律规定注销。

被法院认定为失踪或者无民事能力的自然人没有财产或财产不足以缴纳税款、罚款和滞纳金的，不足部分应该被认定为坏账，按照法律规定的程序注销。

法院按照规定程序撤销认定自然人失踪或者为无民事能力的决定的，自作出该决撤销决定之日起应当恢复被注销的税款、罚款和滞纳金，但已过追诉时效的情况除外。

第二节　变更纳税期限和税款注销

一、变更纳税期限

根据土国《税法典》第54条的规定，变更纳税期限是指将法律规定的税款、经济处罚和滞纳金的缴纳期限向后推迟。它具体包括延期纳税和分期纳税两种情况。

按照法律的规定，土国国家税务总局批准延期和分期缴纳税款、罚款和滞纳金的权限为1年，土国国家海关总署及其地方机关批准进出口商品征期或分期纳税人的权限为不超过30日。土国内阁有权决定延期或者分期缴纳税款、罚款和滞纳金至更长的期限。

根据法律规定，延期或分期缴纳税款、罚款和滞纳金的事由主要包括以下几种情况：（1）由于自然灾害、技术原因或者其他不可抗力的情况给该纳税人造成损失的；（2）土国国家财政机构向纳税人延迟拨款的；（3）一次性缴纳税款有可能导致纳税人破产、停工或者影响其生产的；（4）自然人因经济状况不佳无法一次性缴纳税款的；（5）土国《海关法》中针对进出口商品缴纳税款规定的其他情形的。

当出现下述情况时，纳税人不能延期或者分期缴纳税款、罚款和滞纳金：（1）纳税人发生税收犯罪案件时；（2）有证据证明纳税人通过延期或分期纳税来隐藏资金或者其他应该征税的财产，或者该纳税人准备去国外定居的。

对于被批准的延期或者分期缴纳的税款，不得计算和加收滞纳金，但法律另有规定的情况除外。

纳税人应当向税务机关提交延期或者分期缴纳税款、罚款和滞纳金的申请书，并同时提交申请的依据和其他必要的证明文件。

除法律另有规定的情形外，在纳税人提供财产抵押或担保的前提下，税务机关应当批准纳税人延期或者分期缴纳税款、罚款和滞纳金的申请。纳税人在提交延期或分期缴纳申请书的同时，还应当提交财产抵押物证明或担保证明。

税务机关自收到纳税人申请书之日后5日内作出是否同意纳税人延期或者分期缴纳税款、罚款和滞纳金的决议。对于纳税人基于自然灾害、技术原因或者其他不可抗力的情况造成损失的理由提出的申请，税务机关不得拒绝。

在纳税人提供财产抵押证明或担保书的情况下，税务机关应当在批准延期或者分期的决议中应当注明延期或分期缴纳的税款、罚款和滞纳金的类别、金额、缴纳期限和缴纳办法。

驳回纳税人申请的，应当在驳回决议书中说明理由和依据。

税收作出的同意或驳回纳税人申请的决定书，应由土国国家税务总局在作出决议之日后的3日内发送给纳税人和纳税人登记地的税务机构。

税务机关作出的同意纳税人延期或者分期缴纳税款、罚款和滞纳金的决议，应当在决议规定的时间内有效，或者在法律规定的情况下有效。

纳税人在决议规定期限届满前缴纳了所有的税款、赃款和滞纳金的，则税务机关的决议失效。

当发现纳税人存在《税法典》第55条第2款规定的，不得延期或分期缴纳税款、赃款和滞纳金的情况时，应撤销同意其延期或者分期缴纳税款、罚款和滞纳金的决议。

纳税人违反享受延期或者分期缴纳税款、罚款和滞纳金的条件时，应当按照相关机构的决议，提前终止延期或者分期纳税款、经济处罚和滞纳金的决议。在此情况下，纳税人必须在收到相应决议后的5日内，缴纳未支付的税款、赃款和滞纳金。

有权的税务机构在作出提前终止纳税人延期或者分期缴纳税款、赃款和滞纳金的决议后的3日内，将决议书送达纳税人和纳税人登记地的税务机关。

二、注销税款、罚款和滞纳金

土国税法规定，如果纳税人欠缴的税款、罚款和滞纳金被认定为坏账，就应当按照土国国家税务总局和土国财政部的协商意见予以注销。

根据法律规定，出现下列情况时，纳税人欠缴的税款、罚款和滞纳金应该被认定为坏账：（1）《税法典》第 40 条规定的税款追征时效届满的；（2）作出罚款决定后满 5 年的；（3）对某一纳税申报期内核定的税款和补征的税款加收滞纳金，但该纳税申报期已超过 5 年的。

另外，当法人清算时、自然人死亡、自然人被宣告失踪或被认定为无民事行为能力时，或者根据法院作出的判决，也可以将纳税人欠缴的税款、罚款和滞纳金为坏账。

认定欠缴的税款、赃款和滞纳金为坏账时，必须要有相应的证明文件或法院的判决书，但追征时效届满的情况除外。

在注销坏账时，税务局应当对纳税人和扣缴义务人进行调查。调查自然人时应有两名见证人在场。

私有化改制企业所欠税款、罚款和滞纳金，自税务机关收入私有化改制的决定后予以冲销。

另外，可以根据土国总统的决议，注销某些情况下的税款、罚款和滞纳金。

第三节　税款征收的保障措施

为了督促纳税人严格依照法律的规定，认真履行依法纳税的义务，及时、足额地缴纳税款、罚款和滞纳金，土国在《税法典》中还规定了督促纳税人履行纳税的保障措施。

一、通知银行机构强制扣款

土国《税法典》第 59 条规定，纳税人（扣缴义务人）不按规定缴纳应纳税款时，税务机关可通过通知银行机构强行扣款的方式征收税款。

纳税人（扣缴义务人）在规定的税款缴纳期满后仍不缴纳税款的，税务机构可向银行机构发出强制扣款通知书，要求银行机构从纳税人（扣缴义务人）任何一个本币或外币账户中扣款，但纳税人的贷款账户和预算账户除外。

二、财产抵押

根据土国《税法典》第60条的规定，纳税人可以采用财产抵押的方式为履行纳税义务提供担保。

对于进出口货物应该缴纳的税款，纳税人在提供财产抵押时应当根据《海关法》的规定执行。

纳税人提供财产抵押时，由抵押人和抵押权人（税务局或者海关）签订担保合同。抵押人可以是纳税人，也可以是第三人。

用抵押的财产来履行纳税人税款缴纳义务时，应当按照土国有关财产抵押的法律规定执行。

纳税人只有在与抵押权人协商一致的情况下，才可以对抵押标的物进行交易，包括抵押人为了偿还债务而进行的交易。

三、保证

土国税法规定，对于进出口货物所产生的应纳税款，根据《税法典》和海关相关法律的规定，纳税人才可以提供担保。

纳税人提供担保的，担保人应当按照土国法律的规定，与税务机构或者海关签订担保合同。

纳税人不履行或者不正确履行税款缴纳义务的，根据担保合同的规定，担保人应当代替纳税人在规定的期限内履行税款缴纳义务。

四、暂停银行账户业务

根据土国《税法典》第62条的规定，暂停银行账户业务是指限制纳税人（扣缴义务人）处分在银行账户中的已有的资金或者新进的资金，以及限制纳税人（扣缴义务人）在该银行或者其他银行开设新账户的措施，但该限制措施不适用于纳税人缴纳税款、罚款和滞纳金的情况，以及《税法典》第44条中规定的事项。

当出现下列情况时，税务局局长（副局长）应当作出暂停银行账户业务的决定：（1）纳税人（扣缴义务人）未在规定的纳税申报期届满前向税务机关提交财务报表或纳税申报表，或者拒绝提交财务报表或纳税申报表；（2）纳税人（扣缴义务人）阻挠税务局工作人员进行税务检查，包括不提交进行税务检查时所必需的文件。

税务机构向银行发出暂停纳税人银行账户业务的决定时，也应当同时将该决定发给纳税人（扣缴义务人）。

银行收到税务局决定之后，应当无条件地暂停纳税人（扣缴义务人）的银行账户业务，直至该决议撤销或者纳税人（扣缴义务人）全部履行了决议中注明的义务。

五、向第三方追索其所欠纳税人（扣缴义务人）的款项以抵缴税款

土国税法规定，税务机关有权向第三方（即纳税人或扣缴义务人的债务人，可以是法人和个体经营者）追索纳税人未缴纳的税款。

税务机关应当向第三方发出税务通知书。

第三方在收到税务通知书后的 1 日内应当向银行机构出具付款委托书，按照税务通知书中注明的金额进行支付。

第三方如果能够在 5 日内向税务局出示书面证据证实与纳税人（扣缴义务人）不存该项债务关系，则第三方有权不进行支付。

第三方不履行税务通知书的要求的，依照法律的规定，税务局应当向第三方开户银行发出强制扣款通知，扣款金额不超过该债务人所欠纳税人的款项。

六、追索纳税人（扣缴义务人）的财产

（一）一般规定

纳税人不按照规定期限履行税款缴纳义务，或者税务机关在采取《税法典》第 59 条规定的通知银行强制扣款、第 62 条规定的暂停银行账户业务和第 63 条规定的第三人追索税款的措施后，纳税人仍然存在欠缴税款的，税务机构应当对纳税人（扣缴义务人）财产进行追索。

在对纳税人（扣缴义务人）的财产进行追索时，不论该财产是否由税务人占有，税务机关都有权作出决定，禁止纳税人处分该财产。税务机关有权查封纳税人的财产。税务机关可以向法院起诉，请求以自然人纳税人（扣缴义务人）的财产清偿税款。

税务机关向法人纳税人（扣缴义务人）追索与无争议的税款价值相当的财产时，无须向法院进行起诉。应当按照《税法典》第 69 条的规定没收纳税人的财产并进行变卖。没收财产并进行变卖时，应当制作相关的证明文件。

没收并变卖纳税人的财产，应当自税务机关作出禁止纳税人（扣缴义务人）处分财产的决定15日后进行。

土国法律规定，不能对财政机构的财产以及被抵押的财产进行追索。

（二）禁止纳税人（扣缴义务人）处分财产

土国税法规定，在对纳税人（扣缴义务人）的财产进行追索时，税务机关（海关局）有权禁止纳税人（扣缴义务人）处分其财产。

税务机关应当在规定的纳税期限过后的1个月内，作出禁止纳税人处分财产的决定。决定应当包括以下内容：（1）作出决定的税务机关名称、责任人的姓、名、父称；（2）作出决定的日期和决议编号；（3）财产被追索的纳税人（扣缴义务人）的名称和地址；（4）应当以纳税人（扣缴义务人）的财产支付的税款、罚款和滞纳金的金额；（5）财产查封决定；（6）决定生效日期。

决定应当由税务机关领导人（或其副职）签署并盖章。

禁止纳税人处分财产的顺序为：（1）现金；（2）非生产性财产；（3）成品，以及不用于生产或不直接用于生产的其他物资；（4）直接用于生产的原料和材料，以及机床、设备、建筑物、构筑物和其他固定资产；（5）根据合同规定交由他人占有、使用或者支配的财产，该财产的所有权不进行转移；（6）其他财产，按照土国法律不能进行追索的财产除外。

根据融资租赁合同出租的财产，在合同有效期内，不在禁止财产处分之列。

在税务机关向法院起诉前纳税人（扣缴义务人）履行税款缴纳义务的，税务机关应当撤销禁止纳税人（扣缴义务人）处分财产的决定。

（三）查封财产

根据土国《税法典》第66条的规定，税务机关在作出禁止纳税人（扣缴义务人）处分财产的决议后，应及时对纳税人（扣缴义务人）的财产进行查封。查封财产的数量以纳税所需为限，在必要情况下，还应当考虑到财产保存和变卖的费用。

税务机关应当授权税务机构的工作人员对纳税人（扣缴义务人）的财产进行查封。在进行查封之前，税务机关工作人员应当将禁止纳税人（扣缴义务人）处分财产的决定书正本及其授权证明文件送达纳税人（扣缴义务人）或其代理人。

查封纳税人（扣缴义务人）的财产时，纳税人（扣缴义务人）应当在场。纳税人（扣缴义务人）是法人的，则负责签署和提交纳税申报表的人员以及其财产负责人应当在场。

在财产查封时，应当对用于清偿税款的财产价值进行评估。评估应当按照实际市场价格进行，同时应当考虑财产的折旧情况。

对查封的财产进行评估时，税务机关有权邀请鉴定人（专业人员）对财产进行评估。

在对财产进行查封时，纳税人（扣缴义务人）有权要求税务局工作人员优先查封哪种财产用于清偿欠税。对于不影响清偿欠税的申请，税务局工作人员应当批准。

税务机构的工作人员可以对被查封的财产加贴封条。

对纳税人（扣缴义务人）的财产进行查封时，应当制度财产查封证明书。在纳税人缺少可用于追索税款的财产时，也需要制作财产查封证明书。

财产查封证明书中应注明：(1) 证明书制作的时间和地点；(2) 税务机构工作人员的姓名，以及在制作证明书时在场的人员姓名；(3) 纳税人（扣缴义务人）的姓名，法人纳税人（扣缴义务人）的工作人员姓名，负责签署和提交纳税申报表的人员以及财产负责人的姓名；(4) 每个被查封的财产的名称、特征（重量、长度、磨损程度等），每件财产的评估价值和用于清偿欠税所查封的全部财产的价值；(5) 被查封物品的清单；(6) 被查封的财产不是由纳税人（扣缴义务人）保存，而是由他人保存的被查封财产的清单；(7) 保存被查封财产的人员及其地址；(8) 向纳税人（扣缴义务人）或其他财产保管人发出的保存财产的义务及其责任的通知；(9) 纳税人（扣缴义务人）和财产查封时在场的其他人员的意见和声明。

财产查封证明书应该按照规定制作，由税务机构的工作人员、纳税人（扣缴义务人）和财产查封时在场的其他人员签字。查封证明证明书的正本应该发送给所有相关方。

被查封财产应当由税务机构的工作人员交由纳税人（扣缴义务人）或者其他方签收保存，并将财产查封证明书副本交给纳税人（扣缴义务人）。

被查封的现金（包括外币）、有价证券、金条、金砂、天然贵金属及其半成品和生产和试验用制品、钻石，以及金、银、铂金和铂族金属、宝石、珍珠及其碎颗粒首饰及其他生活制品，交由银行机构保存。

未经税务机构的许可，保管人不得动用被查封的财产。

除纳税人（扣缴义务人）外，其他保管人员可获得一定的保管费用和报酬。保管费用和报酬从变卖纳税人（扣缴义务人）财产获得的资金中支付。

交由保管的财产发生遗失、短缺或者损坏时，由保管人根据土国法律的规定承担责任。

对于被查封的财产，占有人应当按照税务工作人员的要求将该财产转交给税务机关。

（四）追索财产的程序和办法

根据土国《税法典》第69条的规定，向纳税人追索财产，可以向法院进行起诉。起诉办法由土国法律规定。

税务机关应当在作出禁止纳税人（扣缴义务人）处分财产决定后的6个月内进行起诉。在起诉时，应当附上禁止纳税人（扣缴义务人）处分财产的决定书、财产查封证明书和其他必要的文件。

税务机关在收到法院判决书后的5日内，应当将财产交付变卖。变卖时必须有法院代表参加。

变卖财产应当由土国原料商品交易所或零售商按照法律规定的程序进行。税务机关应当与土国原料商品交易所或零售商签订合同。合同中应当规定财产变卖条件、财产交付和接收的条件、与国家财政机构结算的办法。变卖某些类型的财产时，可以邀请其他国家机关参加。

变卖财产时不收取交易费。

在必要情况下允许对变卖的财产进行重新评估。财产重新评估委员会的成员中应当包括对该财产进行初次评估的时的人员或其代表。

对财产进行重新评估时应当编制证明书，并应当将其中的一份交给税务局。

七、滞纳金

根据土国《税法典》第70条的规定，对于超过规定期限缴纳的税款，应当加收滞纳金。

对于由于银行的失误导致纳税人（扣缴义务人）未在规定的期限内缴纳税款的，由此产生的滞纳金应当由银行承担，纳税人（扣缴义务人）不承担滞纳金。

因为下面两种情况导致纳税人不能在规定的期限内缴纳税款的，不加收滞纳金：（1）因相关机关的计算错误导致纳税人不能按时缴纳税款的；（2）预算单位作为扣缴义务人未能从财政拨款中所列的自然人处扣缴税款的以及从土国国家财政资金、土国政府外汇储备资金、外国或者国际组织及其他人士提供给土国的国际援助和贷款（借款）项目的资金中支付时征收税款的。

对于未按照规定期限缴纳的税款至法律规定追征时效届满前，每逾期 1 日（含缴纳之日）按未缴纳税款的 0.03% 计算滞纳金。

通过非现金方式缴纳税款时，银行规定的履行纳税人（扣缴义务人）付款委托之日或者履行税务局付款通知书之日不计算在内。

未按照规定的期限缴纳补征税款的，滞纳金从《税法典》和土国其他税收法律规定的期限开始按未缴纳税款的整个时段进行计算，直到缴纳税款为止。

纳税人提交修改后纳税申报表的，或者之前未提交过纳税申报表的，应重新计算滞纳金，包括预缴税款、按照补征（增加或减少）税款金额计算的滞纳金。

税务机关每月 5 日之前应当将上个月发生的滞纳金全额地通知纳税人（扣缴义务人）。

纳税人（扣缴义务人）收到税务通知书后的 10 日内，应当缴纳滞纳金。

纳税人（扣缴义务人）应当在缴纳税款之后才能缴纳滞纳金。

税务机关认为的纳税人的应纳税额发生变化的，滞纳金的数额也应当发生变化。

第十二章　税务检查与处罚

第一节　税务检查

一、一般规定

根据土国《税法典》的规定，税务检查分为室内检查与现场检查两种。

税务机关在进行税务检查时，可对在进行税务检查年度前5个纳税年度内纳税人（扣缴义务人）的生产经营活动进行检查。在确定被检查当年的计税依据时需要考虑之前纳税年度的交易或者交易收入情况时，可以不受时间的上述限制。

在进行室内检查和现场检查时，税务机关如果有必要获得纳税人（扣缴义务人）与第三人之间的生产经营信息的，税务局可以要求第三人提供与被检查的纳税人（扣缴义务人）进行生产经营活动的文件（逆向检查）。

上级税务机关有权按照税务机关活动监督办法对税务机关的检查活动进行二次现场检查。

对属于土国《中小型企业国家支持法》中规定的中小型企业进行实地检查时，应当按照《中小型企业国家支持法》的规定进行。

二、室内检查

室内检查应当依据纳税人（扣缴义务人）提交的纳税申报表、财务报告和其他可作为计算和缴纳税款依据的文件，以及税务机关掌握的其他文件和资料，在税务机关的办公场所内进行。

室内检查应当在纳税人提交纳税申报表和其他可作为计算和缴纳税款的依据的文件后30日内，由税务机构的工作人员按照其职责进行检查，而无须税务机关的领导作出专门的决定。

税务机关在室内检查中如果发现纳税人（扣缴义务人）提交的凭证填报错误或者所提交的文件存在矛盾的，应将此情况通知纳税人（扣缴义务人）并要求其改正。

在室内检查中发现存在使应缴税款减少的错误时，检查人员应当制作税务检查报告。税务检查报告由检查人员签署，由税务机关的局长（副局长）确认。室内检查报告的形式和编制要求由土国国家税务总局予以规定。

对于在室内检查中发现少缴税款的，不进行处罚。

根据室内税务检查结果确定的税款金额与纳税人（扣缴义务人）自己计算的税款金额不符时，税务机关应当向纳税人（扣缴义务人）发出应当缴纳规定税款金额的税务通知书。

三、现场检查

土国税法规定，现场检查应当依据税务局局长（副局长）签署的、税务机关发出的决定进行。现场检查决定的格式由土国国家税务总局核准。

在进行现场检查时，税务机关应向纳税人出示现场检查决定书的原件。纳税人拒绝了解该决定的，不影响现场检查的进行。

在必要情况下，税务机关应当在开始检查前 5 个工作日内向纳税人发出进行现场检查的通知。

有充足证据证实纳税人逃税的，税务机关在进行现场检查前无须提前通知纳税人（扣缴义务人）。

现场检查应当在税款缴纳期结束后进行。在必要的情况下，也可在税款缴纳期内进行。但无论在哪种情况下，现场检查都应该在纳税申报表提交的期限确定之后开始进行。

在进行现场检查期间，纳税人不得对财务报表、纳税申报表和受查期间的其他文件进行修改和补充。

现场检查不得超过 2 个月。在特殊情况下，上级税务机关可以延长检查时间，但不得超过 1 年。

在法人重组、清算或其他情况下，上级税务机关可以根据税务活动监督程序对下级税务机关的现场检查进行审查，审查与检查的时间无关。

税务人员在现场检查过程查实纳税人有违反土国税收法律的情况的，可以要求纳税人提供按规定程序证实无误的文件副本作为违法的证据，或者对文件予以查封。纳税人应在 3 日内提交相关文件的副本。税务检查人员也可以依据现场检查决定书没收上述文件。没收文件决定书的格式由土国国家税务总局核准。

查封法人纳税人的文件时，法人的法定代表人应当在场；查封自然人纳税人的文件时，该自然人或其代理人应当在场。查封文件时，应当编制笔录。笔录中应当准确注明文件名称。笔录副本应交给被查封文件的人员。另外，纳税人可保留被查封的文件副本。

在税务行政复议或税务行政诉讼期间，或者查封文件满 1 年之后，应将查封的文件返还给纳税人。在必要情况下，可以按照土国国家税务总局的决议延长该期限。

按照现场检查决定，税务工作人员应当根据现场检查结果编制现场检查报告。现场检查报告应当在税务检查结束之日前编制。

在现场检查报告中应当注明在检查过程中是否发现纳税人存在税务违法的事实、检查结论，以及检查人员提出的消除违法情况的建议。另外，现场检查报告中还应该注明确定税收违法责任的条款。

现场检查报告的编制程序由土国国家税务总局规定。

被检查的法人纳税人的法定代表人和被检查的自然人纳税人或其代理人，可以在 3 个工作日内查阅现场检查报告。被检查的法人纳税人的法定代表人和被检查的自然人纳税人或其代理人拒绝在现场检查报告上签名的，检查人员应当对此情况进行记录。

上述规定同样适用于扣缴义务人和接收现场检查的其他人员。

四、现场检查的决定

土国《税法典》第 83 条规定，对现场检查报告和相关的资料，应当由税务机构的负责人（副局长）在 5 日内进行审核。

纳税人对税务检查报告提出异议的，应当在被检查的法人纳税人的法定代表人和被检查的自然人纳税人或其代理人在场的情况下，对税务检查报告进行审核。被检查的法人纳税人的法定代表人和被检查的自然人纳税人或其代理人不在场时，应当对现场检查报告和纳税人提交的反对意见进行审核。

根据对现场检查报告的审核结果，税务机关的负责人（副局长）应当作出下列决定：（1）根据《税法典》第 88 条至第 94 条规定追究纳税人的违法责任；(2) 采取额外的税收监控措施。

决定书应该一式两份，格式由土国国家税务总局核准。决定书自税务机关的负责人（副局长）批准之时起生效。

税务机关在作出决定后的 3 日内应当将一份决定书送达纳税人或其代表人签收，或以其他能够证明纳税人收到的方式转交。另一份决定书应当由税务机构与检查材料一并保存。

在对税务检查报告进行审核过程中发现存在税收犯罪的情况时，税务机关应当在 10 日内将其移交给执法机关。

在现场检查中获取的税务违法案件的事实材料、物证、书证、其他证据和数据资料，以及被追究违法责任的单位或人员的资料，在案件审理和作出判决之前不得对外泄露。但根据涉税信息交换国际公约（条约）交换的涉税信息不在此列。

根据土国税法的规定，违反上述规定等同于泄露税收秘密。

上述规定同样适用于扣缴义务人和因税收违法的而按照《税法典》第 88 条至第 94 条的规定被追责法律责任的其他人员。

五、税收调查

根据土国《税法典》第 84 条的规定，为了对纳税人履行纳税义务的情况进行监督，税务机关有权进行税收调查。税收调查的目的在于：(1) 收集纳税人的收入和其他征税对象的相关资料；(2) 研究税收债务产生的原因；(3) 分析享有税收优惠政策的纳税人履行税收义务的情况；(4) 掌握纳税人使用的税收核算和财务核算的形式和办法。

税收调查应当依据税务机关负责人的命令进行。命令中注明调查的目的和时间。

税务机关应当编制税收调查报告。

第二节 税收法律责任

一、一般规定

根据土国《税法典》第 88 条的规定，税务违法是指税收法律关系主体的违法行为。对于税务违法行为，行为人应该承担法律规定的责任。

对于税务违法，应当由税务局对其处以罚款。罚款应当在处罚决定书送达后的5日内缴纳。

纳税人应当先缴纳税款，之后再缴纳罚款。

年满16岁的自然人从事税收违法活动的，可以处以罚款。

对于在税务机关的领导作出处罚决议之前5年内的税务违法行为，可处以罚款。

对税务局（海关）规定的税款金额进行行政复议或行政诉讼时，纳税人（扣缴义务人）应当缴纳无异议的罚款金额。对于有争议的罚款金额在行政复议和行政诉讼期间可不缴纳，但自作出处罚之日起不得超过6个月。同时，税务机关（海关）有权要求纳税人对有异议的罚款金额提供财产（资金）抵押或者担保。纳税人无法提供财产（资金）抵押或者担保的，应当缴纳包括有争议的罚款。

经核实的税款金额发生变化的，之前作出的罚款金额也应该发生变化。

二、不予处罚的情况

根据法律规定，下列情况不进行处罚：

1. 因税务机关在其职权范围内的非法行为（不作为）、书面指令、决议和解释而发生的税务违法行为，不予处罚。

2. 税务机关由于税款计算错误致使纳税人不缴纳税款的，对纳税人不予处罚。

3. 预算单位作为扣缴义务人不缴纳来自财政拨款预算中规定的个人所得税的，不予处罚。

4. 预算单位作为扣缴义务人不缴纳从土国财政资金、土国政府外汇储备资金、从外国或者国际组织以及其他人士提供给土库曼斯坦的国际援助和贷款（借款）项目中的资金进行支付时征收的税款，不予处罚。

三、对少缴税款的处罚

土国《税法典》第89条规定，由于纳税人减少计税依据或实施其他非法行为而导致纳税人应纳税款金额减少的，应当对纳税人处以少缴税款40%的罚款。在确定罚款金额时，应当考虑纳税人自规定的该税款缴税之日起至发现该违规行为之日期间同一税种多缴纳的税款金额。对于纳税人多缴的其他税种的税款，可用于弥补罚款的金额。

法律规定纳税人提交纳税申报表之日，视为纳税人少缴税款的行为发生之日。

对于因纳税人违法行为而产生退税的，应当按照上述规定处罚。

对于超过规定期限 90 日纳税人仍然不提交纳税申报表的，视为纳税人少缴税款，应当按照上述规定处罚。

四、对扣缴义务人不履行税款扣缴和划拨义务时的处罚

土国税法规定，对于扣缴义务人不履行法律规定的扣除和向土国国家财政划拨税款的义务的，应当被处以罚款，罚款金额为应扣除和划拨税款金额的 40%。

五、对纳税人（扣缴义务人）违反财产处分禁令的处罚

土国税法规定，纳税人（扣缴义务人）违反禁止处分用于追缴税款的财产的规定的，应当被处以罚款，罚款金额为该财产实际市场价值的 50%。

六、对银行在开设账户时不履行通知义务的处罚

土国税法规定，个体经营者自然人和法人（其独立分支机构）在银行开设账户时，如果银行不履行向税务机关通报的义务，应当对银行处以罚款，罚款金额为所开设账户内所有进款金额的 10%。

七、对银行不执行税务机关暂停纳税人账户业务决议的处罚

土国税法规定，银行机构违反税务局关于暂停纳税人账户业务的决议，为自然人和法人（其独立分支机构）办理付款业务的，应当对银行机构处以罚款，罚款金额为该账户内所有付款金额的 10%。

八、违反纳税人资金计入办法的经济处罚

银行机构将产品（商品、工程、服务）销售款项计入法人纳税人（扣缴义务人）的基本账户之外的贷款账户、存款账户或者其他账户的，应当对银行机构进行罚款，罚款金额为计入款项金额的 10%。

第三节　税务救济

一、一般规定

土国税法规定，纳税人（扣缴义务人）对税务机关的决定、税务机关的负责人和公职人员的行为不服的，可以提起行政复议，也可以提起行政诉讼。

二、程序

对税务机关公务人员的行为不服的，纳税人应当向同一税务机关的负责人进行投诉。对投诉处理结果不服的，纳税人应当在收到处理决定书后的 1 个月内，提请上级税务机关进行复议。纳税人由于正当理由无法在规定的期限内提出复议请求时，上级税务机关可按照纳税人的申请延长该期限。

行政复议和行政诉讼的审理期限由土国法律予以规定。

复议申请书和起诉书以书面方式递交，应该包含纳税人的姓名和地址、税号、编制日期、税务机关的决议及其负责人或公职人员的行为，申请复议或诉讼的依据。

在对税务机关的决议及其责任人或公职人员提起行政复议或行政诉讼期间，不中止执行，法律另有规定的情况除外。

负责审理复议的税务机关的负责人（副局长）有充足的理由认为被申诉的决议或者行为不符合土国法律的规定时，有权在审理期内终止履行全部或部分的决议或行为。

三、审理结果

经审理认为之前决定的税款或者罚款、滞纳金的数额应该变更的，则之前依据检查证明书作出的决定应该予以撤销，并重新作出决定。

税务机关在接到复议申请书的 1 个月内应当进行复议并作出决议。复议决定书应当以书面方式通知复议申请人。

在税务行政复议或税务行政诉讼期间，诉讼时效中止，中止的时间为实际诉讼的时间。

附录　中土《关于对所得避免双重征税和防止偷漏税的协定》解读

为了协调中土两国的税收管辖关系，妥善处理对跨国纳税人的征税事务，防止双边经济活动中的重复征税和偷漏税现象发生，中国政府和土国政府以《经济合作与发展组织关于对所得和财产避免双重征税的协定范本》（以下简称 OECD 范本）和《联合国税收协定范本》（以下简称 UN 范本）为蓝本，在双方平等基础上通过谈判，于 2009 年 12 月 13 日在土库曼斯坦共和国首都阿什哈巴德签订了《中华人民共和国政府和土库曼斯坦共和国政府关于对所得避免双重征税和防止偷漏税的协定》（以下简称中土税收协定）。该协定自 2010 年 5 月 30 日起生效，适用于 2011 年 1 月 1 日或以后取得的源泉扣缴的税收，以及 2011 年 1 月 1 日开始的纳税年度中征收的其他税种。由于该协定是处理中土两国公民在双边经济活动中涉税问题的基本法律规范，故有必要对其基本内容加以解读。

第一节　适用范围与一般定义

一、协定的适用范围

一般而言，在一个税收协定中，首先需要解决的问题是协定的适用范围。它一般包括了人的适用范围和税种的适用范围两个方面。

（一）人的适用范围

人的适用范围，实际上就是关于该协定适用于哪些纳税人的问题。一般而言，晚近的税收协定在其适用范围的确定过程中，基本都以居民原则取代了之前的国籍原则，即将协定的适用范围限定为居民。之所以如此，是因为居民对于其所属国负有无限纳税义务，需要对其全部所得（包括境内所得和境外所得）对所属国纳税。因此，在居民税收问题上，可能就会发生居住国和所得来源国税收管辖权的重叠，这也正是税收协定所要解决的问题。故OECD 范本第 1 条明确规定："本协定适用于缔约国一方或者同时为缔约国双方居民的人"，从而明确了居民原则。中土税收协定也在第 1 条采用了这一表述。这表明，中土税收协定只适用于中国和土库曼斯坦一方或双方的居民，而不适用于第三方的居民。

（二）税种的范围

税种的范围，实际上就是关于该协定在适用过程中主要涉及哪些税种的问题。总体而言，国际上一般把那些基于同一征税客体，但基于各国税收管辖权的冲突而导致可能重复征税的税种都列入协定的税种范围。一般来讲，这主要指的是直接税。鉴于中土税收协定主要是协调解决对所得的征收问题，故该协定的税种范围主要限于双方的所得税。为此，协定明确规定：第一，协定适用由缔约国一方或其地方机构对所得征收的所有税收。第二，所得包括了全部的所得或某项所得，也包括转让动产或不动产的收益、企业支付的工资或薪金总额以及资本增值，都应当征税。第三，协定适用的税种在中国主要指个人所得税和法人利润税两个税种（以下简称中国税收），在土国主要指法人利润税和个人所得税两个税种（以下简称土库曼斯坦税收）。第四，本协定也包括缔约国双方在之后新增加的、对所得征收的税种，也包括以后代替上述税种以及与上述税种相同或实质相似的税种。如果缔约国一方的税法有了实质性的变动，则该缔约国的主管当局应在其变动后的适当时间内通知对方。

二、协定中的一般定义

在当代世界，没有两个国家的税收制度是完全相同的。不仅每个国家的税收制度都各不相同，而且各个国家税法中所使用的概念和术语也各有特定的内涵和外延。因此，为了避免由于所使用的概念的差异而导致不必要的混乱，双边或多边税收协定都首先会对所涉及的一些比较重要的概念或用语加以规定。中土税收协定也不例外。该协定第 3 条首先对协定所涉及的"中国"、"土库曼斯坦"、"缔约国一方"和"缔约国另一方"、"税收"、"人"、"公司"、"缔约国一方企业"和"缔约国另一方企业"、"国民"、"国际运输"、"主管当局"等 10 组概念进行了界定。例如，"缔约国一方"和"缔约国另一方"指的中国或者土库曼斯坦；"税收"指中国税收或者土库曼斯坦税收；"人"的概念包括了自然人、公司和其他团体；"公司"一语是指法人团体或者在税收上视同法人团体的实体；“缔约国一方企业”和“缔约国另一方企业”分别指缔约国一方居民经营的企业和缔约国另一方居民经营的企业；“国民”一语是指任何具有缔约国一方国籍的个人，以及任何按照缔约国一方现行法律建立的法人、合伙企业或团体；“主管当局”一语在中国方面是指国家税务总局或其授权的代表，在土库曼斯坦方面是指财政部和国家税务总局或其授权的代表。除此之外，对于协定中未进行明确定义的用语，协定明确规定应当采取该缔约国法律中规定的有关该税种的含义。同时，协定还明确规定，缔约国一方税法对有关术语的定义应当优先于该国其他法律对同一术语的定义。

另外，由于“居民”和“常设机构”这两个概念在中土税收协定中有着非常重要的意义，故协定第 4 条和第 5 条还分别对这两个概念作了专门的界定。

（一）居民

鉴于现代各国对居民认定的条件比较宽泛，故有可能出现一个人同时成为两个或两个以上国家的居民的情况。为了解决这一问题，中土税收协定明确规定，缔约国一方居民指的是按照该缔约国法律，由于住所、居所、成立地、管理机构所在地或者其他类似的标准，在该缔约国负有纳税义务的人。它还包括该缔约国一方及其地方当局。但是，对于仅因为来源于该缔约国一方的所得而在该缔约国一方负有纳税义务的人，不是该缔约国一方的居民。

当根据上述定义和缔约国各方的规定，出现了某个个人同时为缔约国双方居民的情况时，为了确定其纳税义务，协定明确规定了确定其居民身份的具体规则：

第一，永久性住所标准。中土税收协定规定，应以其永久性住所所在地作为确定其居民身份的标准。当该个人只在缔约国一方拥有永久性住所的，则应该认定其为该国的居民。

第二，重要利益中心标准。中土税收协定规定，应以其重要利益中心作为确定其居民身份的标准。当该个人在缔约国双方同时拥有永久性住所的，则应认定其是与其个人和经济关系更密切（重要利益中心）的所在缔约国的居民。

第三，习惯性居住地标准。中土税收协定规定，应以其习惯性居住地作为确定其居民身份的标准。如果该个人重要利益中心所在国无法确定，或者在缔约国任何一方都没有永久性住所，则应认定其是有习惯性居所所在国的居民。

第四，国籍标准。中土税收协定规定，应以其国籍作为确定其居民身份的标准。如果该个人在缔约国双方都有或者都没有习惯性居所，应认定其是其国籍所属缔约国的居民。

第五，协商。如果该个人同时是缔约国双方的国民，或者不是缔约国任何一方的国民，则缔约国双方主管当局应通过协商确定其居民身份。

另外，对于同时为缔约国双方居民的非自然人，缔约国双方主管当局应通过协商解决其居民身份。

（二）常设机构

在国际税法中，“常设机构”与“居民”的概念一样，是一个非常重要的概念。它的主要作用在于确定跨国企业是否和某国有实质性的联系从而使该国能对归属于该常设机构的所得进行征税。因此，确定常设机构的概念就成为税收协定的重要内容。根据中土税收协定的规定，“常设机构”的内涵是指企业进行全部或部分营业的固定营业场所。在其外延上，一般包括了以下的对象：（1）管理场所；（2）分支机构；（3）办事处；（4）工厂；（5）作业场所；（6）矿场、油井或气井、采石场或者其他勘探、开采和开发自然资源的场所。另外，以下2项也包括在了常设机构的范围之内：1）建筑工地，建筑、装配或安装工程，或者与其有关的监督管理活动超过12个月以上的；2）缔约国一方企业通过雇员或者雇佣的其他人员在缔约国另一方为同一个项目或有关项目提供的劳务和咨询在一具年内连续或累计超过183天以上的。

为了进一步明确常设机构的概念，中土税收协定还明确规定，以下各项不得包括在常设机构的范围之内：（1）专为储存、陈列或者交付本企业货物或者商品的目的而使用的设施；（2）专为储存、陈列或者交付的目的而保存本企业货物或者商品的库存；（3）专为另一企业加工的目的而保存本企业货物或者商品的库存；（4）专为本企业采购货物或者商品，或者搜集情报的目的所设的固定营业场所；（5）专为本企业进行其他准备性或辅助性活动的目的所设立的固定营业场所；（6）专为上述各项活动的结合所设的固定营业场所，如果由于这种结合使该固定营业场所的全部活动属于准备性质或辅助性质。

当一个人在缔约国一方代表缔约国另一方的企业进行活动，有权并经常行使这种权力以该企业的名义签订合同，则这个人为该企业进行的任何活动，都应该认定为该企业在该缔约国一方设有常设机构。但是，如果这个人通过固定营业场所进行活动，根据上述规定被明确认为是不属于常设机构的，则这个固定营业场所不能认为是常设机构。

当缔约国一方企业在缔约国另一方仅通过常规的经纪人、一般佣金代理人或者其他独立代理人进行营业的，不应认为该企业在缔约国另一方设有常设机构。但是，如果这个代理人的活动全部或几乎全部都代表了该企业的，则不应认为其是独立代理人。

缔约国一方居民公司，不论是否通过常设机构控制缔约国另一方的居民公司，或者被缔约国另一方居民公司控制，或者在该缔约国另一方进行营业的，都不能认为任何一方公司构成另一方公司的常设机构。

第二节　征税权分配

和世界上其他税收协定范本和双边税收协定、多边税收协定一样，中土税收协定的主要目的在于避免对纳税人的跨国所得进行双重征税。为此，中土两国政府通过协商做出承诺，各自放弃对部分所得的征税权，以消除可能出现的双重征税。故在该协定中，根据纳税人的不同所得，中土两国政府就其征税权的分配作出了明确的规定。

一、不动产所得

中土税收协定中对不动产所得的定义，完全采纳了 OECD 范本的规定。即“不动产”一语“应当具有财产所在地的缔约国一方的法律所规定的含义。该用语在任何情况下应包括附属于不动产的财产，农业和林业所使用的牲畜和设备，有关地产的一般法律规定所适用的权利，不动产的用益权以及由于开采或有权开采矿藏、水源和其他自然资源取得的不固定或固定收入的权利。船舶、飞机和公路车辆不应视为不动产”。

关于不动产所得，中土税收协定第 6 条规定，它包括了“从直接使用、出租或者任何其他形式使用不动产取得的所得”。从这个定义可知，它涵盖了对不动产的直接使用、出租以及其他任何形式的使用而取得的收入，但不包括出售不动产而取得的财产收入。另外，它从范围上也包括了企业的不动产所得和用于进行独立个人劳务的不动产所得。

关于对不动产所得的征税权力，中土税收协定规定，缔约国一方居民从位于缔约国另一方的不动产取得的所得（包括农业或林业所得），可以在该缔约国另一方征税。这表明，不动产的所在国享有对不动产所得的征税权。

二、营业利润

关于营业利润，中土税收协定在借鉴 OECD 范本和 UN 范本的基础上确定了对营业利润进行征税的基本原则。

1. 利润归属原则。对于缔约国一方企业的营业利润如何分配，中土税收协定以常设机构为标准，首先确定了利润归属的基本原则。根据第 7 条第 1 款的规定，缔约国一方企业所获得的利润应仅在该缔约国征税，故该缔约国一方对该利润具有独占征税权。但是，如果缔约国一方企业在缔约国另一方设有常设机构，并且通过该常设机构进行营业的，对归属于该常设机构的利润，缔约国另一方则享有征税权。

2. 独立企业原则或独立交易原则。由于在法律上常设机构并不是独立的企业法人，其经营行为必须由总机构加以控制，利润分配也应该由总机构来决定。故为了保证利润来源国享有相应的征税权，一般都将常设机构认定为一个独立企业，假定其为一个在相同或类似情况下从事相同或类似活动的分设机构。这样，就把它与其总机构所隶属的其他企业完全独立开来。它与总机构所隶属的其他企业之间的交易被视为一种内部交易，由此所可能产生的利润也应该归属于该常设机构。

3. 合理计算原则。为了确定归属于常设机构的利润，在借鉴其他国际税收协定范本等的基础上，中土税收协定对利润计算，规定了三个方面的内容。

（1）费用扣除。借鉴国际上的一般做法，中土税收协定明确规定，在确定常设机构的利润时，应当允许扣除其为进行营业活动而发生的各项费用。这些费用包括行政费用和一般管理费用。对于这些费用，不论其发生于该常设机构所在国或者其他任何地方，都允许进行扣除。

（2）常设机构利润归属方法的一致性。为了确定营业利润的分配方法，中土税收协定规定了两方面的内容：第一，对于缔约国一方以将总利润按比例分配给所属各单位的方法来确定常设机构利润的做法，并不违背独立企业原则或独立交易原则。但其分配的结果，应与有关营业利润分配的原则相一致。第二，常设机构利润的分配方法，应该保持其一致性。除非有适当的和充分的理由需要变动外，每年应采用相同的方法。

（3）常设机构为企业采购货物或商品的行为。由于采购行为不是一个完整的商业循环，故采购能否获得利润其实在现实中可能无法确定。因此，对于常设机构为总企业采购货物或商品的行为，不应当将其利润归属于该常设机构。在计算其应税所得时，也不得列支采购费用。

4. 特定种类所得条款优先原则。由于企业的利润除了营业利润之外，可能还包含许多其他的所得，如不动产所得、投资所得、租赁所得、劳务所得等，故如果协定中对上述各项所得的分配或归属的规定与对营业利润的分配或归属的规定不一致的，中土税收协定在借鉴其他税收协定或税收协定范本的基础上，明确规定，“利润中如果包括本协定其他各条单独规定的所得项目时，本条规定不应影响其他各条的规定”，从而明确了特定种类所得条款的优先原则。

三、国际运输

对于从事国际运输的企业而言，它可能涉及多个国家。因此，如果按照常设机构原则对其征税，则一方面利润分配难以实际进行，另一方面由于从事国际运输的利润不高，如果允许多国同时对其征税就会导致其税负过重。为了解决这一问题，当代一些主要的税收协定范本和双边或多边协定，都对此做了特别规定。中土税收协定也不例外。该协定第 8 条规定，缔约国一方居民以船舶、飞机或公路车辆经营国际运输取得的利润，应仅在该国征税。这一规定，确立了对从事国际海运、空运和陆运的居民国独占征税权的原则。根据此原则，缔约国一方企业从事国际海运、空运和陆运而从缔约国另一方所获得的利润，仅在该缔约国一方征税，而不能由缔约国另一方征税。对于参加合伙经营、联合经营或者参加国际经营机构从事国际海运、空运和陆运业务而取得的利润，其征税权的行使也应按照上述规定执行。

四、关联企业

关联企业也叫联属企业。在现实中，联属企业主要有两种不同的类型：一种是直接或间接的控制，一种是由同一人控制多个受控企业。鉴于关联企业之间存在关联关系和关联交易，会导致账面利润不符合独立企业原则或独立交易原则，而使缔约国一方无法确定其纳税义务时，就需要对其进行账务调整。否则，如果关联企业之间的交易属于正常的独立企业之间的交易，则不需要对其进行账面调整。

根据 OECD（2014）范本的规定，无论哪一类联属企业，当这样的“两个企业之间在商业或财务关系中达成的交易条件不同于独立企业之间达成的交易条件，此时，本应由其中一个企业取得，但由于这些条件而没有取得的利润，可以计入该企业的利润，并据以征税”。中土税收协定第9条第1款直接采用了这一表述，对关联企业进行账面调整的条件进行了明确的规定：第一，必须是关联企业；第二，其交易行为不符合独立企业原则或独立交易原则；第三，本应按照独立企业原则或独立交易原则而使其中的一个企业所获得的利润，由于关联关系而使其没有获得应有的利润。只有企业满足了这三个条件，即可进行账面调整。

缔约国一方将缔约国另一方已征税的企业利润，而这部分利润本应由该缔约国一方企业取得的，包括在该缔约国一方企业的利润内，并且加以征税时，该缔约国另一方应对这部分利润所征收的税额加以调整。根据条约的规定当关联交易中的缔约国一方的居民企业被实施转让定价调整（初次调整），缔约国另一方应进行相应调整，以避免双重征税。因为如果缔约国一方的税务机关调增了该国居民企业的应税所得，而该居民企业的关联方所在的缔约国另一方税务机构如果并不因此调减该关联方的应税所得并退还相应已经缴纳的税款，则被缔约国一方实施的转让定价初次调整所对应的利润就会被双重征税（经济性双重征税，即同一笔所得由两个不同纳税主体被两个主权国家课征税赋）。相应调整是缔约国一方实施转让定价初次调整后，缔约国另一方为履行条约义务，而做出的调整。当然，条约只是要求缔约国另一方进行相应调整的义务，换言之，并没有规定缔约国另一方彻底消除双重征税的义务。而且缔约国另一方认为缔约国一方调整的利润符合了独立交易原则，才会做出相应的调整。税收条约关联企业条款通常都会规定缔约国另一方在确定相应调整时，应适当考虑协定中的其他规定，如有必要，缔约国双方主管当局应相互协商。相互协商程序的引入在于缔约国一方所进行的转让定价初步调整通常情况下并不会被缔约国另一方主动接受并因此做出相应调整，所以缔约国另一方所做出的相应调整是两国税务主管当局通过税收协定的相互协商程序来实现的。

五、股息

在中土税收协定中，对“股息”的定义是从股份或者非债权关系分享利润的权利取得的所得，以及按照分配利润的公司是其居民的缔约国法律，视同股份所得同样征税的其他公司权利取得的所得。根据这个定义，股息应该是指通过持有证券而享有参与公司利润分配的权利而获取的所得。另外，任何在公司所在的缔约国被认为是股份所得的所得，也都被认为是股息。

对于股息的征税权，中土税收协定第10条第1款规定，缔约国一方居民公司支付给缔约国另一方居民的股息，可以在该缔约国另一方征税。由此可见，收取股息的居住国对此拥有征税权。同时，第2款也规定，这些股息也可以在支付股息的公司是其居民的缔约国，按照该缔约国法律征税。由此可见，股息的来源国也可以对此拥有征税权。不过，当股息受益所有人是缔约国另一方的居民时，如果该股息受益所有人是公司（不包括合伙企业）且直接拥有支付股息的公司至少25%的资本的，则来源国的征税额度不得超过股息总额的5%；在其他情况下，则来源国的征税额度不得超过股息总额的10%。中土双方主管当局应对实施该限制税率的方式进行协商确定。

如果股息受益所有人是缔约国的一方居民，支付股息的公司是缔约国的另一方居民，股息受益所有人是通过设在缔约国另一方的常设机构进行营业或者通过设在该缔约国另一方的固定基地从事独立个人劳务，据以支付股息的股份与该常设机构或固定基地有实际联系的，在这种情况下，该股息应被视为营业所得或独立个人劳务所得。由此可见，该项规定实际上是将股息归于该常设机构所有。

中土税收协定第5款还规定，缔约国一方居民公司从缔约国另一方取得利润或所得，该缔约国另一方不得对该公司支付的股息征收任何税收。这一规定表明，来源国的征税权是基于股息的支付，而不是来源于支付股息的利润。故股息来源国不得因为股息来源于国内而对支付给作为缔约国另一方的股息征税。当然，如果支付给该缔约国另一方居民的股息或者据以支付股息的股份与设在缔约国另一方的常设机构或固定基地有实际联系的，则应按归属于常设机构的收入来处理。同时，中土税收协定还禁止对公司未分配的利润征税。

六、利息

在中土税收协定中，对“利息”的定义是从各种债权取得的所得，不论其有无抵押担保或者是否有权分享债务人的利润；特别是从公债、债券或者信用债券取得的所得，包括其溢价和奖金。对于延期支付的罚款，不应视为协定所规定的利息。

对于利息的征税权，中土税收协定第11条第1款规定，缔约国一方居民公司支付给缔约国另一方居民的股息，可以在该缔约国另一方征税。由此可见，收取利息的居住国对此拥有征税权。同时，第2款也规定，这些利息也可以在该利息发生的缔约国，按照该缔约国法律征税。由此可见，利息的来源国也可以对此拥有征税权。不过，如果利息的收取人是利息的受益所有人，则来源国的征税额度不得超过利息总额的百分之十。中土双方的主管当局应对实施该限制税率的方式进行协商确定。

除上述规定外，中土税收协定还规定，在利息来源国发生的利息是由缔约国另一方的政府、地方当局及其中央银行或者完全由其政府所拥有的金融机构贷款、担保或保险而支付的，则利息来源国不得对其征税。

根据协定第11条第4款的规定，“政府”一词在土国指的是土国政府和土国中央银行，以及缔约国双方主管当局随时可以同意的，由土国政府完全拥有的任何机构；在中国指的是中国政府，以及中国人民银行、国家开发银行、中国农业发展银行、中国进出口银行、全国社会保障基金会、中国出口信用保险公司，以及缔约国双方主管当局随时可以同意的，由中国政府完全拥有的任何机构。

如果利息受益所有人是缔约国的一方居民，在利息发生的缔约国另一方，通过设在该缔约国另一方的常设机构进行营业或者通过设在该缔约国另一方的固定基地从事独立个人劳务，据以支付该利息的债权与该常设机构或者固定基地有实际联系的，则该利息应被视为营业所得或独立个人劳务所得。由此可见，这一规定实际上是将该利息归于常设机构所有。

如果利息支付人为缔约国一方政府、地方当局或该缔约国居民，应认为该利息发生在该缔约国。然而，当利息支付人不论是否为缔约国一方居民，在缔约国一方设有常设机构或者固定基地，支付该利息的债务与该常设机构或者固定基地有联系，并由其负担利息，上述利息应认为发生于该常设机构或固定基地所在的缔约国。

如果利息支付人与受益所有人之间或者他们与其他人之间由于存在特殊关系，导致就有关债权所支付的利息数额超出支付人与受益所有人没有这种特殊关系时所能同意的数额的，则只要能根据一种没有这种特殊关系时的利息来确定其征税权的分配。前述规定只适用于公平的利息。对于超出公平利息的部分，仍应在本协定规定的基础上，按照各缔约国的法律征税。

七、特许权使用费

在中土税收协定中，对于“特许权使用费”的定义是，使用或有权使用文学、艺术或科学著作，包括电影影片、无线电或电视广播使用的胶片、磁带的版权，专利、商标、设计或模型、图纸、秘密配方或秘密程序所支付的作为报酬的各种款项，或者使用或有权使用工业、商业、科学设备或有关工业、商业、科学经验的情报所支付的作为报酬的各种款项。

对于特许权使用费的征税权，中土税收协定第 12 条第 1 款规定，发生于缔约国一方而支付给缔约国另一方居民的特许权使用费，可以在该缔约国另一方征税。由此可见，收取特许权使用费的居住国对此拥有征税权。同时，第 2 款也规定，这些特许权使用费也可以在其发生的缔约国，按照该缔约国法律征税。由此可见，特许权使用费的来源国也可以对此拥有征税权。不过，如果特许权使用费的收取人是特许权使用费的受益所有人，则来源国的征税额度不得超过特许权使用费总额的百分之十。中土双方的主管当局应对实施该限制税率的方式进行协商确定。

如果特许权使用费受益所有人是缔约国一方居民，在特许权使用费发生的缔约国另一方，通过设在该缔约国另一方的常设机构进行营业或者通过设在该缔约国另一方的固定基地从事独立个人劳务，据以支付该特许权使用费的权利或财产与该常设机构或固定基地有实际联系的，在这种情况下，该特许权使用费应被视为营业所得或独立个人劳务所得。由此可见，此处的规定，实际上是将这些股息归于常设机构所有。

如果支付特许权使用费的人是缔约国一方的居民，应认为该特许权使用费发生在该缔约国。然而，当支付特许权使用费的人不论是否为缔约国一方居民，在缔约国一方设有常设机构或者固定基地，支付该特许权使用费的义务与该常设机构或者固定基地有联系，并由其负担这种特许权使用费，上述特许权使用费应认为发生于该常设机构或者固定基地所在缔约国。

由于支付特许权使用费的人与受益所有人之间或他们与其他人之间的特殊关系，就有关使用、权利或情报支付的特许权使用费数额超出支付人与受益所有人没有上述特殊关系所能同意的数额时，则只能根据一种没有这种特殊关系时的特许权使用费来确定其征税权的分配。前述规定只适用于公平的利息。对于超出公平利息的部分，仍应在本协定规定的基础上，按照各缔约国的法律征税。

八、财产收益

对于转让财产的收益，中土税收协定第 13 条作出了如下的规定：

1. 缔约国一方居民转让位于缔约国另一方的不动产取得的收益，可以在该缔约国另一方征税。

2. 转让缔约国一方企业在缔约国另一方的常设机构营业财产部分的动产，或者缔约国一方居民在缔约国另一方从事独立个人劳务的固定基地的动产取得的收益，包括转让常设机构（单独或者随同整个企业）或者固定基地取得的收益，可以在该缔约国另一方征税。

3. 转让由缔约国一方企业从事国际运输的船舶、飞机或车辆，或者转让属于经营上述船舶、飞机或公路车辆的动产取得的收益，应仅在经营上述船舶、飞机或陆运车辆的企业为其居民的缔约国征税。

4. 缔约国一方居民转让股份取得的收益，如果该股份价值的50%以上是直接或间接来自于缔约国另一方的不动产的，则可以在缔约国另一方征税。

5、转让上述财产以外的其他财产取得的收益，应仅在转让者为其居民的缔约国征税。

九、独立个人劳务

中土税收协定第14条规定，独立个人劳务包括独立的科学、文学、艺术、教育或教学活动，以及医师、律师、工程师、建筑师、牙医师和会计师的独立活动。

对于独立个人劳务的征税权，中土税收协定规定，缔约国一方居民由于专业性劳务或者其他独立性活动取得的所得，应仅在该缔约国征税。但是，如果出现下述两种情况，则缔约国另一方有权征税：第一，在缔约国另一方为从事上述活动设有经常使用的固定基地。在这种情况下，该缔约国另一方可以仅对属于该固定基地的所得征税。第二，在任何12个月中在缔约国另一方连续或累计停留达到或超过183天。在这种情况下，该缔约国另一方可以仅对在该缔约国进行活动取得的所得征税。

十、非独立个人劳务

除中土税收协定规定的特殊情况以外，缔约国一方居民因受雇取得的薪金、工资和其他类似报酬（不包括在缔约国另一方从事受雇活动的报酬），应仅在该缔约国一方征税。而在该缔约国另一方从事受雇活动取得的报酬，可以在该缔约国另一方征税。但是，如果缔约国一方居民因在缔约国另一方从事受雇活动取得的报酬，同时具备以下三个条件的，应仅在该缔约国一方征税：(1) 收款人在任何 12 个月中在该缔约国另一方连续或累计停留不超过 183 天；(2) 该项报酬由并非该缔约国另一方居民的雇主支付或代表该雇主支付；(3) 该项报酬不是由雇主设在该缔约国另一方的常设机构或固定基地所负担。

另外，在缔约国一方企业经营国际运输的船舶、飞机或公路车辆上从事受雇活动取得的报酬，应仅在经营上述船舶、飞机或陆运车辆的企业为其居民的缔约国征税。

十一、董事费

缔约国一方居民作为缔约国另一方居民公司的董事会成员取得的董事费和其他类似款项，可以在该缔约国另一方征税。

十二、艺术家和运动员

对于艺术家和运动员，中土税收协定第 17 条规定：

1. 缔约国一方居民，作为表演家，如戏剧、电影、广播或电视艺术家、音乐家或作为运动员，在缔约国另一方从事其个人活动取得的所得，可以在该缔约国另一方征税。

2. 艺术家或运动员从事其个人活动取得的所得，并非归属艺术家或运动员本人，而是归属于其他人，则可以在该艺术家或运动员从事其活动的缔约国征税。

3. 作为缔约国一方居民的艺术家或运动员在缔约国另一方按照缔约国双方政府的文化交流计划进行活动取得的所得，在该缔约国另一方应予免税。

十三、退休金

中土税收协定规定，因以前的雇佣关系支付给缔约国一方居民的退休金和其他类似报酬，应仅在该缔约国一方征税。

缔约国一方政府或地方当局按社会保险制度的公共福利计划支付的退休金和其他类似款项，应仅在该缔约国一方征税。

十四、政府服务

这是税收协定中对于缔约国政府及其地方政府或行政机关支付给其雇员的工资、薪金及其他报酬的征税规定。协定规定，支付国对于支付给受雇于该国政府的个人的工资、薪金及其他的报酬享有排他性的征税权。雇员的居住国必须对这些收入免税。但是，如果该项服务是在缔约国另一方提供，而且提供服务的个人是该缔约国另一方居民，并且该居民是该缔约国另一方国民，或者他不是因为提供该项服务而成为该缔约国另一方的居民，则该雇员的居住国享有排他性的征税权。

协定还规定，缔约国一方政府或地方当局支付或者从其建立的基金中支付给向其提供服务的个人的退休金，则该缔约国一方对其享有排他性的征税权。但是，如果提供服务的个人是缔约国另一方居民，并且是其国民的，该缔约国另一方对该项退休金应享有排他性的征税权。

十五、教师和研究人员

对于教师和研究人员等个人，在前往缔约国一方之前是，或者曾经是缔约国另一方的居民，他前往缔约国一方主要是了为在该缔约国一方的大学、学院、学校或为该缔约国一方政府承认的教育机构和科研机构从事教学、讲学或研究的目的，停留在该缔约国一方。对其由于教学、讲学或研究取得的报酬，该缔约国一方应自其第一次到达之日起，三年内免予征税。但是，这一规定不适用于不是为了公共利益而主要是为某个人或某些人的私利从事研究取得的所得。

十六、学生

学生如果在紧接前往缔约国一方之前是、或者曾经是缔约国另一方居民，仅由于接受教育的目的，停留在该缔约国一方，对其为了维持生活或接受教育的目的收到的来源于该缔约国以外的款项，该缔约国一方应免予征税。对于学生取得的赠款、奖学金和劳务报酬，在接受教育期间，应与其所停留国居民享受同样的免税、优惠或减税。

十七、其他所得

对于缔约国一方居民取得的协定中未规定的其他所得，无论发生在什么地方，应仅在该缔约国一方征税。对于不动产所得以外的其他所得，如果收款人为缔约国一方居民，通过设在缔约国另一方的常设机构在该缔约国另一方进行营业，或者通过设在该缔约国另一方的固定基地在该缔约国另一方从事独立个人劳务，据以支付所得的权利或财产与该常设机构或固定基地有实际联系的，应该按照营业所得或独立个人劳务所得的规定征税。

第三节　消除双重征税的方法及特别措施

从上述规定我们可以看到，中土税收协定在上述所得征税权的分配过程中，除了对一些项目规定了排他性的征税独占权外，还对许多项目的所得规定了来源国与居住国都享有征税权，这就会产生双重征税的问题。为了解决这一问题，中土税收协定专门规定了解决双重征税的具体方法和手段。

一、消除双重征税方法

根据中土税收协定第 23 条的规定，对于涉及中土双重征税的所得，中土两国分别采取了两种不同的办法。其中，中国一方采取了抵免法，土国一方采取了免税法。

根据规定，对于中国居民从土库曼斯坦取得的所得，按照中土税收协定的规定在土库曼斯坦已经缴纳的税额，中国税务机关在对该项收入征税时，应该从按照中国税法规定计算的税额中抵免。但是，抵免额不应超过对该项所得按照中国税法和规章计算的中国税收数额。

对于土库曼斯坦居民从中国取得的所得，按照中土税收协定的规定，可以在中国纳税的，土库曼斯坦将允许从对该居民所得征收的税收中扣除相当于在中国缴纳的所得税。但是，根据上述规定扣除的税额不应超过按照土库曼斯坦适用税率对同样所得征收的税额。另外，对于土库曼斯坦居民取得的所得，按照协定规定可以仅在中国纳税的，土库曼斯坦可以将该项所得计入计税依据，但仅是为了确定其他可以在土库曼斯坦征税的所得税率。

二、非歧视待遇

非歧视待遇也叫做无差别待遇。它是税收协定中一个比较常见的内容，其目的在于消除一个国家在税收问题上的歧视，以协调缔约国之间的税收权利、税收利益。一般来讲，它包括了国籍非歧视、常设机构非歧视、支付非歧视和资本非歧视四个方面。中土税收协定也在第 24 条专门规定了无差别待遇，以消除上述四种可能的歧视。

1. 国籍非歧视。根据第 1 款的规定，缔约国一方居民在缔约国另一方负担的税收或者有关条件，在相同情况下，特别是在居民身份相同的情况下，不应与该缔约国另一方国民负担或可能负担的税收或者有关条件不同或比其更重。这就是国籍非歧视。它要求缔约国一方的所有国民，在缔约国另一方，都应该与该国国民享受相同的税收待遇，而不应该受到歧视。这一规定，对于不是缔约国国民的第三国居民，也同样适用。

2. 常设机构非歧视。根据第 2 款的规定，缔约国一方企业在缔约国另一方建立的常设机构，其在缔约国另一方的税收负担不应高于该缔约国另一方对其本国进行同样活动的企业。但是，缔约国一方由于民事地位、家庭负担给予该缔约国居民的个人补贴、优惠和减免则不一定必须给予该缔约国另一方居民。

3. 支付非歧视。中土税收协定规定，除中土税收协定中对联属企业、利息和特许权使用费等的特别规定外，缔约国一方企业支付给缔约国另一方居民的利息、特许权使用费和其他款项，在确定该企业应纳税利润时，应与在同样情况下支付给该缔约国一方居民同样予以扣除。

4. 资本非歧视。中土税收协定第 4 款规定，缔约国一方企业的全部或部分资本，直接或间接为缔约国另一方一个或一个以上的居民拥有或控制，该企业在该缔约国一方负担的税收或者有关条件，不应与该缔约国一方其他同类企业的负担或可能负担的税收或者有关条件不同或比其更重。

5. 虽然中土两国的税收协定规定了适用的税种，但上述的非歧视待遇应当适用于所有种类和性质的税种。

三、相互协商程序

相互协商程序是指税务协定缔约国的主管当局，用于协调缔约国之间的涉税事项和税务争端的解决机制。它是国际税收协定中必不可少的内容。OECD 范本、UN 范本以及双边和多边税收协定中都对此有专门的规定。中土税收协定也不例外。

中土税收协定第 25 条第 1 款规定，当一个人认为，缔约国一方或者双方所采取的措施，导致或将会导致对其进行不符合中土税收协定规定的征税时，他就可以将案情提交本人为其居民的缔约国主管当局，而可以不需要考虑各缔约国国内法律的补救。这说明：第一，该程序的提起并不是因为缔约国的主管当局实施了双重征税，而是因为其所采取的措施与税收协定中规定的内容不符。故只要纳税人认为缔约国一方或双方所采取的措施，导致或可能会导致对其的征税不符合中土税收协定的内容时，就可以提起该程序。第二，该程序的提起不以寻求国内法的救济为前提条件。换言之，纳税人可以在不提起国内法的救济的情况下，直接向本人为其国民的缔约国主管当局提起。至于提起的时间，应该在不符合本协定规定的征税措施第一次通知之日起的三年内。

对于纳税人提出的意见，如果主管当局认为是合理的但又不能单方面圆满解决时，主管当局应设法同缔约国另一方主管当局相互协商解决，以避免不符合本协定的征税。达成的协议应予执行，而不受各缔约国国内法律的时间限制。

缔约国双方主管当局应通过协议设法解决在解释或实施本协定时所发生的困难或疑义，也可以对本协定未作规定的消除双重征税问题进行协商。

缔约国双方主管当局为达成解决上述问题的协议，可以相互直接联系。双方主管当局的代表可以进行会谈，口头交换意见。

四、信息交换

由于在国际法中不允许一个国家在未经其他国家同意的情况下在该国进行税务调查，故为了保证税收协定的执行，各种税收协定范本和各个双边或多边税收协定都规定了情况交换的内容。中土税收协定第 26 条参照 OECD 范本，对中土两国税收情报交换的内容进行了规定。

根据规定，缔约国双方主管当局交换的情况包括以下三类：第一类为实施中土税收协定的规定所需要的情报。第二类为缔约国双方关于本协定所涉及税种的国内法律规定所需要的情报。但这些情报只限于那些依据国内法律的规定征税不与本协定相抵触的情况。第三类为防止偷漏税的情报。另外，情况交换的范围，并不仅限于缔约国双方的居民。换言之，它可以涉及非缔约国的居民。

中土税收协定对税收情报交换的保密进行了规定。对于缔约国一方提供的情报，收到情报的缔约国另一方应作密件处理。这些情报告知的范围，仅限于与本协定所含税种有关的评估、征收、执行、起诉或裁决上诉的有关人员或当局（包括法院和行政管理部门）。这些情报只能由上述人员或当局仅用于本协定所含税种的查定、征收、执行、起诉或裁决上诉，而不能用于其他的目的。但是，在公开法庭的诉讼程序或法庭判决中可以披露有关的情报。

另外，中土税收协定还对情报交换的限制范围进行了规定。依据本条第 2

款的规定，缔约国一方或双方有权拒绝交换以下三类的情报：第一，使缔约国一方或另一方采取与其国内法律和行政惯例相违背的行政措施的情报。第二，按照缔约国一方或缔约国另一方法律或正常行政渠道不能得到的情报。第三，提供泄露任何贸易、经营、工业、商业、专业秘密、贸易过程的情报或者泄露会违反公共政策（公共秩序）的情报。

五、外交代表和领事官员

对于按国际法一般规则或特别协定规定的外交代表或领事官员的税收特权，并不受本协定的限制。

参考文献

1. 刘晓红主编：《“一带一路”法律研究》（第 1 卷），知识产权出版社 2020 年版。

2. 奋迅·贝克麦坚时联营办公室编著：《“一带一路”国别投资法律指南》，中国法制出版社 2020 年版。

3. 蓝琪主编：《中亚史》，商务印书馆 2020 年版。

4. 莫纪宏、廖凡、孙南翔等著：《“一带一路”法律风险防范与法律机制构建》，中国社会科学出版社 2019 年版。

5. 单文华主编：《“丝绸之路经济带”贸易投资便利化法律框架研究》，法律出版社 2018 年版。

6. 王瀚主编：《“一带一路”与人类命运共同体构建的法律与实践》，知识产权出版社 2018 年版。

7. 漆彤：《“一带一路”国际经贸法律问题研究》，高等教育出版社 2018 年版。

8. 任飞、狄飞编著：《中亚五国与南高加索三国投资环境》，经济科学出版社 2018 年版。

9. 王利众、许金铭、乌亚罕编：《“一带一路”国别概览 · 土库曼斯坦》，大连海事大学出版社 2018 年版。

10. 吴虹滨主编：《中国和土库曼斯坦的故事》，五洲传播出版社 2018 年版。

11. 杜剑、杨杨编著：《“一带一路”国家税制研究》，经济管理出版社 2017 年版。

12. 中国税务学会编：《“一带一路”税收服务文集》，中国税务出版社 2017 年版。

13. 中华全国律师协会编：《“一带一路”沿线国家法律环境国别报告》（第 1 卷），北京大学出版社 2017 年版。

14. 中华全国律师协会编：《“一带一路”沿线国家法律环境国别报告》（第2卷），北京大学出版社2017年版。

15. 赖小民：《“一带一路”沿线国家和地区法律与税收政策研究》（上册、下册），中国金融出版社2017年版。

16. 王四海编著：《中立土库曼斯坦：20年的进步与辉煌》，社会科学文献出版社2016年版。

17. 魏磊杰、朱淼、杨秋颜译：《土库曼斯坦民法典》，厦门大学出版社2016年版。

18. 张春敏主编：《中亚四国经济》，中国经济出版社2016年版。

19. 包毅：《中亚国家的政治转型》，社会科学文献出版社2015年版。

20. 刘国胜、程静：《中亚五国宪法制度概论》，知识产权出版社2015年版。

21. 陈彤主编：《中亚经济法律问题研究论文集》，企业管理出版社2014年版。

22. 新疆师范大学中亚法律资政研究中心编著：《中亚经济法律问题研究》，企业管理出版社2014年版。

23. 邓民敏编译：《土库曼斯坦税法典》，北京时代文华书局2014年版。

24. 郭学兰：《中亚五国企业法律概论》，知识产权出版社2013年版。

25. 马幸荣：《中亚五国税收法律概论》，知识产权出版社2012年版。

26. 中国国际税收研究会编：《中国居民企业对外投资与税收研究报告》（续篇），中国税务出版社2012年版。

27. 中国是由天然气集团公司国际部编：《土库曼斯坦法律法规汇编》，世界知识出版社2012年版。

28. 中国国际税收研究会编：《中国居民企业对外投资与税收研究报告》，中国税务出版社2010年版。

29. 新疆中亚科技经济中心、新疆对外贸易经济信息中心编：《中亚五国及俄罗斯经贸法律法律汇编》，新疆人民出版社2005年版。

30. 中国驻中亚五国大使馆经济商务参赞处：《中亚法律汇编》，未公开出版，具体汇编时间不详。

31. 国家税务总局国际税务司国别投资税收指南课题组：《中国居民赴土库曼斯坦投资税收指南》，载国家税务总局官网2020年7月14日，HTTP：//www.chinatax.gov.cn/chinatax/n810219/n810744/n1671176/n1671206/c3739419/

5116214/files/14e5869486e049e8b5528dc082950221. pdf.

32. 商务部国际贸易经济合作研究院、中国驻土库曼斯坦大使馆经济商务处、商务部对外投资和经济合作司：《对外投资合作国别（地区）指南——土库曼斯坦》（2020 年版），载中国商务部官网，http：//www. mofcom. gov. cn/dl/gbdqzn/upload/tukumansitan. pdf.

33. 郭学兰、姜勇：《简析土库曼斯坦税收法律制度》，载《中共伊犁州委党校学报》2010 年第 1 期。

34. 中国商务部欧洲司综合处：《土库曼斯坦主要经贸法律法规》，载《俄罗斯中亚东欧市场》2007 年第 8 期。

后　记

2014年初，一位友人建议我研究中亚国家的税法制度。他的理由很明确：中亚地区不仅是中国经济发展的“后院”，而且也是我国向欧亚大陆发展的必经之路。随着“一带一路”倡议的实施和中国与中亚国家经济交往的快速增加，势必需要了解和研究中亚各国的税法。由于朋友言之凿凿，故虽然之前我对中亚国家的税法一无所知，但我还是采纳了友人的建议，在随后几个月，一边收集资料，一边开始筹划这一项目。只是，到了当年下半年，由于我主持的国家社科项目面临结项，有大量的工作要做，再加上手头还有其他的教学科研任务，故我只好将这一计划暂时放了下来，打算处理完手头之事后再继续。但没有想到的是，这一放就是4年。特别是2017年我又申请到了一个国家社科基金课题之后，对本项目更是无暇顾及。因此，在看到中亚国家的税法资料时，我的直观反应是我可能不会再来研究这个问题。以至于在更换电脑时，我都没有把这些资料复制到新电脑中。

然而，令我没有想到的是，2018年3月，我接到一个国内某大型企业法务部负责人的电话。他告诉我，他们企业在中亚某国的一个子公司遇到了一些复杂的税法问题，朋友推荐他来找我，希望我能提供一些帮助。鉴于我对中亚国家税法的了解还停留在2014年收集到的资料范围内，不可能为他们提供有效的帮助，因此建议他向国内其他专家学者请教。我以为此事就这样过去了。但没有想到的是，4月份，他又两次给我打电话。虽然我无力解决他所提出的问题，但从与他的交谈中，我明显感觉在中亚国家的中资企业对投资所在国的税法有着非常强烈的需求。于是，我重新开始梳理中亚国家的税法资料。我发现，一方面，就对中亚国家的税法翻译而言，近年来，除新疆维吾尔自治区原国家税务局组织翻译出版了中亚五个国家的税法典外，中国北方工业公司、中国振华石油公司、北京易斯普罗石油工程技术有限公司、中国石油天然气集团公司国际部、中石油阿姆河天然气勘探开发（北京）有限公司等许多在中亚投资的企业也在组织翻译中亚各国的税法。另外，还有一些教学研究机构和法律服务机构也在组织人员翻译中亚各国的税法，如西北师范大学中亚研究院出版《中亚国家法律文本翻译丛书》，对包括吉尔吉斯斯坦的税法典在内的各国税法进行翻译。但仔细研读这些译本之后我发现，这些法律大多是由语言工作者翻译的，由于译者大多缺少税法方面的专门知识，使得这些译本不仅难以达到“雅”的要求，而且离“信”和“达”的要求也存在不小的差距。除了其中的一些译法值得商榷之外，还有一些译法明显属于错译或误译。另外，即使翻译没有错误，但由于译文表达不够规范和顺畅，读起来非常费劲，甚至有些条文琢磨半天都不得要领。这对于一个研究税法的人尚且如此，别的人看起来更是困难重重，更不用说去适用和遵从了。另一方面，就对中亚国家税法的研究和介绍来看，除几篇硕士学位论文对个别国家的税法制度作了一些粗浅的探讨外，其余的著述都只限于对中亚各国税收制度的概括性介绍，比较宏观和简单。另外，虽然国家税务总局每年都会组织编写中国居民赴中亚各国的投资税收指南，但也比较概括，不足以指导中国企业解决在中亚投资国具体的税收法律问题。有鉴于此，我决定放下手头的其他事情，撰写一套能够让人看得懂、用得上的中亚各国的税法著作。为此，从 2018 年 10 月开始，我在完成 2017 年和 2020 年申请的两个国家社科基金项目的同时，依据中亚各国的税法典，撰写完成了《哈萨克斯坦税收法律制度》、《乌兹别克斯坦税收法律制度》、《塔吉克斯坦税收法律制度》、《吉尔吉斯斯坦税收法律制度》、《土库曼斯坦税收法律制度》这五个国家的书稿，希望能够为国内读者了解中亚各国的税收法律制度提供一些帮助，更希望能够为在中亚的中资企业正确地掌握中亚各国的税法制度提供一些帮助。

有一首歌的歌词唱道：“生命就像是一场告别，从起点对一切说再见”。对于我们每一个人来讲，来到这个世界是一种偶然，离开这个世界则是一种必然。因此，除去成年之前的懵懂无知和年老失智后的风烛残年，我们每一天所做的事情，其实都是在有意或无意地书写着自己的人生。德沃金教授说过，人生苦短，应该善待生命，不可浪费生命。其实，对待人生，在多元的社会中，应当允许每个人有自己的看法和做法，只要他人畜无害，就无须强求。但对于我个人来说，既然选择做一个学者，就必须要对自己的选择负责。因为，我个人一向认为，在现代社会中，学问不再是个别富家公子酒足饭饱之后自我娱乐消遣的“玩艺儿”。它作为“天下之公器”，在被赋予了极大的社会价值的同时，也被寄予了极大的社会期望。因此，对于学者而言，从事自己的专业研究，以专业的态度和专业的方式，回应社会需求，解决社会问题，既是学者的一种生活方式，也是学者的责任与使命所在。正是基于这样的认识，自 2018 年以来，我除了完成由我主持的两个国家社科基金课题外，尽可能不参加会议、不外出授课和不举办学术讲座，“躲进小楼成一统”，埋首于对中亚国家税法制度的研究与写作。在这个过程中，我仿佛在与这些国家的立法者进行对话。在面对各个国家的税法条文时，我经常会不由自主地去猜想立法者的立法理由和价值考量。我似乎看到了法律条文起草者在起草条文时的苦思冥想，看到了法律草案审议时的激烈争论，从而一步步地窥探到了各国税收法律制度背后蕴藏着的人文精神和社会价值。每当这个时候，我就会产生一种莫名的成就感和满足感。正是这种美妙的感觉，使得我能够放下其他的事情，而专注于本书的写作而心无旁骛。虽然我的这一做法在外人看来有些难以理解，但学术研究如人饮水，冷暖自知，他人怎么能够理解其中的艰辛与快乐呢。

虽然每一本书都是由具体的人完成的，但在社会化大生产的背景下，任何一本书也都和其他产品一样，是社会分工和协作的结果。本书也是如此。虽然这本书是由我编撰完成的，但如果没有他人的支持与帮助，我不可能完成这一任务。因此，对于下列的人员和机构，我要表示我的谢意。

国家税务总局原副局长郝昭成先生退休前长期负责国际税收事务，处理过许多复杂的国际税收问题，是国内著名的国际税收专家。近年来他一直关注着我的这项研究工作。在本套丛书即将出版之际，他应邀欣然作序，其间不吝赞美之词。对于先生的赞许与鼓励，我当感激不尽。

我的老领导贾绍华教授在我们长达二十多年的交往过程中对我有求必应，给我的教学科研工作提供了很大的帮助。这份情谊让我感动。

海南华宜财经研究院及其执行院长贾宜正博士为本套丛书的撰写提供了许多资料与方便。祝愿海南华宜财经研究院兴旺发达，祝愿贾宜正博士能够大展宏图。

新疆维吾尔自治区原国家税务局在完成自己本职工作的同时，组织翻译出版了中亚各国的《税法典》。这一套译本，为我撰写本套丛书提供了最基本的资料来源。在此我必须要对新疆维吾尔自治区原国家税务局的领导和组织、翻译这些法典的人们表示由衷的敬意和诚挚的感谢。

责任编辑卢关平先生热情周到的工作态度和高效严谨的工作作风，不仅大大缩短了本套丛书的出版周期，而且大大地提高了本套丛书的质量和水平。在此我要向卢关平先生致敬。

本套丛书最终能够完成，最大的支持来自于我的工作单位西北大学及其法学院。吴振磊副校长、马朝琦副校长、汪涛处长、韩志斌处长、李丰庆副处长、王思锋院长、胡征俊书记、李一凡书记、代水平副院长等领导和同事，帮助我解决了本书撰写和出版过程中的许多具体问题。我要对他们表示衷心的感谢。

我的研究生学生李凌云、任美洁、耿金龙、但金鑫、任雅静、赵田田等6位同学，帮助我收集整理资料，校对书稿，从而减轻我许多重复性的劳动。我要对他们表示感谢。

我的家人不但免除了我的家务工作，而且还利用假期和周末休息时间帮我收集资料、校对文稿，从而把我从许多繁琐的事务性工作中解放了出来。我要对他们说一声感谢。

本套丛书在写作过程中，大量地参考和引用了许多机构和学者的税法译本和著述。虽然我无法在此一一列举他们的名字，但对于这些无名英雄们，我要真诚地说一声谢谢。

需要说明的是，中亚各国的税法修改比较频繁，而本人由于资料和语言条件的限制无法做到即时跟踪中亚各国税法修改的实时动态，故导致本丛书在一些具体内容方面，会与修改后的法律规定之间存在一些差异。读者在阅读本书时，敬请关注中亚各国税法的最新修改情况，以免造成不必要的损失。

鉴于本人学识有限，本书难免存在缺陷与不足，希望各位读者能够批评指正。

王鸿貌

2022年4月29日于西安